中国古代教育经典文本研究

孙杰 著

商务印书馆
The Commercial Press

国家社会科学基金"十三五"规划 2020 年度教育学一般课题
"中国古代教育经典文本研究的双重路径"（课题批准号 BOA200047）

目 录

绪论　以《五经》《四书》为中心的古代教育经典文本研究

中国古代教育经典文本研究，就是用整全的理解敞开以《五经》《四书》为中心的古代教育经典文本的本来面目，分析古代教育经典文本本身的生成与流变机制，从而真切理解古代学者所要表达的教育观和意欲回答的教育问题，进而实现切近中国古代教育语境和内在理路的教育史研究。

一、思想缘起：以《五经》《四书》为中心的学术思索

以《五经》《四书》为中心的中国古代教育经典文本研究，就是在对古代教育经典文本本源性问题的回溯中，让古代教育经典文本在古代教育语境中开显其本有的意义与思维脉络；在整体感受和理解古代教育经典文本的语境中，呈现古人在触摸教育脉动时的灵动思维和思想脉络，并以此来拓展现今教育史研究者的教育精神空间，从中汲取营养，找寻落脚点和精神归宿，进而来构建中国教育史学学术话语体系。

中国古代教育经典文本研究以《五经》《四书》为中心来展开，体现了中国古代教育自身发展的内在逻辑。第一，中国古代教育思想以儒家教育思想为主线。儒家教育思想能占主导地位的根本原因在于"与中国社会和文化环境的契合"，"中国自秦汉以来基本上都是实行统一的封建中央集权制，社会关系是封建宗族宗法制，经济基础是自给自足的小农自然经济形态，文化传统是社会至上、伦理为本。儒家教育思想强调隆礼重道、尊师重教；政教一元、官师一体；社会本位、修身为本；伦理为宗、道义兼求；孝悌为本、忠恕为上。中国的社会与文化孕育了儒家教育思想，儒家教育思想又有力地

维系着中国社会与文化"①。第二，儒家教育内容以《五经》《四书》为中心。儒家学派的形成过程，同时也是儒家经典的结集过程。作为儒家学派创始人的孔子，"把贵族手上的文化及文化资料，通过他的'学不厌，教不倦'的精神，既修之于己，且扩大之于来自社会各阶层的三千弟子，成为真正的文化摇篮，以弘扬于天下，成为尔后两千多年中国学统的骨干"②。这就是孔子在以《五经》为中心的儒家经典形成过程中所发挥的关键性作用，奠定了《五经》由古代史料文献发展成为儒家经籍的基础。孔门弟子间的学术传承，尤其是汉代推行独尊儒术的文教政策之后，以《五经》为中心的儒家经籍正式成为学校教育的基本教材，中国古代教育由此而正式进入"经学时代"。在此之后，宋代又有《四书》之目：《大学》《论语》《孟子》《中庸》，《四书》与《五经》就共同构成了儒家教育的中心内容。第三，儒家教育发展过程中出现了以孔子、孟子、荀子、董仲舒、朱熹为代表的关键性人物。这些关键性人物，一方面在《五经》《四书》儒家经典的形成、发展过程中起到了关键作用；另一方面继承了孔子"学不厌，教不倦"的精神，以献身教席为己任，哺育造就了一代代的儒学传人，保持了儒家的凝聚力和生命力。第四，以《五经》《四书》为中心的儒家经典，成为国家大力倡导而且是唯一可以"学而优则仕"的学问，成为"规定天下国家或者个人的理想或目的的广义的人生教育学"③。以《五经》《四书》为中心的经典文本，正是在古代社会之学术与信仰、权力与信仰、道统与治统的相互博弈中，获得了合理性和权威性的学术地位。

二、整体框架：以《五经》《四书》为中心的内容呈现

正如葛兆光所言：在思想史研究过程中"强调外部因缘与凸显内在因

---

① 王炳照、阎国华主编：《中国教育思想通史》，湖南教育出版社 1994 年版，绪论第 7 页。

② 徐复观：《中国经学史的基础·周官成立之时代及其思想性格》，九州出版社 2014 年版，第 14 页。

③ 〔日〕本田成之：《中国经学史》，孙俍工译，漓江出版社 2013 年版，第 2 页。

缘，强调外在影响与凸显内在理路，其实都在用片面的深刻顽强地表现着一种洞见"①，因此需要寻找一种贯通内外的解释思路。而寻找贯通内外解释思路的目的就在于调节历史语境与内在理路各自存在的理论偏向，究其实质就是要调和"作为思想的思想史"与"作为历史的思想史"之间的紧张对峙，这正是以《五经》《四书》为中心来展开中国古代教育经典文本研究的方向所在。

（一）核心概念界定

1. 历史语境主义：代表人物昆廷·斯金纳。主要观点：我们需要将我们所要研究的文本放在一种思想的语境和话语的框架中，以便于我们识别那些文本的作者在写作这些文本时想做什么。用较为流行的话说，我强调文本的言语行为并将之放在语境中来考察。我的意图当然不是去完成进入考察已经逝去久远的思想家的思想这样一个不可能的任务，我只是运用历史研究最为通常的技术去抓住概念，追溯他们的差异，恢复他们的信仰，以及尽可能地以思想家自己的方式来理解他们②。

依据历史语境主义的研究思路，古代教育经典文本研究就是要从产生教育经典文本的社会和知识背景入手，将教育经典文本放在其所处的语境中来研究。正如德国思想家施莱尔马赫所言："文本被认为是作者的思想、生活和历史的表现，而理解和解释只不过是重新体验和再次认识文本所产生的意识、生活和历史。"③每个文本都蕴藏着作者本人的想法、生活经历及其对社会的看法，我们只有将自己的思想与作者放在同一层次才能"身临其境"用自己的想象力和创造力构造出与作者相同的"历史语境"，并借助此来体验和领会作者的真实意图。

2. 内在理路：代表人物余英时。主要观点：我称之为内在的理路，也是就每一个特定的思想传统本身都有一套问题，需要不断地解决，这些问题，

---

① 葛兆光：《中国思想史》（上），复旦大学出版社 2009 年版，第 94 页。

② Quentin Skinner. *Visions of Politics*, Cambridge University Press, 2002, 8.

③ 转引自洪汉鼎：《诠释学——它的历史和当代发展》，人民出版社 2001 年版，第 23 页。

有的暂时解决了，有的没有解决，有的当时重要，后来不重要，而且旧问题又衍生出新问题，如此流转不已。这中间是有线索条理可寻的，怀特海曾说，一部西方哲学史可以看作柏拉图思想的注脚，其真实含义便在于此①。

依据内在理路的研究思路，古代教育经典文本研究就是在于展示学术思想变迁的自主性。所谓"理路"，就是指思想史的脉络、逻辑、线索、条理；所谓"内在"，就是指思想史的内在发展、内在意蕴、内在动力，究其目的，就是展示思想史自身发展和变迁的内在规律。需要说明的是，余英时并不否定学术思想发展过程中的外在刺激与外缘因素，"学术思想的发展绝不可能不受种种外在环境的刺激，然而只讲外缘，忽略了'内在理路'，则学术思想史终无法讲到家、无法讲得细致入微"②。

3. 教育经典：何谓经典？依据《现代汉语词典》的解释，可分为两类：（1）作为名词的经典，一是指传统的具有权威性的著作，二是泛指各宗教宣扬教义的根本性著作；（2）作为形容词的经典，一是指著作具有权威性的，二是指事物具有典型性而影响较大的。教育经典中的经典，首先是作为名词的经典，其次是指教育传统中的具有权威性的著作。

中国古代教育经典就是指中国古代教育传统中的具有权威性的著作。需要说明的是，中国古代教育是以儒家教育为主导，中国古代教育思想是以儒家教育思想为主线，因此，由儒家经典和经典诠释所构成的经学，不仅是儒学的基石和核心，而且也是中国传统思想文化的主体，同样也是中国传统教育思想文化的主体。而作为"经学"的"经"，是狭义的，即"专指由封建政府'法定'的、以孔子为宗师的儒家所编著的书籍之通称"③。从整个中国古代教育发展历程来看，《五经》《四书》就成为中国古代教育经典文本的中心。

---

① 余英时：《清代思想史的一个新解释》，《中国思想传统的现代诠释》，江苏人民出版社 1995 年版，第 199 页。

② 同上书，第 227 页。

③ 许道勋、徐洪兴：《中国经学史》，上海人民出版社 2006 年版，第 7 页。

（二）时间跨度确定

以《五经》《四书》为中心的中国古代教育经典文本研究，需要恰当地把握中国古代教育发展历程与儒家教育经典内在理路之间的相互关系。一是从中国古代教育发展历程来看，中国古代教育历经原始时期、夏商西周与春秋时期、战国时期、秦汉时期、魏晋南北朝时期、隋唐时期、宋辽金元时期、明朝、清初至鸦片战争前的教育阶段，鸦片战争之后，在中国教育由传统型向近代型转化的过程中，古代教育从体制上逐步退出历史舞台。二是从儒家教育经典内在理路来看，以《五经》《四书》为中心的儒家教育经典文本，主要经历了前经学时代、汉唐经学、宋明经学、清代经学等四个标志性阶段，从汉唐经学时期的《五经》到宋明经学时期的《四书》（《五经》），体现了从周孔到孔孟的经学话语体系的内在变迁。三是从古代教育与儒家教育经典之间的内在关系来看，汉代独尊儒术之后，儒家教育及其经典文本就成为古代教育教学生活的中心，经学著述所承载的经学成为历代王朝的主导学术，经学遂成为古代学者学问和身份的象征。伴随着古代教育制度的瓦解，以七科之学取代四部之学为表征，以儒家经典为中心的古代经学教育虽逐步退出历史舞台，但是，"国学的主流是儒学，儒学的核心是经学"（李学勤），儒家教育思想中所蕴含的教育范畴以及所论证的教育问题，正是中国教育学的"根"与"源"之所在。中国教育学体系的构建，只有返回到滥觞之处，返回到古代教育范畴和教育问题之中，才能够真正厘清中国教育学历史发展的"道之动"，才能够发掘出中国教育学的生命力之所在，从而实现中国古代教育范畴在当今教育学体系构建中的"道之用"。这就是古代教育体制的历史性和古代教育范畴的永恒性，以及古代教育实践和教育思想在教育时间、空间上的交互性。

三、思路与方法：以《五经》《四书》为中心的思维运作

教育史研究就是要通过与"古人"对话来拓展今人的教育思想空间。古今对话是以教育文本为中介而展开的，是承载教育文本背后生活世界的最佳

载体，虽然对话的主题已蕴含于教育文本之中，但是对话的语境却需要今人在教育文本的提示下，用整个生命（包括知识、经验、情绪、情感等）去体而认之，以此来彰显古代教育经典文本研究之于古今对话的教育文化价值。

（一）研究思路

本研究要继承和发扬传统史学研究的优势，发扬以各部分以及部分之间的存在的联结性或对比性的关系形成结构张力，以视角的流动贯通形成整体性思维特点，依靠对话和行动并借助有意味的表象的选择，在暗示和联想中把古代教育经典意义蕴含其间，从而为今人与"古人"展开对话提供合适的教育语境，并以此来呈现古代教育生活世界的鲜活和生动，拓展现今教育史研究的思维空间。具体的思维运作路径为：

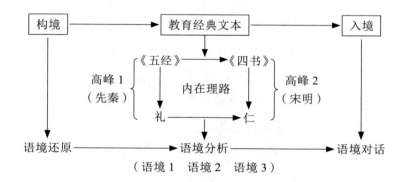

第一，中国古代教育经典文本研究的双重路径，就是以《五经》《四书》作为古代教育经典文本的中心，从历史语境与内在理路两个层面来展开。中国古代教育思想发展出现过两个高峰期，一是先秦诸子教育思想，二是宋明理学教育思想。如果说《五经》代表了孔子之前中国礼乐文化的集大成者，《四书》则是孔子及其后学发展儒家文化的经典之作，而朱熹的《四书集注》则代表了先秦以来儒家理论发展的最新、最高的形态。其中：《五经》思想以礼为本，《四书》思想以仁为本，《五经》与《四书》两个经典体系之间的思想互补与内在紧张，既体现在思想领域汉学与宋学的学术论争，又体现在教育领域社会规范要求与个体人格完善之间的教育论争。

由此可见，我们只有置身于特定历史语境，从文本与文本之间的对话和冲突中，才能更好地探究不同思想之间的对话和博弈，进而呈现教育思想的命运流变过程。

第二，以《五经》《四书》为中心的古代教育经典文本分析，主要从文内语境（语境1）、文外语境（语境2）、时代状况与精神语境（语境3）三个层面来展开，通过构境的语境还原来实现入境的语境对话。其中：文内语境，就是分析《五经》《四书》中的具体教育内容所形成的文本语境；文外语境，主要从全文、全人的语境，对与教育相关的文本内容进行语境分析，并将思想家所著的文本同其所要回应的问题结合起来进行考察；时代状况与精神语境，就是从文本生成的历史文化语境与时代精神的层面，整体分析教育经典文本与历史文化语境之间的互动关系，并从历史文化语境的具体变迁中把握《五经》到《四书》教育语境的变迁历程。值得注意的是，虽然从学理层面来看，语境分析内含语境1、语境2、语境3等三个层面，但是在具体的研究过程中，则是从语境分析的整体视角来阐释古代教育经典文本的历史语境。

（二）研究方法

本研究是一个由研究方法的理论基础和一般研究方法两个大的方面及其相关层次构成的研究系统。

第一，研究方法的理论基础。参考和借鉴以洛夫乔伊为代表的观念史研究、昆廷·斯金纳为代表的历史语境研究和余英时为代表的内在理路研究的学术成果，以及历史学、教育史学等相关学科理论。

第二，一般研究方法。它是哲学思维方法在历史研究中的运用，主要包括历史文献法、比较分析法、逻辑分析法等，其功能是分析教育历史现象的内在辩证关系和本质特点，在更深层次上把握教育历史的规律。其中：（1）历史文献法，就是通过对有关《五经》《四书》历史文献的收集、整理和分析，厘清《五经》《四书》的思想渊源及历史语境；（2）比较分析法，就是将《五经》《四书》放在古代历史文化语境发展的进程中进行纵向比较，进而深入剖析从《五经》到《四书》的古代教育语境变迁史；（3）逻辑分析法，就是在对以《五经》《四书》为中心的古代教育经典文本进行语境分析的基础之上，归纳和总结以学为中心的古代教育语境，进而实现切近中国古代教育语境的教育史研究。

四、创新与不足：以《五经》《四书》为中心的价值和局限

我们只有走进古代教育经典文本的时代语境，只有走进思想家当时所处的社会和教育语境，走进思想家所处的知识和学术语境，才能真切理解古代学者所要表达的教育观和意欲回答的教育问题，才能真正把握古代教育经典文本所蕴含的内在理路。

（一）研究的创新之处

本研究力图突破既定的教育学框架和教育学史的研究范式，倡导以"继先人之志、述先人之事"的文化承担意识为前提，贯通"通人精神"和"博通之学"之真谛的传统学术理念和治学方式，开展体现中国传统思维治学方式的古代教育经典文本研究。具体来说，就是在整体感受和理解古代教育经典文本的语境中，呈现古人在触摸教育脉动时的思想脉络和内在理路，从而感受古代教育经典文本的整体意识、生命情感和开放态度，以此来提升教育史研究的文化精神内涵，进而使得教育史研究回归历史研究的本性，回归教育史学科的本来面貌。

本研究的创新之处，主要体现在两个方面：一是在教育史研究的理论方面，有利于推动从挖掘教育经典文本生成的历史语境和知识背景入手，探究不同教育思想之间的对话和博弈，呈现教育思想史的命运流变过程及其背后所隐藏的观念变迁，进而深入拓展教育经典文本研究的主题与视野。二是在教育史研究的实践方面，有利于纠正教育经典文本研究中业已存在的把现在的概念和习俗投射到过去之上，从而以过去不曾有的抽象概念和逻辑来解释历史中的思想和观念，造成误读或过度阐释，进而演绎出原作者不曾有的各种学说神话和谬误。

（二）研究的局限之处

本研究可能存在的局限之处：第一，思维方式的限制。研究者自身的知识体系是现代教育学科体系，如何更加"客观地"去认识和理解古代教育经典文本，就成为研究者必须正视的第一个难题。第二，学科体系的限制。现代教育学科体系是一个相对来说较为成熟的学科体系，也是得到教育学界共识的学科体系。如何在研究《五经》《四书》教育经典文本的同时，梳理出儒家教育思想发展的内在理路，并且从教育思想本身探寻古代与近代教育之间的思想脉络，是一个很难突破的思想历程。第三，文本解读能力的限制。《五经》《四书》文本本身和历代诠释构成了本研究的文本内容，如何准确阐释古代学者的话语体系和言语表达方式，并进而深入理解古代学者思考教育问题的思维方式，就成为本研究能否取得实质性成果的关键所在。第四，以《五经》《四书》为中心研究古代教育经典文本的限制。中国古代教育以儒家教育为主，这是客观的事实；儒家教育内容以《五经》《四书》为中心，这也是客观的事实；但是，中国古代教育是一个整体，包括儒家教育思想在内的古代教育思想的形成是多种因素共同作用的结果。因此，如何在遵循以《五经》《四书》为中心来展开古代教育经典文本研究的同时，兼顾中国古代教育自身发展的系统性和整体性，从而形成既体现儒家教育经典文本的内在理路又反映古代教育各阶段特征的研究结论，这是需要研究者在研究过程中谨慎对待的问题。总而言之，以《五经》《四书》为中心的中国古代教育经典文本的研究，就是要力图突破思维方式、学科体系、文本解读能力的限制以及在兼顾古代教育的系统性和整体性的基础上，在中国古代教育经典文本研究方面取得实质性进展。

第一章　六艺亦六经：中国古代教育经典文本的滥觞期

　　孔子谓老聃曰："丘治《诗》《书》《礼》《乐》《易》《春秋》六经，自以为久矣。"（《庄子·天运》）

　　孔子曰："六艺于治一也，《礼》以节人，《乐》以发和，《书》以道事，《诗》以达意，《易》以神化，《春秋》以道义。"（《史记·滑稽列传》）

　　无论是《天运》还是《滑稽列传》的文本中，孔子都是以第一人称的身份来阐述六经或六艺，这一方面说明从庄子（或其后学）至司马迁都承认孔子与六经、六艺之间存在的事实性关系，以及或以六艺，或以六经来指代《诗》《书》《礼》《乐》《易》《春秋》的交错称谓；另一方面孔子言语中的"治"兼有传习与释义的双重含义，并用"六艺于治一"来揭示各文本之间既独立又相连的部分与整体关系以及"大道为一"的观念，这就是处于滥觞期的六经、六艺与孔子。

第一节　从学在官府到学在四夷
——三代礼乐文化的断裂与继承问题

　　"学在四夷"出自《左传·昭公十七年》。（十七年秋）昭公（鲁国的君主）向来朝的郯子（郯国的君主）询问："少皞氏鸟名官，何故也？"郯子以"吾祖也，我知之"的学术自信，详细介绍了少皞氏以鸟名官的古代官职的历史沿革。"吾闻之，天之失官，学在四夷，犹信"，正是孔子听闻此事并向郯子请教学习之后而发出的感慨。试想"周礼尽在鲁矣"，昭公向郯子请教"少皞氏鸟名官"的古代官职问题，与西周"学在官府"的教育样态形成了巨大的反差，而这恰恰就是春秋以来三代礼乐文化断裂的真实写照。

一、六艺或六经：三代礼乐文化的（文本）载体

就六艺名称来说，六艺有《周官》之六艺与孔门之六艺两种。《周官》之六艺就是源起于夏、商、周三代的《周官》之礼、乐、射、御、书、数，孔门之六艺就是滥觞于儒家学统的孔门之《诗》《书》《礼》《乐》《易》《春秋》。指代六经之六艺，就是孔门之六艺而非《周官》之六艺，即《诗》《书》《礼》《乐》《易》《春秋》。

就六艺本身来说，有大艺与小艺之分，一种是《周官》之六艺，书数为小艺，礼乐射御为大艺；另一种是《周官》之六艺为小艺，孔门之六艺为大艺。这两种划分或都来源于对同一文献的解读，"古者年八岁而出就外舍，学小艺焉，履小节焉。束发而就大学，学大艺焉，履大节焉"（《大戴记·保傅》）。与此同时，《礼记·内则》则依年龄来阐述为学次第："六年，教之数与方名。七年，男女不同席，不共食。八年，出入门户及即席饮食，必后长者，始教之让。九年，教之数日。十年，出就外傅，居宿于外，学书计。衣不帛襦袴，礼帅初，朝夕学幼仪，请肄简谅。十有三年，学乐，诵诗，舞《勺》。成童，舞《象》，学射御。二十而冠，始学礼，可以衣裘帛，舞《大夏》，惇行孝弟，博学不教，内而不出"；《汉书·食货志》阐述周室先王之制云："八岁入小学，学六甲、五方、书计之事，始知室家长幼之节。十五入大学，学先圣礼乐，而知朝廷君臣之礼"，这就是将《周官》六艺之书数列为小艺、礼乐射御列为大艺的文献依据。张政烺在《六书古义》中就曾指出，"书数为民生日用所需，不可不讲，其学必普及；礼乐射御为贵族所务，学书计者适可而止，未必人人习之，甚且无由而习之。盖有入小学而不入大学者矣，然未有入大学而不入小学者也。故大学肄业实具六艺，而小学仅书

计而已"[1]，书数为小学与大学之共学，礼乐射御则为大学必备，这就是《周官》六艺分为小艺与大艺的缘由。至于"十五入大学"，学君臣朝廷王事之纪，就需要学习以先王文法典艺为主的大艺与大节。孔门之六艺本源于先王文法典艺，经夫子编辑整理，由先王政典变为孔门圣典（乃至帝国经典），这就是以《周官》之六艺为小艺、孔门之六艺为大艺的缘由。

就六艺源起来说，《周官》之六艺与孔门之六艺共同发端于三代礼乐文化。第一，《周官》之六艺起源于夏代，商代初具形貌，至西周而成其大备，换句话说，六艺就是对夏、商、周三代生存技能之"打包"性的总结与整理（丁为祥语）。需要说明的是，如果从发生的顺序来看，《周官》之六艺是以射御为基本出发点，"因为只有'射''御'才代表着'六艺'之原始发生与最初形成；只有在'射'和'御'的基础上，才有以后'书数'与'礼乐'的依次生成"[2]；从诠释的顺序来看，《周官》之六艺就是以礼乐为首冠，这既与周公"制礼作乐"之历史贡献密切相关，也是为了"教人以亲亲、尊尊、长长"以突出道德的思想内容，"这样一来，原本作为生存技能的'射御'与作为现存世界之表征的'书数'，在加进了主体性的'敬''保'之后，也就完全成为了一种表现其主体之内在德性的'艺'了，所以说，礼乐文明本身绝不仅仅是作为一种技能之'技'出现的，而是一起始就是作为天意、天心的一种主体性落实，并且也是作为其主体内在的'敬'与'保'之德性的外在表现而出现的"[3]，"这样一来，'礼乐'或整个'六艺'也就从根本上改变了自身从夏商以来的那种所谓技能形态，从而完全成为人之内在德性的外在显现了。正是从这个意义上说，也只有西周以来的德性文化，才从根本上改变，夏商以来从'射御'到'书数'之生存技能或文明技能的形态，从而真正进入到'艺'的系列；也正是在这个意义上，当人们沿着'礼乐'精

---

① 张政烺：《六书古义》，《张政烺文史论集》，中华书局 2004 年版，第 226 页。
② 丁为祥：《发生与诠释：儒学形成、发展之主体向度的追寻》，人民出版社 2015 年版，第 122 页。
③ 同上书，第 156 页。

神对夏商以来从'射御'到'书数'之生存技能或文明技能形态进行重新整理或重新解读时，它们也就真正告别了过去那种仅仅建立在躯体技巧基础上的技能形态，从而真正成为人生的一种'艺'了"①。"所以，正是根据'礼乐'的这一特点，我们也就完全可以说西周的德性文化既是三代文化的一种合理发展，同时又代表着三代文明发展轨迹的一个重大转折。因为正是这一转折，才使夏商两代的生存技能与社会文明形态转化到以德性为内在依据的礼乐文明与文化上来了，从而也就使其从本质上作为动物智能之延伸的'射御'与'书数'从根本上具有了人文主义的思想内涵。从某种程度上说，这才是对中华文明与中国文化之一种真正的精神奠基，因为它不仅开辟了中国文化之'德性'方向，而且也在一定程度上决定了中国社会及其文明发展的轨辙与航道"②。第二，孔门之六艺中关于孔子与六艺关系的讨论，集中体现为两个方面：一是古文经学家认为孔子是编而不是作六艺，二是今文经学家认为孔子是作而不是编六艺。这两个方面的讨论，首先是确证了孔子与六艺之间的关系，其次是"作"或"编"的术语中体现着孔子对六艺文本的编撰、传承乃至诠释，最后是本文认为应结合孔子相关教育活动来具体考察二者之间的关系。

　　就六艺指谓六经来说，"六经"之名始见于《庄子·天运》，"六艺"之名始于《周礼·地官》，到春秋时代《周官》之六艺逐渐演变为孔门之六艺，如果说《周官》之六艺为"旧六艺"，那么孔门之六艺就是"新六艺"（即六经）。艺与经本不同，"'艺'与'经'存在着个体之活动与技能形态和'经'之'常道'意义上的文献与理论形态的不同"③；但是，"从社会的历史角度来看儒家'艺'与'经'的关系，那么又会发现，'艺'与'经'之间确实存在一种颇为吊诡的关系，这就是，愈是在社会动乱的时代（比如战国），不仅儒

---

①　丁为祥：《发生与诠释：儒学形成、发展之主体向度的追寻》，人民出版社2015年版，第165页。

②　同上书，第165～166页。

③　同上书，第100页。

者会自觉地称其历史文献为'经'，甚至，就连儒家思想的批评者也都承认其为'经'（比如庄子）。但是，一旦到了社会相对稳定而儒家文献又被真正尊为'经'的时代，儒者们却反而更愿意将自家的经典称之为'艺'"①，这在儒学独尊且经学占统治地位的两汉时期表现得尤为突出。无论是汉初陆贾之经艺并称（"定《五经》，明六艺""圣人防乱以经艺"），还是贾谊之以六艺统"六法""六行"与"六术"（"内本六法，外体六行，以与《诗》《书》《易》《春秋》《礼》《乐》六者之术，以为大艺，谓之六艺"），再到司马迁借孔子之口曰"六艺于治一也"，生动再现了从西汉初期的经艺并称到以六艺统六经，进而形成以六艺指称六经的经艺转换与历史性错位。这种经与艺之间的转换，体现了汉代学者变经为艺、变学为术的学术转向，由此而来，对经的研究和传授就构成经学，对经学的实践应用就成为经术，经学和经术的双重学术和教育模式，就使中国古代教育具有了学术性和政治性的双重目标，而又以政治性的目标为主。

　　二、学在官府：以《周官》之六艺为中心的教育传承

　　夏、商、周三代的官学教育以西周的官学教育最为代表，西周官学教育的特征表现为学在官府，造成学在官府的原因就在于学术官守，"理大物博，不可殚也。圣人为之立官分守，而文字亦从而纪焉。有官斯有法，故法具于官。有法斯有书，故官守其书。有书斯有学，故师傅其学。有学斯有业，故弟子习其业。官守学业，皆出于一，而天下以同文为治，故私门无著述文字"②，私门因无著述文字故无学可言。西周之所以形成惟官有学的教育情形，主要原因就在于：一是惟官有书，二是惟官有器。首先是官方出于政治的需要，将历代帝王的典、谟、训、诰，本朝的礼制及乐章编撰成册，藏于秘府并由专门的官司主管。其次是礼、乐、舞、射等学科的学习，都需要配

---

①　丁为祥：《发生与诠释：儒学形成、发展之主体向度的追寻》，人民出版社 2015 年版，第 102 页。

②　章学诚：《校雠通义通解》，上海古籍出版社 2009 年版，第 1 页。

备专门的器具。这些器具，一是并非民间一家所能具备，二是呈现出一定的等级性，等级越高的官学教育所需的器具越具有专属性，从而使得器具成为贵族身份和地位的象征。最后，与书籍和器具的专属性相匹配的就是主管官司的专属性，官之掌教者如大司乐、大司徒、师氏、保氏、太师、大胥、乡师、州长、党正、族师之属，为官之人，各司其职，各守其业，故教育亦非官莫属①。

西周官学教育分为国学和乡学两大类，国学又分为小学和大学两个阶段，教育内容总体上以六艺教育为主。

（1）六艺在国学教育体系内的完整展开，可以据《礼记·内则》来考察：

> 子能食食，教以右手。能言，男唯女俞。男鞶革，女鞶丝。六年，教之数与方名。七年，男女不同席，不共食。八年，出入门户及即席饮食，必后长者，始教之让。九年，教之数日。十年，出就外傅，居宿于外，学书计，衣不帛襦袴，礼帅初，朝夕学幼仪，请肄简谅。十有三年，学乐，诵《诗》，舞《勺》。成童，舞《象》，学射御。二十而冠，始学礼，可以衣裘帛，舞《大夏》，惇行孝弟，博学不教，内而不出。三十而有室，始理男事，博学无方，孙友视志。四十始仕，方物出谋发虑，道合则服从，不可则去。五十命为大夫，服官政。七十致仕。

这是贵族士人从六岁到七十岁的为学、为士（包括成人、成家）历程，相对完整地记录了各年龄阶段的主要学习任务。

首先，从教与学的关系来看，十岁之前的教育主要在家中进行，以父母的教为主；十岁之后的国学教育则突出学，体现了中国古代教育重学的特点。其次，礼的教育贯穿教育过程的始终，从能食食教以右手、能言之时男

---

① 如：大司乐掌成均之法，师氏掌以诏王，保氏掌谏王恶，大司徒以乡三物教万民而宾兴之，乡大夫掌其乡之政教禁令，州长各掌其州之教治政令之法等。

女有别的唯与俞、革与丝及七岁之时的不同席、不共食，到教之让，直至二十始学礼。再次，十岁之前的家庭教育内容以数与方名、数日为主；十岁进入小学之后，六艺教育的具体内容有层次、有序列且循序渐进地展开，并呈现出书计—乐、射御—礼之教育中心内容的阶段性与各类教育内容之间相互协调的系统性，从而实现德、行、艺、仪等方面的基本训练和综合发展。最后，从十三岁学乐、诵《诗》到二十岁学礼的教育阶段来看，《礼记·内则》又将《周官》之六艺与《礼记·王制》之"四术"混合起来，"乐正崇四术，立四教，顺先王诗、书、礼、乐以造士。春秋教以礼乐，冬夏教以诗书"；但需要指出的是，《礼记·内则》仅涉及六艺层面的"书"（学书计中的"书"是指习字的"书"）而未言及"四术"之"书"①（此"书"是否为《尚书》还缺乏确证，但从内容上来看应是指以典章制度、政令措施为主的文献）。这一方面体现了《礼记·内则》文本的概括性，另一方面"四术"可以被看作从"六艺"到"六经"的一个中间环节，标志着古代学校教育从技艺与知识并重到以文本知识为主的内容转变。

（2）六艺在国学、乡学中的内在结构，则可以据《周礼·地官司徒》来进行考察。

文献记载一：

> 师氏掌以美诏王。以三德教国子：一曰至德，以为道本；二曰敏德，以为行本；三曰孝德，以知逆恶。教三行：一曰孝行，以亲父母；二曰友行，以尊贤良；三曰顺行，以事师长。居虎门之左，司王朝，掌国中失之事，以教国子弟，凡国之贵游子弟学焉。凡祭祀、宾客、会

---

① 程苏东认为，王官"四教"为"诗礼乐"与"书"的二分的经典结构。其中：《诗》、礼、乐作为礼乐文明的具体表现方式，是贵族必须具备的文化技能与素养；《书》则作为三代政治智慧的结晶，塑造了周人敬天崇德的王道政治理想。此四者的权威性均得到王权的确认，并通过辟雍、泮宫等各级国家教育机构得以广泛传播。尽管四者内部的具体篇目、仪式都还处于并不稳定的阶段，但《诗》、《书》、礼、乐作为周人王官"四教"的基本科目，已构筑起华夏民族最古老的经典体系，并就此奠定了此后所有经目的基本形态（程苏东：《从六艺到十三经：以经目演变为中心》，北京大学出版社2018年版，第45页）。

同、丧纪、军旅，王举则从，听治，亦如之。使其属帅四夷之隶，各以
其兵服守王之门外。且眡，朝在野外，则守内列。

保氏掌谏王恶，而养国子以道。乃教之六艺，一曰五礼，二曰六
乐，三曰五射，四曰五驭，五曰六书，六曰九数。乃教之六仪：一曰祭
祀之容，二曰宾客之容，三曰朝廷之容，四曰丧纪之容，五曰军旅之
容，六曰车马之容。凡祭祀、宾客、会同、丧纪、军旅，王举则从。听
治，亦如之。使其属守王闱。

首先，周公与召公或可为师氏与保氏之原型，"召公为保，周公为师，相成
王为左右"（《周书·君奭》），这是"相"成王的保与师；《周礼》中的师氏与
保氏，一媺诏一谏恶，一德行一道艺，相辅而相成。其次，三德、三行之德
行与六艺、六仪之艺仪构成德行道艺的教育内容体系。贤谓德行，德行为内
外之称，在心为德，至德为行道之本，敏德为行行之本，孝德以事父母；施
之为行，孝行施于内，友行、顺行施于外。能谓道艺，道艺以德行为本，以
六艺、六仪为用，官学教育就是要培养贤能之士。最后，五礼、六乐、五射、
五御、六书、九数，就是构成礼、乐、射、御、书、数之六艺的具体内容。

文献记载二：

（大司徒）以乡三物教万民，而宾兴之。一曰六德：知、仁、圣、
义、忠、和。二曰六行：孝、友、睦、姻、任、恤。三曰六艺：礼、
乐、射、御、书、数。

教万民的乡三物——六德、六行、六艺，虽然与教国子之三德、三行、六
艺、六仪的具体内容不尽相同，但是德行道艺兼重的人才培养内在要求却是
相同的，这就是西周国学教育与乡学教育的内在一致性。值得注意的是，国
学之三行与乡学之六行都将孝行置于首位，由此而注重士子内在德行的养
成，并以此为基础来实现德行由内向外的拓展和延伸。

三、学在四夷：孔门六艺对《周官》六艺的扬弃

春秋时期，学校教育从学在官府变为学在四夷，私学代替官学，是古代教育制度上一次历史性的大变革。西周时期之所以学在官府，就是因为学术官守，惟官有书，惟官有器，这一切都是以"官"为中心而展开的。周平王东迁，预示着以"官"为中心的西周原有政治格局的重大历史转折，"平王之时，周室衰微，诸侯强并弱，齐、楚、秦、晋始大，政由方伯"（《史记·周本纪》）。"政由方伯"就是对西周"天子建国，诸侯立家"政治体系的破坏，与此相关联的就是"天下有道，则礼乐征伐，自天子出；天下无道，则礼乐征伐，自诸侯出。自诸侯出，盖十世希不失矣；自大夫出，五世希不失矣；陪臣执国命，三世希不失矣"（《论语·季氏》），这就是孔子言语中礼崩乐坏、天下无道的重大历史转折。

这种重大历史转折在学校教育上的表现就是"学、校、庠、序废坠无闻"及私学的兴起。黄绍箕、柳诒徵在《中国教育史》一书中，就对春秋时期200多年官学见于史传记载的为何仅鲁僖公修泮宫、郑国子产不毁乡校两事的教育现象，展开了客观且深入的剖析：

> 天子畿内，学校林立，而诸侯之国则必待命而后敢为，故西周诸侯未闻有以兴学显著，惟鲁得立四代之学。《明堂位》曰："米廪，有虞氏之庠也；序，夏后氏之序也；瞽宗，殷学也；泮宫，周学也。"此因周公有大勋劳于天下，故天子以此章之，非他诸侯所敢希冀。鲁僖公当周衰之后，眷怀旧勋，重修泮宫，"载色载笑"（《诗·鲁颂·泮水》），以教有为事，洵非常之盛典，故诗人美而颂之。此与《王制》所谓"天子命之教，然后为学"及"诸侯曰泮宫"之文相合。至于郑之乡校，则非天子所命，特周家畿内遗志，郑苟循国家定例，势不能存此一校，故在他人执政时，不能察国家之掌故，懵然一扔其旧，惟博物之子产能识其违制而欲毁之，虽因乡人游校而发，初非禁其论执政也。学者识此二

义，即可晓然于春秋诸国无学校之故，不得以西周畿内制度绳之。然春
秋诸国虽无学校，然亦未尝无教育，大概国家有保傅之官，小民受家庭
之教，而官师之学，亦间有传其世者，此东、西二周不同之大要也。[①]

首先，西周时期除鲁国因周公有大勋劳于天下而设立四代之学外，其余诸国
未闻有以兴学著称的文献记载。其次，诸侯国能否立学以及设立何种类型
的学校，必须得到西周天子的允许和批准，这是由西周官学教育制度决定
的。再次，如果依据西周官学教育的惯例来考察春秋乃至战国时期的诸侯国
教育，则可以得出春秋乃至战国诸侯国"无学校"的结论。最后，诸侯国形
成了有别于西周官学教育传统的教育，如"卫国之教，危傅以利""鲁邑之
教，好迀而训于礼""楚国之教，巧文以利，不好立大义，而好立小信"（《管
子·大匡篇》）。诸侯国教育一方面突破了以六艺教育为中心的政教合一、官
师合一的西周官学教育格局，另一方面形成了由私家根据社会或个人需要而
设立且办学形式灵活的私学，"私学代替官学，是中国教育史上一次重大的
变革。与官学相比较，它的特点非常明显。在特定的历史条件下，它依靠自
由办学、自由讲学、自由竞争、自由游学、自由就学等五大自由来发展教育
事业，以适应当时社会对人才的需求"[②]。通观春秋战国时期的私学创办者及
办学活动，从私学创办者个体及其学术传承来说以孔子最为代表，从办学活
动规模及其影响来说以齐国稷下学宫最为代表[③]。

　　这种重大历史转折在学术上的表现就是"道术将为天下裂"及百家争
鸣。《庄子·天下》中把西周、春秋、战国的学术分为三个时段，并提出"道
术将为天下裂"的著名论断：

---

① 　黄绍箕、柳诒徵：《中国教育史》，福建教育出版社 2011 年版，第 152 ～ 153 页。

② 　孙培青主编：《中国教育史》（第四版），华东师范大学出版社 2019 年版，第 29 页。

③ 　稷下学宫是一所由官家举办而由私家主持的特殊形式的学校，所以，从主办者和办学的目
　　的来看，稷下学宫是官学，但是稷下学宫在学术上又具有私学性质，从而使其在整体上带
　　有若干私学性质。

　　天下之治方术者多矣，皆以其有为不可加矣！古之所谓道术者，果恶乎在？曰："无乎不在。"曰："神何由降？明何由出？""圣有所生，王有所成，皆原于一。"不离于宗，谓之天人；不离于精，谓之神人；不离于真，谓之至人。以天为宗，以德为本，以道为门，兆于变化，谓之圣人；以仁为恩，以义为理，以礼为行，以乐为和，薰然慈仁，谓之君子；以法为分，以名为表，以参为验，以稽为决，其数一二三四是也，百官以此相齿；以事为常，以衣食为主，蕃息畜藏，老弱孤寡为意，皆有以养，民之理也。古之人其备乎！配神明，醇天地，育万物，和天下，泽及百姓，明于本数，系于末度，六通四辟，小大精粗，其运无乎不在。其明而在数度者，旧法世传之，史尚多有之；其在于《诗》《书》《礼》《乐》者，邹鲁之士、搢绅先生多能明之。《诗》以道志，《书》以道事，《礼》以道行，《乐》以道和，《易》以道阴阳，《春秋》以道名分。其数散于天下而设于中国者，百家之学时或称而道之。

　　天下大乱，贤圣不明，道德不一，天下多得一察焉以自好。譬如耳目鼻口，皆有所明，不能相通。犹百家众技也，皆有所长，时有所用。虽然，不该不遍，一曲之士也。判天地之美，析万物之理，察古人之全，寡能备于天地之美，称神明之容。是故内圣外王之道，暗而不明，郁而不发，天下之人各为其所欲焉以自为方。悲夫！百家往而不反，必不合矣！后世之学者，不幸不见天地之纯，古人之大体。道术将为天下裂。

从道之主体的演变来看，一是以天人、神人、至人为中心，体现于圣人（天、德、道）-君子（仁、义、礼、乐）-百官（法、名、参、稽）-民（事、衣食）之中；二是以邹鲁之士、搢绅先生为主，明于《诗》《书》《礼》《乐》文献之中；三是以百家为主，散见于各家学说之中。由此可见，从对先王之道术的整体继承来看，则以邹鲁之士、搢绅先生最为代表。那么，邹鲁之士、搢绅先生到底是何许人也？说法一：邹鲁之士、搢绅先生各有所指，邹鲁之士指儒士，"是一种有知识，有学问之专家；他们散在民间，以为人教书相礼为生"①；搢绅先生指穿官服的知识分子，即"新兴的士大夫阶层，包括大、小有知识的官吏"②。说法二：郭沫若先生认为，"儒本是邹鲁之士搢绅先生的专号"③。而通过回溯儒家学派的发展历程，并结合孔子生于鲁、孟子生于邹的实际情况，不难发现，孔、孟就是春秋战国时期邹鲁之士的代表和旗帜性人物。有趣的是，《庄子·天下》是以邹鲁而不是鲁邹的形式来命名，事实上就如实再现了邹鲁之士"肇端孔子，始于鲁；兴于子思，扩于邹；盛于孟子，风行邹鲁"④的发展历程。同样，由邹鲁之士所引发的"邹鲁之风"，究其实质就是一种崇尚道德教化，以"述唐虞三代之德"为己任，坚守传统，弘扬传统的风气。在先王之道术"裂"为百家之方术的过程中，以坚守和弘扬先王之道术为己任的邹鲁之士，就成为百家之学中独特而重要的一环。作为邹鲁之士之中坚力量的儒家学派，自然就成为百家反思和批判先王之道的媒介，百家之学正是沿着孔子所开辟的方向和道路而各得大道之一方并由此而勃兴，先王之内圣外王的道术却因此"暗而不明，郁而不发"，这就是"道术为天下裂"的百家争鸣时代。

这种重大历史转折就是古代文明发展史上的"哲学的突破"，并由此而催生了士阶层（中国古代知识分子）的兴起。"哲学的突破"是帕森思提出的关于希腊、以色列、印度和中国之古代四大文明发展高峰期（或关键期）的理论，中国的"哲学的突破"相对于其他三个文明古国来说表现得最为温和，这与中国是"亚细亚的古代"而非"古典的古代"的社会性质紧密相关。在余英时看来，"中国的'哲学的突破'是针对古代诗、书、礼、乐所谓'王官之学'而来的。最先兴起的儒、墨两家，便是最好的说明。孔子一方

---

① 冯友兰：《原儒墨》，《中国哲学史》（下册），华东师范大学出版社2000年版，第362页。
② 王志民：《战国时期"邹鲁之风"的形成与演变》，《山东师范大学学报》（人文社会科学版），2015年第3期。
③ 郭沫若：《驳说儒》，《郭沫若全集》（历史编第一卷），人民出版社1982年版，第439页。
④ 王志民：《战国时期"邹鲁之风"的形成与演变》，《山东师范大学学报》（人文社会科学版），2015年第3期。

面'述而不作'，承继了诗、书、礼、乐的传统，而另一方面则赋予诗、书、礼、乐以新的精神与意义。就后一方面而言，孔子正是突破了王官之学的旧传统。墨子最初也是习诗、书、礼、乐的，但后来竟成为礼乐的批判者"，"其余战国诸家也都是凿王官之学之窍而各有其突破"①，从孔墨显学到"凿王官之学之窍"的诸子百家之学，这或许正是对侯外庐"由搢绅先生而显学而诸子百家"古代文化主体演变的最佳注解。轴心时代"哲学的突破"使古代文化系统脱离社会系统并获得了相对的独立性，"分化后的知识阶层主要成为新教义的创建者和传衍者，而不是官方宗教的代表"②，即在古代社会形成了帕森思所谓的"文化事务专家"。对于中国古代社会来说，这些"文化事务专家"就是以孔子为代表的"士"，"也可以这样说，周初是少数统治者的自觉，《诗经》末期及春秋时代，则扩展为贵族阶层中的自觉，孔子则开始代表社会知识分子的自觉"③。他们与同样作为"文化事务专家"的苏格拉底、柏拉图、亚里士多德一样，是动乱和变革的社会现实刺激了他们的理论热情和灵感，"而理论主体间的'传染'又使理论探索成为一种'气候'。在这样的'气候'下，理论主体相继登台，纷纷做出他们的解释和规划"④。雅斯贝斯在《历史的起源与目标》一书中将轴心时期"文化事务专家"的精神特质概括为：

> 哲学家初一次出现。人们敢于作为个人依靠自己。中国的隐士和漫游的思想家、印度的苦行僧、希腊的哲学家、以色列的先知，他们同属一个行列，即便他们在信仰、思想内涵和内心状态上并不相同。人有能力在内心与整个世界相抗，他在自身之中发现了起源，从那里，他超越了自身和世界。⑤

---

① 余英时：《士与中国文化》，上海人民出版社 2013 年版，第 21～22 页。
② 同上书，第 22 页。
③ 徐复观：《中国人性论史·先秦篇》，九州出版社 2013 年版，第 57 页。
④ 周作宇：《问题之源与方法之镜：元教育理论探索》，教育科学出版社 2000 年版，第 11 页。
⑤ 〔德〕卡尔·雅斯贝斯：《历史的起源与目标》，李夏菲译，漓江出版社 2019 年版，第 12 页。

依据雅斯贝斯的理解，轴心突破从本质上就是古代学者们的精神觉醒和解放，并且第一次"作为个人敢于依靠自己"。"轴心突破后先秦新兴诸学派都各自创建了一套言之成理、持之有故的系统学说。而且他们所寻求的'道'虽各有特色，但在大方向与终极目标方面，却殊途而同归"①，这也正如《庄子·天下》所言百家只是守"一家之学"的"一曲之士"，他们之间如果有差别则仅是方术与道术之别。又由于先王之道术集中体现在《诗》《书》《礼》《乐》《易》《春秋》等六种典籍之中，故班固在《汉书·艺文志》中认为百家"亦六经之支与流裔"，"若能修六艺之术，而观此九家之言，舍短取长，则可以通万方之略矣"。

儒家与六经正是形成于这个重大历史转折之中。班固在《汉书·艺文志》中将包括儒家在内的诸家及其渊源关系，做了概括性阐述：

> 诸子十家，其可观者九家而已。皆起于王道既微，诸侯力政，时君世主，好恶殊方，是以九家之术蜂出并作，各引一端，崇其所善，以此驰说，取合诸侯。其言虽殊，辟犹水火，相灭亦相生也。仁之与义，敬之与和，相反而皆相成也。《易》曰："天下同归而殊涂，一致而百虑。"今异家者各推所长，穷知究虑，以明其指，虽有蔽短，合其要归，亦《六经》之支与流裔。使其人遭明王圣主，得其所折中，皆股肱之材已。仲尼有言："礼失而求诸野。"方今去圣久远，道术缺废，无所更索，彼九家者，不犹愈于野乎？若能修六艺之术。而观此九家之言，舍短取长，则可以通万方之略矣。

诸子十家的出现，是先秦时期道术分裂的结果，包括儒家在内的诸子十家正是生成于这个历史时期。一方面诸子十家发端于"王道既微，诸侯力政"之际，因"各引一端，崇其所善"，故各有所长亦有所短，实质上是相灭亦相

---

① 余英时：《论天人之际：中国古代思想起源试探》，中华书局 2014 年版，第 50 页。

生、相反而皆相成；另一方面诸子十家"各引一端"之源头可追溯至《六经》，均可视作"《六经》之支与流裔"，这就是诸子十家学说与《六经》之间的源流关系。至于诸子十家之原型，《汉书·艺文志》则是依据"诸子之学出于王官"来展开溯源性推论：

> 儒家者流，盖出于司徒之官；道家者流，盖出于史官；阴阳家者流，盖出于羲和之官；法家者流，盖出于理官；名家者流，盖出于礼官；墨家者流，盖出于清庙之守；从横家者流，盖出于行人之官；杂家者流，盖出于议官；农家者流，盖出于农稷之官；小说家者流，盖出于稗官。

首先，司马谈在"论六家要指"中首次将先秦诸子之学命名为阴阳、儒、墨、名、法、道德等六家，改变了《荀子·非十二子》《庄子·天下》《韩非子·显学》等以"人"为标准来命名学派的传统，之后，《汉书·艺文志》在司马谈划分六家的基础上又增加纵横家、杂家、农家、小说家（至于"其可观者九家而已"，仅是因小说家为"街谈巷语，道听途说者之所造也"，故被除去），从而形成了先秦诸子十家的惯用说法。其次，"诸子之学出于王官"说符合殷周时期学在官府、学术官守的历史实际，但需要说明的是，《汉书·艺文志》中的诸子十家是否在殷周时期都存在一一对应的官职，就引发了后世学者的争论。最后，《汉书·艺文志》对儒家"游文于六经之中，留意于仁义之际，祖述尧、舜，宪章文武，宗师仲尼，以重其言，于道最为高"的整体描述，符合以孔子为宗师的儒家学派特质。特别是从《庄子·天下》之先秦子学到《史记》《汉书》之官方史书，都阐述了儒家学派与六经之间的关系，尤其是孔子与六经之间的关系，这事实上就确证了孔子（儒家学派）在传承三代文化过程中的历史地位和学术贡献。再加上沿袭司徒之官助人君"明教化"的职责，从而使得发端于此的儒家更加注重凭借六经来传承三代文化、传播儒家学说。

第二节　吾从周：孔子与六经
——从六艺、四术到六经

正如陈来所言："历史赋予古代某些人物以巨大的文化选择权能，他们的思想方向决定，或在相当程度上决定了后来文化与价值的方向，从而对后来文化的发展产生了决定性的作用。在中国历史上，这个人先是周公，后是孔子，而孔子是把周公所作的一切进一步加以发展和普遍化。没有周公和西周文化养育的文化气质，孔子的出现是不可想象的。也正惟如此，汉唐一千年间以'周孔'并称，完全是自然历史过程的真实体现。"[①] 这就是孔子与周公之间的文化情结和学术渊源，而六经正是孔子达成"吾从周"精神依托的中介。

一、吾从周：以六经为中心的道学传承

孔子是儒家思想的创始人，"吾从周"体现了其对三代文化的向往和追求，"孔子对三代文化的综合继承，以及在继承三代文化基础上的删《诗》《书》，定《礼》《乐》，序《易》，著《春秋》，同时又开辟了中国思想文化中的精神传统；而孔子对私家教育的开创及其成德成人的教育方向，也真正开辟了人类教育事业之先河"[②]。这事实上阐明了孔子与六经之间存在的两种传承关系以及由此而形成的两种身份类型，一是文化传承中的孔子与六经，即作为思想家的孔子；二是教学活动中的孔子与六经，即作为教育家的孔子。

---

① 陈来:《古代宗教与伦理：儒家思想的根源》(增订本)，北京大学出版社 2017 年版，第 5～6 页。

② 丁为祥:《发生与诠释：儒学形成、发展之主体向度的追寻》，人民出版社 2015 年版，第 205 页。

（一）文化传承中的孔子与六经

从文化传承方面来看，先秦以来的古代学者们对于孔子与六经之间关系的阐述，主要体现在以《庄子·天运》为代表的经典文本中。

表 1-1　孔子与六经

《庄子·天运》	孔子谓老聃曰："丘治《诗》《书》《礼》《乐》《易》《春秋》六经，自以为久矣，孰知其故矣。"
《庄子·天下》	《诗》以道志，《书》以道事，《礼》以道行，《乐》以道和，《易》以道阴阳，《春秋》以道名分。
《礼记·经解》	孔子曰："入其国，其教可知也。其为人也，温柔敦厚，《诗》教也；疏通知远，《书》教也；广博易良，《乐》教也；洁静精微，《易》教也；恭俭庄敬，《礼》教也；属辞比事，《春秋》教也。故《诗》之失，愚；《书》之失，诬；《乐》之失，奢；《易》之失，贼；《礼》之失，烦；《春秋》之失，乱。其为人也，温柔敦厚而不愚，则深于《诗》者也；疏通知远而不诬，则深于《书》者也；广博易良而不奢，则深于《乐》者也；洁静精微而不贼，则深于《易》者也；恭俭庄敬而不烦，则深于《礼》者也；属辞比事而不乱，则深于《春秋》者也。"
《史记·滑稽列传》	孔子曰："六艺于治一也。《礼》以节人，《乐》以发和，《书》以道事，《诗》以达意，《易》以神化，《春秋》以义。"
《孔子世家》	孔子以《诗》《书》《礼》《乐》教弟子，盖三千焉。身通六艺者，七十有二人。

从上述文献史料记载可知：第一，六经之名始见于《庄子·天运》，《论语》《孟子》《荀子》之中虽无六经之名，但师徒教学活动中存在传授六经之实。第二，作为儒家学派创始人的孔子与六经之间关系密切，或者可以说，儒家学派的形成过程与儒家经典的结集过程相伴而生，后世学者正是把首出的儒家经典称为六经。第三，汉初学者陆贾在《新语·道基》中首次以经艺并称（"定《五经》，明六艺"），贾谊在《新书·六术篇》中首次从学理上论证六艺与六经之间（"内本六法，外体六行，以与《诗》《书》《易》《春秋》《礼》《乐》六者之术，以为大艺，谓之六艺"）的关系，之后，《史记》之《伯夷列传》《李斯列传》《儒林列传》《滑稽列传》《太史公自序》都以六艺

统六经，特别是《滑稽列传》中首次明确将孔子、六艺与《礼》《乐》《书》《诗》《易》《春秋》（六经）并称。自此以后，六艺作为儒家基本经典范畴的符号身份逐步得到确认。第四，六经是一个有机的整体，一个代表三代礼乐文化的整体，依据《庄子·天下》的理解：六经是古之道术的文本载体，而"邹鲁之士搢绅先生多能明之"；一个衍生先秦诸子思想的整体，依据《汉书·艺文志》的理解：诸子十家"虽有蔽短，合其要归，亦《六经》之支与流裔"；一个体现周孔思想和精神的整体，依据徐复观《中国经学史的基础》的理解："从经学的思想、精神方面说，是始于周公，奠基于孔子"①；一个因后世尊孔崇儒而具有元典性地位的整体，依据黑格尔《历史哲学》的理解：

> 中国人把这些文书都称为"经"，做他们一切学术研究的基础。"书经"包含他们的历史，叙述古帝王的政府，并且载有各帝王所制定的律令。"易经"多是图象，一向被看作是中国文字的根据和中国思想的基本。这书是从一元和二元种种抽象观念开始，然后讨论到附属于这些抽象的思想形式的实质的存在。最后是"诗经"，这是一部最古的诗集，诗章的格调是各各不同的。古中国的高级官吏有着一种职务，就是要采集所辖封邑中每年编制的歌咏，带去参加常年的祭礼。天子当场评判这些诗章，凡是入选的便为人人所赞赏。除掉这三部特别受到荣宠和研究的典籍以外，还有次要的其他两部，就是"礼记"或者又叫作"礼经"，以及"春秋"；前者专载帝王威仪和国家官吏应有的风俗礼制，并有附录一种，叫作"乐经"，专述音乐，后者乃是孔子故乡鲁国的史记。这些典籍便是中国历史、风俗和法律的基础。②

---

① 徐复观：《中国经学史的基础·周官成立之时代及其思想性格》，九州出版社 2014 年版，第 62 页。

② 〔德〕黑格尔：《历史哲学》，王造时译，生活·读书·新知三联书店 1956 年版，第 162 页。

　　《史记·孔子世家》提供了一个诠释孔子与六经成书关系的理想方案①。具体情况为：①删《诗》："古者《诗》三千余篇。及至孔子，去其重，取可施于礼义，上采契、后稷，中述殷、周之盛，至幽、厉之缺，始于衽席，故曰：'《关雎》之乱以为《风》始，《鹿鸣》为《小雅》始，《文王》为《大雅》始，《清庙》为《颂》始。'三百五篇，孔子皆弦歌之，以求合《韶》《武》《雅》《颂》之音。礼乐自此可得而述，以备王道，成六艺。"②编《书》："追迹三代之礼，序《书》传，上纪唐虞之际，下至秦缪，编次其事。"③订《礼》："《书》传、《礼》记自孔氏。"④正《乐》："吾自卫反鲁，然后乐正，《雅》《颂》各得其所。"⑤论《易》："孔子晚而喜《易》，序《彖》《系》《象》《说卦》《文言》。读《易》，韦编三绝。曰：'假我数年，若是，我于《易》则彬彬矣。'"⑥修《春秋》："因史记作《春秋》，上至隐公，下讫哀公十四年，十二公"，"至于为《春秋》，笔则笔，削则削，子夏之徒不能赞一辞。弟子受《春秋》，孔子曰：'后世知丘者以《春秋》，而罪丘者亦以《春秋》'"。由此而来，孔子就被以司马迁《史记》为代表的两汉学者，确认为六经的编订者乃至部分经书篇章的撰述者，这是关于孔子与六经成书关系的最早表述。至于这种表述形成的原因，一方面与汉初以来学者们强调孔子在六经形成中的决定性作用有关，另一方面则是受西周以来"圣人创制文化"观念的影响。唐宋以降学者怀疑前说，认为孔子并非是六经的修撰者，六经在孔子之前已具雏形，"六艺非孔子之书，乃周官之旧典也。《易》掌太卜，《书》藏外史，《礼》在宗伯，《乐》隶司乐，《诗》颂于太师，《春秋》存乎国史"（章学诚语），孔子仅是六经的传述者。六经为周官之旧典，是符合历史事实的，"夫六经，先王之陈迹也"（《庄子·天运》），孔子之前确实存在或以"六艺"命名的六经文本，但是据此推论孔子仅为六经传述者，却降低了孔子在六经成书过程中的作用，特别是"20世纪下半叶以来的出土文献，印证孔子与《易》《诗》等元典的紧

---

① 《史记·太史公自序》中对于孔子与六经之间的关系也有类似的表述："孔子修旧起废，论《诗》《书》，作《春秋》，则学者至今则之。"

密关系，表明孔门师徒深度参与元典的纂集与诠解，证实司马迁《孔子世家》说法有据"①。必须说明的是，孔子以六经作为教材来培育诸弟子，应为不争之论。这样一方面促成了六经文本的定型化和凝固化，另一方面将属于"王官之学"的"六艺"转变成为儒家私学的新"六艺"（六经），并伴随着两汉以降的尊孔崇儒而演变成为"为万世垂法"的神圣经典——万世教科书，"孔子之教何在？即在所作'六经'之内。故孔子为万世师表，'六经'即万世教科书"②。

（二）教学活动中的孔子与六经

从教学活动方面来看，孔子与弟子们以六经文本为中心，兼具传形与传意的言语交往活动，生动再现了孔子与六经文本之间业已存在的传承关系。这里需要说明：一是孔子与弟子们之间的言语交往活动，主要记载在"孔子应答弟子、时人及弟子相与言而接闻于夫子之语"（《汉书·艺文志》）的《论语》一书中。从整体上来看，虽然《论语》中的教学内容处于从三代（六艺、四术）到春秋末期（六经）的过渡与转变期，《论语》文本中也未提及经、六经与经学的名称，但不可否认的是，"经学的基础，实奠定于孔子及其后学，无孔子即无所谓'经学'。但此时不仅经之名未立，且《易》与《春秋》尚未与《诗》、《书》、礼、乐组合在一起。因此，可以说，孔子及其后学所奠定的是经学之实，但尚未具备经学之形"③。二是孔子与弟子们在教学活动中是以传形与传意（集中体现在此方面）相结合的方式来实现对六经文本的传承。所谓传形，即以六经文本为中心对文本章句的传诵与接受；所谓传意，即以仁与礼为中心对文本思想的诠释与创生。值得关注的是，徐复观在对先汉经学由发端以至完成的过程进行梳理的基础上，将先汉学者与六经文本之间的关系，归纳和总结为：

① 冯天瑜：《中华元典精神》，上海人民出版社 2014 年版，第 125 ～ 126 页。

② 皮锡瑞：《经学历史》，中华书局 2011 年版，第 6 页。

③ 徐复观：《中国经学史的基础·周官成立之时代及其思想性格》，九州出版社 2014 年版，第 34 页。

　　他们受了经学典籍的基本教育，但经学典籍只在他们的思想中发生各种程度不同的作用，他们并非以传经为业的经学家型的人物。实则由《礼》之大、小《戴记》，《易》之十翼，《春秋》之三传，可以推知另有一批经学家，以某一经为中心，作了许多解释和创发工作。他们的思想与思想家型的不同之点，在于他们是顺着他们所治的经以形成他们的思想，有广狭之不同，但先汉、两汉断乎没有无思想的经学家。无思想的经学家，乃出现于清乾嘉时代。先汉经学家型的人物，在经学家的形成中居于主要的地位，尤其是自孔子的晚年，一直到战国中期，是他们最活跃的时代，但除《春秋》三传外，他们几乎都是无名英雄，难作以姓名为标题的叙述，这是非常可惜的。①

　　这段总结性的话语中所体现的相关内容为：第一，依据经学典籍在先汉学者思想中发生作用的程度不同，可将他们分为经学家型和思想家型。第二，以传经为业的经学家型学者，同样也可以被称作思想家型学者，或许他们与思想家型学者的区别仅在于，经学家型学者的思想从源头上可以追溯至某一部具体的经，如治《礼》的思想家、治《易》的思想家、治《春秋》的思想家等。第三，在先汉经学从发端至完成的过程中，对经学传承谱系的构建以《汉书·儒林传》之"经一线单传"说最为代表，事实上，这种说法抹杀了众多"难作以姓名为标题"进行叙述的"无名英雄"，而正是因为众多"无名英雄"的存在才使得经学传承弦歌不辍。

　　及高皇帝诛项籍，举兵围鲁，鲁中诸儒尚讲诵习礼乐，弦歌之间不绝，岂非圣人之遗化，好礼乐之国哉？故孔子在陈，曰："归与归与！吾党之小子狂简，斐然成章，不知所以裁之。"夫齐、鲁之间于文学，自古以来，其天性也。（《史记·儒林列传》）

---

① 徐复观：《中国经学史的基础·周官成立之时代及其思想性格》，九州出版社 2014 年版，第 62 页。

《儒林列传》中所提及的"鲁中诸儒"，就是保证齐、鲁地区"弦歌之间不绝"的"无名英雄"。试想，从"周礼尽在鲁矣"，经"及至秦之季世，焚《诗》《书》，坑术士，六艺从此缺焉"，至汉初高皇帝之世鲁中诸儒"尚讲诵习礼乐"，齐、鲁之地俨然成为先秦经学的传承地与汉初经学复兴的策源地。

至于孔子以六经文本为中心所展开的教学活动，则以《史记·孔子世家》中的概括最为代表：

> 孔子以《诗》《书》《礼》《乐》教弟子，盖三千焉。身通六艺者，七十有二人。

"三千"说明孔子弟子众多，其中"身通六艺者，七十有二人"，则表明孔子的教学内容或可分为两个层次，一是以《诗》《书》《礼》《乐》为主的教学内容，一是以六经为主的教学内容。

（1）《论语》中最为常见的教学内容，就是以《诗》《书》《礼》《乐》为主的教学内容：

> 子曰："兴于《诗》，立于《礼》，成于《乐》。"（《论语·泰伯》）
> 子所雅言，《诗》《书》执《礼》，皆雅言也。（《论语·述而》）

这实际上与《礼记·王制》中记载"春秋教以礼乐，冬夏教以《诗》《书》"的教学内容相一致，表明《诗》《书》《礼》《乐》（四术）是孔子之时较为普遍的教学内容，反映了孔子对西周以来教学内容的继承；至于是否可据《论语》与《礼记·王制》因记载相同的教学内容名称，而就此推断二者采用相同的教学内容文本，这就又回到了关于孔子与六经成书关系的学术论争。从教育活动本身来说，孔子私学与西周官学之教学目的不同，就决定了孔子即使是采用相同的教学内容，也必须对相关教学内容做出符合教学目的的理解和诠释。

> 子曰："《诗》三百，一言以蔽之，曰，思无邪。"（《论语·为政》）

子曰："诵《诗》三百，授之以政，不达，使于四方，不能专对，虽多亦奚以为？"（《论语·子路》）

子曰："小子何莫学夫《诗》？《诗》可以兴，可以观，可以群，可以怨，迩之事父，远之事君，多识于鸟兽草木之名。"（《论语·阳货》）

从上述史料可见，孔子正是通过在不同教学情境中来阐述《诗》之特点、总结《诗》之作用，以实现养成从政君子的教学目的。

（2）虽然《论语》中仅有孔子"五十以学《易》"（《论语·述而》）的自我感慨，没有记载学习《春秋》的教学活动，但是始于《庄子·天运》以孔子之名来构建孔子传授六经之实的文本内容，引发了后世学者关于孔子是否实行新"六艺"之教的学术论争，从总体上来看，信之者虽众，不尽信者亦大有人在。这就需要我们用实事求是的态度来对待这个问题，一方面在《论语》所记载的孔子与弟子们的教学活动中，确实没有以《易》《春秋》之具体名称为主的教学信息，《诗》《书》《礼》《乐》与《易》《春秋》也没有以并称的形式出现；但另一方面在孔子与弟子们的对话中，既有在《论语·子路》中援引《易·恒卦》"不恒其德，或承之羞"的情形，又有在同一篇章中阐述"名不正则言不顺"之《春秋》"正名"思想的言论，表明《易》与《春秋》是以思想的形态存在于孔门教学活动中，从而间接证实了孔子实行新"六艺"之教的教育事实。

既然孔子确实以新"六艺"为教学内容，那么为何又有"身通六艺者"仅"七十有二人"之说呢？一方面孔门弟子"三千"之数，始于《吕氏春秋》；贤人弟子"七十人"之说，则可追溯至《孟子》；形成完整的表述，则见于《史记》。

表 1-2 孔门弟子知多少

文本出处	文本内容
《孟子·公孙丑章句上》	以德服人者，中心悦而诚服也，如七十子之服孔子也。
《韩非子·五蠹》	仲尼，天下圣人也，修行明道以游海内，海内说其仁，美其义，而为服役者七十人。

续表

文本出处	文本内容
《吕氏春秋·遇合》	委质为弟子者三千人，达徒七十人。
《淮南子·泰族训》	孔子弟子七十，养徒三千人。
《史记·孔子世家》	孔子以《诗》《书》《礼》《乐》教弟子，盖三千焉。身通六艺者，七十有二人。
《史记·仲尼弟子列传》	孔子曰："受业身通者，七十有七人。"皆异能之士也。 三十五人，显有年名及受业闻见于书传；其四十有二人，无年及不见书传。

另一方面，学者们从不同侧面来探寻"身通六艺者"仅"七十有二人"之因。或有从《易》《春秋》成书年代的解释："《世家》云：孔子以《诗》、《书》、礼、乐教，弟子盖三千焉，身通六艺者，七十有二人。余按：孟子但云'七十子'，则是孔子之门人止七十子也。孔子弟子安能三千之多？必后人之奢言之也。且汉人所称'六艺'，即今《六经》，非《周官》'礼乐射御书数之六艺也'。孔子晚年始作《春秋》，而《易》道深远，圣人亦不能轻以示人，其言未足信，今不取。"[1] 或有从《易》《春秋》文本性质的考虑："盖四术尽人皆教，而《易》则义理精微，非天资之高者不足以语此；《春秋》藏于史官，非世胄之贵或亦莫得而尽见也。"[2] 综上所述，这段因《史记·孔子世家》所引发的学术论争，或因《史记》的历史地位而成为汉代以来学者们认识孔子教学活动的文本依据，后世学者正是以此为始点来考辨孔子、孔门弟子、孔门教学与六经的关系[3]，从而为厘清孔子与六经关系以及反观《论语》中孔门教学活动提供了学术思索的空间。

---

[1] 崔述：《洙泗考信录》，顾颉刚：《崔东壁遗书》，上海古籍出版社 1983 年版，第 321 页。

[2] 孙希旦：《礼记集解》，中华书局 1989 年版，第 1254 页。

[3] 正如陈桂生所言：从《论语》传递信息来看，孔子授业基本上属于"礼教"，或"礼乐之教"，称其为"诗书礼乐之教"，亦未尝不可。只是单凭《论语》中的这些信息，虽可证实一些事情，但并不足以否定一些传言。惟其如此，关于孔子授业，就存在相当宽泛的解释空间。在这个空间中，争议最大的，莫过于所谓"六艺"之教。这种争议，主要还是由司马迁引起的（陈桂生：《孔子授业研究》，教育科学出版社 2012 年版，第 50 页）。

二、仁礼一体：吾从周的内向超越

孔子从追寻礼之本到形成克己复礼为仁的思想学说，就是对周之礼乐文化的内在超越。即从以德、礼为主的周公之道过渡到孔子以仁、礼为主的儒家思想，"仁礼一体"的新说是"内向超越在中国思想史上破天荒之举，他将作为价值之源的超越世界第一次从外在的'天'移入人的内心并取得高度的成功"①，从而开启了以人（仁）为中心来思考社会生活问题（乃至教育问题）的先河，尤其是"性相近也，习相远也"教育观点的提出，更是"人类认识史上一个重大的突破，成为人人有可能受教育、人人都应当受教育的理论依据"②。

（一）孔子言语中的周公与周礼

孔子生活的时代"已经不再是那种可以通过礼乐制度以化约政治危机的时代，而是在礼乐制度已经衰落、崩坏的情况下如何挽救礼乐制度、如何再造人伦文明的问题"③，所以，"吾从周"是孔子在礼崩乐坏、天下无道的重大历史转折过程中做出的主动选择。《论语》文本中孔子有关周公与周礼的言语评述，主要表现为：

> 子曰："如有周公之才之美，使骄且吝，其余不足观也已。"（《泰伯》）
>
> 子曰："殷因于夏礼，所损益，可知也；周因于殷礼，所损益，可知也。其或继周者，虽百世可知也。"（《为政》）
>
> 子曰："周监于二代，郁郁乎文哉！吾从周。"（《八佾》）
>
> 子曰："夫召我者，而岂徒哉？如有用我者，吾其为东周乎！"（《阳货》）
>
> 子曰："甚矣吾衰也！久矣吾不复梦见周公。"（《述而》）

---

① 余英时：《论天人之际：中国古代思想起源试探》，中华书局 2014 年版，第 206 页。

② 孙培青主编：《中国教育史》（第四版），华东师范大学出版社 2019 年版，第 31 页。

③ 丁为祥：《发生与诠释：儒学形成、发展之主体向度的追寻》，人民出版社 2015 年版，第 480 页。

实际上，上述这些言语评述就是孔子一生仰慕周公与崇奉周礼之心路历程的情景再现。具体可分为三个方面：第一个方面是孔子心目中的周公与周礼。《泰伯》篇中的周公，是才美兼备的大圣之人；《为政》篇中用"损益"来阐明周礼与夏礼、殷礼之间的承继关系。殷尚质，既忠而又尽其质；周尚文，既忠质而又尽其文。商非废夏之忠，周非废二代之忠质。商不能改乎夏，周不能改乎商，所谓天地之常经也。若乃制度文为，或太过则当损，或不足则当益。益之损之，与时宜之，而所因者不坏，是古今之通义也。第二个方面是孔子用"从周"与"为东周"来表达为道志向。《八佾》篇中的"从周"，就是孔子从周之礼乐文化的理想。三代之礼，至周大备，夫子美其文而从之。《阳货》篇中的"为东周"，事实上反映了孔子在理想与现实交织中的复杂心态，尽管四处碰壁，但不避乱而应公山氏之召，则更加说明了孔子一生虽历经坎坷但从未放弃兴周道于东方的人生抱负和现实努力。三是孔子终未复兴周道之无奈的感慨。《述而》篇中的"吾不复梦见周公"，就是孔子有心无力的无奈感慨，正所谓存道者，心无老少之异；而行道者，身老则衰也。孔子盛时志欲行周公之道，故梦寐之间如或见之；至其老而不能行也，则无复是心而亦无复是梦矣，故因此而自叹其衰之甚也。这正是孔子一生"知其不可为而为之"的真实写照。

（二）克己复礼为仁的内向超越

孔子与周公自述中的一个"贱"字，或道尽了孔子毕竟不同于周公的历史现实。"我文王之子，武王之弟，成王之叔父，我于天下亦不贱矣"（《史记·鲁周公世家》），这是周公对其身份的表白；"吾少也贱，故多能鄙事"（《论语·子罕》），这是孔子对其身份的揭示。孔子与周公身份的不同，周礼在礼崩乐坏面前的无力，使得以卫道者身份自居的孔子面临着诸多困难。一是大量"僭越""违礼"或"不守礼"的现象出现，《论语》中就记载了诸多不合周礼之事：

孔子谓季氏："八佾舞于庭，是可忍也，孰不可忍也？"（《论语·八佾》）（按周制，乐舞的阵势以天子为最大，天子八佾，诸侯六，卿大夫四，士二。）

　　三家者以《雍》彻。子曰："'相维辟公，天子穆穆'，奚取于三家之堂？"（《论语·八佾》）（《雍》乐是天子撤祭时所用，鲁国有时也可使用，作为大夫就无权享有了。）

二是周礼因失去了王权的护佑而导致自身权威的丧失，尤其是在春秋时期，当仅依靠"玉帛""钟鼓"等外在仪式来彰显其存在价值时，就标志着周礼逐渐退出了社会生活的历史舞台。周礼的式微、人伦的失范，就成为春秋乃至战国时期的思想家们必须面对和解决的难题。或继承，或舍弃，或在继承与舍弃之间徘徊，或另辟蹊径，思想家无论做出何种选择，周礼都是他们必须正面面对的一个历史话题。

　　孔子提出"人而不仁，如礼何？人而不仁，如乐何？"（《论语·八佾》）的时代命题，就是要以"仁"为中心来实现对礼乐制度的内向超越，即由周公之德－礼乐向孔子之仁－礼乐的价值转化。所谓周公之德－礼乐实际上是关于周礼之特征的整体性描述，周公制礼作乐同样也成为周礼的文化符号和形象表征。王国维在对殷礼、周礼的各自特点及承继关系的对比分析中，将周礼之特征及周公制礼作乐的原因，分别概括如下：

　　　　周礼之特征：欲观周之所以定天下，必自其制度始矣。周人制度之大异于商者，一曰立子立嫡之制，由是而生宗法丧服之制，并由是而有封建子弟之制，君天下臣诸侯之制。二曰庙数之制。三曰同姓不婚之制。此数者，皆周之所以纲纪天下，其旨则在纳上下于道德，而合天子诸侯卿大夫士庶民成一道德团体。①

　　　　周公制礼作乐之原因：周之制度典礼，乃道德之器械，而尊尊亲

---

① 王国维：《殷周制度论》，《观堂集林》（第二册），中华书局1959年版，第453～454页。

亲贤贤男女有别四者之结体也。此之为民彝，其有不由此者，谓之
非彝。①

周礼之宗旨在于"纳上下于道德"，从上到下全体人形成"一道德团体"。首
先，这其中的始发点是源于周人形成了有别于殷商宗教敬畏意识的忧患意
识。"在忧患意识跃动之下，人的信心的根据，渐由神而转移向自己本身行
为的谨慎与努力。这种谨慎与努力，在周初是表现在'敬''敬德''明德'
等观念里面。尤其是一个'敬'字，实贯穿于周初人的一切生活之中，这是
直承忧患意识的警惕性而来的精神敛抑、集中，及对事的谨慎、认真的心理
状态。这是人在时时反省自己的行为，规整自己的行为的心理状态。周初所
强调的敬的观念，与宗教的虔敬，近似而实不同。宗教的虔敬，是把人自己
的主体性消解掉，将自己投掷于神的面前而彻底皈依于神的心理状态。周初
所强调的敬，是人的精神，由散漫而集中，并消解自己的官能欲望于自己所
负的责任之前，凸显出自己主体的积极性与理性作用"②，这样西周文化就实
现了从殷商外在宗教的天命神权之路转向内在道德的礼乐文明上来。其次，
这其中的发起者是以周公为中心的制礼作乐者。周公以"德"与"位"兼备
的身份来制礼作乐，究其初衷是为了解决周初的政治危机，特别是为缺乏
"天保"的西周寻找到王权赖以存在的内在根据，这个解决的方案就是化政
治问题为礼乐文化，化礼乐文化为德性修养，从而借助礼乐文化实现从外在
天命向内在道德的过渡，西周社会由此而进入一个以礼乐制度统治天下的时
代，"一个由'敬'所贯注的'敬德''明德'的观念世界，来照察、指导自
己的行为，对自己的行为负责，这正是中国人文精神最终的出现"③。最后，
这其中的核心关键是尊尊、亲亲、贤贤、男女有别四者之结体。西周礼乐制

---

① 王国维：《殷周制度论》，《观堂集林》（第二册），中华书局 1959 年版，第 472 页。

② 徐复观：《中国人性论史·先秦篇》，九州出版社 2013 年版，第 21 ～ 22 页。

③ 同上书，第 23 页。

度就共存于"四者"结合体之中，"因为亲亲，所以必须有孝弟之情、血缘之爱；因为尊尊，所以必须有政治权力及其等级制度；同时又因为贤贤，所以整个社会——所有的人也就必然要有一定的族群与天下关怀。这样一来，整个社会的政治、文化与思想也全然确立在德性的基础上了"[①]，由此而来，尊尊所代表的政治权力系统与每一个个体置身于其中的亲亲、贤贤（包括所谓男女之别）的道德系统，就构成了支撑礼乐文化的系统体系和制度保障。

周平王东迁，王纲解纽，周天子不能维持"礼乐征伐自天子出"的共主地位，标志着以周天子为中心的尊尊政治权力系统的破坏，以及与此相关联的亲亲、贤贤道德系统的难以为继，其外显的行为表现就是礼崩乐坏以及诸多违背礼乐行为的发生。孔子的身份与所处的时代，就决定了孔子不可能重复周公之路。作为思想家的孔子，从亲亲、贤贤的道德系统入手，将礼乐制度与每个个体的道德践履结合起来，从而将周公之"礼"推进到孔子之"仁"的阶段。正所谓：

> 克己复礼为仁。一日克己复礼，天下归仁焉。为仁由己，而由人乎哉？（《论语·颜渊》）

这一段话中就出现了三个"己"字，这样一方面重申了西周礼乐文化中注重发挥个体之主体积极性与理性作用的历史传统，另一方面"为仁由己"的提出，则是"打破了社会上政治上的阶级限制，把传统的阶级上的君子小人之分，转化为品德上的君子小人之分，因而使君子小人，可由每一个人自己的努力加以决定，使君子成为每一个努力向上者的标志，而不复是阶级上的压制者"[②]，仁在成为人之为人的最高标准的同时也成为礼的内在依据，"人而不仁，如礼何？人而不仁，如乐何？"（《论语·八佾》），此即将以礼为代表

---

① 丁为祥：《发生与诠释：儒学形成、发展之主体向度的追寻》，人民出版社2015年版，第476页。

② 徐复观：《中国人性论史·先秦篇》，九州出版社2013年版，第59页。

的客观人文世界向以仁为代表的内在人格世界转化的标志。至于仁与礼之间的道德践履关系，《论语》提出了从仁到礼、由礼到仁两条路径①。其中：仁与爱相连，主要侧重内心精神和情感的一面，以忠恕为法则；礼与文相关，主要侧重社会规范和伦理的一面，以教化为法则。这样一方面推己及人的自觉与遵从社会伦理规范的教化，从个体道德践履来看是可以相对独立的；另一方面推己及人的忠恕之道中就已经包含着对礼之节和度的遵守和预判，从这个意义上来讲，以社会义务和责任为目的的行为和人格，仍然是以人的内心自觉作为内在的依据，从而又复归到"为人由己"的内在向度，"君子儒"之个体人格就生成于其中。

孔子提出"为仁由己"的人格养成路径，一方面确定了"君子儒"之个体人格形成的基本方向，阐明了个体人格价值实现的内在依据，亦即在仁道推及的关系中寻求或获得自身生存的主体性价值与意义；另一方面也蕴含着一种理论需要，《论语》中未能从正面回答仁之践履过程中，最具普遍性和奠基性的"性与天道"的议题。《论语·公冶长》篇中之"夫子之文章，可得而闻也。夫子之言性与天道，不可得而闻也"，为夫子言论中唯一涉及性与天道的言语记录，但由于仅以"子贡曰"之评述式的形式来呈现，故引起了后世学者许多争论。一是与《论语》关联的文献中再无相关或类似的评述，二是子贡"曰"之情境及具体对象不可考证，三是后世学者关于"文""性""天道"范畴的注解存在诸多争议。但不可否认的是，夫子以仁为中心融合文、性、天道等诸范畴的学术贡献，事实上开启了先秦儒家构建自身理论体系的先河，孔门后学正是以《论语》中的诸范畴为原点，不断丰富和拓展先秦儒家学说的理论内涵。或者从某种程度上来说，孔门后学分化的源头就蕴藏在《论语》之中。

---

① 后来儒家分成不同流派，思、孟一派沿着"仁"的方向发展，走向唯心主义哲学的新领域；而荀子一派则倾向唯物，他们发挥了礼的学说，而使礼更加接近法家的法（杨向奎：《宗周社会与礼乐文明》，北京出版社 2022 年版，第 361 页）。

三、仁智统一：孔子与弟子之间的礼俗生活

陈桂生从《论语》中孔子与弟子在教学活动中的问答，推导出以礼、乐为核心价值观念的"君子儒"之教的层次：

> （1）孔子授业，基本上属于君子之教。由于君子属道德概念，故其授业属于伦理之教。其中常以"孝""悌""忠""信""智""仁""勇"之类价值观念为议题。（2）单认同"孝""悌""忠""信"之类伦理价值未必成为君子，故重要的是使行为成为德行，进而形成此类德性（即品德）。（3）出于正当的价值观念，见诸行动时，举止是否恰当，还须以礼、乐为标准加以衡量。故此种授业实际上是超越一般伦理之教的"君子儒"之教。（4）至于如何按照君子之道修身，不仅取决于正当的爱好，主要立足于"学"。即"见贤思齐焉，见不贤而内自省也"（《里仁》）。①

孔门的"君子儒"之教是一种具有伦理之教属性，以培养君子为目标的仁智统一之教。首先，"君子儒"之教的伦理之教属性，主要表现为以"孝""悌""忠""信""智""仁""勇"之类价值观念作为教学的核心内容。其次，"君子儒"之教超越于一般伦理之教的特殊之处在于，以礼、乐作为衡量君子是否皆备德行与德性的外在标准。最后，"君子儒"之教是以学为中心的仁智统一之教，孔子"学不厌，教不倦"正是"君子儒"之教的生动再现。

（一）孝为仁之本："君子儒"之教的伦理属性

孔子在教学活动中打通了仁、礼、乐与孝之间的关系，并实现了孝、悌在内外之间的融合与转化。"人而不仁，如礼何？人而不仁，如乐何？"（《论

---

① 陈桂生：《孔子授业研究》，教育科学出版社2012年版，第53页。

语·八佾》)，仁以爱人为本，仁者爱人，从心中出发，人而不能爱人，则人心早已失掉，尽管外表重视礼、乐，这种礼、乐又有什么用呢？礼、乐的内在根源就是人心之仁。在以人心之仁为中心而展开的儒家教学生活中，孝就是沟通人与仁之间关系的连接点。而这个操作转化是通过两个方面来实现的。

一是构建孝与仁的内在关系，"有子曰：其为人也孝弟，而好犯上者，鲜矣；不好犯上，而好作乱者，未之有也。君子务本，本立而道生。孝弟也者，其为仁之本与！"(《论语·学而》)首先，从《论语》文本的篇章结构关系来看，这段话为《学而》篇的"第二章"，《学而》篇以言学为主的文本属性就决定了这段话的特殊地位。作为《论语》首篇的《学而》篇(共包括十六章)，虽"各章无统一主题，但以言学为主，兼言孝、悌、忠、信、义、礼等修身为人、处世交友之道。篇名'学而'二字，取首章'子曰'以下前二字，本无深义。唯其首篇、首章以'学'字始，体现编者以学为先的用心。《礼记·学记》云：'君子如欲化民，其必由学乎！'与此思想一致。陆氏'以学为首，明人必须学也'之说不误"[1]，"第二章"正是在《论语·学而》论学的话语体系之中。其次，《学而》篇的"第一章"既是本篇篇名的来源之处，又因作为《论语》整本书的首篇之章而具有重要的学术地位。《学而》篇首章就是要突出孔子之教重在学，重在学为人之道的务本思想。最后，"第二章"提出孝为仁之本的命题，正是《学而》篇倡导为学务本思想的合理延伸。《论语》中仁者爱人之爱，是一种由近及远、推己及人的差等之爱。以孝为仁之本，就是由爱亲到爱人，由父母和血缘亲人推广到社会所有人的道德品行，这实质上就构成了儒家的仁孝关系。在儒家的仁孝关系中，"仁，广大而抽象；孝，狭窄而具体；由狭窄而具体的下手，以渐渐进于广大而抽象的仁"[2]，这就是立仁于孝、援孝入仁的价值所在，究其目的，

---

[1]　黄怀信：《论语汇校集释》，上海古籍出版社 2008 年版，第 17 页。

[2]　周予同：《孝与生殖器崇拜》，《古史辨》(第二册)，上海古籍出版社 1982 年版，第 238 页。

就是实现从孝之伦理规范到仁之道德原则的转化与提升。

　　二是以孝、悌为始点来形塑教学生活，"弟子入则孝，出则弟，谨而信，泛爱众而亲仁，行有余力，则以学文"(《论语·学而》)。邢昺在疏解中指出，"此章明人以德为本，学为末。男子后生为弟。言为人弟与子者，入事父兄，则当孝与弟也；出事公卿，则当忠与顺也"，"'谨而信'者，理兼出入，言恭谨而诚信也"，"'泛爱众'者，泛者，宽博之语。君子尊贤而容众，或博爱众人也。'而亲仁'者，有仁德者则亲而友之。能行已上诸事，仍有闲暇余力，则可以学先王之遗文。若徒学其文而不能行上事，则为言非行伪也。注言'古之遗文'者，则《诗》《书》《礼》《乐》《易》《春秋》六经是也"①，这就是从孝、悌到学文之间的内在逻辑。具体表现为四个方面的主要内容：(1)从以德为本的方面来看，孝为德本，德兼仁、义、礼、智，仁则统仁、义、礼、智四德；孝又为仁之本，由孝而仁，由仁德而成仁、义、礼、智四德，故孝德就是德行之始点。(2)从孝与教的关系来看，孝为"教之所由生也"(《孝经》)，孝中包含教、效、学的授学活动和效仿之意，"'老'和'子'的关系中的'教''学'就是'孝'。'孝'即'教'，首先是父辈对子辈的教，其次是子辈对父辈的'教'。'孝'即学，效法、仿效、学习。'孝'是'学'的概念补充和拓展"②。(3)从德与学的关系来看，在《论语》话语体系中德为本、学为末，为学只有穷其本末，知所先后，方可入德。(4)从教与学的内容来看，教与学以《诗》《书》《礼》《乐》《易》《春秋》六经为主，德又为学之本，由此而来，道德培养与知识传授就生成于同一教学过程之中。

　　(二)学不厌、教不倦："君子儒"之教的仁智统一

　　孔子一生重在教，孔子之教重在学，"学不厌、教不倦"就是孔子对学与教(诲)关系的高度概括：

---

① 黄怀信：《论语汇校集释》，上海古籍出版社 2008 年版，第 50 页。

② 周海春：《从〈论语〉和〈孝经〉看孔子"孝"思想的可能意蕴》，《安徽大学学报》(哲学社会科学版)，2006 年第 2 期。

　　子曰："默而识之，学而不厌，诲人不倦，何有于我哉？"（《论语·述而》）

　　子曰："若圣与仁，则吾岂敢？抑为之不厌，诲人不倦，则可谓云尔已矣。"公西华曰："正唯弟子不能学也。"（《论语·述而》）

依据孔子的言语描述，学与教首先是并列与共存的关系，同样，从《论语》文本中孔子与弟子间的交往活动来看，有学有教正是孔子日常活动中最主要的行为。尤其是，"有教无类"教育主张的提出，在扩大受教育范围的同时，提升了"教"这一行为在教育活动中的地位，"自行束脩以上，吾未尝无诲焉"（《论语·述而》）。在形成关于学与教关系初步认识的基础之上，我们还需要考察"学不厌、教不倦"中学与教孰轻孰重及"学不厌、教不倦"的关系问题。

　　对于"学不厌、教不倦"中学与教孰轻孰重的问题，或可借助《论语》文本来寻找答案：一是从《论语》的篇章结构来看，以《学而》篇为首，以《尧曰》篇终结，"自《学而》至《尧曰》凡二十篇，首末相次无别科重。而以《学而》最先者，言降圣以下皆须学成，故《学记》云：'玉不琢不成器，人不学不知道。'是明人必须学乃成"[1]。二是从学与教在《论语》文本中出现的次数来看，"学"字共出现了 64 次，"教"字共 7 次；与"教"义相近的"传"为 2 次，"诲"为 5 次；与"学"义相近的"习"为 3 次，"问"为 120 次。三是从"为己之学"的为学修身志向来看，"古之学者为己，今之学者为人"（《论语·宪问》），"古之学者为己，其终至于成物；今之学者为人，其终至于丧己"（《朱子集注》），在成己的基础之上成人（物），又通过成人（物）来成己，正是"为己之学"的主旨所在。四是从孔子与弟子之间的教学活动案例来看，孔子或"不愤不启，不悱不发。举一隅不以三隅反，则不复也"（《论语·述而》），或"有鄙夫问于我，空空如也。我叩其两端而

---

[1]　皇侃：《论语义疏》，中华书局 2013 年版，第 1 页。

竭焉"(《论语·子罕》),或"求也退,故进之;由也兼人,故退之"(《论语·先进》),究其目的,就是实现"夫子循循然善诱人,博我以文,约我以礼,欲罢不能"(《论语·子罕》)的教学效果。《论语》文本中的学范畴无论是从出现频率还是从内涵的丰富性方面,远高于教范畴的原因,就在于:一是"在当时人们观念中人的地位、价值、作用的提高,表现在教育中就是要求教育不是一种强加的过程,'己所不欲,勿施于人',教育应当表现为学习者自觉学习的过程",二是"官学失守,学在四夷,私学的发展、自学的发展,导致了学习的个体性被极大地凸现出来了",三是"作为一个重要的社会阶层,士的历史地位上升,他们在社会政治生活中扮演了重要角色。人们也常借为士改变其社会地位。但为士需具备一定素质,这又要靠学习。这样,社会的实际需要促进了人们的重学,也推动了私学的发展。孔丘是士利益的代表,其思想必然会反映这种社会需要。时代的变迁反映在一位杰出教育家的头脑里,就导致了不仅在形式上《论语》中学范畴的频繁出现,而且在实质上《论语》中谈教育无不着眼于学"[①]。总而言之,孔子在《论语》中关于学范畴的阐释,虽然从形式上都是以师生对话的方式来呈现,也并未形成关于学范畴的系统论述,但是从内容上涵盖了学范畴的基本范式,揭示了学范畴的各种规定性,孟子、荀子正是在此基础上进一步补充和丰富了儒家学范畴的内涵,《大学》之"三纲领、八条目"实现了对先秦儒家为学过程最为明确、概括和完整的表述。

对于"学不厌、教不倦"的关系问题,《孟子·公孙丑上》一文中通过孔子与子贡的对话,给出了明确的答案:

> 昔者子贡问于孔子曰:"夫子圣矣乎?"孔子曰:"圣则吾不能,我学不厌而教不倦也。"子贡曰:"学不厌,智也。教不倦,仁也。仁且智,夫子既圣矣。"

---

① 杜成宪:《早期儒家学习范畴研究》,华东师范大学博士学位论文,1988年,第63～64页。

从《论语·述而》孔子话语中的"圣与仁"到《孟子·公孙丑上》中子贡总结性的"仁且智"，既是对学不厌（圣与智古通称）、教不倦（仁）之内在关系的概括，又是对孔子理想人格特征与好教师形象的描述。仁属于伦理学范畴，智属于认识论范畴，仁智统一就是伦理学与知识论二者的统一，"仁向内以显露道德主体，智向外以成就知识才能。仁虽为孔学的骨干，但孔子对于智，实已付与以一个与仁相平行的地位，以成就其'内外兼管''体用赅备'的文化建构"①。《中庸》则是从成己与成物的关系来阐述仁智统一：

> 诚者，自成也；而道，自道也。诚者物之终始，不诚无物。是故君子诚之为贵。诚者，非自成己而已也，所以成物也。成己，仁也；成物，知也。性之德也，合内外之道，故时措之宜也。

尚诚亦即尚仁，故以仁为体，以智为用。学属成己之事，教属成人之事；学是体、是本，教是末、是用，成己方能成人。由此而来，仁智统一"从道德对象上既指向自己又指向他人，既是道德主体自身的道德与知识之间的统一，又是道德主体成己与成物的统一"②；仁智统一的过程就是"一个推己及人的自我修养过程，就是以忠与恕为法则，以博文与约礼为载体的不断自我提升的过程"③。所谓以忠与恕为法则，尽己之忠与推己之恕就是"己欲立而立人，己欲达而达人"与"己所不欲，勿施于人"（《论语·颜渊》），就是用推己及人的修养方式去实现仁，"忠与恕是孔子所提出的行仁之方（推行仁道之途径方式），而二者的基本前提便是仁与知的统一"④；所谓以博文与约

---

① 徐复观：《中国学术精神》，华东师范大学出版社 2014 年版，第 17 页。
② 孙杰：《为己之学：中国教学哲学的历史考察》，中国社会科学出版社 2021 年版，第 253 页。
③ 同上书，第 257 页。
④ 杨国荣：《善的历程——儒家价值体系的历史衍化及其现代转换》，上海人民出版社 1994 年版，第 41 页。

礼为载体，博文约礼为教之序，"博我以文，致知格物也；约我以礼，克己复礼也"①，致知格物为智德，克己复礼为仁德，"君子儒"之教就是要培养集知识之美与人性之美为一体的人，即真与美达到完美统一的人。

第三节　传经与弘道：孔门后学的薪火相传

以孔子创立儒家学派为标志，使得滥觞于夏、商、周三代的《诗》《书》《礼》《乐》《易》《春秋》等文化典籍发生了身份转变，即由先王政典渐变为孔门圣典。这样一方面因儒家学派的"述而不作，信而好古"改变了三代以来公共文化典籍的性质——从原属于全社会的公共文化资源渐变为儒家学派的专属文化资源，乃至于《庄子·天下》中宣告"其在于《诗》《书》《礼》《乐》"者，邹鲁之士、搢绅先生多能明之"；另一方面儒家学派以献身教席为己任，在"学不厌、教不倦"的过程中哺育和造就了一代代的儒学传人，儒学传人重视自己的学术传统和文化传承，在传经与弘道的过程中保持着儒家学派自身的凝聚力和生命力。这就是儒家教育思想之所以能成为中国古代社会占主导地位的主体教育思想的重要原因所在。

一、孔门后学：经学传承的主体及其泛化

以孔子创立儒家学派为原点参照，孔门后学就是指"宗师仲尼，以重其言，于道为最高"的儒学传人。又或以孔子生平年代为原点参照，孔门后学既包括师从孔子本人的孔门弟子，也包括（直接或间接）受业于孔门弟子的孔门后人。先秦时期的孔门后学，就是以孔门弟子为始端、以孔门后人孟子与荀子为代表的儒学传人。

---

① 程树德:《论语集释》，中华书局 2013 年版，第 689 页。

（一）孔门后学，知多少？

《论语》是考察孔门弟子情况的直接文本依据，孔子在与众弟子的交流中经常用"门""徒"来称谓自己的弟子。其中：（1）"门"之称谓包括"门弟子""及门""门人小子"三种：

> 子闻之，谓门弟子曰："吾何执？执御乎？执射乎？吾执御矣。"（《子罕》）
>
> 子曰："从我于陈、蔡者，皆不及门也。"（《先进》）
>
> 子游曰："子夏之门人小子。"（《子张》）

（2）"徒"之称谓包括"吾徒""鲁孔丘之徒"（他人称谓孔门弟子）两种：

> 子曰："非吾徒也，小子鸣鼓而攻之，可也。"（《先进》）
>
> 曰："是鲁孔丘之徒与？"对曰："然。"（《微子》）

孔子以"门"或"徒"来称谓的弟子，或可视作"入室弟子"[①]。至于"入室弟子"的人数，或可从不同的侧面来考察：一是从"四科十哲"的角度，"入室弟子"确切人数为10人，"德行：颜渊、闵子骞、冉伯牛、仲弓。言语：宰我、子贡。政事：冉有、季路。文学：子游、子夏"（《先进》）。二是以《论语》中弟子出现的次数为参照，"入室弟子"确切人数或可为：

表1-3 《论语》文本中的孔门弟子

出现的次数	确切人数	弟子姓名（字、出现的次数）
20次及以上	4	仲由（子路、38）端木赐（子贡、38）颜回（子渊、21）颛孙师（子张、20）

[①] 或确切来说，门与室是有区别的，古代弟子从师学道的过程可分由门以及堂、由堂以及室的等降之差。按照常理来说，能纳入《论语》中孔子言说体系的弟子，从身份上来看就应是"入室弟子"。

续表

出现的次数	确切人数	弟子姓名（字、出现的次数）
10 次及以上	4+3（7）	卜商（子夏、19）冉求（子有、16）曾参（子舆、14）
5 次及以上	4+3+6（13）	言偃（子游、8）冉雍（仲弓、7）樊须（子迟、5）宰予（子我、5）公西赤（子华、5）闵损（子骞、5）
2 次及以上	4+3+6+7（20）	有若（子有、4）南宫适（子容、3）司马耕（子牛、3）陈亢（子禽、2）原宪（子思、2）高柴（子羔、2）冉耕（伯牛、2）
1 次	9	宓不齐（子贱）澹台灭明（子羽）曾蒇（皙）公伯缭（子周）公冶长（子长）颜无繇（路）漆雕开（子开、子若）巫马施（子旗）孟懿子（原姓仲孙）

依据孔门弟子在《论语》中出现的次数，可分为高频人物（10 次及以上）7 人，中频人物（2 次以上 10 次以下）20 人，低频人物（1 次）9 人，共 29 人。或可以认为《论语》文本中之 29 人就是孔门"入室弟子"。三是以《史记》中的文献记载为依据,《孔子世家》中记载"身通六艺者，七十有二人"，《仲尼弟子列传》则说"受业身通者，七十有七人"，这就有 72 人或 77 人之说的争议。或可以认为《史记》文本中之 72 人或 77 人就是孔门"入室弟子"。

　　孔门后学除"入室弟子"之外，还包括众多以各种方式受业于孔子的孔门弟子，诸如《史记》之《孔子世家》中就有孔子"弟子盖三千焉"的概说，《仲尼弟子列传》则按照弟子们在孔门中的地位或对后世的影响，列出包括颜回在内的、有姓名可考的孔门众弟子 95 人，这些弟子就应该在三千人之中，除去他们之外还有众多"无名氏"，共同构成了孔门弟子的群体图像。或许，孔子生前"孔门弟子三千人"之说，能从数量上较为真实地再现孔子诲人不倦的师者形象。孔子去世后，一方面宣告了以孔子为中心的孔门弟子群的解体，"自孔子卒后，七十子之徒散游诸侯，大者为师傅卿相，小者友教士大夫，或隐而不见"；另一方面则形成了以孔子弟子及再传弟子为中心、散布于各诸侯国的孔门后学，"子路居卫，子张居陈，澹台子羽居楚，子夏居西河，子贡终于齐。如田子方、段干木、吴起、禽滑釐之属，皆受业于子夏之伦，为王者师。是时独魏文侯好学。后陵迟以至于始皇，天下并争于战国，儒术既绌焉，然齐鲁之间，学者独不废也。于威、宣之际，孟子、荀卿之列，咸遵夫子之业而润色之，以学显于当世"（《史记·儒林列传》），这是司马迁对孔子去世之后孔门弟子情况的总体描述，从中可以大致梳理出战国以来儒家学派的传承序列。至于儒家学派内部的分化情况，则以《韩非子·显学》的论述最为代表：

> 自孔子之死也，有子张之儒，有子思之儒，有颜氏之儒，有孟氏之儒，有漆雕氏之儒，有仲良氏之儒，有孙氏之儒，有乐正氏之儒。

这就是"儒分为八"的文献资料依据，为后世学者考察孔门后学的分化情况提供了重要的参照，同样也引发了学术界诸多争论。这些争论主要表现在两个方面，一是以韩非本人身份为始发点，并结合儒家、法家之间的关系以及韩非将儒生列为危害社会的"五蠹"之一的过激言论，学者们有理由怀疑像韩非这样的法家人物，能否对儒家内部的发展变化有准确而全面的阐述，并由此认为韩非或因创作《显学》的需要而选择性地呈现部分代表性的孔门后学学派，以此为据来论证儒、墨显学多为"愚诬之学，杂反之行"，从而为其宣扬以刑赏法度来治国理政的学说服务。二则是从"儒分为八"出发，或认为《显学》中所呈现儒学八派中的子思、孟子、乐正子春具有师承关系，所以应归为一派而非并列的三派；或以《孟子·离娄下》中率弟子"七十人"的曾参、《荀子·非十二子》中提及的"子张氏""子夏氏""子游氏"、《史记·仲尼弟子列传》中"从弟子三百人，设取予去就"的澹台灭明等文献资料为依据，来说明战国以来儒家内部学派的分化远在八家之上。尽管后世学者对韩非"儒分为八"的说法提出诸多质疑，但是孔子去世之后所引发的孔门后学分化，却是不争的事实。至于孔门后学分化的原因，宋立林在《出土简帛与孔门后学新探》一书中，从内因与外缘两个方面做了较为详尽的阐述[①]。孔门后学分化之内因有二：一是孔子思想之发展性、丰富性与多歧性，二是孔子教育之开放性、包容性与非限定性；外因有三：一是春秋战国之际的时势巨变，二是儒学传播与地域文化的融合，三是诸子蜂起与思想的挑战及互摄。孔门后学的分化，促进了儒家学派自身的发展，孟学、荀学正是在此基础之上得以生成和发展，孔—孟—荀由此而构成了先秦时期儒家学术思想发展的主线。

（二）学不厌、教不倦与经学发生

正如钱穆在《孔子传》"序言"中所言，孔子之学与教、政治事业、著述事业实为孔子一生最主要的事业，其中学与教事业居于三项事业之首位，"孔子在中国历史文化上之主要贡献，厥在其自为学与其教育事业之两项。后代尊孔子为至圣先师，其意义即在此"，"而孔子之政治事业，则为其以学以教之当境实践之一部分。虽事隔两千五百年，孔子之政治事业已不足全为现代人所承袭，然在其政治事业之背后，实有其以学以教之当境实践之一番精神，为孔子学术思想以学以教有体有用之一种具体表现"[②]。"学不厌、教不倦"既是孔子对其学与教事业的自我概述，也是对孔子生平最重视之自学和教人精神的真实再现。

首先，学不厌、教不倦源自《论语·述而》，《孟子·公孙丑上》做了进一步的补充性阐释：

子曰："默而识之，学而不厌，诲人不倦，何有于我哉？"（《论语·述而》）

子曰："若圣与仁，则吾岂敢？抑为之不厌，诲人不倦，则可谓云尔已矣。"公西华曰："正唯弟子不能学也。"（《论语·述而》）

昔者子贡问于孔子曰："夫子圣矣乎？"孔子曰："圣则吾不能，我

---

① 宋立林：《出土简帛与孔门后学新探》，中国社会科学出版社 2018 年版，第 39～78 页。

② 钱穆：《孔子传》，生活·读书·新知三联书店 2018 年版，序言第 2 页。

学不厌而教不倦也。"子贡曰："学不厌，智也。教不倦，仁也。仁且智，夫子既圣矣。"（《孟子·公孙丑上》）

从《论语》到《孟子》，实质上体现了从孔子自谦非"圣与仁"到成为弟子心目中仁智统一之圣人的过程，这是从儒家学派内部所体现的孔子圣化过程。事实上，孔子去世以后，以鲁哀公祭祀孔子为始端，开启了从诸侯层面圣化孔子的社会行为。据《孔颜孟三氏志》记载：

> 鲁哀公十六年四月乙丑日，哀公诔之曰："旻天不吊，不憗遗一老。俾屏余一人以在位，茕茕余在疚。呜呼哀哉！尼父，毋自律。"葬鲁城北泗上。鲁哀公十七年，立庙，置守庙人一百户。弟子皆服心丧三年而去，惟子贡庐于冢上，凡六年。于是弟子有收藏孔子衣、冠、琴、书、剑、履，至汉不绝。

郑康成谓："尼父者，因其字以为谥也。"后世遂以为谥孔子之始。鲁哀公十七年（公元前 478 年）立庙，是诸侯祭孔的开始。在此之前，至迟从周朝开始，学校层面就存在祭祀先圣先师的教育传统，"凡始立学者，必释奠于先圣先师"（《礼记·文王世子》），"大学始教，皮弁祭菜，示敬道也"（《学记》），学者之于先圣先师，大有释奠、小有释菜之礼。周朝所祭祀的先圣先师主要以历代开国之君及辅助君王成就德业的大臣为主，据《文献通考·卷四十三·学校考四》记载：

> 长乐刘氏曰："周有天下，立四代之学，虞庠则以舜为先圣，夏学则以禹为先圣，殷学则以汤为先圣，东胶则以文王为先圣，各取当时左右四圣成其德业者为之先师，以配享焉。此天子立学之法也。"

孔子去世之后，弟子们服心丧三年本为学派内部的个体行为，鲁哀公的介入及孔庙的创建，事实上将孔子家族之私人空间公共化和神圣化，再加上鲁哀公以尼父来称谓孔子并进行祭祀，无形中有利于孔子之圣师形象的形成和塑造，从而扩大了儒家学派的社会影响力。

其次，从《论语》之《述而》篇的整体结构来看，"'述而'者，明孔子行教，但祖述尧、舜，自比老彭，而不制作也"（皇侃《论语义疏》）；从"学不厌、教不倦"在《述而》篇中所处的位序来看：

篇章一：子曰："述而不作，信而好古，窃比于我老彭。"

篇章二：子曰："默而识之，学而不厌，诲人不倦，何有于我哉？"

篇章三：子曰："德之不修，学之不讲，闻义不能徒，不善不能改，是吾忧也。"

这三章正是《述而》篇之前三章，在文本内容方面构成了一个意义相对完整的整体。我们以皇侃《论语义疏》对此部分内容的疏解为例，来阐明"子曰"话语体系中的（自）学与教（人）。

篇章一：此孔子自说也。云"述而不作"者，述者，传于旧章也；作者，新制作礼乐也。孔子自言我但传述旧章而不新制作礼乐也。夫得制礼乐者，必须德位兼并，德为圣人，尊为天子者也。所以然者，制作礼乐必使天下行之。若有德无位，既非天下之主，而天下不畏，则礼乐不行；若有位无德，虽为天下之主，而天下不服，则礼乐不行，故必须并兼者也。孔子是有德无位，故述而不作也。云"信而好古"者，又言己常存于忠信而复好古先王之道，故曰信而好古也。所以《中庸》云："仲尼祖述尧、舜，宪章文、武"是也。云"窃比于我老彭"者，窃，犹盗也。老彭，彭祖也，年八百岁，故曰老彭。老彭亦有德无位，但述而不作，信而好古。孔子欲自比之而谦，不敢灼热，故曰窃比也。

篇章二：云"默而识之"者，见事心识而口不言，谓之默识者也。

云"学而不厌"者，又学先王之道而不厌止也。云"诲人不倦"者，诲，
教也。又教一切之人而不疲倦也。云"何有于我哉"者，言人无此诸
行，故天下贵于我耳。若世人皆有此三行，则何复贵有于我哉？故李充
曰："言人若有此三行者，复何有贵于我乎？斯劝学敦诲诱之辞也。"

篇章三：云"德之不修"者，得理之事宜修，治在身也，而世人不
修也。云"学之不讲"者，所学经业恒宜讲说，使决了也，而世人不讲
也。云"闻义不能徙"者，闻有仁义之事，徙意从也，而世人不徙也。
云"不善不能改"者，身本有不善，当自改正令善也，而世人不改也。
云"是吾忧也"者，吾，孔子自谓也。言孔子恒忧世人不为上四事也。

这事实上就是对孔子（自）学与教（人）精神的文本再现，一是以"老彭"
为标准，阐明（自）学与教（人）所秉承的原则及追求的标准；二是通过
"我之有"与"我之忧"正反两方面的对比，说明（自）学与教（人）在
"吾"生平事业中的首要地位。

最后，颜渊在《子罕》中的自我言说，"既是其本人对于夫子之道、夫
子之教的推崇和赞许，更是通过对自我成长历程的反思和回顾，表达了自
己'虽欲从之，末由也已'的学道和践道的人生志向"[1]。"仰之弥高，钻之
弥坚，瞻之在前，忽焉在后。夫子循循然善诱人，博我以文，约我以礼，欲
罢不能，既竭吾才，如有所立卓尔，虽欲从之，末由也已"，孔子在教学中
"循循善诱"，"博文约礼"，使得弟子们在学习上有"欲罢不能"之势，这就
是孔子与弟子们之间的互动与生成。同样，也只有在如此志趣相投的教育教
学活动中，才能使弟子们形成对夫子之学、夫子之教、夫子之道的"心悦诚
服"，"以德服人者，中心悦而诚服也，如七十子之服孔子也"（《孟子·公
孙丑上》）。一个"服"字，体现了弟子们自觉从师学习的态度，表达了弟

---

[1] 孙杰：《为己之学：中国教学哲学的历史考察》，中国社会科学出版社 2021 年版，第
213～214 页。

子们学习和践行儒家之道的人生志向，由此而来，弟子们心中就树立了一个理想的师者形象。亲师而信道，以《六经》为中心的儒家经学传承就伴随在其中。

二、传经亦弘道：以六经为中心的经学传承

儒家之道就蕴含在儒家之经中，儒家之经的传承就是对儒家之道的传承和弘扬，从总体上来说，传经与弘道是合二为一的过程。之所以提出"传经亦弘道"的话语，一是受姜广辉《中国经学思想史》（第一卷）之"第六章 传经与弘道：荀子的儒学定位"研究内容的启发，"荀子本人不仅是一位传经的大儒，也是一位为道捍义的斗士"[1]。二是受梁涛《新四书与新儒学》一书的启示，"从孔子到子思再到孟子、荀子，实际是儒学内部的一个分化过程。孔子、子思不仅影响了以后的孟子，同样启发了荀子，虽然思想史上不存在一个思荀学派，但从思想的影响来看，子思与荀子之间同样存在联系。所以，朱子'一线单传'的道统观显然是有问题的"[2]，故需要综合孟、荀来重新审思孔子之后的儒学传承问题。三是试图改变过往对于孟子"弘道之儒"与荀子"传经之儒"的固化思维，倡导以孟、荀来理解孔子、儒学的学术进路。首先，所谓理解的"固化思维"主要体现在两个方面，一方面是存在对"弘道"与"传经"理解的绝对化和片面化，无形之中将"弘道"与"传经"割裂开来；另一方面是遵循以道至上的惯习，从一定程度上在提升"弘道之儒"地位的同时，不可避免地贬低了"传经之儒"的作用。其次，之所以要倡导孟、荀并列，主要是对宋代以来推崇孟子、贬斥荀子而形成尊孟抑荀之学术传统的批判。如果从儒家道统思想源头上来考察，不难发现韩愈在《进学解》与《原道》中给出了两个不同的答案：

---

① 姜广辉：《中国经学思想史》（第一卷），中国社会科学出版社 2003 年版，第 235 页。

② 梁涛：《新四书与新儒学》，中国人民大学出版社 2020 年版，第 4 页。

> 昔者孟轲好辩，孔道以明，辙环天下，卒老于行。荀卿守正，大论是弘，逃谗于楚，废死兰陵。是二儒者，吐辞为经，举足为法，绝类离伦，优入圣域，其遇于世何如也？（《进学解》）

> 吾所谓道也，非向所谓老与佛之道也。尧以是传之舜，舜以是传之禹，禹以是传之汤，汤以是传之文、武、周公，文、武、周公传之孔子，孔子传之孟轲。轲之死，不得其传焉。荀与扬也，择焉而不精，语焉而不详。（《原道》）

或许这体现的正是从孟、荀并列向尊孟抑荀的转变，韩愈本人就是一个转变的分水岭，自此以后，荀子包括荀学的地位每况愈下。最后，需要说的是，孟、荀并列究其实质是学术进路层面的并列，是因为孔子之后的孟子、荀子开启了儒学内部的两个重要传统，所以处于不同时空场域的孟子、荀子方可得以并列。

（一）主线：曾子-孟子与子夏-荀子

孔子在世时，弟子们可分为前期弟子和后期弟子两类，"先进于礼乐，野人也；后进于礼乐，君子也。如用之，则吾从先进"（《先进》），"先进"即先进于孔门接受礼乐教育的前期弟子，"后进"即后进于孔门接受礼乐教育的后期弟子；前期弟子多是"质胜文"的"野人"，后期弟子则多为"文胜质"的君子。至于前期弟子和后期弟子的大致划分以及各自在孔门学派中所发挥的作用，崔述、钱穆两位学者做了跨时空的接续考证。首先是崔述在《洙泗考信余录卷之一》中以《论语》《春秋传》《戴记》等文献资料为基础，在对颜子、曾子、闵子骞、冉伯牛、仲弓、子贡等六位孔门弟子的生平事迹进行考证之后，对孔子前期弟子和后期弟子的整体情况进行了总结：

> 《春秋传》多载子路、冉有、子贡之事，而子贡尤多，曾子、游、夏皆无闻焉。《戴记》则多记孔子没后，曾子、游、夏、子张之言，而冉有、子贡罕所论著。盖圣门中，子路最长，闵子、仲弓、冉有、子

贡，则其年若相班者。孔子在时，既为日月之明所掩。孔子没后，为时亦未必甚久。而子贡当孔子世，已显名于诸侯，仕宦之日既多，讲学之日必少，是以不为后学所宗耳。若游、夏、子张、曾子，则视诸子为后起，事孔子之日短，教学者之日长，是以孔子在时，无所表见，而名言绪论，多见于孔子没后也。不然，闵子"具体而微"，仲弓"可使南面"，何以门人皆无闻焉。反不如"得一体"者，犹能传经于后世乎。由是言之，羽翼圣道于当时者，颜、闵、子贡、由、求之力，而子贡尤为著。流传圣道于后世者，游、夏、曾子、子张之功，而曾子为尤纯。①

由此可见，颜、闵、子贡、由、求之前期弟子在于羽翼圣道；游、夏、曾子、子张之后期弟子在于流传圣道。钱穆则进一步补充和完善了崔述关于孔门弟子羽翼圣道与流传圣道的相关论述：

今按：崔说甚是。

余考孔门弟子，盖有前后辈之别。前辈者，问学于孔子去鲁之先，后辈则从游于孔子返鲁之后。如子路、冉有、宰我、子贡、颜渊、闵子骞、冉伯牛、仲弓、原宪、子羔、公西华，则孔门之前辈也。游、夏、子张、曾子、有若、樊迟、漆雕开、澹台灭明，则孔门之后辈也。虽同列孔子之门，而前后风尚，已有不同。由、求、予、赐志在从政，游、夏、有、曾乃攻文学，前辈则致力于事功，后辈则研精于礼乐。

大抵先进浑厚，后进则有棱角。先进朴实，后进则务声华。先进极之为具体而微，后进则别立宗派。先进之淡于仕进者，蕴而为德行。后进之不博文学者，矫而为玮奇。②

---

① 崔述：《洙泗考信余录》，山东友谊书社 1990 年版，第 24 页。
② 钱穆：《先秦诸子系年》，商务印书馆 2017 年版，第 94～95 页。

先进与后进之别，体现了儒家思想发展的阶段性和连续性，从致力于事功到研精于礼乐同样也是孔子一生思想历程的再现，"孔子年过三十，殆即退出仕途，在家授徒设教，至是孔子乃成为一教育家。其学既非当时一般士人之所谓学，其教亦非当时一般士人之所谓教，于是孔子遂成为中国历史上特立新创的第一个以教导为人大道为职业的教育家"①。

孔子去世之后，以游、夏、曾子、子张为代表的后期弟子们主要承担起流传圣道于后世的任务，其中又以曾子与子夏最为代表。曾子、子夏代表了孔门后学相反相成的两个进路，一是以曾子之重任、内省为代表的"内在超越"之路，"夫子之道，忠恕而已"（《里仁》），曾子以忠、恕而不以仁来诠释孔子之道，就是要从忠、恕之践履工夫来落实孔子之道，由此而来，忠、恕就是曾子所开出的为仁之方；"吾日三省吾身：为人谋而不忠乎？与朋友交而不信乎？传不习乎？"（《学而》），曾子"三省吾身"的修身内省工夫，被朱子称为"为学之本"，先秦儒家"内在超越"之路就是从孔子之"内省"到曾子之"三省"再到子思、孟子而集其大成。二是以子夏之重礼、博学为代表的"外在超越"之路，"礼后乎？"（《八佾》），子夏对夫子"绘事后素"之反问，借用"素"与"绘事"之先后关系来说明后天之礼对于君子修身的重要性；"博学而笃志，切问而近思，仁在其中矣"（《子张》），把"博学""笃志""切问""近思"看作求仁之方，体现了子夏通过向外察识而修己成德之为学进路，从而开启了先秦儒家从孔子之"克己复礼为仁"到子夏"礼后乎"之"博学"再到荀子之"外在超越"之路。

子夏－荀子学派相对曾子－孟子学派来说，尤为注重对儒家经学的传承，特别是荀子在儒家经学传承方面表现得最为突出，"盖自七十子之徒既殁，汉诸儒未兴，中更战国、暴秦之乱，六艺之传赖以不绝者，荀卿也。周公作之，孔子述之，荀卿子传之，其揆一也"②。荀子不仅上承周、孔（借助弟子们的

---

① 钱穆：《孔子传》，生活·读书·新知三联书店2018年版，第14页。

② 汪中：《荀卿子通论》，王先谦：《荀子集解》，中华书局2012年版，第20页。

间相传授），而且下启汉初六艺之传承，"汉世六经家法，强半为荀子所传，而传经诸老师，又多故秦博士，故自汉以后，名虽为昌明孔学，实则所传者仅荀学一支派而已"[1]。至于荀子与诸经之间的传承关系，周予同在《中国经学史讲义》中，依据汪中《荀卿子通论》的相关考证资料进行了梳理[2]。

表 1-4　荀子与经学传承

《诗》	《鲁诗》	荀子—浮丘伯（包邱子）—申公（《鲁诗》开创者）
	《韩诗》	引荀子以说《诗》者凡四十四
	《毛诗》	子夏—曾申—李克—孟仲子—根牟子—孙卿—大毛公
《春秋》	《穀梁》	荀子—浮丘伯—申公—瑕丘江公
	《左传》	左丘明—曾申—吴起—吴期—铎椒—虞卿—荀卿—张苍—贾谊
《礼》		《荀子》中的《礼论》《乐论》，见今本《礼记》的《乐记》《三年问》《乡饮酒》三篇中；《荀子》中的《修身》《大略》，见今本《大戴礼记·曾子立事》篇
《易》		刘向又称"荀卿善为《易》，其义亦见《非相》《大略》二篇"

按照汪中、周予同等人的考证，荀子不仅与《诗》《春秋》《礼》《易》诸经存在着事实上的传承关系，而且在经学传承中确实起到了承上启下的关键作用，正所谓"周公作之，孔子述之，荀卿子传之，其揆一也"[3]。《荀子》之《劝学》《儒效》篇均记载有荀子传授诸经的情形：

> 故《书》者，政事之纪也；《诗》者，中声之所止也；《礼》者，法之大分、类之纲纪也。故学至乎《礼》而止矣。夫是之谓道德之极。《礼》之敬文也，《乐》之中和也，《诗》《书》之博也，《春秋》之微也，在天地之间者毕矣。（《劝学》）

---

① 梁启超：《论中国学术思想变迁之大势》，上海古籍出版社 2001 年版，第 80 页。

② 朱维铮编：《周予同经学史论著选集》（增订版），上海人民出版社 1996 年版，第 823 页。

③ 汪中：《荀卿子通论》，王先谦：《荀子集解》，中华书局 2012 年版，第 20 页。

《礼》《乐》法而不说，《诗》《书》故而不切，《春秋》约而不速。

方其人之习君子之说，则尊以遍矣，周于世矣。故曰：学莫便乎近其

人。(《劝学》)

《诗》言是，其志也；《书》言是，其事也；《礼》言是，其行也；

《乐》言是，其和也；《春秋》言是，其微也。(《儒效》)

荀子不仅传授《礼》《乐》《诗》《书》《春秋》诸经，而且通过诠释每部典籍在六经整体中的具体意义，以此来构建六经与社会生活之间的联系，从而增强六经对当下社会生活的指导力。在此基础之上，荀子在《劝学篇》中用"经"来指代六艺文本，"学恶乎始？恶乎终？曰：'其数则始乎诵经，终乎读礼'"，"数，术也"，就是方法或途径，"经"就是指《礼》《乐》《诗》《书》《春秋》，这是先秦儒家学者第一次以"经"的名称来命名儒家经典。同样，正是得益于荀子的经学传授活动，从而使"先秦儒家经典得以保存，这就使后世中国有了经典教科书，为统一的民族心理和文化的形成提供了依据"①。

从六经传承方面来看，子夏－荀子学派可称得上是先秦儒家各学派的代表，"若就经学而论，经学的精神、意义、规模，虽至孔子已奠其基，但经学之所以为经学，亦必具备一种由组织而具体化之形式。此形式，至荀子而始挈其要"②。以《荀子》一书为参照，就可大致梳理出以子夏－荀子学派为代表的先秦儒家学派经学传承的特征，就是以师徒传授为主体，从经本讲授、经义解释到经句称引、意义构建再到思想生成之循序渐进的过程。

经本讲授与经义解释是一个合二为一的过程，从孔子开始的先秦儒家就是以六经为中心来授徒讲学，"孔子以《诗》《书》《礼》《乐》教弟子"(《史

① 孙培青主编：《中国教育史》(第四版)，华东师范大学出版社 2019 年版，第 77 页。

② 徐复观：《中国经学史的基础·周官成立之时代及其思想性格》，九州出版社 2014 年版，第 42 页。

记·孔子世家》)正是儒家之所以被称为儒家的标志，道家同样如是说"丘治《诗》《书》《礼》《乐》《易》《春秋》"(《庄子·天运》)，并首次以"六经"之名来称谓儒家经学，由此可见，至迟于战国末期儒家以六经为教学内容获得了诸子的共识。"宗师仲尼"的孔门弟子们亲师信道，天然地就成为六经文本的接受者与传承者。我们以《论语·八佾》中孔子与子夏之间的对话为例，来剖析孔子与弟子教学互动中对经本的讲授与经义的解释：

> 子夏问曰："'巧笑倩兮，美目盼兮，素以为绚兮'，何谓也？"子曰："绘事后素。"
> 曰："礼后乎？"子曰："起予者商也！始可与言《诗》已矣。"

"巧笑倩兮，美目盼兮"见于今本《诗经·卫风·硕人》，至于"素以为绚兮"源自何处，则有两种解释：一是以孔子删《诗》为依据，认为"素以为绚兮"句为逸诗，"子夏疑其反谓以素为饰，故问之"；二是孔子以"素以为绚兮"来解《硕人》"美目"二句，"子夏不明，故问之"。"绘事后素"既是孔子对子夏之问的回答，也是对《硕人》经义的解释，由此而延伸出子夏"礼后乎？"的反问，则是对《硕人》经义理解的拓展和延伸，所谓"起予者商也"或可理解为新知识在教与学的互动中得以生成。这就是一个孔子以《诗经》文本为教学内容的经典案例。

"兴于《诗》，立于《礼》，成于《乐》"(《泰伯》)，就是孔子对六经文本意义的构建。其中："兴""立""成"三个关键词，就是从整体上来诠释《诗》《礼》《乐》的意义。朱熹在《论语集注》中以"为学次第"[①]来诠释"兴于《诗》，立于《礼》，成于《乐》"之义，为后世学者理解《诗》《礼》《乐》的整体意义提供了参照。在郭店楚简《性自命出》(上博楚简《性情论》)中是

---

① 古代学者对"兴于《诗》，立于《礼》，成于《乐》"语段的整体理解可归纳为四类："立身成德说"(何晏《论语集解》)、"为学之次第说"(朱熹《四书集注》)、"为政之次序说"(皇侃《论语集解义疏》)、"三句皆说《诗》"(韩愈、李翱《论语笔解》)。

以蕴含"人道"之"四术"来诠释六经之意义。"凡道，心术为主。道四术，唯人道为可道也。其三术者，道之而已。《诗》《书》《礼》《乐》，其始出皆生于人。《诗》，有为为之也。《书》，有为言之也。《礼》《乐》，有为举之也"。"道四术"中的"四术"就是指《诗》《书》《礼》《乐》，"四术"都是或"为"或"言"或"举"之"有为"（有意作为）而作；"道四术"就是圣人在观察四部典籍先后顺序及体会其意蕴的基础上，用四部典籍来对学者加以教育或教化的过程。荀子对六经文本意义的构建，主要体现在《劝学》与《儒效》篇中。首先，荀子在《劝学篇》中是以规劝学者"学莫便乎近其人"的意图来诠释六经之意义。其次，《儒效》篇中则是从儒家圣人之道的层面来理解六经之意义。由此可见，无论是《性自命出》还是《劝学》《儒效》篇，都是从由学习圣人之道而至圣的修身层面来诠释六经之意，即六经就是承载圣人之道的经典文本。

从教育知识生成来看，以孔子为首的儒家学派在传授六经文本的过程中形成了具有儒家特质的教育思想[1]，体现了儒家学派对三代礼乐文化的传承与发展。儒家教育思想包含在儒家思想学说之中，刘师培在《国学发微》中将先秦以来儒家思想学说的发展历程，概括如下：

> 孔子证三代之礼，定六经之书，征文考献，多识前言往行，凡《诗》《书》六艺之文，皆儒之业也。孔子衍心性之传，明六艺之蕴，成一家之言，集中国理学大成，凡《论语》《孝经》诸书，皆师之业也。盖"述而不作"者，为儒之也；自成一书者，为师之业。曾子、子思、孟子皆自成一家者也，是为宋学之祖；子夏、荀卿皆传六艺之学者也，是为汉学之祖。[2]

---

[1] 依据刘庆昌教授的理解：按照时间发展的顺序，人类教育知识可分为教育经验、教育思想和教育理论三种形式，在整个中国古代社会，教育思想是教育知识的主要存在形式（刘庆昌：《论教育知识发展的实质》，《教育理论与实践》，2005 年第 11 期）。

[2] 刘师培：《国学发微笺释》，《刘申叔先生遗书》，广陵书社 2022 年版，第 16 页。

以孔子为始端，孔门后学以"儒"与"师"为标准，可分为孔子－曾子、子思、孟子与孔子－子夏、荀子两大学派，以此为始源而形成传道之儒与传经之儒、宋学与汉学之间的区分。徐平章在《荀子与两汉儒学》一书中，就此评价道："曾子、子思、孟子皆衍心性之传，是宋学之祖；子夏、荀子皆传六艺之文，是汉学之祖。汉儒所谓'经学'，大抵由子夏、荀子而来。是洙、泗之学，有师有儒，一传道，一传经。两汉儒学，传经之学也；两宋理学，传道之学也。自西汉以迄清末，学术思想固分汉、宋，门户对峙，纵或消长，当不逾于斯矣。二者之大别，为外与内、学问与思辨、客观与主观、章句训诂与心性存养，虽各有所重，然其奉孔子为不祧之祖，以六艺经传相承为志之意则一。惟孔子于六经，虽有筚路蓝缕开物成务之功，然若不得荀子之受授经学，继往开来，则其功不著，厥德不显。故近儒阮元及刘申书以为汉唐注疏之学，乃荀子之流行，宋明心理之学，乃孟子之流行，汉宋之别，亦犹荀孟之别也。"[①] 孟、荀二人或仁或礼，或传道或传经，首先是对孔子仁学、礼学思想的继承，接着是仁学、礼学思想的分化和发展，这原本是儒家学派内部不同思想之间论争的体现，然而后世学者由此衍化出或尊孟而抑荀，或崇荀而黜孟之派别、门户之争，实际上就超出了学术思想论争之边界，从而不可避免地存在以一子之偏度孔门思想学说之整全的学术风险，纵观整个古代社会儒家思想学说，最为直接的严重后果就是唐代之后荀子及其思想学说地位的下降，甚至出现被无视的情形，实属不该。儒家教育思想就孕育并生成于这个过程之中，并在传道与传经、汉学与宋学之思想学说论争中呈现出鲜明的阶段性特征。如果仅从先秦时期的儒家教育思想来说，《学记》一篇或可窥其全貌，"《学记》是先秦时期儒家教育和教学活动理论总结"，"就教育理论阐发的集中与专门而言，先秦诸子的论著中当首推《学记》。即使在《学记》诞生之后的漫长年代里，像《学记》这样专门论教育

---

① 　徐平章:《荀子与两汉儒学》，台湾文津出版社 1988 年版，第 113 页。

并达到较高理论水平的教育论著也不多见"①。《学记》与《大学》被认为是互为表里之作，"《大学》的'八条目'是实现'三纲领'的具体步骤，《学记》中的'小成'和'大成'可被视作'八条目'在学校领域中的具体步骤。'八条目'是为'三纲领'服务的，同样'小成'和'大成'就是为'化民成俗，其必由学''建国君民，教学为先'服务的。'化民成俗，其必由学'就是《大学》中'三纲领'的具体化，其'学'就是《大学》之中明德新民之事"②；《中庸》与《大学》又互为阐发，"《中庸》的基本精神与《大学》是一致的，即要求从人的天赋善性出发，借助学习与修养，充分发挥这种本性，又进而由己及人，推行于天下，即所谓：'知所以修身则知所以治人，知所以治人则知所以治天下国家矣'"③。由此可见，《中庸》与《学记》之间亦互为表里。这就形成了先秦儒家的教育范畴体系，即以性与天道为中心而展开关于性与习之间关系的讨论，并由此而形成以学为中心的先秦儒家教育话语体系。

（二）辅线：从"有若似圣人"说起

自孔子去世以后，"儒家'宗师仲尼'而'以孔子为至'的尊孔情结，便一直与其'以六艺为法'的崇经情结相互紧密地交织在一起而历久常新"④，尊孔与崇经之间就形成了一种天然性的关系，"有若似圣人"就是对这种天然性关系的再现。

"有若似圣人"最早见于《孟子·滕文公上》：

　　昔者孔子没，三年之外，门人治任将归，入揖于子贡相向而哭，皆

---

①　孙培青主编：《中国教育史》（第四版），华东师范大学出版社 2019 年版，第 97 页。

②　孙杰：《中国古代教育学范畴发生史：以〈学记〉为中心》，中国社会科学出版社 2021 年版，第 48 页。

③　孙培青主编：《中国教育史》（第四版），华东师范大学出版社 2019 年版，第 97 页。

④　林存光：《历史上的孔子形象：政治与文化语境下的孔子和儒学》，齐鲁书社 2004 年版，第 199 页。

> 失声，然后归。子贡反，筑室于场，独居三年，然后归。他日，子夏、
> 子张、子游以有若似圣人，欲以所事孔子事之，强曾子。曾子曰："不
> 可。江汉以濯之，秋阳以暴之，皜皜乎不可尚已。"

孔门三贤子夏、子张、子游以"有若似圣人"而"欲以所事孔子事之"，从
形式上体现了弟子们对孔子的思念之情，究其实质，就是要借有若之"似"
来重新构建孔门后学的圣学谱系。对于有若与孔子之间究竟"何似"，后世
学者接续孟子给出了"状似""貌似""言似""道似"等进一步的解答。其
中：（1）"状似"见于《史记·仲尼弟子列传》，"有若状似孔子，弟子相
与共立为师，师之如夫子时也"，有若与孔子之"似"就是外在形态上的
"似"。（2）"貌似"见于《孟子注》（赵岐），"有若之貌似孔子。此三子者，
思孔子而不可复见，故欲尊有若以作圣人，朝夕奉事之礼，如事孔子，以慰
思也"，相对于"状似"来说，有若"貌似"孔子可以视作从形似到神似的
过渡，"世所图《七十二贤画像》，其画有若遂与孔子略等"[①]。（3）"言似"
见于《礼记·檀弓上》，"有子之言似夫子也"，朱熹在《孟子集注·滕文公
上》中赞同此种观点，"有若似圣人，盖其言行气象有似之者，如《檀弓》
所记子游谓'有若之言似夫子'之类是也"，将"言似"理解为"言行气象"，
实现了从外在状貌向内在言行气象的过渡。（4）"道似"见于《有若》（李季
可）[②]，"子游、子夏、子张以有若似孔子""此所谓道似也"，"道似"为"言
似"的升华，这就是从儒家道统的层面来理解有若与孔子之间的内在一致
性，"子夏等人以为'有若似圣人（孔子）'，表明在他们看来，有子思想接
近孔子，是孔门的传人，他们欲尊奉有子，以有子为孔门正统"[③]。事实上，
从"道似"层面来理解有若"似"孔子，可能更接近孟子的本意，更加符合

---

①　洪迈：《容斋随笔》，上海古籍出版社 1978 年版，第 196 页。

②　李季可：《松窗百说》，江苏古籍出版社 1988 年版，第 46～47 页。

③　姜广辉：《中国经学思想史》（第一卷），中国社会科学出版社 2003 年版，第 584 页。

《论语》中有若之言行。《论语》以《学而》为首篇,《学而》篇第一章为"子曰", 第二章就是"有子曰",从《论语》的整体结构就足以看出"有子曰"的地位。如果再结合"有子曰"的话语内容,则更加能体悟有子对于孔子思想学说的融会贯通:

> 有子曰:"其为人也孝弟,而好犯上者,鲜矣;不好犯上,而好作乱者,未之有也。君子务本,本立而道生。孝弟也者,其为仁之本与!"(《论语·学而》)

第一,《刘氏正义》在注解此章内容之前,首先阐明"有子曰"位列《论语·学而》篇次章的原因,"阮氏元《论语解》:'弟子以有子之言似夫子而欲师之,惟曾子不可强,其余皆服之矣,故《论语》次章即列有子之语在曾子之前。'案:曾子不可强,非不服有子也,特以尊异孔子,不敢以事师之礼用之他人。"依据刘氏的理解,有子"言似"孔子是得到孔门众弟子认可的,至于曾子则是反对"以事师之礼"而事有子,而并非不认同有子"言似"孔子的事实。第二,至于此章内容之大意,朱熹在《朱子集注》中指出:"言君子凡事专用力于根本,根本既立,则其道自生","所谓孝弟乃是为仁之本,学者务此,则仁道自此而生也","程子曰:'德有本,本立则其道充大。孝弟行于家,而后仁爱及于物,所谓亲亲而仁民也。故为仁以孝弟为本,论性则以仁为孝弟之本'",此章就是言孝悌之行也。第三,孝悌为仁之本,是一种由下贯上的思维和表达方式,与孔子"克己复礼为仁"学说具有内在的一致性,从学派划分上则与子夏、荀子一派相通,即强调外在道德践履之于德性养成的重要性。

虽然以师礼事有若最终未能成行,但是以"师"之身份来承续儒家思想学说,实开孔门后学构建学术谱系之先河,这实际上就是从孔子到有若之儒家学统。如果结合《孟子·滕文公上》之上下文,再辅之以孟子"予未得为孔子徒也,予私淑诸人也"(《孟子·滕文公上》)的自我言说,与"有若似孔子"具有内在精神的一致性，体现了孟子承续"周公、仲尼之道"的学术自觉和责任担当：

> 由尧、舜至于汤，五百有余岁，若禹、皋陶，则见而知之。若汤，则闻而知之。由汤至于文王，五百有余岁，若伊尹、莱朱，则见而知之；若文王，则闻而知之。由文王至于孔子，五百有余岁，若太公望、散宜生，则见而知之；若孔子，则闻而知之。由孔子而来至于今，百有余岁，去圣人之世，若此其未远也。近圣人之居，若此其甚也，然而无有乎尔，则亦无有乎尔！（《孟子·尽心下》）

从尧、舜—汤—文王—孔子到孟子所传承的就是先王之道，六经文本就是先王之道的载体，孟子对先王之道的传承就是对六经文本的传承，由此而来，就形成了因尊孔而崇经的经学传承之辅线。

三、弘道亦传经：以性、习为逻辑起点的教育范畴建构

性与习范畴既是从天与人范畴切入教育哲学问题的关键点，又是中国传统教育哲学范畴的逻辑起点。以孔子、孟子、荀子为代表的先秦儒家对性与习范畴的论述，代表了先秦诸子对性与习范畴认识的最高水平，尤其以《大学》《中庸》的论述最为代表。孔子对于性与习范畴的论述，主要集中体现在《论语》之中，以"性相近也，习相远也"（《论语·阳货》）最为经典[①]。值得说明的是：子贡曰："夫子之文章，可得而闻也；夫子之言性与天道，不可得而闻也"（《论语·公冶长》），虽然后世学者对此语段的注解不尽相同，但是在《论语》文本中关于性与天道相关内容的论述确实较少。那么，究竟何谓"性相近也，习相远也"呢？朱熹在《四书章句集注·论语集注》中指出：

---

① 正如颜元所言："孔子曰：'性相近也，习相远也'。此二话乃自罕言中偶一言之，遂为千古言性之准。"（《存性篇》卷一）

此所谓性，兼气质而言者也。气质之性，固有美恶之不同矣。然以其初而言，则皆不甚相远也。但习于善则善，习于恶则恶，于是始相远耳。程子曰："此言气质之性，非言性之本也。若言其本，则性即是理，理无不善，孟子之言性善是也，何相近之有哉？"（《论语·阳货》）

按照程朱的理解：性分为天命之性和气质之性，其中天命之性是禀受"天理"而成，恰如孟子所言之性善，如果是这个层面的性则"相同"而非"相近"；如果是禀受"理"与"气"杂然相存而成的气质之性，则因其有善有恶则可称得上"相近"。可见，程朱理学是立足于天命之性和气质之性划分的基础之上来理解"性相近"之说的。对于"习相远"则是突出习善则善、习恶则恶，强调习在人性后天发展过程中的重要作用。

性"相近"而非"相同"，孔子本人对性的论述中也出现了不同的解读：

中人以上，可以语上也；中人以下，不可以语上也。（《论语·雍也》）

唯上知与下愚不移。（《论语·阳货》）

生而知之者，上也；学而知之者，次也；困而学之，又其次也；困而不学，民斯为下矣。（《论语·季氏》）

上智、中人、下愚构成了三个不同的层次。《问字堂集》云："上智谓生而知之，下愚谓困而不学"；《传习录》问："上智下愚如何不可移？"先生曰："不是不可移，只是不肯移"；《孟子字义疏证》则进一步指出："生而下愚，其人难与言礼义，由自绝于学，是以不移。然苟畏威怀惠，一旦触于所畏所怀之人，启其心而憬然觉悟，往往有之。苟悔而从善，则非下愚矣。加之以学，则日进于智矣。以不移定为下愚，又往往在知善而不为、知不善而为之者，故曰不移，不曰不可移。虽古今不乏下愚，而其精爽几与物等者，亦究异于物，无不可移也。"可见，"不移"只是"不肯移"而不是"不可移"，只要学习就不存在"不可移"的下愚。因此，先天存在的下愚是可以经过后天的学习来改变的。同样，对于中人来说：

> 圣人之道，精粗虽无二致，但其施教，则必因其材而笃焉。盖中人以下之质，骤而语之太高，非惟不能以入，且将妄意躐等，而有不切于身之弊，亦终于下而已矣。故就其所及而语之，是乃所以使之切问近思，而渐进于高远也。（《论语集注·雍也》）

可见，是否可以"语上也"是依据不同的材质和具体的教学内容而施教的体现。孔子在《论语》中既认为"性相近也，习相远也"又区分出上智、中人、下愚不同的类型，教育命题背后所内含的学术价值为：第一，注重习对于中人乃至下愚的重要作用，既为习的发生提供了先天依据，又为论证性与习的关系提供了理论依据。第二，既然性是"相近"而非"相同"，那么在习的过程中就应该做到因"性"的不同材质而施教，所以，孔子对于不同人性的划分也可能是出于因材施教的考虑。第三，既然"下愚"不是"不可移"而"生而知之者"也并非不是施教的对象，那么从施教对象的层面上来看，"所有人"都是施教的对象且都会因为习而发生变化。第四，不可否认的是，《论语》无论是上智、中人、下愚的论述，还是生而知、学而知、困而学、困而不学的论述，为古代学者从多个层面来认识人性问题提供了思想源头。第五，"性相近也，习相远也"，从"相近"来认识性、从"相远"来认识习以及论述性与习关系，为古代学者从多个层面来思考性与习范畴提供了思维空间。正如朱彬在《经传考证》中所言：

> 孔子未尝明言性善，圣人之言，无所不包，而浑然无迹。后儒言性，究不能出其范围。性善之旨，直至孟子始发之。孟子道性善，言必称尧舜，乃一生愿学大本领，故七篇自述之。

"孟子道性善"^①是"第一次从理论高度对人自身本质加以认识和阐述，并形成论政治必先论教育、论教育必先论证人性的思维习惯"^②。我们结合《孟子》原文来分析孟子关于性与习范畴的论述：

> 人皆有不忍人之心。先王有不忍人之心，斯有不忍人之政矣。以不忍人之心，行不忍人之政，治天下可运之掌上。所以谓人皆有不忍人之心者，今人乍见孺子将入于井，皆有怵惕恻隐之心。非所以内交于孺子之父母也，非所以要誉于乡党朋友也，非恶其声而然也。由是观之，无恻隐之心，非人也；无羞恶之心，非人也；无辞让之心，非人也；无是非之心，非人也。恻隐之心，仁之端也；羞恶之心，义之端也；辞让之心，礼之端也；是非之心，智之端也。人之有是四端也，犹其有四体也。有是四端而自谓不能者，自贼者也；谓其君不能者，贼其君者也。凡有四端于我者，知皆扩而充之矣，若火之始然，泉之始达。苟能充之，足以保四海；苟不充之，不足以事父母。（《孟子·公孙丑上》）
>
> 恻隐之心，人皆有之；羞恶之心，人皆有之；恭敬之心，人皆有之；是非之心，人皆有之。恻隐之心，仁也；羞恶之心，义也；恭敬之心，礼也；是非之心，智也。仁义礼智，非由外铄我也，我固有之也，弗思耳矣。故曰："求则得之，舍则失之。"或相倍蓰而无算者，不能尽其才者也。（《孟子·告子上》）

上述语段体现了孟子对于性端、心与性、情与性、扩而充之等概念或命题的认识：其一，性端。端者，首也。人有四端，就是人有仁义礼智^③。仁

---

① 孟子学孔子之学，唯此"道性善""称尧舜"两言尽之。

② 孙培青主编：《中国教育史》（第四版），华东师范大学出版社 2019 年版，第 67 页。

③ 在仁义礼智四者中，基本品格是仁与智。所谓羞恶之心与恭敬之心（辞让之心），无非是仁与智融合的具体形态。

义礼智四端以仁为首，就在于：自人道溯之天道，自人之德性溯之天德，则气化流行，生生不息，仁也。由其生生，有自然之条理，观于条理之秩然有序，可以知礼矣。观于条理之截然不可乱，可以知义矣。在天为气化之生生，在人为其生生之心，是乃仁之为德也。在天为气化推行之条理，在人为其心知之通乎条理而不紊，是乃智之为德也。惟条理，是以生生，条理苟失，则生生之道绝。凡仁义对文，及智仁对文，皆兼生生条理而言之者也。"仁义对文"，仁和义共同构成了孟子思想体系中的最高原则。从天道到人道之生生不息在于仁德，维系生生不息之自然条理的礼义在于智德，仁义礼智四德之根基在于生生条理。可见，"仁"为道德的内在依据，"礼"为外在的行为规范，"智"在于判断外在行为是否本"仁"合"礼"，如果既本"仁"又合"礼"则谓之"义"。其二，心与性。不忍人之心就是不忍加恶于人之心也，若为人之心，无论贤愚，则皆有恻隐之心、羞恶之心、恭敬之心和是非之心；无此四者，若当禽兽，非人心耳。恻隐之心，仁之端也。言仁之端在心，不言心之端在仁，四德是性之所发，藉心见端，然不可云心本于性。观性之得名，专以生于心为言，则本可生道，道不可生本明矣。由此，性生于心，心为性本。"性善的根据完全在于心善，因为心善所以性善。孟子只以良心本心论性善的奥妙就在这里，掌握了这个奥妙也就掌握了性善论的核心"[1]。其三，情与性。恻隐、羞恶、恭敬、是非，情也；仁、义、礼、智，性也。性因情之发，而性之本然可得而见，如"今人乍见孺子将入于井，皆有怵惕恻隐之心"，而恻隐之心为仁之端也，犹有物在中而绪见于外也。心为性本，性为情本，心统性情。其四，扩而充之。扩，推广之意；充，满也。四端在我，随处发见。知皆即此推广，而充满其本然之量，则其日新又新，将有不能自已者矣。惟君子为能扩而充之，然其充与不充，亦在我而已矣，"求则得之，舍则失之"。仁、义、礼、智四端为每个人皆有

---

[1]　复旦大学哲学系中国哲学教研室编著：《中国古代哲学史》，上海古籍出版社 2011 年版，第 57 页。

之，扩而充之则可无所不至也。同样，每个人只有扩而充之四端，才能"尽心""知性""知天"。

　　尽其心者，知其性也。知其性，则知天矣。存其心，养其性，所以事天也。夭寿不贰，修身以俟之，所以立命也。(《孟子·尽心上》)

　　心者，人之神明，所以具众理而应万事者也。性则心之所具之理，而天又理之所以出者也。人有是心，莫非全体，然不穷理，则有所蔽而无以尽乎此心之量。故能极其心之全体而无不尽者，必其能穷夫理而无不知者也。既知其理，则其所从，亦不外是矣。以《大学》之序言之，知性则物格之谓，尽心则知至之谓也。存，谓操而不舍；养，谓顺而不害。事，则奉承而不违也。尽心知性而知天，所以造其理也；存心养性以事天，所以履其事也。不知其理，固不能履其事；然徒造其理而不履其事，则亦无以有诸己矣。知天而不以夭寿贰其心，智之尽也；事天而能修身以俟死，仁之至也。智有不尽，固不知所以为仁；然智而不仁，则亦将流荡不法，而不足以为智矣。

尽心知性而知天 ⟶ 造其理 ⟶ 智
存心养性以事天 ⟶ 履其事 ⟶ 仁

　　由此，从扩而充之到尽心知性、存心养性，就是孟子在性善论基础之上对性与习范畴的理论阐释。从"知"与"养"层面来论证"习"，更加突出强调"习"必须遵循人的内在依据，发扬人的自觉。"孟子只以良心本心论性善的思路，直接决定了其道德内求的路向。这是因为，良心本心是内在的，能不能得到它，完全在于自己是否能够做到反求诸己"[1]。即："学问之

―――――――――――――――

[1] 复旦大学哲学系中国哲学教研室编著：《中国古代哲学史》，上海古籍出版社 2011 年版，第 58 页。

道无他，求其放心而已矣"（《孟子·告子上》），"学问与成人是同一过程的两个方面，而这一过程在总体上即表现为从先王善端出发，而又返归本性（求其放心）"[①]。

与"孟子道性善，言必称尧舜"之"性善论"相对立的，就是荀子从"习相远"发展而来的"性恶论"。《荀子·性恶》中对"性恶论"观点进行了陈述：

> 人之性恶，其善者伪也。今人之性，生而有好利焉，顺是，故争夺生，而辞让亡焉；生而有疾恶焉，顺是，故残贼生，而忠信亡焉；生而有耳目之欲，有好声色焉，顺是，故淫乱生，而礼义文理亡焉。然则从人之性，顺人之情，必出于争夺，合于犯分乱理，而归于暴。故必将有师法之化，礼义之道，然后出于辞让，合于文理，而归于治。用此观之，然则人之性恶明矣，其善者伪也。
>
> 孟子曰："人之学者，其性善。"曰："是不然！是不及知人之性，而不察乎人之性、伪之分者也。凡性者，天之就也，不可学，不可事。礼义者，圣人之所生也，人之所学而能，所事而成者也。不可学，不可事，而在人者，谓之性；可学而能，可事而成之在人者，谓之伪；是性、伪之分也。"
>
> 若夫目好色，耳好声，口好味，心好利，骨体肤理好愉佚，是皆生于人之情性者也。感而自然，不待事而后生之者也。夫感而不能然，必且待事而后然者，谓之生于伪。是性、伪之所生，其不同之征也。故圣人化性而起伪，伪起而生礼义，礼义生而制法度，然则礼义法度者，是圣人之所生也。故圣人之所以同于众，其不异于众者，性也；所以异而过众者，伪也。

---

① 杨国荣：《善的历程——儒家价值体系的历史衍化及其现代转换》，上海人民出版社1994年版，第87页。

上述语段中包含了荀子"性恶论"的基本概念或命题：其一，性、情、欲。性是"生而有""天之就""感而自然，不待事而后生"的与生俱来的本能，"饥而欲食，寒而欲暖，劳而欲息，好利而恶害"的生理本能；情是目、耳、口、心、体因"好"（欲望）而追求色、声、味、利、愉佚的表现——"争夺""残贼""淫乱"，此情即此欲，此欲因此情，情与欲联合用来说明性。即："性者，天之就也；情者，性之质也；欲者，情之应也。以所欲为可得而求之，情之所必不免也。以为可而道之，知所必出也"（《荀子·正名》）。性成于天之自然，情是性之本质，而欲即是情的反映。荀子虽然对情、欲、性三者分别做出界定，但事实上"性、情、欲，是一个东西的三个名称。而荀子性论的特色，正在于以欲为性"①。其二，性与伪。性与伪的关系包含两个基本层面：一是性、伪之分，二是性、伪之合。首先，在荀子看来，性与伪从本质上来说是不同的，是有区分的。性是"不可学、不可事"的，而"可学而能，可事而成之在人者"就是伪，性和伪有先天和后天之别，人之先天之性是恶的，经后天之学和事而由恶变善就是伪的结果。其次，性和伪在实现"善"的过程中是联系与统一的。"无性则伪之无所加，无伪则性不能自美。性伪合，然后圣人之名一，天下之功于是就也。故曰：……性伪合而天下治"（《荀子·礼论》）。性与伪就是素材与加工的关系，加工只有基于素材展开，没有素材就不能加工文饰；素材只有加工文饰，才能变得更加完善。由此，"可以看出，在成人的出发点上，荀子所表达的，是一种完全不同于孟子的致思趋向"②。其三，化性而起伪。性与伪之间发生相互关系的过程，就是"从人之性，顺人之情"的"顺是"，不在发展成为"辞让亡""忠信亡""礼义文理亡"的过程。可见，"顺是"是一个发生点，也是一个转折点，这也表明荀子所说的人之性恶并非简单而绝对的性恶论者，而实际上可以被视作一种"人性恶端说"。由此，形成了化性而起伪的逻辑路线图：

---

① 徐复观：《中国人性论史·先秦篇》，华东师范大学出版社2015年版，第211～212页。

② 杨国荣：《善的历程——儒家价值体系的历史衍化及其现代转换》，上海人民出版社1994年版，第117页。

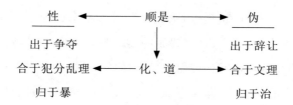

从外在行为过程来看，师法之化与礼义之道是实现化性起伪（变化本性而兴起矫伪）的关键。其中：行为的发起者为师，师依法而实现化，即变化本性；兴起矫伪的凭借是礼义，圣人所生之礼是导引恶向善转化的根本保障。同样，从内在发生变化来看，化性起伪的过程就是个体由"积习"向"起伪"转变的"成"的过程，是从性情到心、由虑而能的过程。即：

> 生之所以然者谓之性。性之和所生，精合感应，不事而自然谓之性。性之好、恶、喜、怒、哀、乐谓之情。情然而心为之择谓之虑。心虑而能为之动谓之伪。虑积焉、能习焉而后成谓之伪。……所以知之在人者谓之知。知有所合谓之智。智所以能之在人者谓之能。能有所合谓之能。（《荀子·正名》）

荀子阐述心之先天能知义的本能，在于说明"伪"是一种以思虑抉择为主要特征的能力。由此，化性起伪所隐含的内在逻辑结构为：

$$性情 \longrightarrow 心^① \begin{cases} 虑（积） \\ \\ 能（习） \end{cases} 伪$$

这样，"伪"就具有双重含义，一是后天积习义，二是先天能知义。

---

① 荀子认为心是人生主要的机能，为一切活动的主宰。即："心者，形之君也，而神明之主也，出令而无所受令。自禁也，自使也，自夺也，自取也，自行也，自止也。"（《荀子·解蔽》）

通过对孔子、孟子、荀子三位先秦儒家代表人物人性论思想的阐述，不难发现，从"性相近也，习相远也"的儒家人性论思想源头派生而来的"性善论"（"性相近也"）和"性恶论"（"习相远也"），进一步补充和完善了先秦儒家人性论思想，并从整体上建构起了先秦儒家人性论思想的理论大厦。以《大学》《中庸》《学记》《乐记》等为代表的儒家教育名篇，正是在吸收和借鉴思孟学派和荀况学派思想的基础之上，对包括人性论思想在内的先秦儒家教育经验进行理论总结的教育理论著作。"这些论著几乎论述了中国古代教育的所有基本问题，对此后中国封建教育的发展影响深远。这些教育论著理论价值甚高，实际上形成了中国古代教育理论发展的一个高峰"[1]。其中：《大学》和《中庸》[2]（尤其是《中庸》）对性与习关系的论述最为代表，从某种程度上可以看作中国古代社会对性与习关系论述的最高理论形态。

《大学》开篇即言："大学之道，在明明德，在亲民，在止于至善。""明明德""亲民""止于至善"被称作"三纲领"，并成为儒家对为学和做人目标的纲领性表达。其中：作为"三纲领"首要环节的"明明德"，关乎儒家由己及人（"亲民""止于至善"）目标的最终能否得以落实和实现。在"明明德"中，第一个"明"字为动词，明之也，有弘扬彰明及明白通晓之义；第二个"明"字为形容词。依据朱熹的理解，"明""明德"的原因就在于："明德"易"为气禀所拘，人欲所蔽，则有时而昏；然其本体之明，则未有尝息者。故学者当因其所发而遂明之，以复其初也"，"明明德"就是恢复被"气禀""人欲"所蒙蔽的人性之初——人天生的善性。至于"明明德""亲民""止于至善"三者的逻辑关系，按照朱熹的理解：

新者，革其旧之谓也，言既自明其明德，又当推以及人，使之亦有以去其旧染之污也。止者，必至于是而不迁之意。至善，则事理当然之

---

[1]　孙培青主编：《中国教育史》（第四版），华东师范大学出版社 2019 年版，第 92 页。

[2]　《大学》一篇，朱熹认为是孔子弟子曾参所作；《中庸》的作者，相传是战国时期孔子的孙子子思所作（孔颖达在《礼记正义序》中就曾指出《中庸》是子思伋所作）。

极也。言明明德、新民，皆当至于至善之地而不迁。盖必其有以尽夫天理之极，而无一毫人欲之私也。(《大学章句》)

自明其明德与推以及人，对于每个个体来说正是成己与成物之间的关系。止于至善则是自明其德、推以及人各自所应当达到的境界——尽善尽美。《大学》在"大学"的范围之内，来讨论自明其德、推以及人以及尽善尽美之间的逻辑关系，首次将孔子、孟子、荀子等先秦儒家关于人性修养的理论，通过论述"大学之道"的方式嵌入学校教育范畴之内，并成为大学乃至中国古代学校教育的纲领——"学者必由是而学焉"。

正如与《大学》相互印证的《学记》所言：

古之教者，家有塾，党有庠，术有序，国有学。比年入学，中年考校：一年视离经辨志，三年视敬业乐群，五年视博习亲师，七年视论学取友，谓之小成。九年知类通达，强立而不反，谓之大成。夫然后足以化民易俗，近者说服而远者怀之。此大学之道也。《记》曰："蛾子时术之"，其此之谓乎！

小成与大成可称得上是自明其德，化民易俗可视作推以及人，大学之道就体现在"小成大成"与"化民易俗"之中。同样，与《大学》互为阐发的《中庸》，则是从性与诚的范畴来论述性与习范畴的相互关系。

诚者，天之道也。诚之者，人之道也。诚者，不勉而中，不思而得，从容中道，圣人也。诚之者，择善而固执之者也。

自诚明，谓之性。自明诚，谓之教。诚则明矣，明则诚矣。

唯天下至诚为能尽其性。能尽其性则能尽人之性。能尽人之性则能尽物之性。能尽物之性则可以赞天地之化育。可以赞天地之化育则可以与天地参矣。

　　诚者非自成己而已也，所以成物也。成己，仁也；成物，知也。性之德也，合外内之道也，故时措之宜也。

　　"诚"是真实无妄之谓，出于天性之所当然，故曰："诚者，天之道也。"但欲求其真实无妄，则必须尽人事之所当为，故曰："诚之者，人之道也。""由'诚'而'诚之'，这不仅表现为由天道到人道的推绎，就其深层次的含义而言，它同时意味着外在本体的内化。"① "诚"是至诚，"明"是明德，"自诚明"就是从至诚而后有明德，是出于天然的本性（性）；"自明诚"就是从明德达到至诚，是出于人为的教学（教）。依据理学家的诠释：

　　自诚明者，先尽性以至于穷理也，谓先自其性理会来，以至穷理；自明诚者，先穷理以至于尽性也，谓先从学问理会以推达于天性也。（《张载集·张子语录下》）

　　自，由也。德无不实而明无不照者，圣人之德。所性而有者也，天道也。先明乎善，而后能实其善者，贤人之学。由教而入者也，人道也。（《中庸章句》）

《中庸》中同"诚明"与"明诚"相对应的范畴为"尊德性"与"道问学"，"尊德性"即存心而极乎道体之大也，"道问学"即致知而尽乎道体之细也。同样，"诚明"与"明诚"与《大学》中的"自修"与"道学"相互印证。"自修"即省察克治之功，向内省察以有助于求知来完善自身；"道学"即言讲习讨论之事，向外求知以完其本性。可见，"《中庸》的基本精神与《大学》是一致的，即要求从人的天赋善性出发，借助学习与修养，充分发挥这

---

① 杨国荣：《善的历程——儒家价值体系的历史衍化及其现代转换》，上海人民出版社 1994 年版，第 138 页。

种本性，又进而由己及人，推行于天下"①。正如朱熹所言：

> 诚虽所以成己，然既有以自成，则自然及物，而道亦行于彼矣。仁
> 者体之存，知者用之发，是皆吾性之固有，而无内外之殊。既得于己，
> 则见于事者，以时措之，而皆得其宜也。(《中庸章句》)

"诚本质上是一种善的品格，明则是理智的属性，诚明统一，无疑体现了先
秦儒家仁智统一的人格取向。"② 由此，《大学》和《中庸》之中关于性与习
范畴的逻辑关系，就可表述为：

$$
性（善性）——
\left\{
\begin{array}{l}
自诚明与自明诚 \\
尊德行与道问学 \\
自修与道学
\end{array}
\right\}
——成（成己与成物/明明德与亲民）——止于至善 \\
(尽善尽美)
$$

正如《诗·卫风·淇奥》所言："有斐君子，如切如磋，如琢如磨"，"如切
如磋者，道学也；如琢如磨者，自修也"，切磋与琢磨正是完善人性的两条
重要途径，善端为始至善为终。

我们通过对先秦儒家代表人物——孔子、孟子、荀子及代表著作——
《大学》《中庸》关于性与习范畴经典论述的文本分析，不难发现，儒家有关
性与习的教育命题基本上代表了先秦诸子关于性与习范畴认识的最高水平，
并成为古代学者进一步论述性与习范畴的思想源头。

---

① 孙培青主编：《中国教育史》(第四版)，华东师范大学出版社 2019 年版，第 95 页。

② 杨国荣：《善的历程——儒家价值体系的历史衍化及其现代转换》，上海人民出版社 1994 年
版，第 290 页。

第四节　六经在儒家教育生活中的发生

六经在先秦时期儒家教育生活中的发生，体现为以思想的形式融入孟、荀的思想学说之中。而孟、荀的思想学说又是在与诸子辩难争鸣中生成的，"孟荀因生当天下道术分裂、诸子尝试之说蜂起的时代精神状况下，故皆不得已而辩，虽崇经，但主要不是依经为说，而是在与诸子的辩难争鸣中并通过与诸子的辩难争鸣创造性地发展了孔子的思想学说"①，这样一方面使得六经真正融入孟、荀的思想学说之中，另一方面孟、荀的思想学说又化身成为六经在现时社会的新标签，孟、荀成为六经在现时社会的代言人。

一、《孝经》《论语》是学习六经的阶梯

《孝经》《论语》虽不在六经之列，但其在古代教育中的地位和影响却不亚于六经。孝为仁之本，是儒家道德最基本的观念，"夫孝，天之经，地之义，民之行也。举大者言，故曰《孝经》"（《汉书·艺文志》），这就是《孝经》成书的缘由。子曰："夫孝，德之本也，教之所由生也"（《孝经·开宗明义章第一》），开宗明义即阐述《孝经》的宗旨，说明孝道的义理。德，则至德；孝为德的根本，人之形莫大于孝，故为德之本也。古有"五教"之说，即：教父以义，教母以慈，教兄以友，教弟以恭，教子以孝。举此则其余顺人之教皆可知也，故孝是一切教育的出发点。从《论语》中的"孝弟也者，其为仁之本与！"（《学而》），到《孟子》中的"亲亲，仁也。敬长，义也"（《尽心上》），再到《孝经》中的"夫孝，德之本也"（《开宗明义

---

① 林存光：《历史上的孔子形象：政治与文化语境下的孔子和儒学》，齐鲁书社 2004 年版，第 199～200 页。

章第一》），就是对以孝悌为本的人伦关系的诠释和明证。虽然孝的发生始于"父、子"之伦，但是《孝经》对孝的论述，却远非局限于父子之伦，而是在整个政治生活中对孝进行认识"①。换句话说，"孔门传授，以孝弟为仁义之实，而施于政治者，必本仁义，而仁义之推行必始于孝弟"②，"《孝经》作为孔子为后世立法的产物，不是教导每一个个体如何行孝，而是安排一种好的政治秩序，使小至庶人之家，大至整个天下，以孝为基础建立共同体生活"③，从而实现个体身修与社会教化为一体的家国同构。至于《孝经》与六经的关系，郑玄在《六艺论》中进行了阐述，"孔子以六艺题目不同，指意殊别，恐道离散，后世莫知根源，故作《孝经》以总会之"，《孝经》为六经之根源，是孔子对整个经学的根基的概括论述；六经各篇之道以孝为本，这就是《孝经》与六经的本末关系。

《论语》是孔子及其弟子的言行汇录，"《论语》者，孔子应答弟子、时人及弟子相与言而接闻于夫子之语也。当时弟子各有所记，夫子既卒，门人相与辑而论纂，故谓之《论语》"（《汉书·艺文志》）。"论语"中的"语"主要来源于"夫子之语"，是对"夫子之语"的整理和记录。朱熹在《论语训蒙大义》中阐明了《论语》的学术地位：

> 圣人之言，大中至正之极，而万世之标准也。古之学者，其始即此以为学，其卒非离此而为道。穷理尽性，修身齐家，推而及人，内外一致，盖取诸此而无所不备，亦终吾身而已矣。（《朱文公文集》卷七十五）

"夫子之语"就是圣人之言，圣人之言就是万世之标准，万世之标准汇录于

---

① 陈壁生：《孝经学史》，华东师范大学出版社 2015 年版，第 48 页。
② 丘浚：《大学衍义补》，京华出版社 1999 年版，第 667 页。
③ 陈壁生：《孝经学史》，华东师范大学出版社 2015 年版，第 48 页。

《论语》之中，故《论语》既是学问的起点又是德行事业的归宿。至于《论语》与六经的关系，赵岐在《孟子题辞》中给予了阐释，"《论语》者，五经之辖辖，六艺之喉衿也"，辖辖、喉衿喻为纲领、纲要之意，《论语》为六经之纲领、纲要，这就是《论语》与六经的本末关系。

正是鉴于《孝经》与《论语》在儒家思想学说中的重要地位，《汉书·艺文志》将《孝经》与《论语》列入"六艺"类，属于经学范畴。《孝经》与《论语》本不属于正式的经籍，严格意义上来说属于传记类的著述，之所以在地位上超出传记类的范畴，一方面是因为孔子在儒家学派中的地位，另一方面更是由于孝德在儒家道德范畴体系中的基础地位，以及以"夫子之语"之于孔门后学的重要价值，这就是古代学者在学习六经之前必研读《孝经》与《论语》的原因和动因所在。至有唐一代，儒家经典分为"大经""中经""小经"和"兼经"，《孝经》与《论语》即为"兼经"，"兼经"就是士子们的必读书目，由此而来，《孝经》与《论语》就成为古代学校教育和科举考试的必修科目，进而从官方的制度层面确立了自身的社会地位，学习六经之前必研读《孝经》与《论语》逐渐成为全社会的共识。

二、《孟子》《荀子》中六经的内隐与外显

内隐与外显是一个相对概念，本书之所以提出六经在《孟子》《荀子》中的内隐与外显，源于两本中国教育史经典教材的启发，一本是孙培青主编的《中国教育史》，一本是先师王炳照等编的《简明中国教育史》。这两本经典教材中的孟子、荀子教育思想研究，在"教育内容"部分有一个值得关注的地方：《中国教育史》之"孟轲的教育思想"中无"教育内容"部分，《简明中国教育史》之"孟子的教育思想"在"关于教育的目的和内容"部分，虽有关于"教育内容"的研究，但仅为概括性的语句："以'明人伦'为中心的教育目的决定了教育内容是以孝悌为主体的道德教育"，"以伦理道德为基本教育内容，以孝悌为伦理道德基础的教育，是整个中国封建社会教育的重要特点。孔子已开其端，孟子则加以系统化、理论化

了"①，至于教育内容主要以何种经典为主则未能给予说明；相反，两本经典教材对荀子教育思想中的教育内容研究都非常系统，《中国教育史》教材就此种现象还专门进行了说明：

> 孟轲把教育视为人的内在潜能的发展过程，所以特别强调人的内在自觉。而主张"化性起伪"的荀况恰恰相反，他以为教育是"起伪"过程，是不断地积累起礼义或曰知识、道德，使原始状态下的人性得到改变的过程，这是"外铄"的过程。孟轲与荀况形成了中国古代教育史上关于教育过程的两种见解。从"成积"而"起伪"的要求出发，荀况更加重视文化知识的学习。他的名言"善假于物"，就是指人善于借助知识来丰富自身。因此，荀况重视古代典籍的学习，尤其是儒家经典的传播。②

正是因为荀况"重视古代典籍的学习，尤其是儒家经典的传播"，所以在《荀子》一书的《劝学篇》中明确提出以儒家经典为主的教育内容，"学恶乎始？恶乎终？曰：其数则始乎诵经，终乎读礼；其义则始乎为士，终乎为圣人"，经谓《礼》《乐》《诗》《书》《春秋》，这是先秦儒家学者第一次以"经"之名来称谓《诗》《书》等儒家典籍，形成了以《礼》为中心的儒家经典的排列顺序，突出了礼学在荀子思想学说中的重要地位。

反过来说，《中国教育史》经典教材中的孟子教育思想研究部分，未能像荀子教育思想研究部分直接阐述以何种经典为教育内容，从而使得六经以思想的形式内隐于相关研究内容之中，这是由孟子思想学说的特点决定的。

孟子之所以特别强调人的内在自觉，这是由于孟子形成了不同于荀子

---

① 王炳照等编：《简明中国教育史》，北京师范大学出版社 2007 年版，第 45 页。

② 孙培青主编：《中国教育史》（第四版），华东师范大学出版社 2019 年版，第 76 页。

的人性论。孟子以心之善来推论性之善，认为"人皆有不忍人之心"，并以"今人乍见孺子将入于井，皆有怵惕恻隐之心"（《孟子·公孙丑上》）为例，得出人皆有恻隐及羞恶、辞让、是非之四心，这四心就是仁、义、礼、智之四端。这一方面表明四心（乃至四端）为人所固有，"仁义礼智，非由外铄我也，我固有之也，弗思耳矣"（《孟子·告子上》）；另一方面则是为了说明以恻隐之心为根本的四心，仅处于"求则得之"的萌芽状态——善端，有待于经过后天的学习来扩充和培养，"凡有四端于我者，知皆扩而充之矣，若火之始然，泉之始达。苟能充之，足以保四海；苟不充之，不足以事父母"（《孟子·公孙丑上》）。荀子则是以性与伪之分为基点，在回应孟子性之善的同时提出"人之性恶，其善者伪也"的性恶论。荀子指出，"孟子曰：'人之学者，其性善'。曰：是不然。是不及知人之性，而不察乎人之性、伪之分者也。凡性者，天之就也，不可学，不可事；礼义者，圣人之所生也，人之所学而能、所事而成者也。不可学、不可事而在人者谓之性，可学而能、可事而成之在人者谓之伪。是性、伪之分也"（《荀子·性恶》），依据性与伪之分，孟子性之善就应该被称作性之伪。与孟子以心之善来推论性之善不同的是，荀子性恶论则是建立在人性天然说的基础之上，"今人之性，生而有好利焉，顺是，故争夺生而辞让亡焉；生而有疾恶焉，顺是，故残贼生而忠信亡焉；生而有耳目之欲，有好声色焉，顺是，故淫乱生而礼义文理亡焉"（《荀子·性恶》），好利、疾恶、好声色是人的生理本能，问题就出在"顺是"两个字上，也就是说，顺着人的本能倾向发展，就会导致争夺、残贼、淫乱等不道德行为的发生，所以说荀子并非是绝对的性恶论者，事实上可以被称作一种人性恶端说。既然"从人之性，顺人之情，必出于争夺，合于犯分乱理而归于暴"（《荀子·性恶》），那么"必将有师法之化、礼义之道，然后出于辞让，合于文理，而归于治"（《荀子·性恶》），师法与礼义就是化性起伪的关键所在。这样就形成了以孟子、荀子为代表的孔门后学，诠释孔门性命思想的两种不同路向，一是"从曾子、子思到孟子是一派"，"这一派言道德，都是内发性的，并且仁是居于统摄的地位。我（作者徐复观）以这一派为孔门的正统派"①。一是"以礼的传承为中心的一派","礼的传承者，因强调礼的作用太过，多忽视了沉潜自反的工夫"，"此派思想，以荀子为顶点"②，这也成为后世学者以传道之儒和传经之儒来区分孟子、荀子学派的原因所在。由此可见，孟子、荀子因为对人性之善与恶的认识不同，从而形成了"内发"与"外铄"两种不同学说，进而在《孟子》《荀子》文本的外在呈现形式上，或以内隐，或以外显的方式来体现对儒家经典的诠释与传承。这就是牟宗三"悟道尊孟轲，为学法荀卿"说法的源起之处。

三、六经在《学记》中的具体发生

如果仅就先秦时期的儒家教育思想来说，《学记》一篇或可窥其全貌，"就教育理论阐发的集中与专门而言，先秦诸子的论著中当首推《学记》。即使在《学记》诞生之后的漫长年代里，像《学记》这样专门论教育并达到较高理论水平的教育论著也不多见"③。《学记》一篇是孔门后学对先秦时期儒家教育和教学活动的理论总结之作，孟、荀二人又是继孔子之后先秦儒家思想学说的代言人，故此，《学记》与孟、荀思想学说在言语表达与思维运作方式上，就不可避免存在相互发明、互为表里之处。那么，《学记》究竟属于"孟派"还是"荀派"，冯友兰与郭沫若就此给出了不同的答案。冯友兰在《〈大学〉为荀学说》中认为《学记》为"荀派学说"，理由有二：其一"荀子为战国末年之儒家大师，后来儒者，多出其门。荀子又多言礼，故大小戴礼中诸篇，大半皆从荀学之观点以言礼。其言学者，《大戴记》中直抄荀子《劝学》篇，《小戴记》中之《学记》，亦自荀子之观点以言学"。其二《学记》中之"强立而不反"即荀子所谓"长迁而不反其初，则化矣"之意④，实为性恶论的引申之意。基于上述理由，冯友兰认为《学记》为荀派

---

① 徐复观：《中国人性论史·先秦篇》，九州出版社 2013 年版，第 179 页。

② 同上书，第 180 页。

③ 孙培青主编：《中国教育史》（第四版），华东师范大学出版社 2019 年版，第 97 页。

④ 冯友兰：《〈大学〉为荀学说》，《燕京学报》，1930 年第 7 期。

之学，并因《学记》与《大学》都倡导"大学之道"，而进一步论证《大学》亦为"荀学"。郭沫若在《儒家八派的批判》中在推论《大学》为乐正克所作的基础上，指出"礼记中的《学记》一篇，我也认为是乐正克所作。《学记》亦言'大学之道'，与《大学》相为表里"，所以《大学》与《学记》都为乐正克之作。郭沫若针对冯友兰认为《学记》为荀学的论断，指出："'强立而不反'即《洪范》所谓'无反无侧，王道正直'，《中庸》所谓'中立而不倚，强哉矫'，亦即《孟子》所谓'强恕而行'或'中道而立，能者从之'。行是前进，也就是'不反'。物不进必退，无所自立，必反于不学无术。故'强立而不反'一语不一定要性恶说才能适用。"况且《学记》主张学习自发为性善论所提倡，与荀子因主性恶而提倡学习外铄之说相左，故认为"要把《学记》认为荀学，依然是大有距离的"①。至此，郭沫若认为《学记》为"孟派学说"，并明确指出《学记》作者为乐正克。《学记》文本所呈现的"孟派"或"荀派"特点，充分表明了《学记》文本自身的综合性，符合《学记》是总结先秦时期儒家教育和教学活动的文本属性。值得注意的是，冯友兰、郭沫若在论证《学记》究竟为何派之学的过程中，均不约而同地提及《学记》与《大学》之间互为表里的关系。其实，《学记》不仅与《大学》，与《中庸》同样存在互为表里的关系，"《大学》的'八条目'是实现'三纲领'的具体步骤，《学记》中的'小成'和'大成'可被视作'八条目'在学校领域中的具体步骤。'八条目'是为'三纲领'服务的，同样'小成'和'大成'就是为'化民成俗，其必由学''建国君民，教学为先'服务的。'化民成俗，其必由学'就是《大学》中'三纲领'的具体化，其'学'就是《大学》之中明德新民之事"②。《中庸》与《大学》又互为阐发，"《中庸》的基本精神与《大学》是一致的，即要求从人的天赋善性出发，借助学习与修养，充

---

① 郭沫若:《儒家八派的批判》,《十批判书》,群益出版社1946年版，第122页。
② 孙杰:《中国古代教育学范畴发生史：以〈学记〉为中心》,中国社会科学出版社2021年版，第48页。

分发挥这种本性，又进而由己及人，推行于天下，即所谓：'知所以修身则知所以治人，知所以治人则知所以治天下国家矣'"①。先秦儒家的教育话语体系，就是在对性与天道、性与习关系的讨论中而生成的，《学记》《大学》《中庸》三篇就是对此种讨论的总结与提升。

就文本自身而言，六经或以文本或以思想的形式存在于《学记》文本之中，《学记》中的教育思想是对以六经为主要内容的先秦儒家教育和教学活动的总结和提升。首先，六经融入《学记》阐述"化民由学""教学为先"之建学宗旨的教育构架。《学记》文本从教育与社会、教育与人两个层面来认识和看待教育的价值，并以"由""先"二字来凸显"学"在"化民成俗""建国君民"中的地位和作用。《学记》文本以"学"为中心来展开论述，既承袭了先秦儒家一以贯之的教育传统，又开创了以六经为主要内容的先秦儒家教育和教学活动的新格局，为先秦儒家教育和教学活动从经验层面上升到思想、理论层面提供了文本范例和实践经验。其次，六经贯穿于《学记》"为师之道"与"为学之道"的"学－教"体系。诸如："离经辨志"中的"经"、"时教必有正业"中的"正业"、"不学操缦，不能安弦；不学博依，不能安《诗》；不学杂服，不能安礼"中的"弦、《诗》、礼"等，记载的正是儒家学者以六经为业的教育活动情形；"今之教者，呻其占毕，多其讯言，及于数进，而不顾其安"之一反，"善喻""长善而救其失""继志"之一正，一反一正之间，既揭露了"章句之师"照本宣科所引发的诸种弊病，又阐明了六经传授以道为重的教学目的。最后，"为学务本"之《学记》宗旨是对六经兼具为学为道双重属性的践行。诸如：以"师严然后道尊，道尊然后民知敬学"之格言化的言说，构建了师－道－学的内在逻辑关系；以"大学之礼，虽诏于天子无北面"之过往传说，通过师尚父作为传授《丹书》之道的师者，因"先王之道不北面"的缘由，以西（主位）东（宾位）的师王仪式（而不是北南的君臣仪式）来展开，并以武王"闻书之言，惕然若惧，退而为

①　孙培青主编：《中国教育史》（第四版），华东师范大学出版社 2019 年版，第 97 页。

戒"的理想效果而告终的例证，来阐述"师通过传授《丹书》中的道，既应对了王的询问又改变了王的行为，实现了学－道－行三者之间的统一"[①]；以"此之谓务本"作为终篇之语，既是《学记》篇章结构从"化民成俗，其必由学""建国君民，教学为先"始，至"学为圣本"终之逻辑运作的结果，又是对学为圣人乃国家立教设学之宗旨的回应。综上所述，一个"学"字贯穿《学记》文本的始终，在由学至圣的教育教学活动中，六经之学与六经之道成为一条或隐或显的主线伴随其中，学为圣人既是对六经之学与道的传承与弘扬，又是对先秦儒家从孔子到孟子、荀子之一贯思想的继承与弘扬。

　　总而言之，从《孝经》《论语》到《孟子》《荀子》再到《学记》，先秦儒家学者从事理与学理两个层面实现了对儒家教育教学活动的理论建构，形成了以学为中心的先秦儒家教育话语体系，从而使得六经之学与道在先秦儒家学派内部的接受与传承成为可能。与此同时，孟子与荀子从仁学与礼学两个方面对孔子思想学说的继承与发展，使得六经所蕴含的先王之道在实现从礼向仁、礼转变的基础之上，形成了具有儒家思想特质的孔、孟与孔、荀之学，以孔、孟与孔、荀之学为代表的子学与以六经为中心的经学就共同构成了先秦儒学的双重结构，这就是"轴心时期"的先秦儒家之学。

---

① 孙杰：《经筵讲读：经筵讲官与帝王互动中的经典传承——以〈五经〉〈四书〉为中心的考察》，《学术探索》，2021 年第 3 期。

第二章 五经暨定本：中国古代教育经典文本的形成期

> 臣愚以为诸不在六艺之科，孔子之术者，皆绝其道，勿使并进。邪辟之说灭息，然后统纪可一而法度可明，民知所从矣。(《汉书·董仲舒传》)

> 太宗又以经籍去圣久远，文字多讹谬，诏前中书侍郎颜师古考定《五经》，颁于天下，命学者习焉。又以儒学多门，章句繁杂，诏国子祭酒孔颖达与诸儒撰定《五经》义疏，凡一百七十卷，名曰《五经正义》，令天下传习。(《旧唐书·儒学列传》)

这两段话的中心人物都是王者，一是汉武帝，一是唐太宗；中心事件都与《五经》相关，一是董仲舒"对曰"汉武帝之"制曰"而确立《五经》独尊地位，一是唐太宗诏颜师古、孔颖达等诸儒而考定《五经》、撰定《五经》义疏。从汉代《五经》官方地位的确立到唐代《五经》之定本与定义，尤其是官方层面之《五经正义》的撰定与颁布，标志着以《五经》为教本的古代经学教育体系的最终确立。

第一节 "居马上得之，宁可以马上治之乎？"
——儒家经典能否进入官方视野的学术尝试

"居马上得之，宁可以马上治之乎？"源自汉高祖与陆贾之间的对话①。这段对话在《史记·郦生陆贾列传》中的原文如下：

> 陆生时时前说称《诗》《书》。高帝骂之曰："乃公居马上而得之，安事《诗》《书》！"陆生曰："居马上得之，宁可以马上治之乎？且汤、武逆取而以顺守之，文武并用，长久之术也。昔者吴王夫差、智伯，极武而亡；秦任刑法不变，卒灭赵氏。乡使秦已并天下，行仁义，法先圣，陛下安得而有之？"高帝不怿而有惭色，乃谓陆生曰："试为我著秦所以失天下，吾所以得之者何，及古成败之国。"陆生乃粗述存亡之征，凡著十二篇。每奏一篇，高帝未尝不称善，左右呼万岁，号其书曰"《新语》"。

陆贾与高帝之间的对话是围绕"治"而展开的，争论的焦点是"马上治"还是"文武并用"之治。从"高帝不怿而有惭色"的文字描述来看，一是陆贾确实言之有理，二是高帝对"行仁义，法先圣"之"治术"不再反感，乃至于"每奏一篇，高帝未尝不称善"，并有"过鲁，以大牢祠孔子"（《汉书·高帝纪》）的尊孔活动，与"诸客冠儒冠来者，沛公辄解其冠，溲溺其中。与人言，常大骂"（《史记·郦生陆贾列传》）形成了鲜明的反差。由此可见，陆贾"粗述存亡之征"的《新语》，就为《诗》《书》以"治术"的方式被高帝所接受提供了现实可能性，从而开启了《诗》《书》进入汉代政治生活的先河。这就是陆贾之于《诗》《书》乃至儒学的先导之功。

一、坚守与自救：从儒者终入秦说起

"学而优则仕"（《论语·子张》），为学与为政是儒者的理想与追求所在，至于二者的关系，《论语》在篇章结构的编排上已经揭示，"《学而》第

---

① 这段对话有两个大致相同的版本，一是《史记·郦生陆贾列传》，一是《汉书·郦陆朱刘叔孙传》。

一"《为政》第二","先学而后从政，故《为政》次《学而》也"（《陆氏释文》）。《论语》中通过孔子与弟子之间的对话，成功地塑造了孔子为学的形象：

> 子曰："若圣与仁，则吾岂敢？抑为之不厌，诲人不倦，则可谓云尔已矣。"（《述而》）
>
> 子曰："其为人也，发愤忘食，乐以忘忧，不知老之将至云尔。"（《述而》）

这就是孔子好学与善教的为学为师形象，"圣人，百世之师也"（《孟子·尽心下》）。如果遵循儒学正常的逻辑推衍，"能为师，然后能为长；能为长，然后能为君"（《礼记·学记》），有其道然后可以有其位，有其位然后可以有其士。虽然"从孔子开始，到孟子、到荀子，儒家一直都在不遗余力地推销自己的天下治理方案，可惜都没有遇到识货的君王"①，但是孔门后学在《孔子家语·相鲁》中对孔子简短从政经历的言语描述，呈现了儒者为政可以实现的理想政绩：

> 初，鲁之贩羊有沈犹氏者，常朝饮其羊以诈市人。有公慎氏者，妻淫不制。有慎溃氏，奢侈逾法。鲁之鬻六畜者，饰之以储价。
>
> 及孔子之为政也，则沈犹氏不敢朝饮其羊，公慎氏出其妻，慎溃氏越境而徙。三月，则鬻牛马者不储价，卖羊豚者不加饰。男女行者别其涂，道不拾遗。男尚忠信，女尚贞顺。四方客至于邑，不求有司，皆入归焉。

孔子担任鲁国司寇并摄行相事之经历，不仅见于《孔子家语·相鲁》，而且

---

① 余治平：《"荀子入秦"：何以成为一个文化事件？——儒者直面法家治理的精神体验与思想评判》，《孔子研究》，2019 年第 6 期。

在《荀子·儒效》《吕氏春秋·先识览·乐成》等相关著述中都有类似的文字记载。《孔子家语》中的言语描述，虽或有美化、夸大孔子形象之嫌疑，但是这种美化、夸大的背后也必有其原型，"苟有用我者，期月而已可也，三年有成"（《论语·子路》），"如欲平治天下，当今之世，舍我其谁也？"（《孟子·公孙丑下》），内以修身，外以齐家、治国、平天下，在成己成物中实现儒者自身的价值，这正是儒学一以贯之的精神内核。孔、孟虽生不逢时，但为学为政之学术理想与志业追求始终不变；或正是因为生不逢时，才更加凸显出孔门后学坚守儒学之精神内核的不易与艰辛：

> 及高皇帝诛项籍，举兵围鲁，鲁中诸儒尚讲诵习礼乐，弦歌之间不绝，岂非圣人之遗化，好礼乐之国哉？故孔子在陈，曰"归与归与！吾党之小子狂简，斐然成章，不知所以裁之"。夫齐、鲁之间于文学，自古以来，其天性也。（《史记·儒林列传》）

从春秋战国至汉初，历经诸多社会变迁，"鲁中诸儒尚讲诵习礼乐，弦歌之间不绝"，这就是儒者的天性。

（一）荀子与秦王

发生于战国末期的"荀子入秦"，既打破了"儒者不入秦"的过往传统，又使得"儒家圣王之治的伟大精神理想第一次有机会直面由法家所主导和鼓噪的生动社会现实"①。而对于荀子本人来说，这更像是一次将思想之"一"推行于即将"一统"天下之秦国的学术尝试。荀子作为先秦思想的集大成者，生活在天下即将归一的时代，内心渴望以儒家之标准来一统诸子百家之学说，这种学术努力主要体现在《荀子·非十二子》篇。《非十二子》篇以"礼"为标准，在评判它嚣、魏牟与陈仲、史鳛，墨翟、宋钘与慎到、田骈，

---

① 余治平：《"荀子入秦"：何以成为一个文化事件？——儒者直面法家治理的精神体验与思想评判》，《孔子研究》，2019 年第 6 期。

惠施、邓析与子思、孟轲的学术偏颇之后，明确阐述了诸子学说应复归于何种“一”的学术主张，“上则法舜、禹之制，下则法仲尼、子弓之义，以务息十二子之说，如是则天下之害除，仁人之事毕，圣王之迹著矣”，德与力的结合、王与霸的统一，正是荀子“一天下学术”的答案。

至于荀子为何将践行“一天下学术”的目的地选在秦国，这事实上也是一种无可选择的选择。荀子本来对齐国寄予厚望，而事实上最有条件统一各国的却是秦国，一个重用法家而不欢迎儒者的国度。荀子破例访秦，与范雎、秦昭王之间的交流，主要记载在《荀子》之《强国》《儒效》篇中。其中：

（1）《强国》篇中记载的是荀子与范雎的对话：

范雎：“入秦何见？”

荀子之回答，大致上可分为两部分：一是“秦类之矣”，一是“则有其諰矣”。其中：“秦类之矣”，“类”就是为了说明秦国治理之效果类似于“古之至治”，秦国境内有类似于“古之至治”下的“古之民”“古之吏”“古之士大夫”“古之朝”，这正是秦国“四世有胜”的原因所在。“则有其諰矣”，“諰”则是对秦国治理所存在问题的担忧，“县之以王者之功名，则倜倜然其不及远矣”，究其原因：“是何也？则其殆无儒邪！”

荀子最后给出解决问题的答案为：“粹而王，驳而霸，无一焉而亡。此亦秦之所短也”，王道与霸道相结合就是将“秦类之”变为“秦之”的关键所在。

（2）《儒效》篇中记载的是荀子与秦昭王的对话：

秦昭王：一问：“儒无益于人之国？”

二问：“然则其为人上何如？”

荀子在回答第二问的结尾处，对前两个问题有一个总结性的语段：“夫其为人下也如彼，其为人上也如此，何谓其无益于人之国也？”可见，荀子对秦昭王第一问的回答，主要是从“为人下”者的角度来展开的，从而引发了秦昭王对于“为人上”者的第二问。从荀子所作的回答来看，儒对于“为人下”者的益处可概括为“美政”“美俗”，对于“为人上”者则为“四海一家”“无思不服”。

秦昭王用一个"善"字，结束了与荀子的对话。

荀子在稷下学宫"三为祭酒"，讲学则"最为老师"，秦昭王的"善"或许正是对荀子为人及学问的尊重；《荀子》一书为荀门后学所编撰，或许秦昭王的"善"为荀门弟子所增添，用以表达对先师荀子的尊重以及借秦王之口来体现儒家学说自身的价值。但是，从后世历史来看，秦昭王乃至秦国后世统治者终未接受荀子的建议，高帝与陆贾的对话就是最好的明证。

（二）孔甲与陈涉

孔子去世之后，至司马迁撰《史记》之时，孔子后人已"传十余世"，"天下君王至于贤人众矣，当时则荣，没则已焉。孔子布衣，传十余世，学者宗之"（《孔子世家》），孔子后人成为一种象征，一种儒学薪火相传的象征。

孔甲即孔鲋，为孔子八世，相传著有《孔丛子》二十篇。与本书主题有关的两件事，一是鲁壁藏书，二是孔甲为陈涉博士。鲁壁藏书的记载见于《孔丛子·独治》：

> 陈余谓子鱼曰："秦将灭先王之籍，而子为书籍之主，其危矣。"子鱼曰："吾不为有用之学，知吾者惟友，秦非吾友，吾何危哉，然顾有可惧者，必或求天下之书焚之，书不出则有祸，吾将先藏之，以待其求，求至无患矣。"

孔甲为秦时人，藏书行为的发生或与"焚书禁学、以法为教"的文教政策有关。这个文教政策来源于丞相李斯的建议：

> 今皇帝并有天下，别黑白而定一尊。私学而相与非法教，人闻令下，则各以其学议之；入则心非，出则巷议，夸主以为名，异取以为高，率群下以造谤。如此弗禁，则主势降乎上，党与成乎下，禁之便。臣请史官非秦记皆烧之，非博士官所职，天下敢有藏《诗》《书》、百家

> 语者，悉诣守、尉杂烧之。有敢偶语《诗》《书》者弃市，以古非今者族，吏见知不举者与同罪。令下三十日不烧，黥为城旦。所不去者，医药、卜筮、种树之书。若欲有学法令，以吏为师。(《史记·秦始皇本纪》)

孔甲属于无奈之下藏书，这是一种特殊背景下的儒者自救行为。孔甲为陈涉博士的记载见于《史记·儒林列传》：

> 陈涉之王也，而鲁诸儒持孔氏之礼器往归陈王。于是孔甲为陈涉博士，卒与涉俱死。陈涉起匹夫，驱瓦合适戍，旬月以王楚，不满半岁竟灭亡，其事至微浅，然而搢绅先生之徒负孔子礼器往委质为臣者，何也？以秦焚其业，积怨而发愤于陈王也。

孔甲因秦焚书而藏书，或又因秦焚书而归陈，既为博士又与涉俱死，这是处于逆境中的儒者悲壮行为，生动诠释了"杀身成仁""舍身取义"的儒家道德信念。

总而言之，从春秋战国直至汉初，在孟子、荀子、孔甲等孔门后人的坚守与自救下，儒家不仅发展成为诸子百家中的显学，而且历经秦之季世的战火乃至焚书之后，弦歌不绝，为儒学在汉武帝时实现复兴奠定了坚实的基础。

二、进言与献策：以陆贾造《新语》为始端

"汉代重儒，开自陆生也"(《陆子新语校注》序)，陆贾造《新语》与萧何次律令、韩信申军法、张苍定章程、孙叔通制礼仪，并列成为汉初政治领域的五大事件，标志着儒家政治哲学与汉代君主权力之间相结合的开始。以陆贾为代表的汉初学者，处于从"焚书坑儒"到"独尊儒术"的政治文化转型期，即："新的官僚制的中央集权建立了，种种人际关系、政治关系，如君臣关系、臣民关系、父子关系、夫妇关系等，必须有新的思想予以规范；

而旧的包括孔孟在内的传统学说、思想以及秦人奉行的法家思想，或者过时了，或者失败了，都不能适应新的政治需要"①。新制度需要新思想，无论是陆贾的《新语》还是贾谊的《新书》，究其目的都是为"新的官僚制"提供"新的思想"，六艺论就孕育于"新的思想"之中。

（一）五经六艺：陆贾之六艺学理体系

陆贾在总结历代王朝兴亡更替经验的基础上造《新语》，就是从实用的治术出发，认为只有"行仁义，法先圣"方可治天下。而要"行仁义，法先圣"，就必须转变高帝对于儒家典籍及儒生的态度，这才是陆贾创作《新语》来启蒙圣心、重振儒术的本意所在。高帝之所以"号其书曰《新语》"，就是"因为陆贾的话，为刘邦开启了一个新天地，所以他特别感到很新鲜，由此可知他当时是有真实的感受"②。

陆贾在《新语》开篇《道基》一文中首倡"五经六艺"论，从理论上为儒家经典走进汉初思想文化和政治生活提供了新契机。《道基》遵循"天道－人道－王道"的推理方式，来诠释"先圣－中圣－后圣"的"圣人"作为，从而倡导以"仁义"为本的"新"王道。《新语》首篇为"道"（《道基》）、次篇为"术"（《术事》），由道而术，术由道生，道中蕴术。此道为仁义之道，此术为仁义之术。《道基》开篇即言："天生万物，以地养之，圣人成之，功德参合，而道术生"，天、地、圣人三者之间是生、养、成的关系，成在于圣人，功德就是天地圣人"参合"的结果，道术自然就蕴藏于其中。圣人"怀仁杖以"，所"成"就在于"治情性，显仁义"，"成"就是成"人道"——仁义之道。仁义之道就在五经、六艺中，"《鹿鸣》以仁求其群，《关雎》以义鸣其雄，《春秋》以仁义贬绝，《诗》以仁义存亡，《乾》《坤》以仁和合，八卦以义相承，《书》以仁叙九族，君臣以义制忠，《礼》

---

① 金春峰：《汉代思想史》（修订增补第四版），中国社会科学出版社 2018 年版，修订增补第三版序第 2～3 页。
② 徐复观：《两汉思想史》（二），九州出版社 2014 年版，第 97 页。

以仁尽节,《乐》以礼升降。仁者道之纪,义者圣之学。学之者明,失之者昏,背之者亡"(《道基》)。其中:"圣人"之先圣,在于观"天道"("仰观天文,俯察地理,图画乾坤")来"定人道"——"父子之亲、君臣之义、夫妇之道、长幼之序","人道"定则"百官立,王道乃生";"圣人"之中圣,"设庠序之教"的现实原因在于"民知畏法,而无礼义",而其目的在于"正上下之仪,明父子之礼、君臣之义";"圣人"之后圣,"定五经,明六艺"的直接原因在于"礼义独行,纲纪不立,后世衰废",究其宗旨在于"原情立本,以绪人伦"。由此可见,圣人"对于五经六艺之教,是要'思之于身''达之于心'而断之于事,绝非在章句诂训上落脚。此一治学的方向,尔后一直贯通于西汉经学大流之中"[①]。故此,"定五经,明六艺"就是立纲纪(王道)、绪人伦(人道)、达天道之根基所在。后世学者高度评价陆贾及《新语》的学术贡献,"贾在汉初,粹然儒者,于《诗》《书》煨烬之余,独能诵法孔氏,开有汉数百年文学之先,较之董为尤难,其功不在浮邱伯、伏生以下。故班固、王充皆亟称之"[②]。

(二)六德六艺:贾谊之六艺学理体系

陆贾《新语》所论"绍孟荀而开贾董"[③],贾就是贾谊,董就是董仲舒。贾谊承继陆贾之意,在《新书》中从探讨"民""教""政""道"之间的关系入手,来构建六艺学理体系。第一,教为政本,道为教本,"夫民者,诸侯之本也;教者,政之本也;道者,教之本也"(《新书·大政下》)。第二,德禀道而生,以道为本,"物所道始谓之道,所得以生谓之德。德之有也,以道为本"(《道德说》)。第三,德有六理、六美、六行、六术。何谓六理与六美,"道、德、性、神、明、命,此六者德之理也","有道、有仁、有义、有忠、有信、有密,此六者德之美也","六理、六美,德之所以生阴阳、天

---

① 徐复观:《两汉思想史》(二),九州出版社 2014 年版,第 91 页。

② 余嘉锡:《四库提要辨证》,云南人民出版社 2004 年版,第 454 页。

③ 王利器:《新语校注》,中华书局 1986 年版,第 215 页。

地、人与万物也。固为所生者法也。故曰：道此之谓道，德此之谓德，行此之谓行。所谓行此者，德也。是故，著此竹帛谓之《书》。《书》者，此之著者也；《诗》者，此之志者也；《易》者，此之占者也；《春秋》者，此之纪者也；《礼》者，此之体者也；《乐》者，此之乐者也"（《道德说》），由此构建了道、德与六艺典籍之间的内在联系，道生德，道为虚而德为实，德具备六德与六美之特性，六艺典籍是六德与六美的文本载体。以德之六理作为内在的法则和基础推导出六法、六术和六行，"六理无不生也，已生而六理存乎所生之内。是以阴阳、天地、人尽以六理为内度，内度成业，故谓之六法。六法藏内，变流而外遂，外遂六术，故谓之六行。是以阴阳各有六月之节，而天地有六合之事，人有仁、义、礼、智、信之行，行和则乐兴，乐兴则六，此之谓六行。阴阳、天地之动也，不失六行，故能合六法；人谨修六行，则亦可以合六法矣"（《六术》），六理在事物内部形成法则就是六法，体现在事物外部就是六术，按照六术来行事就是六行，由此而来，六理、六法、六术、六行之间具有内在的逻辑关系且统一于六理之中。第四，习六艺修六行，"然而人虽有六行，微细难识，唯先王能审之，凡人弗能自志。是故必待先王之教，乃知所从事。是以先王为天下设教，因人所有，以之为训；道人之情，以之为真。是故内法六法，外体六行，以与《书》《诗》《易》《春秋》《礼》《乐》六者之术以为大义，谓之六艺。令人缘之以自修，修成则得六行矣。六行不正，反合六法。艺之所以六者，法六法而体六行故也，故曰六则备矣"（《六术》）。由此，道、德、行之间就具有内在的逻辑关系，教以道为本，六艺就是道的体现，六艺之教就是道德合一之教，就是让人养成六行之教。贾谊时代，虽然五行说已流行，"但还是停留在具体（五种实用材料）与抽象（五种基本元素）之间，未为贾谊所接受"[1]，"五常的观念形成、流行后，而贾谊所提出的六行之说，遂被埋没"[2]。正是在以陆贾、贾

---

[1]　徐复观：《两汉思想史》（二），九州出版社 2014 年版，第 149 页。
[2]　同上书，第 148 页。

谊为代表的汉初儒家学者积极倡导和推行下，研习和传授《五经》的学术谱系得以形成，"言《诗》于鲁则申培公，于齐则辕固生，于燕则韩太傅；言《尚书》，自济南伏生；言《礼》，自鲁高堂生；言《易》，自菑川田生；言《春秋》，于齐鲁自胡母生，于赵自董仲舒"（《史记·儒林列传》）。

　　在此之后，董仲舒提出"六学皆大，而各有所长"的观点，进一步丰富和完善了六艺学理体系。首先，如果说陆贾是从"天道－人道－王道"中"仁义之道"（"人道"）的方式来"定五经，明六艺"，贾谊是从"政－民－道－教"中"道－德"的方式来阐述"六德"－"六美"－"六艺"，那么董仲舒则是从六艺典籍中每部典籍自身的特性（"所长"）来展开论证，由此形成了道－政－教三个层面相互结合的六艺学理体系。其次，"六学皆大，而各有所长"出自《春秋繁露·玉杯》篇："君子知在位者之不能以恶服人也，是故简六艺以赡养之。《诗》《书》序其志，《礼》《乐》纯其美，《易》《春秋》明其知。六学皆大，而各有所长。《诗》道志，故长于质。《礼》制节，故长于文。《乐》咏德，故长于风。《书》著功，故长于事。《易》本天地，故长于数。《春秋》正是非，故长于治人。""六学皆大"既"暗含了一种可能性，即任何一种经典个体都具有完足的教化作用，足以化民成性，臻于德政"[1]，"这与西汉儒学'专经'传授的现实更加吻合，因此也更能得到汉儒的理解与接受"[2]，又意味着六部典籍组成了一个互补的整体，"各有所长"中蕴含了"各有所短"且"互有所需"的经典结构体系。

　　总而言之，经过陆贾、贾谊、董仲舒等汉初大儒从术的层面对六艺的诠释，六艺作为儒家基本经典范畴的身份逐渐得到确立的同时实现了"新生"，从而形成了具有汉代思想文化特色的六艺之学——"汉版"六艺之学，进而标志着六艺开始逐步进入汉代政治生活。

---

① 程苏东：《从六艺到十三经：以经目演变为中心》，北京大学出版社 2018 年版，第 124 页。
② 同上书，第 125 页。

第二节　董仲舒与儒家经学地位的确立

——从《天人三策》到《春秋繁露》

汉代儒家哲学的奠基形态，是"董仲舒以天人感应为核心的目的论体系。它的基本著作《春秋繁露》，虽然并不是正规的解经形式，但无疑又为汉代经学哲学的发展规定了基本的格局。'罢黜百家，独尊儒术'，确定了今文经学唯我独尊的官方学术和政治指导思想的地位，从此经学直接与政治结合，为政治服务"①。从陆贾到董仲舒的儒家思想演变，"一方面可以看作一种持续不断前后相继的发展，一种有着共同目标和倾向的向前的思想运动；一方面又可以看作一种从量变到部分质变到质变（新体系的建立）的'飞跃'。董仲舒思想的出现是飞跃和质变的完成。由于它以新的基础和面貌出现，从而使儒家思想进入了一个新阶段"②。自此以后，儒学以"术"（儒术）的学术形态重新走进学者们的学术生活，中国古代思想文化进入经学时代。

一、《天人三策》与尊儒崇孔

汉代尊儒崇孔之议始于董仲舒，"汉代儒术之盛，与夫博士之限于儒生经师，其事始武帝，而其议则创自董仲舒"③。"汉儒最纯者莫如董仲舒，仲舒之文最纯者莫如《三策》"（《朱子语类》卷八十七），汉武帝元光元年（公元前134年），举贤良对策，董仲舒上对策三篇，史称"天人对策"。董仲舒是以"对曰"的形式来展开论述的，"武帝即位，举贤良文学士前后百数，

---

① 　金春峰：《汉代思想史》（修订增补第四版），中国社会科学出版社2018年版，第10页。
② 　同上书，第93页。
③ 　钱穆：《两汉经学今古文平议》，人民文学出版社2020年版，第152页。

而仲舒以贤良对策焉"（《汉书·董仲舒传》），从总体上来看，三次对策是一个从教化、养士到独尊儒术的逻辑推衍过程，而在这其中《春秋》（或《春秋》学）是一个灵魂性的存在。

董仲舒在《天人三策》中以两种言语方式来表达自己的观点，一是"臣谨案"，一是"臣闻"。其中：第一策中有 3 处"臣谨案"、2 处"臣闻"，第二策中有 3 处"臣闻"，第三策中有 4 处"臣闻"。相对"闻"来说，"谨案"是指以具体的文本为依据来展开论述，《天人三策》中的 3 处"谨案"都是以《春秋》作为文本来源及立论的依据。董仲舒在第一策的开篇，就以《春秋》文本作为立论的依据。

【1】陛下发德音，下明诏，求天命与情性，皆非愚臣之所能及也。【2】臣谨案《春秋》之中，视前世已行之事，以观天人相与之际，甚可畏也。【3】国家将有失道之败，而天乃先出灾害以谴告之，不知自省，又出怪异以警惧之，尚不知变，而伤败乃至。以此见天心之仁爱人君而欲止其乱也。【4】自非大亡道之世者，天尽欲扶持而全安之，事在强勉而已矣。强勉学问，则闻见博而知益明；强勉行道，则德日起而大有功：此皆可使还至而有效者也。【5】《诗》曰"夙夜匪解"，《书》云"茂哉茂哉！"皆强勉之谓也。

【1】董仲舒自谦之起首语，一是用来表明对武帝的尊重，二是为了从"天命与情性"两个方面来展开论证。【2】既是本段的中心句，也是展开论证的依据所在，并由此反映出董仲舒以《春秋》作为立论依据的学术取向，就是以"前世已行之事"为依据来考察天人之间的关系。"关于天人关系，董仲舒有过很多论述。对后代影响最大的《举贤良对策》三篇主要内容是论述天人关系的，所以被人们称为'天人三策'。他讲天人关系主要是讲相互感应，因此，学术界把他的哲学概括为'天人感应说'。这一概括反映了董仲舒哲学的主要特点。但是，应该说，'天人感应说'不是董仲舒发明的，而是故

已有之。不过，董仲舒对此进行了详尽的论证，并加以发展，对于这个学说的流行起到了推动作用"①。【3】"天心之仁爱人君"中之天，是具有道德意志的天，灾害与怪异既是天对人君失道之警告，又是天心之仁爱人君的具体体现。需要注意的是，此"爱"是"仁爱"，"仁者爱人"，天由此而成为具有仁爱之心的天，这就是拟人化的天，天与人在仁爱之间就实现了交融和互通，仁爱由此而获得了学理上的存在依据。【4】人君之学问与行道在于"强勉"，"强勉"既是人君行事之工夫，又是天扶持人君的手段，所以【3】【4】就构成了人君行事之正反两面。【5】引用《诗》《书》中的经典语句，来论证人君需要强勉行事的道理，儒家经典文本及其内容由此而进入汉代学者的话语体系，从而为重塑儒家经典文本的地位奠定了学理基础。《天人三策》中共有 22 处直接引用儒家经文及孔子话语的情况，其中直接引用孔子话语的就有 15 处之多：

表 2-1 《天人三策》对儒家经典文本及孔子话语的直接引用

《诗》	①夙夜匪解；②宜民宜人，受禄于天；③惟此文王，小心翼翼。
《书》	①茂哉茂哉！②白鱼入于王舟，有火复于王屋，流为乌。
《易》	负且乘，致寇至。
孔子	①人能弘道，非道弘人。②德不孤，必有邻。③君子之德风，小人之德草，草上之风必偃。④绥之斯来，动之斯和。⑤不教而诛谓之虐。⑥凤鸟不至，河不出图，吾已矣夫！⑦腐朽之木不可雕也，粪土之墙不可圬也。⑧如有王者，必世而后仁。⑨《韶》尽美矣，又尽善矣。⑩《武》尽美矣，未尽善也。⑪奢则不逊，俭则固。⑫有始有卒者，其唯圣人乎？⑬天地之性，人为贵。⑭亡为而治者，其舜乎！⑮殷因于夏礼，所损益可知也；周因于殷礼，所损益可知也；其或继周者，虽百世可知也。
曾子	尊其所闻，则高明矣；行其所知，则光大矣。高明光大，不在于它，在乎加之意而已。

由此可见孔子思想学说在董仲舒心目中的地位，故董仲舒有"汉代孔子"之称谓。在武帝提出的"制曰"中同样也存在直接引用儒家经文的情况，如对策三"制曰"引《诗》"《诗》不云乎，'嗟乎君子，毋常安息，神之听之，

---

① 周桂钿：《董学探微》，北京师范大学出版社 2008 年版，第 62 页。

介尔景福'"，对策一、对策二"制曰"则是间接引用，如对策一"当虞氏之乐莫盛于《韶》，于周莫盛于《勺》"、对策二"八佾陈于庭"等，说明武帝相比高帝来说，一是已经阅读并熟知儒家经文，二是表明在独尊儒术之前，武帝诏书中就存在援引儒家经文立论的情况。这种情况的存在，与武帝早年接受的教育及其卫绾师有直接的关联。据《汉书·武帝纪》记载："丞相绾奏：'所举贤良，或治申、商、韩非、苏秦、张仪之言，乱国政，请皆罢。'奏可"，这是一条与"罢黜百家，表彰六经"有关的信息。丞相绾即卫绾，奏文表面上罢法家、纵横家，又因申学与黄老有关，故表面上罢法家就暗含对黄老之学的批判。虽然在得到武帝"可"的恩准答复之后，卫绾奏文并没有机会得以推行，但是这条奏文可以被视作政治上罢黜黄老的先声，武帝最终实施"罢黜百家，表彰六经"政策的先导，从老师与学生之间的互动中就可读出卫绾在武帝思想形成过程中所产生的重要作用。

　　董仲舒在第一策之第二、三处的"臣谨案"中，以《春秋》之文来接续论证"正"之思想，一是"臣谨案《春秋》之文，求王道之端，得之于正"，由此而推论，"正次王，王次春。春者，天之所为也；正者，王之所为也。其意曰，上承天之所为，而下以正其所为，正王道之端云尔"。一是"臣谨案《春秋》谓一元之意，一者万物之所以从始也，元者辞之所谓大也"，由此而推论，"谓一为元者，视大始而欲正本也。《春秋》深探其本，而反自贵其始。故为人君者，正心以正朝廷，正朝廷以正百官，正百官以正万民，正万民以正四方"。董仲舒将《春秋》隐公元年"元年春，王正月"的文献记载，推见至隐，并与武帝以"元"建号的现实结合起来，从而形成了"天－正－一－元"之间的天人关系，"一"是始，"元"是始正、本正、原正，人君是国之始，故必须正。"正者，王之所为也"，"然则王者欲有所为，宜求其端于天"，"天道之大者在阴阳"，"阳为德，阴为刑；刑主杀而德主生"，从王与正、正与为、为与天到天与阴阳，再到阳德、阴刑，董仲舒就形成了以德教为主的"阳德阴刑"论。以德教为主，就是突出教化在国家政治生活中的重要作用，"凡以教化不立而万民不正"，立教化就可以使万民正，这就是教化的堤防作用，"教化立而奸邪皆止者，其堤防完也；教化废而奸邪并出，刑罚不能胜者，其堤防坏也"。是故，古之王者"莫不以教化为大务"，莫不"立太学以教于国，设庠序以化于邑，渐民以仁，摩民以谊，节民以礼，故其刑罚甚轻而禁不犯者，教化行而习俗美也"。而立太学之目的就在于养士，"故养士之大者，莫大乎太学；太学者，贤士之所关也，教化之本原也"，鉴于此，董仲舒建议武帝"兴太学，置明师，以养天下之士，数考问以尽其材，则英俊宜可得矣"。以"材"定"士"，正是董仲舒"毋以日月为功，实试贤能为上，量材而授官，录德而定位"之人才思想的体现。

董仲舒在第三策中再次重申了"天人之征，古今之道"的天人感应思想，"孔子作《春秋》，上揆之天道，下质诸人情，参之于古，考之于今"，并以此来阐释天命与情性之间的逻辑关系，"天令之谓命，命非圣人不行；质朴之谓性，性非教化不成；人欲之谓情，情非制度不节。是故王者上谨于承天意，以顺命也；下务明教化民，以成性也；正法度之宜，别上下之序，以防欲也；修此三者，而大本举矣"，顺命、成性、防欲，就是人君治理国家之根本，这样就从理论上回应了武帝关于性情与天命的"制曰"，从而建构起了教化在国家治理体系中的中坚地位。紧接着的问题是，"三王之教所祖不同，而皆有失，或谓久而不易其道也，意岂异哉？"董仲舒的答复有三：一是"三王之道所祖不同，非其相反，将以救溢扶衰，所遭之变然也"，道非不同，而是因救弊之需、环境之变而变。二是"道之大原出于天，天不变，道亦不变，是以禹继舜，舜继尧，三圣相守而一道"，尧、舜、禹三圣相传一道。三是"《春秋》大一统者，天地之常经，古今之通谊也。今师异道，人异论，百家殊方，指意不同，是以上亡以持一统；法制数变，下不知所守。臣愚以为诸不在六艺之科、孔子之术者，皆绝其道，勿使并进。邪辟之说灭息，然后统纪可一而法度可明，民知所从矣"，以六艺之科、孔子之术为依托来承继三圣之道，就可实现《春秋》之大一统。

从最终结果来看，董仲舒的《天人三策》"以天命统率人事，系统地论述了推行'德教'的具体方针和措施，因而得到了本已倾向于儒学、有意实行'更化'的汉武帝的赞赏"[①]。武帝接受了董仲舒的建议，"及仲舒对策，推明孔氏，抑黜百家。立学校之官，州郡举茂才孝廉，皆自仲舒发之"（《汉书·董仲舒传》），"自此以来，公卿大夫士吏彬彬多文学之士矣"（《儒林传》）。"罢黜百家，独尊儒术"这一文化政策转变的重要意义在于，"实现了儒学的'思想范式'与秦以后中国统一的政治经济制度的整合，从而使中国文化成为一种'实体性的存在'，而儒学的'思想范式'也成为中国文化的核心"[②]，进而从文化政策层面解决了陆贾"居马上得之，宁可以马上治之乎？"的汉初之问。

二、《春秋繁露》与经学传承

"《春秋》大一统"是《春秋》公羊学的要义，"按照董仲舒一派的说法，《春秋》乃是孔子的一部重要著作，在其中，孔子树立了他的道统的统治。孔子代表了黑统，并创建了黑统的各项制度。董仲舒对《春秋》的解释十分著名，他的各项学说都可以从《春秋》中找到根据，换句话说，他的理论权威来自《春秋》，这是他把自己的著作称为《春秋繁露》的缘故"[③]。皮锡瑞在《经学通论》中对《春秋繁露》推崇备至，"孟子之后，董子之学最醇。然则《春秋》之学，孟子之后，亦当以董子之学为最醇矣"[④]，汉初董子及其学问最为儒家，"董仲舒治公羊春秋，始推阴阳，为儒者宗"（《汉书·五行志》）。

《春秋繁露》作为董仲舒的代表性著作，吸收了先秦道家、法家、阴阳家等不同学派的思想，以阐发春秋公羊的微言大义。正如司马迁在《太史公自序篇》中所言：

---

① 俞启定：《先秦两汉儒家教育》，齐鲁书社1987年版，第52页。

② 李存山：《董仲舒在中国思想文化史上的地位与影响》，《河北学刊》，2010年第4期。

③ 冯友兰：《中国哲学简史》，中华书局2015年版，第247页。

④ 皮锡瑞：《经学通论》，中华书局2017年版，第371页。

　　余闻董生曰："周道衰废，孔子为鲁司寇，诸侯害之，大夫雍之。孔子知言之不用，道之不行也。是非二百四十二年之中，以为天下仪表，贬天子，退诸侯，讨大夫，以达王事而已矣。"子曰："我欲载之空言，不如见之于行事之深切著明也。"夫《春秋》，上明三王之道，下辨人事之纪，别嫌疑，明是非，定犹豫，善善恶恶，贤贤贱不肖，存亡国，继绝世，补弊起废，王道之大者也。

　　拨乱世反之正，莫近于《春秋》。

这正是董仲舒创作《春秋繁露》的用意所在。至于《春秋繁露》各篇章的具体内容，桂思卓在《从编年史到经典：董仲舒的春秋诠释学》一书中，将其分为解经、黄老、阴阳、五行、礼制等五大编[①]。其中：解经编"或是对《公羊传》之具体段落的贴切解读，或是起始于对《公羊传》之一般原理的阐释。但是，无论如何，它们与《公羊传》的紧密联系及其共同主题使这些篇章以一种整体形象进入《春秋繁露》中"[②]，以此来阐发孔子寓于《春秋》的微言大义，以此来构筑儒家思想的价值体系；黄老编在融合道家、墨家、名家以及法家观点的基础上，用以阐明人君的统治之术，"它的关注点是统治术，尤其是君主实践其政治权威的手段"[③]；阴阳篇主要吸收借鉴阴阳家的思想学说，倡导阳尊阴卑、天人感应，形成了以德教为主的"阳德阴刑"论，"与黄老编一般不引用儒家经典来论证其观点的做法不同，阴阳编经常用《春秋》《诗》《易》及《书》来支持自己的主张"[④]；五行编主要以阴阳思想糅合《尚书·洪范》《礼记·王制》《吕氏春秋·月令》等篇章的具体内容，以期建构人君与天意之间的感应机制；礼制编则以《春秋》文本中所记载的各种

---

① 〔美〕桂思卓：《从编年史到经典：董仲舒的春秋诠释学》，朱腾译，中国政法大学出版社2010年版，第77～129页。

② 同上书，第96页。

③ 同上书，第97页。

④ 同上书，第110页。

礼制为基础，来剖析礼制的社会政治含义、执礼的具体程序以及礼制所蕴含的天人关系等。这就是董仲舒以儒家思想为主导，辅以道家、法家、阴阳家等众家思想学说，来构建与汉代大一统政治制度相匹配的"思想范式"的学术旨趣。

与《天人三策》相一致，《春秋繁露》书中同样重点阐述了"天令之谓命，命非圣人不行；质朴之谓性，性非教化不成；人欲之谓情，情非制度不节。是故王者上谨于承天意，以顺命也；下务明教化民，以成性也；正法度之宜，别上下之序，以防欲也；修此三者，而大本举矣"之三个方面的思想学说。第一，《春秋繁露》之"顺命"说。（1）天子、天与命之间相关联，"唯天子受命于天，天下受命于天子，受命之君，天意之所予也"（《顺命》）。天子受命于天，天下受命于天子，天下之人与天子之间就构成了受命关系。（2）天子与诸侯、父与子、君与臣、夫与妻之间的受命关系，"天子受命于天，诸侯受命于天子，子受命于父，臣受命于君，妻受命于夫。诸所受命者，其尊皆天也，虽谓受命于天亦可"（《顺命》）。天就成为各种受命关系的最终主宰者，人虽从根本上受命于天，但是在具体的人伦关系上又各有所受命，从而就构成了君臣、父子、夫妇之间的主从关系。（3）天是至善道德"仁"的化身，"仁之美者在于天，天仁也，天覆育万物，既化而生之，有养而成之，事功无已，终而复始，凡举归之以奉人，察于天之意，无穷极之仁也。人之受命于天也，取仁于天而仁也，是故人之受命天之尊，父兄子弟之亲，有忠信慈惠之心，有礼义廉让之行，有是非逆顺之治，文理灿然而厚，知广大有而博，唯人道为可以参天"（《王道通三》）。人受命于天，人同样受命于"仁"，由此而来，"仁者爱人"之仁与天之道德性之间就形成了实质性的关联，以仁为中心的儒家伦理道德获得了形而上的天理依据，即天德。从西周之礼到孔子之仁、礼，从孔子之仁、礼到董仲舒之天、仁、礼，天被赋予道德性的同时，体现了道德之天与仁、礼之间的主从关系，再加上天、天子与天下之人之间主从关系的双重叠加，就从根本上确立了天下之人对天/天命的主从关系，这就是顺命。第二，《春秋繁露》之"成性"说。（1）性情与阴阳："身之有性情也，若天之有阴阳也"，以阴阳来释性情，性情就具有了最本初的存在意义。阴阳又具有仁贪之分，"人之诚，有贪有仁。仁贪之气，两在于身。身之名，取诸天。天两有阴阳之施，身亦两有仁贪之性"（《深察名号》），"天两"即阴与阳，"身两"即仁之性与贪之性，性与情之划分就来源于仁之性与贪之性的区分。依此说，《春秋繁露》中的性有广义与狭义之区分：广义的性包括性与情在内的"仁贪之性"；狭义的性与情相对，性生于阳，为仁、为善；情生于阴，为贪、为恶。（2）性之善质非善："善如米，性如禾，禾虽出米，而禾未可谓米也；性虽出善，而性未可谓善也。米与善，人之继天而成于外也，非在天所为之内也；天所为，有所至而止，止之内谓之天，止之外谓之王教，王教在性外，而性不得不遂。故曰：性有善质，而未能为善也"（《实性》），善质在天，善在王教，性到王教而善。（3）中民之教："圣人之性不可以名性，斗筲之性又不可以名性，名性者，中民之性"，"中民之性，如茧如卵，卵待覆二十日，而后能为雏；茧待缫以涫汤，而后能为丝；性待渐于教训，而后能为善；善，教训之所然也，非质朴之所能至也，故不谓性"，"性待教而为善，此之谓真天。天生民性有善质而未能善，于是为之立王以善之，此天意也"（《实性》），介于圣人之性与斗筲之性中间的中民之性是圣王之教的对象，中民之性的"善质"或"善端"只有经过王者的教化才能成为善、称为善，这种须经王者之教方能成善的过程就是天意。（4）圣人之善："性有善端，动之爱父母，善于禽兽，则谓之善。此孟子之善。循三纲五常，通八端之理，忠信而博爱，敦厚而好礼，乃可谓善。此圣人之善"，"孟子下质于禽兽之所为，故曰性已善；吾上质于圣人之所为，故谓性未善"（《深察名号》），以三纲五常为善，既是董仲舒以圣人之善区别于孟子之善的关键所在，又是中民之性经王者之教方能成善的方向所在，更是对孟子与荀子何以至善路径的继承与扬弃。第三，《春秋繁露》之"防欲"说。欲与性、阴、情有关，"天有阴阳禁，身有情欲桎，与天道一也。是以阴之行不得干春夏，而月之魄常厌于日光。乍全乍伤，天之禁阴如此，安得不损其欲而辍其情以应天。天所禁而身禁之，故曰身犹天也，禁天所禁，非禁天也。必知天性不乘于教，终不能栣”(《深察名号》)，天道好阳而恶阴，故禁阴而不使干阳；栣情欲之恶，不使伤善，此天人一理也。天禁阴而身禁贪，是禁天之所当禁，也是禁身之所当禁也。禁贪当以教化为主，与董仲舒"任德不任刑"的主张具有内在的一致性。总而言之，《春秋繁露》对《天人三策》中顺命、成性、防欲思想的接续陈述，丰富和完善了以德教为中心的新儒家思想体系，尤其是以《公羊春秋》学为标志的董氏经学，在董仲舒本人及其弟子们递相研习与传承的过程中渐变为显学。

以《春秋》立论的《春秋繁露》，虽然不是一部专门研究《春秋》的著作，但其中"确有二三十篇与《春秋》学有关，特别是《楚庄王》《玉杯》《竹林》《玉英》《精华》《王道》《正贯》《十指》《二端》《俞序》《三代改制质文》《仁义法》《必仁且知》《奉本》等十几篇，可以说是董氏《春秋》学的集中体现"①。董仲舒"以《春秋》当新王"的说法，正是有汉一代"孔子《春秋》为汉制法"学说的重要依据之一：

> 孔子立新王之道，明其贵志以反和，见其好诚而灭伪，其有继周之弊，故若此也。(《玉环》)
>
> 《春秋》作新王之事，变周之制，当正黑统。而殷、周为王者之后。绌夏，改号禹谓之帝，录其后以小国。故曰：绌夏存周，以《春秋》当新王。(《三代改制质文》)

武帝尽罢诸子百家，而专主《五经》；《春秋》因作新王之事，而居《五经》之首，董仲舒以专研《公羊》学而著称并形成了《公羊》学体系，对于汉代《春秋》乃至《五经》的传承起到了示范引领作用。

---

① 赵伯雄：《春秋学史》，山东教育出版社 2014 年版，第 96～97 页。

夫《五经》亦汉家之所立，儒生善政大义，皆出其中。董仲舒表
《春秋》之义，稽合于律，无乖异者。然则《春秋》汉之经，孔子制作，
垂遗于汉。孔子曰："文王既没，文不在兹乎！"文王之文，传在孔子。
孔子为汉制文，传在汉也。（《论衡》卷十二《程材篇》）

这就是《春秋》作为汉代新王官学在当时的真实意义。与此同时，专治《公
羊春秋》的另一位经学大师胡母生，"为景帝博士。与董仲舒同业，仲舒著
述称其德。年老，归教于齐，齐之言《春秋》者宗事之，公孙弘亦颇受焉"
（《汉书·儒林传》）。作为胡母生弟子的公孙弘，是西汉因通晓《春秋》学而
位至宰相的第一人，"公孙弘以《春秋》白衣为天子三公，封以平津侯，天
下之学士靡然乡风矣"（《史记·儒林列传》），通经可致仕，无形之中就扩大
了《公羊春秋》在汉代社会生活中的感召力。

仲舒通《五经》，能持论，善属文，江公呐于口，上使与仲舒议，
不如仲舒。而丞相公孙弘本为公羊学，比辑其议，卒用董生。于是上因
尊公羊家，诏太子受《公羊春秋》，由是《公羊》大兴。（《史记·儒林
列传》）

这段材料中的江公就是指治《穀梁春秋》的瑕丘江公，武帝初时能与董仲舒
分庭抗礼，之后"不如仲舒"；公孙弘治《春秋》不如董仲舒，"而弘希世
用事，位至公卿。董仲舒以弘为从谀，弘嫉之"（《史记·儒林列传》），"从
谀"或与德行有关，汉儒辕固生对公孙弘也有过类似的正告，"公孙子，务
正学以言，无曲学以阿世"（《儒林列传》），这就是公孙弘的一体两面；上
位尊公羊家，或与董仲舒有关（《天人三策》），或与公孙弘有关（位至宰
相），"《公羊》大兴"所引发的"《公羊春秋》热"，必然是董仲舒与公孙弘
等人都喜闻乐见的结果。这种结果既是将董仲舒"推明孔氏，抑黜百家"的
建议，推行于汉代社会生活的关键一步；又可形成以上位为中心、自上而

下带动天下士人学习、研究儒家经典的社会风尚。可以想象，功名利禄与上位尊崇的双重作用，《公羊春秋》大兴的同时必形成天下士人研读《五经》的连锁效应，以《五经》文本为载体的儒家思想文化，由此而融入汉代大一统的政治体系之中，而这正是以陆贾为代表的汉初儒家学者们的梦想和心愿。

经学昌明时代的大幕由此而开启。

第三节　经学教育体系的形成与确立
——从太学到国子监

重申钱穆在《两汉经学今古文平议》中的一段话：

> 汉代儒术之盛，与夫博士之限于儒生经师，其事始武帝，而其议则创自董仲舒。①

这是从"事"与"议"两个层面来追溯"汉代儒术之盛"的根源。叶纯芳在《中国经学史大纲》一书的"汉武帝之崇儒更化"部分，同样指出："而提倡儒术者，向来以为发自董仲舒。《汉书·董仲舒传》……不过《史记·儒林列传》载……则武帝一朝崇儒之端实始于此"②，这也是从"事"与"议"两个层面来进行的考察。

《汉书·董仲舒传》中的这段话经常被提及：

---

① 钱穆：《两汉经学今古文平议》，人民文学出版社 2020 年版，第 152 页。
② 叶纯芳：《中国经学史大纲》，北京大学出版社 2016 年版，第 131 ～ 132 页。

《春秋》大一统者，天地之常经，古今之通谊也。今师异道，人异论，百家殊方，指意不同，是以上亡以持一统；法制数变，下不知所守。臣愚以为诸不在六艺之科、孔子之术者，皆绝其道，勿使并进。邪辟之说灭息，然后统纪可一而法度可明，民知所从矣。

从"议"的层面来看，在董仲舒之前的汉代学者虽然确实没有明确提出"推明孔氏，抑黜百家"的建议或主张。但是，在董仲舒《天人三策》之前后确实存在诸多与此有关的提议：

建元元年，丞相绾奏："所举贤良，或治申、商、韩非、张仪之言，乱国政，请皆罢。"奏可。（《汉书·武帝纪》）

及窦太后崩，武安侯田蚡为丞相，绌黄、老、刑名百家之言，延文学儒者数百人。（《史记·儒林列传》）

据此，从事物发展顺序来看，卫绾奏请"开启了罢黜百家、表章六经的先河"；田蚡扩大了"卫绾罢黜的范围，扩大到了曾经占主导地位的黄老、刑名百家之言"；董仲舒则进一步扩大了"卫绾、田蚡罢黜的范围"，"切不说是否真正实施了罢黜百家的政策，就是明确罢黜百家的范围，至少就经过了前后三个人、历经七年的时间，三者层层递进，范围逐步扩大，措施日趋完善，前后顺序清楚，卫绾奏请属于起始阶段，是现实存在影响了董仲舒建议，而不是董仲舒建议影响了七年前的卫绾奏请"[1]。虽然后世学者对于卫绾奏请、董仲舒对策的确切时间，存在诸多争议，但是从《武帝纪》《儒林列传》之文献记载来看，董仲舒对策的超然之处就在于以《春秋》作为立论的依据，这与卫绾、田蚡等实践型学者是存在根本区别的。故此，从学理层面

---

[1]　秦进才：《卫绾奏请开启罢黜百家的先河》，《河北师范大学学报》（哲学社会科学版），2018年第1期。

肯定董仲舒对策的价值，从《五经》传承角度看待董仲舒对策的作用，或就是出现"向来以为"的原因所在。

从"事"的层面来看，经学正式得到官方的认可，专立五经博士、开设太学，这都要归功于武帝。"武帝一朝崇儒之端实始于此"的文献记载，见于《史记·儒林列传》：

> 武帝即位，赵绾、王臧之属明儒学，而上亦乡之，于是招方正贤良文学之士。自是之后，言《诗》于鲁则申培公，于齐则辕固生，于燕则韩太傅；言《尚书》自济南伏生，言《礼》自鲁高堂生，言《易》自菑川田生，言《春秋》于齐、鲁自胡母生，于赵自董仲舒。及窦太后崩，武安侯田蚡为丞相，绌黄、老、刑名百家之学，延文学儒者数百人。

赵绾、王臧、田蚡等人确实较少见于教育史类教材之中，他们应该属于实践型学者，大多是从实践层面将武帝所恩准之政策落实于现实社会生活之中。或许，我们还可以从回顾武帝之前的相关史料中，再次感受经学正式得到官方认可的艰辛与不易：

> （高皇帝时）然尚有干戈，平定四海，亦未暇遑庠序之事也。孝惠、吕后时，公卿皆武力有功之臣。孝文时颇征用，然孝文帝本好刑名之言。及至景帝，不任儒者，而窦太后又好黄、老之术，故诸博士具官待问，未有进者。（《史记·儒林列传》）

即使是在武帝即位之后，窦太后未驾崩之前：

> 上（武帝）乡儒术，找贤良，赵绾、王臧等以文学为公卿，欲议古立明堂城南，以朝诸侯，草巡狩封禅改历服色事未就。会窦太后治黄老言，不好儒术，使人微得赵绾等奸利事，召案绾、臧，绾、臧自杀，诸

所兴为者皆废。后六年，窦太后崩。其明年，上征文学之士公孙弘等。
（《史记·孝武本纪》）

汉武帝建元五年（前136年），终置五经博士，而儒术终独盛。

一、以太学为开端的汉代官方经学教育

元朔五年（前124年），置博士弟子员，“前此博士虽各以经授徒，而无考察试用之法，至是官始为置弟子员，即武帝所谓兴太学也”（《文献通考》卷四十《学校考一》）。汉武帝为博士置弟子员，标志着太学的正式设立，同时也意味着以经学教育为基本内容的官学教育体系的正式确立。

（一）武帝太学：公孙丞相实发之功

在武帝兴太学的过程中，董仲舒与公孙弘可谓一议一事，殊途同归。董仲舒之议，即在《天人三策》中提出“兴太学，置明师，以养天下之士”的建议；公孙弘之事，即“建制之议，条画之目，则公孙弘丞相实发之”（《学校考一》），被详细记载在《史记》的《儒林列传》和《汉书》的《儒林传》中。我们试以《汉书·儒林传》中的记载为例，来剖析公孙丞相在兴太学过程中所起到的“实发之功”[1]。

　　　弘（自孔子后，公孙弘始以儒者得政）为学官，悼道之郁滞，乃请曰：“丞相、御史言：制曰‘盖闻导民以礼，风之以乐。婚姻者，居室之大伦也。（是时论学者尚知本如此。）今礼废乐崩，朕甚愍焉，故详延天下方闻之士，咸登诸朝。其令礼官劝学，讲议洽闻，举遗兴礼，以为天下先。太常议，予博士弟子，崇乡里之化，以厉贤材焉’。谨与太常臧、博士平（臧，孔臧。平，博士之长也。博士，太常之属。）等议，

---

[1] 《文献通考》在《学校考一》中同样也引用了这段话，著者马端临对关键语句进行了注解，本书以“（　）”的方式加以标出。

曰：闻三代之道，乡里有教，夏曰校，殷曰庠，周曰序。其劝善也，显之朝廷；其惩恶也，加之刑罚。故教化之行也，建首善自京师始，由内及外。今陛下昭至德，开大明，配天地，本人伦，劝学兴礼，崇化厉贤，以风四方，太平之原也。古者政教未洽，不备其礼，请因旧官而兴焉。（旧官为博士旧授徒之黉舍也。至是官置弟子员，来者既众，故因旧黉舍而兴修之。）为博士官置弟子五十人，复其身。【A】太常择民年十八以上、仪状端正者，补博士弟子。（此太常所补也。诏书既曰崇乡里之化，则太常所补弟子，不过取关中而已。）郡国县官有好文学、敬长上、肃政教、顺乡里、出入不悖，所闻，令、相、长、丞上属所二千石。二千石谨察可者，常与计偕，诣太常，得受业如弟子（此郡国所择也。自好文学以下条目甚详，而太常弟子止取仪状端正者，盖太常天子近臣，常以儒宗为之，任其选择，不必立法也）。一岁皆辄课（太常所补、郡国所择，虽有两途，至于受业一年而后试，则考察无二法也），能通一艺以上，补文学掌故缺；其高第可以为郎中，太常籍奏。（郎中，宿卫之臣，故具名籍以待上选也。）即有秀才异等，辄以名闻。（非常选也。）其不事学若下材，及不能通一艺，辄罢之，而请诸能称者。臣谨案诏书律令下者，明天人分际，通古今之谊，文章尔雅，训辞深厚，恩施甚美。小吏浅闻，弗能究宣，亡以明布谕下。（欲为学者开入仕之途，故以宣布诏书为名，与三代宾兴之意差矣。此俗儒之所喜，而高士所不屑也。）以治礼掌故，以文学礼义为官，迁留滞。【B】请选择其秩比二百石以上，及吏百石通一艺以上，补左右内史、大行卒史（左内史后为左冯翊，右内史后为京兆尹、右扶风。大行后为大鸿胪），比百石以下，补郡太守卒史，皆各二人，边郡一人。先用诵多者，不足，择掌故以补中二千石属（掌故尊于文学掌故，即前所谓秩比二百石以上者也。中二千石属即左右内史、大行卒史也，大行中二千石，左右内史虽二千石亦通言之也），文学掌故补郡属（文学掌故即博士弟子通一艺所补也。郡属即郡太守卒史也），备员。（既无诵多者，故选掌故彼善于此者以充数。）请著功令。（新立此条，请以著于功令。功令，篇名，若今选举令。）它如律令。"

制曰："可。"自此以来，公卿大夫士吏彬彬多文学之士矣。

公孙弘的"建制之议，条画之目"，包括了太学教育的博士、博士弟子及其来源与考核选拔的措施，从而形成了集人才培养与选拔为一体的太学教育体系。

第一，太学的教师是博士。博士设置由来已久，战国时鲁国、魏国等均有设置博士的文献记录，至秦更有确凿的史料证明，"博士，秦官，掌通古今"（《汉书·百官公卿表》），淳于越、伏生、叔孙通等人就是秦代博士的代表人物。汉承秦制，仍置博士，文帝时置"博士七十余人"（《汉官仪》）。需要说明的是，文帝时开始设置一经博士（专门治儒家典籍的博士），申公、韩婴就是治《诗》的博士（他们二人虽以《诗》的名义被立为博士，但并不是专门治一经的博士），而且并不是所有的博士都是儒家学者。汉景帝时辕固生因明《诗》被立为博士，而余经未立。汉武帝建元五年（前136年），初置五经博士，"《儒林传赞》曰：'武帝立五经博士，《书》唯有欧阳，《礼》后，《易》杨，《春秋》公羊而已。'立五经而独举其四，盖《诗》已立于文帝时，今并《诗》为五也"（《困学纪闻·经说》）。

在汉武帝专门设置五经博士之后，原先设立的其他诸家博士则历久不置，最后事实上归于废止，这样就使得博士职位为儒家所垄断，尤其是在设立太学之后，博士主要职能从秦制"通古今"的顾问官转变为汉代太学"教弟子"的教育官。汉代从官方层面为博士置弟子员，使得经学传承中的师生关系由先秦个体、私学层面的聚徒讲学转变为汉代群体、官学层面的学校传授，从而形成了以经学教育为主的官学教育格局。

第二，太学的学生是博士弟子。博士弟子有两种来源方式，一种是由太常负责选拔且年龄在18岁以上者，作为正式的太学生；另一种是由地方（郡、国、县）依据标准负责推荐，经审查核实后报太常，作为非正式的太学生（"受业如弟子"）。正式生与非正式生的区别有三：一是从数量上看，正式生定员 50 人，非正式生无定员；二是从年龄上看，正式生明确规定 18 岁以上，非正式生无明确的年龄规定（或参照正式生的年龄限制）；三是从选拔依据上看，正式生仅为"仪状端正"，非正式生则有"好文学、敬长上、肃政教、顺乡里、出入不悖"方面的选拔标准。需要说明的是，无论正式生还是非正式生的选拔标准中，暂无关于学生门第出身的限制。

第三，博士弟子的考核、选拔措施。博士弟子从性质上来看有正式生与非正式生之别，但是在考核、选拔方面却是一致的，"太常所补、郡国所择，虽有两途，至于受业一年而后试，则考察无二法也"。具体考核任用规定为：学习满一年后，举行考试，考试基本上采用"设科射策"的形式，"射策者，谓为问难疑义，书之于策，量其大小，置为甲乙之科，列而置之，不使彰显，有欲射者，随其所取而释之，以知优劣。射之言投射也"（《学校考一》）。博士弟子"能通一艺以上，补文学掌故缺"，特别优异者可做郎中；才智下等及不能通一经者，就令其退学。

公孙弘等人在建议中，不仅对博士弟子（"白身受业者"）的考核任用有较为明确、具体的规定，而且对已仕通艺者也有相应的考核任用措施。这虽与儒者"学而优则仕，仕而优则学"的学术理想存在差距，但是在一定程度上改变了汉初"公卿皆武力有功之臣"的政治生态格局，"公卿大夫士吏彬彬多文学之士"就是最好的历史见证。

第四，太常与太学。太常臧，臧即孔臧，孔臧与孔安国是西汉孔氏家学的著名代表人物。公孙弘"谨与太常臧、博士平等议"，一是表明孔臧本人确实参与了此项提议，二是孔臧具有孔氏后人与太常官员之双重身份。从孔臧之孔氏后人的身份来看，提议中"三代之道，乡里有教，夏曰校，殷曰庠，周曰序"的言语表述，一定程度上能体现出孔门后人之家学渊源，孔子本人就崇尚三代之道与三代之教，尤为推崇礼乐文化并重教化。从孔臧之太常官员的身份来看，一是孔门后人负责五经博士的管理工作，本身就具有尊儒崇孔的象征意义；二是太常一职始设于秦（延续至清，至清末并入礼部），武帝时太常所掌之职包括兴太学、修郊祀、作诗乐、祀百神等，博士、太学均在其管辖范围之内。

综上所述，汉武帝设立五经博士并为博士置弟子员，使《五经》传承获得了制度性保障，形成了以太学为中心的制度性经学传承体系，"经学至汉武昌明，而汉武时之经学为最纯正"[1]。再加上"开弟子员，设科射策，劝以官禄"，这样就不仅使博士官增加了教育及培养国家官员的教育职能，而且使博士弟子的培养与选拔紧密结合起来，事实上开启了后世科举取士之先风[2]。班固在《儒林传》中赞曰："自武帝立五经博士，开弟子员，设科射策，劝以官禄，讫于元始，百有余年，传业者浸盛，支叶蕃滋，一经说至百余万言，大师众至千余人，盖禄利之路然也。"

（二）武帝之后：两汉太学的兴衰变迁

1. 从昭帝至王莽秉政时期的太学：第一，在博士人选的品行方面提出明确要求：阳朔二年（前 23 年），诏曰："古之立太学，将以传先王之业，流化于天下也。儒林之官，四海渊源，宜皆明于古今，温故知新，通达国体，故谓之博士"，明于古今，通达国体之人，才能有资格成为博士。第二，在太学生方面的变化，主要体现在：（1）博士弟子数量的变化：

表 2-2　昭帝至成帝年间的博士弟子数量

昭帝	举贤良文学，增博士弟子员满百人。
宣帝末	增倍之。
元帝	好儒，能通一经者皆复。数年，以用度不足，更为设员千人。郡国置五经百石卒史。
成帝末	增弟子员三千人。岁余，复如故。

博士弟子员从五十人到三千人的数量变化，体现了西汉太学经学教育规模发生的巨大变化。（2）太学非正式生选拔渠道的增加，（王莽秉政）增元士之

[1]　皮锡瑞：《经学历史》，中华书局 2011 年版，第 41 页。

[2]　从汉武帝时博士弟子"以文学为官，诱以利禄"，引发了兴经学与诱利禄之间关系的论争，成为后世学校养士与科举取士之间关系论争的先声。

子得受业如弟子。（3）太学生考核、选拔方式的变化，（王莽秉政）岁课甲科四十人为郎中，乙科二十人为太子舍人，丙科四十人补文学掌故。（4）哀帝时，置博士弟子，父母死，予宁三年，体现了西汉帝王对孝道的推崇，这也是官方第一次颁布博士弟子需要为父母守孝三年的规定。

2. 东汉时期的太学：第一，立太学十四博士：光武中兴，先访儒雅，四方学士云会京师。于是立五经博士，各以其家法教授，凡十四博士，太常差次总领焉。十四博士，谓《易》有施、孟、梁丘，《尚书》欧阳、大、小夏侯，《诗》齐、鲁、韩，《礼》大、小戴，《春秋》严、颜。第二，太常选试博士：东汉之制，太常卿每选试博士，并上奏朝廷。建武中，太常选试博士四人，陈元为第一。张玄举孝廉为郎，会颜氏博士缺，玄策试第一，拜为博士。蔡茂试博士，对策陈灾异，以高等擢拜议郎。杨仁举孝廉，除郎，太常上仁经中博士，仁自以年未五十，不应旧科，上府逊选。据《汉官仪》记载，"博士年限五十"；另外，西京博士但以名流为之，无选试之法。中兴以来，始试而后用。盖既欲其为人之师范，则不容不先试其能否也。第三，以家法章句为本：和帝时期，司徒徐防上疏，以为："汉立博士十有四家，设甲乙之科以劝勉。伏见太学试博士弟子，皆以意说，不修家法。臣以为博士及甲乙策试，宜从其家章句，开五十难以试之。解释多者为上第，引文明者为高说。若不依先师，义有相伐者，皆正以为非。"第四，太学之两衰：一衰在梁太后时期：梁太后诏：令大将军以下，悉遣子入学，每岁辄于乡射月一飨会之，以此为常。自是游学增盛，至三万余生。然章句渐疏，而多以浮华相尚，儒者之风盖衰矣。二衰在建和时期：建和初，诏："诸学生年六十以上，比郡国明经试，次第上名。高第十五人、上第十六人为郎中，中第十七人为太子舍人，下第十七人为王家郎。"永寿二年（156年），诏复课试诸生，补郎、舍人。其后复制："学生满两岁，试通二经者，补文学掌故；其不能通二经者，须后试复随辈试之，通二经者，亦得为文学掌故。其已为文学掌故者，满二岁，试能通三经者，擢其高第为太子舍人；其不得第者，后试复随辈试，第复高者亦得为太子舍人。已为太子舍人，满二岁，试能通五经者，擢其高第补吏，随才而用；其不得第者，后试复随辈试，第复高者亦得补吏。"其后纲纪隳紊，凡所选用，莫非情故，乃立三互法①。这就是东汉太学产生"结童入学，白首空归"之怪象的症结所在。

二、以国子监为中心的唐代经学教育制度体系

国子监系由西晋国子学演化而来，《晋书辞典》将"国子学"定义为"西晋初，于太学之外另立国子学，置祭酒、博士各一人，助教十五人，以教生徒。国子生须是五品以上高门子弟"②，从源头上来看，国子学就是为王公贵族子弟所开设的专门学校。南北朝时，各国或设国子学，或设太学，或两者并设。北齐称国子寺。隋炀帝大业三年（607 年），始称国子监，依旧置祭酒一人。唐朝建立之后，于武德元年（618 年）设国子学，隶属太常寺，管理国子、太学、四门等学；贞观元年（627 年），令国子学脱离太常寺，改称国子监③，"分将作为少府监，通将作为三监"（《旧唐书》卷四十二《职官志》），从而成为与太常寺平行的独立的教育部门。由此而来，国子监"既成为中央政府教育行政机构，可直接对皇帝负责，也要接受上级机关礼部的统调指导；它又是国家最高学府，实际培养统治人才为国家所用，具有两方面的职能。国子监的设立，标志着国家对培养统治人才的重视，学校管理走向专门化，以适应教育事业大规模发展的需要。以后虽有改朝换代，国子监仍然长期延续存在，直到清末学部成立为止"④。

（一）国子监体系内的经学教育

以儒家经典为主要内容的经学教育是唐代官学的主体，国子监体系内的经学教育主要以国子学、太学、四门学为主。在记载唐代国子监的各种历史文献中，尤以《唐六典》卷二十一《国子监》，对唐开元年间国子监统辖各

---

① 东汉选任地方官员，为防止结党营私，规定凡婚姻及幽冀两州人士，不得交互为官。

② 刘乃和主编：《晋书辞典》，山东教育出版社 2001 年版，第 540 页。

③ 唐太宗时，国子监曾改为司成馆；武则天时，曾改为成均监；唐中宗时，改回国子监。

④ 孙培青主编：《中国教育史》（第四版），华东师范大学出版社 2019 年版，第 163 页。

学之教学内容、教材版本、学习年限等相关情况的记载最为详细。

《唐六典》之《国子监》首先陈列国子监及统辖诸学人员之具体构成，尤其是对诸学学生定额人数的规定，就从整体上展现了有唐一代诸学发展之最大规模。之后，《国子监》对国子监及诸学的具体情况进行了说明①。

表 2-3　国子监体系内诸学的人员构成

国子监	祭酒一人，司业二人，丞一人，主簿一人，录事一人，府七人，史十三人，亭长六人，掌固八人
国子学	博士二人，学生三百人，典学四人，庙干二人，掌固四人
太学	博士三人，助教三人，学生五百人，典学四人，掌固六人
四门学	博士三人，助教三人，学生五百人，俊士八百人，典学四人，掌固六人
国子直讲	博士四人，大成十人
律学	博士一人，助教一人，学生五十人，典学二人
书学	博士二人，学生三十人，典学二人
算学	博士二人，学生三十人，典学二人

（1）国子监：【原文】祭酒一人，从三品；司业二人，从四品下。国子监祭酒、司业之职，掌邦国儒学训导之政令，有六学焉：一曰国子，二曰太学，三曰四门，四曰律学，五曰书学，六曰算学。凡春、秋二分之月，上丁释奠于先圣孔宣父，以先师颜回配，七十二弟子及先儒二十二贤从祀焉。祭以太牢，乐用登歌、轩县、六佾之舞。若与大祭祀相遇，则改用中丁。祭酒为初献，司业为亚献，博士为终献。若皇太子释奠则赞相礼仪，祭酒为之亚献。皇帝视学，皇太子齿胄，则执经讲义焉。凡释奠之日，则集诸生执经论议，奏请京文武七品以上清官并与观焉。凡教授之经，以《周易》《尚书》《周礼》《仪礼》《礼记》《毛诗》《春秋左氏传》《公羊传》《穀梁传》各为一

---

① 《唐六典》的撰写格式，是以唐代中央及地方各级官吏的名称、员品、职掌为正文，以其自《周官》以来之沿革为注文。本书对《国子监》资料的引用，既包括正文又包括注文，正文用正常字体，注文换字体。

经;《孝经》《论语》《老子》，学者兼习之。（诸教授正业:《周易》，郑玄、王弼《注》;《尚书》，孔安国、郑玄《注》;《三礼》《毛诗》，郑玄《注》;《左传》，服虔、杜预《注》;《公羊》，何休《注》;《榖梁》，范甯《注》;《论语》，郑玄、何晏《注》;《孝经》《老子》，并开元御《注》。旧《令》:《孝经》，孔安国、郑玄《注》;《老子》，河上公《注》。其《礼记》《左传》为大经,《毛诗》《周礼》《仪礼》为中经,《周易》《尚书》《公羊》《榖梁》为小经。）每岁终，考其学官训导功业之多少；而为之殿最。

丞一人，从六品下；主簿一人，从七品下；录事一人，从九品下。承掌判监事。凡六学生每岁有业成上于监者，以其业与司业、祭酒试之：明经帖经，口试，策经义；进士帖一中经，试杂文，策时务，征故事；其明法、明书・筭亦各试所习业。登第者，白祭酒，上于尚书礼部。主簿掌印，勾检监事。凡六学生有不率师教者，则举而免之。其频三年下第，九年在学及律生六年无成者，亦如之。录事掌受事发辰。

【释义】皇帝视学"则执经讲义"属于祭祀活动的组成部分，体现了国家对于学习儒家经典的倡导与推崇。同样，从"凡释奠之日，则集诸生执经论议"的行为来看，说明国子监所辖六学诸生，即使是律学、书学、算学等专门科诸生，除必修《孝经》《论语》《老子》等课程之外，还涉及对九经相关内容的学习，否则就很难完成"诸生执经论议"的国子监祭祀活动。这样，一方面体现了国子监"掌邦国儒学训导之政令"的工作职责，另一方面则体现了唐代在官学层面形成了尊儒崇孔的文化氛围。

（2）国子学:【原文】国子博士二人，正五品上;（《汉书・百官表》云:"博士，秦官也，掌通古今，秩比六百石，员多至数十人。武帝置五经博士，宣帝稍增员十二人。"《汉仪》云:"文帝博士七十余人，为待诏。博士，朝服，玄端章甫冠。"司马彪《百官志》云:"博士十四人。"魏以太常统太学博士、祭酒。晋初置博士十九人，咸宁四年立国子学，置国子博士一人。晋官品第六，介帻，两梁冠，服、佩同祭酒。宋、齐无所改作。梁置国子博士二人，为九班。陈品第四，秩千石。后魏初，国子博士从五品上；太和二十二年，增为第五品。北齐置国子寺，有博士五人，品第五。隋初，国子隶太常，置博士五人；大业三年，置国子监博士一人，正五品。皇朝增置二人。）助教二人，从六品上。（晋武帝初立国子学，置助教十五人，官品视南台御史，服同博士。东晋孝武损为十人，宋、齐并同。梁班第二。陈品第八，秩六百石。后魏第七品。北齐置十人，品同后魏。隋初置国子助教五人，从七品下；大业三年，减置一人。皇朝增置二人。）

　　国子博士掌教文武官三品以上及国公子、孙，从二品以上曾孙之为生者，五分其经以为之业，习《周礼》《仪礼》《礼记》《毛诗》《春秋左氏传》，每经各六十人，余经亦兼习之。习《孝经》《论语》限一年业成，《尚书》《春秋公羊》《穀梁》各一年半，《周易》《毛诗》《周礼》《仪礼》各二年，《礼记》《左氏春秋》各三年。其生初入，置束帛一篚、酒一壶、修一案，号为束脩之礼。其习经有暇者，命习隶书并《国语》《说文》《字林》《三苍》《尔雅》。每旬前一日，则试其所习业。（试读者，每千言内试一帖；试讲者，每二千言内同大义一条，总试三条，通一及全不通，斟量决罚。）每岁，其生有能通两经以上求出仕者，则上于监；堪秀才、进士者亦如之。助教掌佐博士，分经以教授焉。典学掌抄录课业。庙干掌洒扫学庙。

　　【释义】这就明确规定了国子学学生的入学资格，入学之后以《周礼》《仪礼》《礼记》《毛诗》《春秋左氏传》为主来五分诸生以习业，详细说明诸生正业与居学需要学习的内容及修业年限，并以"每岁"为期来考核诸生的学业完成情况。

　　（3）太学：【原文】太学博士三人，正六品上；（东晋元帝增置国子博士十六人，谓之太学博士，品、服同国子博士。梁置太学博士八人，班第二。陈品第八，秩六百石。后魏初，第六品中；太和二十二年，从第七品。北齐国子寺有太学博士十人，从第七品。后周置太学博士下大夫六人，正四命。隋初置太学博士五人。仁寿元年罢国子，唯立太学，置博士五人，从五品；大业三年减置二人，降为从六品。皇朝增置三人。）助教三人，从七品上。（后魏置太学助教，第八品中。北齐国子寺有太学助教二十人，从第九品下。

后周置太学助教上士六人，正三命。隋初，太学助教五人，正九品上；大业三年，减为二人。皇朝增置三人。）

【释义】太学博士掌教文武官五品以上及郡、县公子、孙，从三品曾孙之为生者，五分其经以为之业，每经各百人。其束脩之礼，督课、试举，如国子博士之法。助教以下并掌同国子。

（4）四门学：【原文】四门博士三人，正七品上；（《后魏书》：“刘芳表云：‘太和二十年立四门博士，于四门置学。按：《礼记》云天子设四学。郑玄《注》：周四郊之虞庠也。今以其辽远，故置于四门。请移与太学同处。’从之。”《后魏百官志》：“四门博士，第九品。”北齐置二十人，正九品上。后周阙。隋置五人，从八品上。皇朝减置三人，加正七品上。）助教三人，从八品上。（北齐国子寺有四门助教二十人。隋初置四门助教五人，从九品下。皇朝因置三人。）

四门博士掌教文武官七品以上及侯、伯、子、男子之为生者，若庶人子为俊士生者。（《礼记·王制》曰：“命乡论秀士，升之司徒，曰‘选士’；司徒论选士之秀者，升之学，曰‘俊士’。”《隋书·志》曰：“旧国子学处士以贵贱，梁武帝欲招来后进，五馆生皆取寒门俊才，不拘员数。”即今之俊士也。）分经同太学。其束脩之礼，督课、试举，同国子博士之法。助教以下，掌同国子。

【释义】太学与四门学除学生入学的身份等级不同之外，与国子学在其他方面的学习规定相一致，国子学、太学、四门学都是以儒家经典为主要学习内容的官学教育机构。

依据《旧唐书》《新唐书》的文献记载，三种官学之间可升降。一是四门学可以升至国子学，“诸学生通二经、俊士通二经以及第而愿留者，四门学生补太学，太学生补国子学”（《新唐书》卷四四《选举志上》）。二是各学之间的降级，“旬省月试，时考岁贡。以生徒及第多少，为博士考课上下。其有不率教者，则榎楚扑之。国子不率教者，则申礼部，移为太学。太学之不变者，移之四门。四门之不变者，归本州之学。州学之不变者，复本役，终身不齿。

虽率教九年而学不成者，亦归之州学"（《旧唐书》卷一百四十九《归崇敬传》），这实际上就促成了三种不同等级学校间的内在互通与流动。

（5）直讲与大成是两种特殊类型的官学。其中：①直讲四人。（皇朝初置，无员数；长安四年，始定为四员。俸禄、赐会，同直官例。）直讲掌佐博士、助教之职，专以经术讲授而已。②大成十人。（皇朝置。取贡举及第人，考功简聪明者，试书日诵得一千言，并口试、策试所习业等十条通七，然后补充，仍授散官，俸禄、赐会同直官例给。初置二十人，开元二十年减十人。）大成通四经业成，上于尚书吏部试，登第者加一阶放选，其不第则习业如初。每三年一试。若九年无成，则免大成，从常调。这两种特殊类型的官学都以经术讲授为主，虽与国子学、太学、四门学相比为非常设官学，但是也反映了经学教育在唐代官学教育体系中的重要地位。

（6）律学、书学、算学是有别于国子学、太学、四门学的专科性官学，各学诸生虽也需要学习《孝经》《论语》《老子》等基础性科目，但还是以专门性知识学习为主——书学以学习书法、律学以学习律令、算学以学习明数造术详明术理为主，从整体上来看是有别于经学教育的另一种类型的官学教育，它们一起构成和丰富了唐代的官学教育系统。

（二）科举对经学教育的加持

"学而优则仕"，科举是连通唐代经学教育（学）与从政为官（仕）之间的桥梁。唐代科举取士诸科，主要有常科与制举之别。

> 唐制，取士之科，多因隋旧，然其大要有三。由学馆者曰生徒，由州县者曰乡贡，皆升于有司而进退之。其科之目，有秀才，有明经，有俊士，有进士，有明法，有明字，有明算，有一史，有二史，有开元礼，有道举，有童子。而明经之别，有五经，有三经，有二经，有学究一经，有三礼，有三传，有史科。此岁举之常选也。其天子自诏者曰制举，所以待非常之才焉。（《新唐书·选举志上》）

"岁举之常选"即常科，虽然从形式上来说科目众多，材料中所呈现的科目就有十二种之多，但事实上最受士人认可的则是明经、进士两科，"其实若秀才则为尤异之科，不常举，若俊士与进士实同名异，若道举仅玄宗一朝行之，旋废，若律书、算学虽常行，不见贵，其余各科不待言。大约终唐世为常选之最盛者，不过明经、进士两科而已"①。就明经、进士两科来说，从顺序上看明经科在前，再加上贞观以后秀才科逐渐"废绝"，事实上明经科就位列于科举诸科目的首位；从观念上来说，"取士之科，以明经为首；教人之本，则义理为先"，以明经为首事实上体现了国家对学习儒家经典的推崇和重视。而明经科又有五经、三经、二经、学究一经、三礼、三传、史科之别，其中：（1）五经、三经、二经诸科最为常设，"其明经各试所习业，文注精熟，辨明义理，然后为通。正经有九：《礼记》《左传》为大经，《毛诗》《周礼》《仪礼》为中经，《周易》《尚书》《公羊》《穀梁》为小经。通二经者，一大一小，若两中经；通三经者，大中小各一；通五经者，大经并通。其《孝经》《论语》并须兼习"（《唐六典》卷二《尚书吏部》）。（2）"学究一经"设立于代宗宝应二年（763年），倡导者为杨绾。杨绾以贡举积弊成俗，请废明经、进士，改由州县察举孝廉，试以经书，"其所习经，取《左传》《公羊》《穀梁》《礼记》《周礼》《仪礼》《尚书》《毛诗》《周易》，任通一经，务取深义奥旨，通诸家之义"（《旧唐书·杨绾传》），代宗最终虽未同意废除明经、进士两科，但是统一以"通一经"举人"与旧法兼行"，这就是"学究一经"科的由来。（3）三礼即《周礼》《仪礼》《礼记》，三礼科开设于贞元九年（793年），"自今以后，诸色人中有习三礼者，前资及出身人，依科目例选，吏部考试。白身人依贡举例，吏部考试。每经问大义三十条，试策三道"（《唐会要》卷七六《三礼举》）。三传即《春秋左氏传》《春秋公羊传》《春秋穀梁传》，三传科开设于长庆二年（822年），"《左氏传》问大义五十条，《公羊》《穀梁传》三十条，策皆通三道，义通七（十）以上、策通二以上为第，

---

① 王鸣盛：《十七史商榷》，上海古籍出版社2013年版，第1146～1147页。

白身视五经，有出身及前资官视学究一经"(《新唐书》卷四四《选举志上》)。

与明经科主要以儒家经典为考试内容不同，进士科的考试内容和标准则变化较大，并且在唐中期以后进士科地位逐渐高于明经科，进士及第者常有"白衣公卿"或"一品白衫"之美称。赵翼在《陔余丛考》卷二八《进士》一文中，对有唐一代进士科考试科目内容的变化情况，进行了概括说明：

> 其初虽有诸科，然大要以明经、进士二科为重，其后又专重进士。此后世进士所始也。唐初制试时务策五道，帖一大经。经、策全通为甲第。策通四，帖过四以上为乙第。永隆二年，以刘思立言进士唯诵旧策，皆无实材，乃诏进士试杂文二篇，通文律者然后试策。此进士试诗、赋之始。开元二十五年诏：进士以声韵为学，多昧古今，自今加试大经十帖。建中二年，中书舍人赵赞权知贡举，又以箴、论、表、赞代诗赋。大和八年，仍复诗、赋。此唐一代进士试艺之大略也。

从上述材料不难看出，进士科科目以帖经、诗赋、策论为主。与明经科相比，进士科更加注重以诗赋来取士，而不限于具体通大经、中经、小经的数目及对经义的解释。"三十老明经，五十少进士"，这就是进士科之难。"倜傥之才，变通之术，苏张之辩说，荆聂之胆气，仲由之武勇，子房之筹画，宏羊之书计，方朔之诙谐，咸以是而晦之，修身慎行，虽处子之不若；其有老死于场屋者，亦无所恨"(《唐摭言》卷1《散序进士》)，这就是进士科之美与惑。

由上观之，以明经、进士两科为代表的科举考试制度，与国子学、太学、四门学构成了循环关系，主要表现在两个方面：一是正向循环，即学校养士与科举选士之间相辅而行，学校用以培养参加科举考试的人才，科举考试用以解决学校培养人才的出路问题，这样就会无形中扩大经学教育的社会影响力；一是负向循环，即以结果为导向的逆向思维，在实际生活中容易使学校在科举考试面前失去自己的独立地位，从而迷失在以结果论英雄的科举考试之中，进而又会导致经学教育的式微，"古之学者，必有师，所以通其业，成就其道德者也。由汉氏以来，师道日微，然犹时有授经传业者，及于今则无闻矣"（韩愈《进士策问十三首》）。故此，学校养士与科举选士在经历短暂的蜜月期之后，如何处理二者之间的循环关系就成为唐以来的学者们所思考和讨论的重要话题，最为理想的结果就是实现学校养士与科举取士之间的正向循环，从而为经学教育的实施提供良好的制度平台。

三、经学成为学问与修养的象征

汉武帝时期独尊儒术局面的确立，使得儒家经学从汉代开始，逐步成为学问与修养的象征。从董仲舒到郑玄，一个个具有鲜明时代特征的经学大师活跃在汉代经学教育的舞台上，他们既是经师又是人师，并逐渐演变成为士人所效仿和崇拜的学术偶像。

从儒家经学的源头上来讲，孔子就是集儒家学问与修养为一体的理想人物化身。孔子在"学而不厌，诲人不倦"的为学为教过程中，实现了学与教、仁与智、成己与成人的统一，为孔门后学乃至古代知识分子树立了一个无法超越的学者和师者典范。司马迁在《史记·孔子世家》中就曾表达了向往和仰慕之情：

> 太史公曰：《诗》有之："高山仰止，景行行止。"虽不能至，然心乡往之。余读孔氏书，想见其为人。适鲁，观仲尼庙堂车服礼器，诸生以时习礼其家，余祗回留之不能去云。天下君王至于贤人众矣，当时则荣，没则已焉。孔子布衣，传十余世，学者宗之。自天子王侯，中国言"六艺"者折中于夫子，可谓至圣矣！

孔子就是司马迁心目中的圣人，学者之宗师。特别是司马迁用"天下君王至于贤人众矣，当时则荣，没则已焉"的评价用语，来区别孔子与天下君王（包括贤人）之不同，"孔子布衣，传十余世"，这就是布衣孔子的经久魅力。

有"汉代孔子"之美誉的董仲舒，"少治《春秋》，孝景时为博士。下帷讲诵，弟子传以久次相受业，或莫见其面，盖三年董仲舒不观于舍园，其精如此。进退容止，非礼不行，学士皆师尊之"（《史记·董仲舒传》）。"三年董仲舒不观于舍园"，在《汉书·董仲舒传》中表述为"三年不窥园"，这样以董仲舒为原型的成语故事就此而产生，董仲舒好学的形象流传至今。《汉书·董仲舒传》赞曰：

> 刘向称："董仲舒有王佐之材，虽伊、吕亡以加，管、晏之属，伯者之佐，殆不及也。"至向子歆以为："伊、吕乃圣人之耦，王者不得则不兴。故颜渊死，孔子曰'噫！天丧余。'唯此一人为能当之，自宰我、子赣、子夏不与焉。仲舒遭汉承秦灭学之后，《六经》离析，下帷发愤，潜心大业，令后学者有所通壹，为群儒首。然考其师友渊源所渐，犹未及乎游、夏，而曰管、晏弗及，伊、吕不如，过矣。"至向曾孙龚，笃论君子也，以歆之言为然。

刘向之"王佐之材"、刘歆之"为群儒首"、（向曾孙）刘龚论君子"以歆之言为然"，董仲舒对刘向家族祖孙四代的深远影响可见一斑。

与董仲舒相同，郑玄为汉末经学大师，"所注《周易》《尚书》《毛诗》《仪礼》《礼记》《论语》《孝经》《尚书大传》《中候》《乾象历》，又著《天文七政论》《鲁礼禘祫义》《六艺论》《毛诗谱》《驳许慎五经异义》《答临孝存周礼难》，凡百余万言"（《后汉书·郑玄传》）。与董仲舒不同的是，郑玄曾受业于太学并师事多位经学大师，"太学受业，师事京兆第五元先，始通《京氏易》《公羊春秋》《三统历》《九章算术》。又从东郡张恭祖受《周官》《礼记》《左氏春秋》《韩诗》《古文尚书》。以山东无足问者，乃西入关，因涿郡卢植，事扶风马融"（《郑玄传》），第五元先、张恭祖、马融既是经学大师又是郑玄的受业恩师。《郑玄传》中记载了三个体现郑玄学问与修养的小故事，这些小故事是围绕马融、何休、应劭三个历史人物而展开的。（1）与马融的故事："融门徒四百余人，升堂进者五十余生。融素骄贵，玄在门下，三年不得见，乃使高业弟子传授于玄。玄日夜寻诵，未尝倦怠。会融集诸生考论图纬，闻玄善算，乃召见于楼上，玄因从质诸疑义，问毕辞归。融喟然谓门人曰：'郑生今去，吾道东矣。'"（《郑玄传》）马融"人美辞貌，有俊才"，"博通经籍"，"素骄贵"，以"郑生今去，吾道东矣"来评价学生郑玄，体现了马融对郑玄学问的肯定和赞赏。（2）与何休的故事："任城何休好《公羊》学，遂著《公羊墨守》《左氏膏肓》《穀梁废疾》；玄乃发《墨守》，针《膏肓》，起《废疾》。休见而叹曰：'康成入吾室，操吾矛，以伐我乎！'"（《郑玄传》）何休"为人质朴呐口，而雅有心思，精研《六经》，世儒无及者"（《何休传》），"世儒无及"是何休的学问工夫，"康成入吾室，操吾矛，以伐我乎！"的言论既充满了担忧又折射出对郑玄学问的赞美之情，这或许就是一种经学大师之间的惺惺相惜。（3）与应劭的故事："汝南应劭归于绍，因自赞曰：'故太山太守应中远，北面称弟子何如？'玄笑曰：'仲尼之门考以四科，回、赐之徒不称官阀。'劭有惭色。"（《郑玄传》）以"回、赐之徒不称官阀"来回对应劭，正是郑玄身上所具有的儒家大丈夫理想人格的体现。《郑玄传》还有郑玄平古今经学争论，"义据通深，由是古学遂明"；应袁绍之约，"绍客多豪俊，并有才说，见玄儒者，未以通人许之，竞设异端，百家互起。玄依方辩对，咸出问表，皆得所未闻，莫不嗟服"等，凸显郑玄本人学问与修养的生动案例。另外，还有一个对郑玄细节的描写，郑玄"身长八尺，饮酒一斛，秀眉明目，容仪温伟"，一个集身高、豪情、俊貌、修养于一身的儒家君子形象生动地展现在世人面前。

正是在经学大师们的感召之下，汉代邹鲁地区形成了"遗子黄金满籯，不如一经"的谚语。这是一个与韦贤有关的经学故事，"贤为人质朴少欲，笃志于学，兼通《礼》《尚书》，以《诗》教授，号称邹鲁大儒。征为博士，给事中，进授昭帝《诗》，稍迁光禄大夫、詹事，至大鸿胪"，"少子玄成，复以明经历位至丞相"，韦贤父子以明经而致仕，成为邹鲁地区士子们奋发苦读经书的榜样。之后，颜之推则是在历经南北朝时期的社会变迁、纵观士族命运变化之后，总结出了教子良方："自荒乱以来，诸见俘虏，虽百世小人，知读《论语》《孝经》者，尚为人师；虽千载冠冕，不晓书记者，莫不耕田养马。以此观之，安可不自勉耶？若能常保数百卷书，千载终不为小人也"(《颜氏家训·勉学》)，足以可见学习儒家经典在士人心目中已经占有了重要的地位，"千载终不为小人"正是君子儒心路历程的真实写照。一个士子研读儒家经典的时代正在到来。

第四节　汉学系统内部的学派纷争与学术融合
——从郑注到孔疏

"两汉经学极盛，而前汉末出一刘歆，后汉末出一王肃，为经学之大蠹"①，刘歆之害在于"创立古文诸经，泪乱今文师法"，王肃之祸在于"伪作孔氏诸书，并郑氏学亦为所乱"。今文师法为前汉所重，刘歆倡古文经并引发经今、古文之争，郑氏学出而兼通今古文；郑氏学为汉末学者所重，王肃学说出而不用郑义，又引发郑学、王学之争，郑注孔疏出而平郑、王之争。这就是汉学系统内部的学派纷争与学术融合。

一、郑注经学之变

"经学至郑君一变"，这是皮锡瑞在《经学历史》中对郑注经学的评价。《后汉书·郑玄传》中对郑注经学之"变"，做了简要概述：

> 自秦焚六经，圣文埃灭。汉兴，诸儒颇修艺文；及东京，学者亦各名家。而守文之徒，滞固所禀，异端纷纭，互相诡激，遂令经有数家，家有数说，章句多者或乃百余万言，学徒劳而少功，后生疑而莫正。郑玄括囊大典，网罗众家，删裁繁诬，刊改漏失，自是学者略知所归。

---

① 皮锡瑞：《经学历史》，中华书局 2011 年版，第 109 页。

郑玄"变"有汉一代"经有数家，家有数说"之经学格局而"网罗众家"、"通"而合之，删繁精简，其结果就是"变"两汉学者"学徒劳而少功，后生疑而莫正"为"自是学者略知所归"。"归"即归于郑玄之"一"，从"数家""数说"到"一"之转变，"于是经生皆从郑氏，不必更求各家。郑学之盛在此，汉学之衰亦在此"①，这就是郑注经学集大成之贡献及其局限。

（一）两汉经学：师法、家法与章句之学

后世学者关于两汉经学传授中师法、家法的认识，以皮锡瑞在《经学历史》中的阐述最为代表：

> 前汉重师法，后汉重家法。先有师法，而后能成一家之言。师法者，溯其源；家法者，衍其流也。师法、家法所以分者：如《易》有施、孟、梁丘之学，是师法；施家有张、彭之学，孟有翟、孟、白之学，梁丘有士孙、邓、衡之学，是家法。家法从师法分出，而施、孟、梁丘之师法又从田王孙一师分出者也。施、孟、梁丘已不必分，况张、彭、翟、白以下乎！②

从整体上来看，以师法与家法来区别前汉与后汉的经学传授，符合两汉经学传授的总体特征，"'师法'之说大约终于汉宣帝之世，自此之后，再自成一家者，方才以'家法'称之。因'家法'之说晚出，故西汉多言'师法'，而东汉则多言'家法'"③。《后汉书·儒林列传》以"《前书》（即《汉书》）云"的方式，来概括前汉《五经》的师法传授谱系，而在对后汉《五经》传授谱系的描述中，主要是按照各家学派来分门叙述，至于经学家受业于何

---

① 皮锡瑞：《经学历史》，中华书局 2011 年版，第 95～96 页。
② 同上书，第 91 页。
③ 马宗霍、马巨：《经学通论》，中华书局 2011 年版，第 217～218 页。

师尤其是传于何弟子，仅从数量上进行笼统的描述，并未给予更为详细的说明，这正是对前汉与后汉不同经学传授方式的体现。

表 2-4 《后汉书·儒林列传》中记载的两汉《五经》传授 [①]

《易》	《前书》云：田何传《易》授丁宽，丁宽授田王孙，王孙授沛人施雠、东海孟喜、琅琊梁丘贺，由是《易》有施、孟、梁丘之学。又东郡京房受《易》于梁国焦延寿，别为京氏学。又有东莱费直，传《易》，受琅琊王横，为费氏学。本以古字，号《古文易》。又沛人高相传《易》，授子康及兰陵毋将永，为高氏学。施、孟、梁丘、京氏四家皆立博士，费、高二家未得立。	传《易》者七人：（1）刘昆受《施氏易》，教授弟子恒五百余人。（2）洼丹传《孟氏易》，徒众数百人。（3）任安受《孟氏易》，学终，还家教授，诸生自远而至。（4）杨政受《梁丘易》，教授数百人。（5）张兴习《梁丘易》，弟子自远至者，著录且万人，为梁丘家宗。（6）戴凭习《京氏易》。（7）孙期习《京氏易》，远人从其学者。
《尚书》	《前书》云：济南伏生传《尚书》，授济南张生及千乘欧阳生，欧阳生授同郡兒宽，宽授欧阳之子，世代相传，至曾孙欧阳高，为《尚书》欧阳氏学；张生授夏侯都尉，都尉授族子始昌，始昌传族子胜，为大夏侯氏学；胜传从兄子建，建别为小夏侯氏学：三家皆立博士。又鲁人孔安国传《古文尚书》受都尉朝，朝授胶东庸谭，为《尚书》古文学，未得立。	传《尚书》者八人：（1）欧阳歙自欧阳生传《伏生尚书》，至歙八世，教授数百人。（2）牟长习《欧阳尚书》，诸生讲学者常有千余人，著录前后万人。（3）宋登传《欧阳尚书》。（4）张驯以《大夏侯尚书》教授。（5）尹敏初习《欧阳尚书》，后受《古文》，兼善《毛诗》《穀梁》《左氏春秋》。（6）周防受《古文尚书》。（7）孔僖世传《古文尚书》。（8）杨伦习《古文尚书》，讲授于大泽中，弟子至千余人。
《诗》	《前书》鲁人申公受《诗》于浮丘伯，为作诂训，是为《鲁诗》；齐人辕固生亦传《诗》，是为《齐诗》；燕人韩婴亦传《诗》，是为《韩诗》；三家皆立博士。赵人毛苌传《诗》，是为《毛诗》，未得立。	传《诗》者十二人：（1）高诩世传《鲁诗》。（2）包咸习《鲁诗》。（3）魏应习《鲁诗》，教授山泽中，徒众常数百人。（4）伏恭明《齐诗》。（5）任末习《齐诗》，游京师，教授十余年。（6）景鸾能理《齐诗》。（7）薛汉世习《韩诗》。（8）杜抚受业于薛汉，定《韩诗章句》，弟子千余人。（9）召驯少习《韩诗》。（10）杨仁诣师学习《韩诗》，数年归，静居教授。（11）赵晔诣杜抚受《韩诗》。（12）卫宏从谢曼卿受学《毛诗》，因作《毛诗序》。

[①] 本表是根据《后汉书·儒林列传》中相关内容整理而成。

《礼》	《前书》鲁高堂生，汉兴传《礼》十七篇。后瑕丘萧奋以授同郡后苍，苍授梁人戴德及德兄子圣、沛人庆普。于是德为《大戴礼》，圣为《小戴礼》，普为《庆氏礼》；三家皆立博士。孔安国所献《礼》古经五十六篇及《周官经》六篇，前世传其书，未有名家。	传《礼》者一人：董钧习《庆氏礼》，常教授门生百余人。
《春秋》	《前书》齐胡母子都传《公羊春秋》，授东平嬴公，嬴公授东海孟卿，孟卿授鲁人眭孟，眭孟授东海严彭祖、鲁人颜安乐。彭祖为《春秋》严氏学，安乐为《春秋》颜氏学，又瑕丘江公传《穀梁春秋》；三家皆立博士。梁太傅贾谊为《春秋左氏传训诂》，授赵人贯公。	传《春秋》者十二人：（1）丁恭习《公羊严氏春秋》，教授常数百人；诸生自远方至者，著录数千人，当世称为大儒。（2）周泽少习《公羊严氏春秋》，隐居教授，门徒常数百人。（3）钟兴少从少府丁恭受《严氏春秋》。（4）甄宇习《严氏春秋》，教授常数百人。传业子普，普传子承；子孙传学不绝。（5）楼望少习《严氏春秋》，教授不倦，世称儒宗，诸生著录九千余人。（6）程曾习《严氏春秋》，积十余年，还家讲授。会稽顾奉等数百人常居门下。（7）张玄少习《颜氏春秋》，诸儒皆伏其多通，著录千余人。（8）李育少习《公羊春秋》，门徒数百。（9）何休精研《六经》，世儒无及者，作《春秋公羊解诂》。（10）服虔作《春秋左氏传解》。（11）颖容善《春秋左氏》，初平中，避乱荆州，聚徒千余人。（12）谢该善明《春秋左氏》，为世名儒，门徒数百千人。

至于师法与家法的关系，既体现为源与流的师承关系，"师法者，溯其源；家法者，衍其流也"，又表现为学与业之间的区分，"以学有所本谓之师，以业有专门谓之家"（汪之昌：《青学斋集》卷十六）。师法重师承，家法重内容；恪守师法则学有所本，恪守家法则学说纯正。事实上，师法、家法在汉代经学传承的过程中，二者的地位是相对存在的，对上是家法，对下则又体现为师法。前汉之所以重师法，就是要以宗师为源，特别是以官立五

经博士为源[①]，以弟子的逐代相传为流，上或可至孔子，下可追溯至五经博士的师承关系由此而得以构建，进而从源头上维护了儒家经典的权威地位，"夫家法明则流派著，可以知经学之衍别，可以知经文之同异，可以知众儒之授受，可以存周、秦之古谊。汉学之盛，盛于家法也"（赵春沂《两汉经师家法考》卷千三百九十六）。

　　章句之学与两汉经学传授重师法、家法之间相互关联。章句就是经师教学中所用的讲义，这个讲义从内容上来说就是家法的体现。滥觞于三代的儒家典籍本无标点，五经博士在授业于弟子的教学中，依照经文的顺序来断句并划分章节，然后进行逐字逐句的解说，从而就形成了章句之学（也就是经说）。鉴于诸位经师的学术风格不同，章句之学就成为彰显经师的治学特点，记录和见证师法、家法传承的文本载体，"说经者，传先师之言，非从己出，不得相让；相让则道不明，若规矩权衡之不可枉也。难者必明其据，说者务立其义，浮华无用之言不陈于前，故精思不劳而道术愈章。法异者，各令自说师法，博观其义"（《后汉书·鲁恭传弟丕》）。章句之学的另一面则主要体现为拘和繁，先说其"拘"，"其初专门授受，递禀师承。非惟诂训相传，莫敢同异；即篇章字句，亦恪守所闻。其学笃实谨严，及其弊也拘"（《四库全书总目提要》卷一），师法、家法的门户之见，或阻碍不同经说之见的学术交流，或束缚弟子们的思想和才智。再说其"繁"，"后世经传既已乖离，博学者又不思多闻阙疑之义，而务碎义逃难，便辞巧说，破坏形体，说五字之义，至于二三万言。后进弥以驰逐，故幼童而守一艺，白首而后能言；安其所习，毁所不见，终以自蔽。此学者之大患也"（《汉书·艺文志》），后学者既不能割舍篡改先师经说，又要力争自立成一家之说，或造成经说的烦琐

---

① 汉武帝时所立五经博士，从其师承关系上或可以上溯至孔子本人。如以《易》的传授为例，据《汉书·儒林传》记载：商瞿子木受《易》孔子，以授桥庇子庸，子庸授馯臂子弓，子弓授周丑子家，子家授孙虞子乘，子乘授田何子装。田何即为汉初《易》之宗师，授王同、周王孙、丁宽等人。其中：王同授杨何，丁宽授田王孙，田王孙即为施、孟、梁丘三人之师。

而渐偏离经本之原义，"桓谭《新论》：'秦近君即延君。能说《尧典》篇目两字之谊至十余万言，但说"曰若稽古"三万言'。《汉书·艺文志》云'说五字之文，至于二三万言'，即指秦恭而言。盖小夏侯本破碎支离，恭又加以蔓衍，使人憎厌"①，此虽极端个案，但也是学术久而必变之先兆。

（二）郑注："兼通今古文，沟合为一"

"郑君博学多师，今、古文道通为一，见当时两家相攻击，意欲参合其学，自成一家之言，虽以古学为宗，亦兼采今学以附益其义。学者苦其时家法繁杂，见郑君闳通博大，无所不包，众论翕然归之，不复舍此趋彼。于是郑《易注》行而施、孟、梁丘之《易》不行矣；郑《书注》行而欧阳、大小夏侯之《书》不行矣；郑《诗笺》行而鲁、齐、韩之《诗》不行矣；郑《礼注》行而大小戴之《礼》不行矣；郑《论语注》行而齐、鲁《论语》不行矣。重以鼎足分争，经籍道息。汉学衰废，不能尽咎郑君；而郑采今古文，不复分别，使两汉家法亡不可考，则亦不能无失。故经学至郑君一变"②。

1. 今、古文经学的争论

汉武帝设置五经博士之时，得以立于学官者皆为今文经而非古文经。古文、今文学派之争，由汉哀帝时刘歆请立古文《尚书》《左传》《逸礼》《毛诗》于学官而引发。《汉书·楚元王传》中记载刘歆请立古文经于学官的具体过程：

> 歆校秘书，见古文《春秋左氏传》，歆大好之。时丞相史尹咸以能治《左氏》，与歆共校经传。歆略从咸及丞相翟方进受，质问大义。初《左氏传》多古字古言，学者传训故而已，及歆治《左氏》，引传文以解经，转相发明，于是章句义理备焉。歆亦湛靖有谋，父子俱好古，博见强志，过绝于人。歆以为左丘明好恶与圣人同，亲见夫子，而公羊、穀

① 皮锡瑞：《经学通论》，中华书局 2017 年版，第 101 页。

② 同上。

梁在七十子后，传闻之与亲见之，其详略不同。歆数以难向，向不能非间也，然犹自持其《穀梁》义。及歆亲近，欲建立《左氏春秋》及《毛诗》《逸礼》《古文尚书》皆列于学官。

汉哀帝允许刘歆就古文经立学官一事与五经博士商议，结果是"诸博士或不肯置对"，无奈之际，刘歆撰写《移书让太常博士》一文，用以阐明古文经为何必须立于学官的原因，从而开启了汉代学者争立古文经于学官的序幕。

刘歆在《移书让太常博士》一文中，以汉为中介将经学发展历程大致分为汉之前与汉之后两部分。汉之前的经学发展又可以分为四个阶段：

【1】昔唐、虞既衰，而三代迭兴，圣帝明王，累起相袭，其道甚著。周室既微而礼乐不正，道之难全也如此。【2】是故孔子忧道之不行，历国应聘。自卫反鲁，然后乐正，《雅》《颂》乃得其所；修《易》，序《书》，制作《春秋》，以纪帝王之道。【3】及夫子没而微言绝，七十子终而大义乖。重遭战国，弃笾豆之礼，更军旅之陈，孔氏之道抑，而孙、吴之术兴。【4】陵夷至于暴秦，燔经书，杀儒士，设挟书之法，行是古之罪，道术由是遂灭。

在孔子之前，唐、虞、三代圣王之道"甚著"，至周室"微"而"礼乐不正，道之难全"；孔子整理、编撰《六经》的贡献就在于"纪帝王之道"，以接续唐、虞、三代圣王之道；战国之时，"孔氏之道抑"；暴秦之世，道术遂灭。汉代以前圣王之道，基本上处于灭绝的状态。汉代之后，记载于《六经》中的圣王之道才逐渐得以恢复。

汉兴，去圣帝明王遐远，仲尼之道绝，法度无所因袭。时独有一叔孙通略定礼仪，天下唯有《易》卜，未有它书。至孝惠之世，乃除挟书之律，然公卿大臣绛、灌之属咸介胄武夫，莫以为意。至孝文皇帝，始使掌故朝错，从伏生受《尚书》。《尚书》初出于屋壁，朽折散绝，今其书见在，时师传读而已。《诗》始萌芽。天下众书往往颇出，皆诸子传说，犹广立于学官，为置博士。在汉朝之儒，唯贾生而已。至孝武皇帝，然后邹、鲁、梁、赵，颇有《诗》《礼》《春秋》先师，皆起于建元之间。当此之时，一人不能独尽其经，或为《雅》，或为《颂》，相合而成。《泰》誓后得，博士集而读之。故诏书称曰："礼坏乐崩，书缺简脱，朕甚闵焉。"时汉兴已七八十年，离于全经，固已远矣。

从汉兴的"仲尼之道绝"到汉武帝置五经博士，虽《五经》各有传人，但经学传授却出现了"一人不能独尽其经"的问题，并且更为严重的是"离于全经"甚远。此处的"全经"首先是指孔子所编撰、整理的《六经》，其次汉武帝时期的《五经》"皆诸子传说"而非"全经"，最后，经学文本除"诸子传说"之外，另有其他渠道得来的，多种经学文本相互参照，更有可能寻得孔子之"全经"。

及鲁恭王坏孔子宅，欲以为宫，而得古文于坏壁之中，《逸礼》有三十九，《书》十六篇。天汉之后，孔安国献之，遭巫蛊仓卒之难，未及施行。及《春秋》左氏丘明所修，皆古文旧书，多者二十余通，藏于秘府，伏而未发。孝成皇帝闵学残文缺，稍离其真，乃陈发秘藏，校理旧文，得此三事，以考学官所传，经或脱简，传或脱编。传问民间，则有鲁国桓公、赵国贯公、胶东庸生之遗学与此同，抑而未施。此乃有识者之所惜闵，士君子之所嗟痛也。往者缀学之士，不思废绝之阙，苟因陋就寡，分文析字，烦言碎辞，学者罢老且不能究其一艺。信口说而背传记，是末师而非往古。至于国家将有大事，若立辟雍、封禅、巡狩之仪，则幽冥而莫知其原。犹欲保残守缺，挟恐见破之私意，而无从善服义之公心，或怀妒嫉，不考情实，雷同相从，随声是非，抑此三学，以《尚书》为备，谓左氏为不传《春秋》，岂不哀哉！

《逸礼》《书》及左氏《春秋》皆为"古文旧书"，不同于汉武帝时立于学官的今文经书。秘府所藏的"古文旧书"与流传于民间的"鲁国桓公、赵国贯公、胶东庸生之遗学"相一致，以此"古文旧书"来考校"学官所传"的今文经书，发现其存在"经或脱简，传或脱编"的问题，从而引起了"有识者之所惜闵，士君子之所嗟痛"。以此"脱简"或"脱编"之经书为学，小者之祸就是"学者罢老且不能究其一艺"，大者就是"国家将有大事"则"幽冥而莫知其原"，但更为可怕的是，以此为学者"欲保残守缺"而不知悔改。

> 今圣上德通神明，继统扬业，亦闵文学错乱，学士若兹，虽昭其情，犹依违谦让，乐与士君子同之。故下明诏，试《左氏》可立不，遣近臣奉旨衔命，将以辅弱扶微，与二三君子比意同力，冀得废遗。今则不然，深闭固距，而不肯试，猥以不诵绝之，欲以杜塞余道，绝灭微学。夫可与乐成，难与虑始，此乃众庶之所为耳，非所望于士君子也。且此数家之事，皆先帝所亲论，今上所考视，其为古文旧书，皆有征验，外内相应，岂苟而已哉！
>
> 夫礼失求之于野，古文不犹愈于野乎？往者博士《书》有欧阳，《春秋》公羊，《易》则施、孟，然孝宣皇帝犹复广立《穀梁春秋》、梁丘《易》、大小夏侯《尚书》，义虽相反，犹并置之。何则？与其过而废之也，宁过而立之。传曰："文武之道未坠于地，在人；贤者志其大者，不贤者志其小者。"今此数家之言，所以兼包大小之义，岂可偏绝哉！若必专己守残，党同门，妒道真，违明诏，失圣意，以陷于文吏之议，甚为二三君子不取也。

哀帝下明诏，讨论《左传》是否可以立于学官，其用意就在于"辅弱扶微"而"冀得废遗"，如果追溯先例，则在汉宣帝时就曾立《穀梁春秋》、梁丘《易》、大小夏侯《尚书》于学官。但遗憾的是，太常博士企图以"深闭固距，而不肯试，猥以不诵绝之"的不合作方式来应对此事，处于无奈之中的刘歆最后发出"若必专己守残，党同门，妒道真，违明诏，失圣意，以陷于文吏之议，甚为二三君子不取也"的愤慨。

刘歆责让太常博士的《移书》，招致"诸儒怨恨"，引发了一系列的连锁反应，先是"名儒光禄大夫龚胜以歆移书上疏深自罪责，愿乞骸骨罢。及儒者师丹为大司空，亦大怒，奏歆改乱旧章，非毁先帝所立"，再是"上曰：'歆欲广道术，亦何以为非毁哉'"，然后是"歆由是忤执政大臣，为众儒所讪，惧诛求出补吏，为河内太守"。由此可见，这是一次不成功的欲立古文经于学官的尝试①，但正是因为有了这次有益的尝试，"而发展出东汉经学中与博士相抗衡的古学，这在经学史上是一个转折点，是一件大事"②。由文字上的古文与今文之别，到学术层面上的古学与今学之分，这就是《移书让太常博士》在汉代经学发展史上的标志性意义。

东汉之后，今古文经学之间的争论，既有围绕能否立古文经于官学的官方层面争论，如东汉光武帝时范升与陈元之间围绕"《费氏易》《左氏春秋》立博士"的争论；也有今古文学者围绕具体经学问题而展开的学术层面争论，如章帝时贾逵与李育围绕"《左氏春秋》和《公羊春秋》的义理异同问题"的争论；《后汉书·郑玄传》记载郑玄与何休的争论，"康成入吾室，操吾矛，以伐吾乎"，无论是官方还是学术层面的争论，其最后结果就是产生了众多兼通数经包括兼通古文经学的学者，促使今、古文经学最终走向融合。

2. 今、古文经学的融合

与今文经学立于学官不同，古文经学主要流行于民间，故在经学传授方式上无师法、家法之局限，在经学讲解过程中不为章句所拘泥，更不为利禄所诱惑，郑兴父子、桓谭、班固、贾逵、马融、卢植等古文经学大师的成长

---

① 王莽时，刘歆为国师，《左氏春秋》《毛诗》《逸礼》《古文尚书》均得立为博士，但为时不长，新莽覆灭，古文经即被废黜。

② 徐复观：《中国经学史的基础·周官成立之时代及其思想性格》，九州出版社 2014 年版，第184 页。

经历就是最好的明证。

> 郑兴少学《公羊春秋》，晚善《左氏传》，遂积精深思，通达其旨，同学者皆师之；（郑众）从父受《左氏春秋》，精力于学，明《三统历》，作《春秋难记条例》兼通《易》《诗》，知名于世。（《后汉书·郑兴传子众》）

> 桓谭博学多通，遍习《五经》，皆训诂大义，不为章句。能文章，尤好古学，数从刘歆、杨雄辩析疑异。（《后汉书·桓谭传》）

> （班固）遂博贯载籍，九流百家之言，无不穷究。所学无常师，不为章句，举大义而已。（《后汉书·班彪传子固》）

> 贾逵父徽，从刘歆受《左氏春秋》，兼习《国语》《周官》，又受《古文尚书》于涂恽，学《毛诗》于谢曼卿，作《左氏条例》二十一篇。逵悉传父业，弱冠能诵《左氏传》及《五经》本文，以《大夏侯尚书》教授，虽为古学，兼通五家《穀梁》之说。（《后汉书·贾逵传》）

> 马融才高博洽，为世通儒，教养诸生，常有千数。涿郡卢植，北海郑玄，皆其徒也。（《后汉书·马融传》）

> 卢植少与郑玄俱事马融，能通古今学，好研精而不守章句。（《后汉书·卢植传》）

《后汉书》在概述古文经学大师的为学经历时，用一个"通"字，体现了古文经学家内部融合古文经学以及融合今文经学的学术特质。对此，近代古文经学大师刘师培总结道："盖东汉经师大抵实事求是，不立门户，许叔重治古文而《说文》之释姓氏也，则言圣人无父而生，用今文家说。《毛诗》为古文学，而郑康成作《诗笺》，则多采三家之说，无识陋儒斥为背弃家法，岂知说经贵当，乃古人立言之大公哉！且当此之时，经师同治一学者，立说亦多不同。"①

---

① 刘师培：《国学发微》，《刘申叔遗书》，江苏古籍出版社1997年版，第483页。

这事实上也体现了今、古文经学家对待今、古文经的态度，古文经学家虽然也贬低今文经，但是并不否认今文经的存在，其目的仅在于立古文经于官学，从而与今文经共存于官学体系之中；今文经学家则不然，他们完全否认古文经的存在，甚至不承认古文经为圣人所作，更不用提可否将古文经立于学官的问题。即使是这样，东汉今文经学学派内部的融合也逐渐成为常态，经学传授过程中逐渐突破师法、家法的限制。

> 尹敏少为诸生，初习《欧阳尚书》，后受《古文》，兼善《毛诗》《穀梁》《左氏春秋》。（《后汉书·尹敏传》）
>
> 景鸾能理《齐诗》《施氏易》，兼受《河洛》图纬，作《易说》及《诗解》，文句兼取《河》《洛》，以类相从，名为《交集》。又撰《礼内外记》，号曰《礼略》。又抄风角杂书，列其占验，作《兴道》一篇。及作《月令章句》，凡所著五十余万言。（《后汉书·景鸾传》）
>
> 程曾著书百余篇，皆《五经》通难，又作《孟子章句》。（《后汉书·程曾传》）
>
> 李育少习《公羊春秋》，颇涉猎古学，尝读《左氏传》，作《难左氏义》四十一事。建初四年，诏与诸儒论《五经》于白虎观，育以《公羊》义难贾逵，往返皆有理证，最为通儒。（《后汉书·李育传》）
>
> 何休精研《六经》，作《春秋公羊解诂》，又注训《孝经》《论语》，又作《公羊墨守》《左氏膏肓》《穀梁废疾》。（《后汉书·何休传》）
>
> 蔡玄学通《五经》，讲论《五经》异同。（《后汉书·蔡玄传》）

今文经学内部经学传授方式的变化，与东汉通经取士的人才选拔取向相吻合。东汉时期的人才选拔标准，从通一经到通五经之通经数量要求的变化，事实上就从官方层面助推了今文经学内部的融合，尤其是通五经者的出现则彻底打破了今文经学内部固守的师法、家法传统，进一步推动了今文经学融合的趋势。与此同时，汉章帝时期召开以统一经义为宗旨的白虎观会议，并在会后编撰成一部以"通"命名的专著——《白虎通》，正是官方层面统一经学的意图体现。同样，正是在这次会议上：（1）古文经学家班固、贾逵等人参加了经学讨论；（2）被誉为"殿中无双丁孝公"的《尚书》学者丁鸿，既从恒荣受欧阳《尚书》，又授杨伦《古文尚书》，是兼通今古文经学的学者；（3）会议期间，李育曾以《公羊传》义理质难贾逵，贾逵则多次加以反驳，这是东汉今古文经学之间的一次争论；（4）作为官方经学会议成果的《白虎通》，虽以今文经为主体，但是也采用了诸如《毛诗》《古文尚书》《周官》等古文经典文本；（5）特别是章帝爱好古文，因特好《古文尚书》和《左传》，令通儒贾逵侍讲，"逵数为帝言《古文尚书》与经传《尔雅》诂训相应，诏令撰《欧阳》《大、小夏侯》《古文尚书》同异。逵集为三卷，帝善之。复令撰《齐》《鲁》《韩诗》与《毛诗》异同。并作《周官解故》。迁逵为卫士令。八年，乃诏诸儒各选高才生，受《左氏》《穀梁春秋》《古文尚书》《毛诗》，由是四经遂行于世。皆拜逵所选弟子及门生为千乘国郎，朝夕受业黄门署，学者皆欢欣羡慕焉"（《后汉书·贾逵传》）。虽然白虎观会议并没有真正实现"共正经义"的目的，"但是尽管如此，统一经学的努力，却一直没有终止。到东汉末年，虽然今古文学的斗争以何休、郑玄为代表，仍然十分激烈，但统一的经学终于出现了。古文经学和今文经学以及谶纬，三者在马融、郑玄的经注中实现了融合。《后汉书》说，郑玄'念述先圣之元意，思整百家之不齐'，旁通六艺，兼得诸家，博采谶纬，编注群经，确实把经学统一了"[①]。

郑玄之所以能完成统一经学的任务，与其走向"通学"的求学之路密切相关：（1）在太学受业时，师事京兆第五元先，始通今文经学京氏《易》《公羊春秋》；（2）从东郡张恭祖受《周官》《礼记》《左氏春秋》《韩诗》《古文尚书》，《周官》《左氏春秋》《古文尚书》为古文经学；（3）事扶风马融，融为世通儒，曾注《孝经》《论语》《诗》《易》《三礼》《尚书》《列女传》《老

①　金春峰：《汉代思想史》（修订增补第四版），中国社会科学出版社 2018 年版，第 430～431 页。

子》《淮南子》《离骚》，以"郑生今去，吾道东矣"来评价郑玄。郑玄"博学多师，今古文道通为一，见当时两家相攻击，意欲参合其学，自成一家之言，虽以古学为宗，亦兼采今学以附益其义"①。皮锡瑞在《经学历史》中对郑玄注解诸经的情况，描述如下：

> 郑注诸经，皆兼采今古文。【1】注《易》用费氏古文；爻辰出费氏分野，今既亡佚，而施、孟、梁丘《易》又亡，无以考其异同。【2】注《尚书》用古文，而多异马融；或马从今而郑从古，或马从古而郑从今。是郑注《书》兼采今古文也。【3】笺《诗》以毛为主，而间易毛字。自云："若有不同，便下己意。"所谓己意，实本三家。是郑笺《诗》兼采今古文也。【4】注《仪礼》并存今古文；从今文则注内叠出古文，从古文则注内叠出今文。是郑注《仪礼》兼采今古文也。《周礼》古文无今文，《礼记》亦无今古文之分，其注皆不必论。【5】注《论语》，就《鲁论》篇章，参之《齐》《古》，为之注，云："《鲁》读某为某，今从古。"是郑注《论语》兼采今古文也。【6】注《孝经》多今文说，严可均有辑本。②

自郑注流行之后，"两汉时期的今、古文经学分立的局面被郑学所取代，经学出现了一个短暂的统一时期。在魏晋南北朝时期，郑玄所注的《周易》《尚书》《毛诗》《周礼》《论语》《孝经》等先后被立为官学，学术界在这个时期所争执的主要是郑玄和王肃之学等，而不再局限于汉代的今、古文家法，一直到唐代孔颖达作《五经正义》，其中的《三礼》和《诗经》所采用的依旧是郑玄的注解"，"郑玄在其《三礼注》和《毛诗笺》中所展现的文字训诂和章句疏解，成为汉代经典诠释的杰作，它们与《说文解字》

---

① 皮锡瑞：《经学历史》，中华书局2011年版，第101页。
② 同上书，第96页。

和《尔雅》一道成为中国语言文字发展和经典诠释中不可或缺的最重要的著述"①。

孔颖达以"《礼》是郑学"来评价郑玄《三礼注》的学术特点和贡献。首先，两汉官方经学的融合在一定程度上就是以礼学为基础的礼仪制度的融合，郑玄《三礼注》就是两汉礼学的集大成之作，"中兴，郑众作《周官经》，后马融作《周官传》，授郑玄，玄作《周官注》。玄本习小戴《礼》，后以古经校之，取其义长者，故为郑氏学。玄又注小戴所传《礼记》四十九篇，通为《三礼》焉"（《后汉书·儒林传》），"郑玄尽注三《礼》，发挥旁通，熔冶一炉，合为一家之学，此前人所未有也"（陆德明:《经典释文·叙录》）。其次，郑玄《三礼注》的主要特点有三②：一是以《周礼》为核心而释"礼"；二是重《春秋》之义，并以此来作为诠释和解说"三礼"的是非标准、价值尺度和思想观念；三是称引纬书以注三《礼》，主要用于解释或证明礼仪、礼制、礼义和礼法。最后，郑玄《三礼注》成为礼学的风向标，"礼是郑学，故具言之耳，贤者裁焉"（孔颖达语），后世治礼学者皆不可舍郑学。

二、孔疏经学之又一变

从"经学至郑君一变"到"经学之又一变"，是中国经学史上"汉学"系统总结的重大标志。"经学之又一变"实现了"经学至郑君一变"中，经学由学术层面之归宗向官方层面之归宗的转变，"永徽四年，颁孔颖达《五经正义》于天下，每年明经依此考试。自唐至宋，明经取士，皆遵此本"③，从而实现了经学的统一。

（一）第一步:《五经》之经、传文本的统一

汉代在国家制度层面"独尊儒术"并"置五经博士"，这样就从官方层面确立了《五经》典籍的经学地位（法定的经典），标志着《五经》由孔门

---

① 姜广辉:《中国经学思想史》（第二卷），中国社会科学出版社 2003 年版，第 469 页。

② 同上书，第 490～514 页。

③ 皮锡瑞:《经学历史》，中华书局 2011 年版，第 139 页。

圣典变为占统治地位的帝国经典，《五经》的教学、传授和阐释重新获得了制度性的保证。汉承秦制，仍置博士。文帝时开始设置一经博士（专门治儒家典籍的博士）。汉景帝时辕固生因明《诗》被立为博士，而余经未立。汉武帝建元五年（前136年），初置五经博士。之后，东汉光武帝置十四博士，是今文经学进入繁荣阶段的标志。

表 2-5　光武帝置五经十四博士

《易》	立施、孟、梁丘、京四博士
《书》	立欧阳、大小夏侯三博士
《诗》	立鲁、齐、韩三博士
《礼》	立大小戴二博士
《春秋》	立严、颜二博士

在此之后，汉灵帝熹平四年（175年）"诏诸儒正《五经》文字，刻石立于太学门外"（《后汉书·灵帝纪》），后世称为"熹平石经"。"熹平石经"共镌刻七种经文，包括《诗》《尚书》《仪礼》《易》《春秋》《公羊传》《论语》，竖立于太学讲堂东侧，轰动一时，"及碑始立，其观视及摹写者，车乘日千余两，填塞街陌"（《后汉书·蔡邕传》），这是官方从经籍文字上实现经学统一的尝试。然而仅过七年，董卓烧毁洛阳宫庙及人家，而太学所立石经亦被延及。

隋朝在完成国家统一之后，同样面临统一经学的问题，"江南、河北，义例不同。博士不能遍涉。学生皆持其所短，称己所长，博士各各自疑，所以久而不决也"（《隋书·房晖远传》）。故隋文帝下诏，命萧该与何妥"正定经史"，"然各执所见，递相是非，久而不能就，上谴而罢之"（《隋书·何妥萧该包凯传》），这是一次无果而终的官方尝试。唐朝在唐太宗时就着手统一经学的工作，于贞观四年（630年）诏颜师古考定《五经》，从而正式迈出了官方统一经学的第一步。

太宗以经籍去圣久远，文字讹谬，令师古于秘书省考定《五经》，师古多所厘正，既成，奏之。太宗复遣诸儒重加详议，于时诸儒传习已久，皆共非之。师古辄引晋、宋已来古今本，随言晓答，援据详明，皆出其意表，诸儒莫不叹服。于是兼通直郎、散骑常侍，颁其所定之书于天下，令学者习焉。（《旧唐书·颜师古传》）

经颜师古考定并颁行于天下的《五经》，包括《周易》《毛诗》《礼记》《左传》《尚书》（今文、古文混合本），这是第一次从数量上具有严格意义的《五经》，区别于西汉笼统含糊的《五经》说法，因为《礼》有《周礼》《仪礼》《礼记》三礼，《春秋》分《公羊春秋》《穀梁春秋》《左氏春秋》三传。颜师古以《礼记》代三礼，以《左传》代三传，从而将《五经》文本确定在固定的经本上，进而实现了《五经》经、传文本的统一。令人遗憾的是，"由于《五经定本》已亡佚，无法掌握全书的面目，但该书之作在订正南、北经书文字的异同，求群经文字的一致，应可确定"[1]。

在此之后，有唐一代考定经书文字的事宜，主要包括：（1）张参奉代宗诏命而撰定《五经文字》；（2）唐玄度奉文宗诏命撰《九经字样》，以订正《五经文字》的错讹；（3）唐文宗时期刻刊《开成石经》，具体各经所依据的文本如下：

表 2-6 《开成石经》中各经之版本

《周易》上下经用王弼注本，《系辞》《说卦》用韩康伯注本。
《尚书》用孔氏传本。
《毛诗》用郑氏笺本。
《周礼》《仪礼》《礼记》用郑氏注本；《礼记》首《月令》篇，用李林甫等奉敕注本。
《春秋左氏传》用杜氏集解本；《公羊传》用何休学本；《穀梁传》用范宁集解本。

---

[1] 叶国良、夏长朴、李隆献：《经学通论》，上海书店出版社 2016 年版，第 278 页。

《孝经》用玄宗御注本。
《论语》用何晏集解本。
《尔雅》用郭璞本。末又附有《五经文字》《九经字样》。

（二）第二步：《五经》义疏本的统一

从统一儒家经典的文字（正经文）到统一儒家经典的经义（修义疏），唐代经学就从官方层面进入经学一统的时代。在诏颜师古考定《五经》之后，唐太宗"又以儒学多门，章句繁杂，诏国子祭酒孔颖达与诸儒撰定《五经》义疏，凡一百七十卷，名曰《五经正义》，令天下传习"（《旧唐书·儒学列传序》）[①]。

《五经正义》包括《周易正义》《尚书正义》《毛诗正义》《礼记正义》《左传正义》，各《正义》的具体撰定情况如下：

表 2-7　《五经正义》中各经的卷数、版本及参与者

《周易正义》	（1）卷数：十六卷；（2）版本：采用王弼、韩康伯《注》本；（3）参与者：孔颖达、颜师古、司马才章、王恭、马嘉运、赵乾叶、王谈、王志宁等。
《尚书正义》	（1）卷数：二十卷；（2）版本：采用孔安国《传》本；（3）参与者：孔颖达、王德韶、李子云等。
《毛诗正义》	（1）卷数：四十卷；（2）版本：采用毛《传》郑《笺》本；（3）参与者：孔颖达、王德韶、齐威等。
《礼记正义》	（1）卷数：六十三卷；（2）版本：采用郑玄《注》本；（3）参与者：孔颖达、朱子奢、李善信、贾公彦、柳士宣、范义頵、张权等。
《左传正义》	（1）卷数：三十六卷；（2）版本：采用晋杜预《左传集解》本；（3）参与者：孔颖达、杨士勋、朱长才等。

《五经正义》所选定的各注本，虽然反映的是陆德明编撰《经典释文》以来的学者共识，但是"由孔颖达的《五经正义》这一更具权威性的著作加以确

---

① 据《唐会要》卷七十七《论经义》记载："贞观十二年，国子祭酒孔颖达撰五经义疏一百七十卷，名曰《义赞》，有诏改为《五经正义》。"

认，则成为一种划时代的标志，它凝结和标志着古文经学的胜利，亦凝结着南学的胜利"①。唐太宗下诏赞之曰："卿等博综古今，义理该洽，考前儒之异说，符圣人之幽旨，实为不朽。"（《旧唐书·孔颖达传》）

在孔颖达为各经《正义》作序，编撰工作即将完成之际，"时又有太学博士马嘉运驳颖达所撰《正义》，诏更令详定，功竟未就"（《旧唐书·孔颖达传》）。马嘉运作为《正义》的参与者，驳《正义》的原因为："嘉运以颖达所撰《正义》颇多繁杂，每掎摭之，诸儒亦称为允当"（《旧唐书·马嘉运传》）。而据《新唐书》记载：

> （《正义》）虽包贯异家为详博，然其中不能无谬冗，博士马嘉运驳正其失，至相讥诋。有诏更令裁定，功未就。（《新唐书·孔颖达传》）
>
> 以孔颖达《正义》繁酿，故掎摭其疵，当世诸儒服其精。（《新唐书·马嘉运传》）

无论是下诏更令"详定"还是"裁定"，都表明《五经正义》定本中确实存在需要进一步斟酌之处，"繁杂"或"繁酿"与"详博"之间需要重新做出判断和选择。贞观二十年（646年）孔颖达病逝，终贞观之世《五经正义》的修订工作未能完成。直至唐高宗永徽四年（653年），才最后完成对《五经正义》的刊定，仍以孔颖达署名，正式颁行天下，"颁孔颖达《五经正义》于天下，每年明经令依此考试"（《旧唐书·高宗本纪》），此后一直沿至宋代，明经科取士，试题与经义皆以此为标准。

从颜师古考定《五经》以正经文到孔颖达撰定《五经正义》以修义疏，《五经》在唐初官方的大力运作下，终于由分到合，实现了经学"定于一"的理想，意味着汉唐经学注疏学时代的终结。纵观从汉至唐初的经学发展历程，"自汉王朝以其政治力量确定儒家经典为'圣经'之后，儒家经典便成

---

① 姜广辉：《中国经学思想史》（第二卷），中国社会科学出版社 2003 年版，第 728 页。

了绝对信仰的对象。这一变化决定了儒学的发展要走一条特殊的、曲折的道路，走一条漫长的螺旋发展的回归之路。西汉的今文经学有偏重宗教的倾向，其弊则产生喜言灾异的谶纬之学。东汉发展起来的古文经学有偏重历史的倾向，其弊则产生耽于守文的训诂之学。尽管今文经学家如何标榜自己'通经致用'，但原典儒学并不讲谶纬之学；尽管古文经学家如何标榜'经以载道'，但原典儒学并不是训诂之学。因此，由西汉今文经学进入东汉的古文经学，渐去掉今文经学的'妖妄'气；由东汉的古文经学进入魏晋的名理思辨，渐去掉古文经学的'拘谨'气。由此经学逐渐回归和趋近原典儒学重视人文与义理的传统，由此儒学才可能走向正常发展的坦途"①。从南北朝、隋、唐以来的义疏之学，相对汉代的笺注之学来说，较为注重义理。但是，与宋明经学的义理之学相比，汉唐经学是在经典文本范围内讲义理，宋明则是突破经典文本来讲义理，这既是汉唐经学区别于宋明经学的根本所在，又是汉唐经学（尤其是义疏之学）必然走向宋明理学的关键所在。

---

①　姜广辉：《中国经学思想史》（第二卷），中国社会科学出版社 2003 年版，第 727 页。

第三章　周孔到孔孟：中国古代教育经典文本的过渡期

　　大历时，助、匡、质以《春秋》，施士匄以《诗》，仲子陵、袁彝、韦彤、韦茝以《礼》，蔡广成以《易》，强蒙以《论语》，皆自名其学，而士匄、子陵最卓异。

　　啖助在唐，名治《春秋》，摭绅三家，不本所承，自用名学，凭私臆决，尊之曰"孔子意也"。赵、陆从而唱之，遂显于时。呜呼！孔子没乃数千年，助所推著果其意乎？其未可必也。以未可必而必之，则固；持一己之固而倡兹世，则诬。诬与固，君子所不取。助果谓可乎？徒令后生穿凿诡辩，诟前人，舍成说，而自为纷纷，助所阶已。（《新唐书·啖助传》）

唐初《五经正义》的撰定，就是以官方的名义钦定了《五经》中诸经之注疏版本，从而在官方层面实现了经学版本的统一。中唐大历时期，以啖助为代表的治经学者重新注解《五经》中诸经并"自名其学"的行为，从官方立场来说就是一种"不本所承"且违背钦定《五经正义》经本的行为，所引发的直接后果就是"徒令后生穿凿诡辩，诟前人，舍成说，而自为纷纷"，从一定程度上促成了唐代后期儒学学风的转变。而在这其中，啖助及其门人赵匡、陆质以舍传求经之治学方法，创立新《春秋》学，实为后世宋学之前奏，"舍传求经，实导宋人之先路。生臆断之弊，其过不可掩；破附会之失，其功不可没也"（《四库全书总目·经部·春秋类一》），古代教育经典文本从《五经》向《四书》的过渡就隐含在其中。

第一节　利禄与名节：士从于王之群体自觉

正如钱穆在《中国智识分子》中所言："中国列朝尚士之风，最著者，前有东汉，继为北宋。光武帝以太学生复兴汉业，一时同学多相从开国。北宋则承五代后，君臣跋扈，宋太祖亦以一军人黄袍加身。及登天子位，即罢免军权，而竭意提倡尊士之风。"①宋代士人之自觉又以东汉士人之自觉为先例，"钱师宾四（即钱穆）论宋代士大夫之自觉精神亦谓其由希文（即范仲淹）正式呼唤出来，诚是也。然希文以天下为己任之精神虽有其特殊之时代背景，其历史之先例则不能不求之于东汉季年士大夫之自觉"②。至于东汉士人之自觉又以重名节为首位，表现为士人从于王之群体自觉，"党锢之流，独行之辈，依仁蹈义，舍命不渝，风雨如晦，鸡鸣不已。三代以下风俗之美，无尚于东京者"（《日知录》卷十三《两汉风俗》条），东汉政权（尤其是后期之政权）有赖于士人之群体而维持一统之局。

一、西汉：以禄利诱士

东汉士从于王之群体自觉的形成，以汉武帝推行太学养士之教育制度为前提，"自武帝立五经博士，开弟子员，设科射策，劝以官禄，讫于元始，百有余年，传业者浸盛，支叶蕃滋，一经说至百万余言，大师众至千余人，盖禄利之路然也"（《汉书·儒林传》），设科射策并诱以禄利的教育政策，为汉王朝"养"出了一个"为我所用"的士阶层。正是这个士阶层，既改变了西汉初期官员队伍的生态结构，又为东汉时期士大夫以清议方式参与政治生

---

① 钱穆：《中国智识分子》，《国史新论》，九州出版社 2012 年版，第 162 页。
② 余英时：《士与中国文化》（2 版），上海人民出版社 2013 年版，第 343 页。

活积蓄了力量。

西汉初期官员队伍由武力功臣充任，汉高帝时"尚有干戈，平定四海，亦未皇庠序之事"，孝惠、高后时"公卿皆武力功臣"，孝文时"好刑名之言"，孝景时"不任儒"，窦太后时"又好黄、老术，故诸博士具官待问，未有进者"；直至窦太后崩，"武安君田蚡为丞相，黜黄老、刑名百家之言，延文学儒者以百数，而公孙弘以治《春秋》为丞相，封侯，天下学士靡然乡风矣"（《汉书·儒林传》）。公孙弘为胡母生的弟子，胡母生以治《公羊春秋》而著称，与董仲舒同为孝景时博士。公孙弘以《春秋》白衣为天子三公，实开汉代无爵封相之先河：

> 元朔中，代薛泽为丞相。先是，汉常以列侯为丞相，唯弘无爵，上于是下诏曰："朕嘉先圣之道，开广门路，宣招四方之士，盖古者任贤而序位，量能以授官，劳大者厥禄厚，德盛者获爵尊，故武功以显重，而文德以行褒。其以高成之平津乡户六百五十封丞相弘为平津侯。"其后以为故事，至丞相封，自弘始也。（《汉书·公孙弘传》）

"宰相需用读书人，由汉武开其端，元、成及光武、明、章继其轨"[1]。同样，正是在公孙弘等人的倡议下，汉代开始为五经博士置弟子五十人，自此以后，官方层面就形成了博士、弟子间的经学传授体系，从而将汉武帝之前在民间形成的经学传授谱系官学化，以五十人为起点实现了五经博士弟子员数量的常态化和规模化。

> 昭帝时举贤良文学，增博士弟子员满百人，宣帝末增倍之。元帝好儒，能通一经者皆复。数年，以用度不足，更为设员千人，郡国置《五经》百石卒史。成帝末，或言孔子布衣养徒三千人，今天子太学弟子

---

① 皮锡瑞：《经学历史》，中华书局 2011 年版，第 65 页。

　　少，于是增弟子员三千人。岁余，复如故。平帝时王莽秉政，增元士之子得受业如弟子，勿以为员，岁课甲科四十人为郎中，乙科二十人为太子舍人，丙科四十人补文学掌故云。(《汉书·儒林传》)

博士弟子员从汉武帝时期的 50 人，到 100 人、200 人、1000 人再到 3000 人，到东汉质帝本初元年（146 年），太学生人数曾一度增加到 30000 多。以太学生为主体，汉代社会在官方层面就形成了一个不同于春秋战国时期的士群体，他们或以太学生的身份受业于经师，或以政府官员的身份（郎或吏[①]）而参与国家政治生活，更或以五经博士的身份进行经学传授。这样一方面实现了汉代官员由"公卿皆武力功臣"身份向士大夫官员身份的转型，仅从"东汉一朝公卿中儒者比例的变化趋势来看，光武帝时期是 37%，明帝时是 39%，章帝时是 43.8%，和帝时 42.4%，殇帝时 42.9%，安帝时 38.1%，顺帝时 46.7%，桓帝时 44%，灵帝时 35.2%，献帝时 26%"[②]；另一方面就是汉代朝廷正式文件中带有浓厚的儒家色彩，诸多皇帝诏书中，或援引儒家经文立论，或依据儒家观点决事，以《五经》文本为载体的儒学正式融入国家政治社会生活之中。赵翼在《廿二史劄记》中就有"汉时以经义断事"的论断，"汉初法制未备，每有大事，朝臣得援经义，以折衷是非"[③]，"以《禹贡》治河，以《洪范》察变，以《春秋》决狱，以三百五篇当谏书，治一经得一经之益也。当时之书，惜多散失。传于今者，惟伏生《尚书大传》，多存古礼，与《王制》相出入，解《书》义为最古；董子《春秋繁露》，发明《公羊》三科九旨，且深于天人性命之学；《韩诗》仅存

①　凡进入太学中的优秀青年，可分派到中央政府作为"郎"。其成绩较次者，则派遣到其所从来的地方，作为"吏"（钱穆：《中国历史上社会的时代划分》，《国史新论》，九州出版社 2012 年版，第 64 页）。

②　马彪：《东汉士风中的"禄利"、"名节"之变》，《北京师范大学学报》（社会科学版），1992 年第 2 期。

③　赵翼：《廿二史劄记》，中国书店 1987 年版，第 26 页。

《外传》，推演诗人之旨，足以证明古义"①。至于士大夫朝臣以经义断事的故事，则多散见于其个人传记中。

表 3-1　《汉书》传记中的经义断事

（平当）以《禹贡》治河	《汉书·平当传》：当以经明《禹贡》，使行河，为骑都尉，领河隄。颜师古注：《尚书·禹贡》载禹治水次第，山川高下，当明此经，故使行河也。
（夏侯胜）以《洪范》察变	《汉书·夏侯胜传》：是时，光与车骑将军张安世谋欲废昌邑王。光让安世以为泄语，安世实不言。乃召问胜，胜对言："在《洪范传》曰'皇之不极，厥罚常阴，时则下人有伐上者'，恶察察言，故云臣下有谋。"光、安世大惊，以此益重经术士。
（董仲舒）以《春秋》决狱	《汉书·艺文志·六艺略》："《春秋》家"著录《公羊董仲舒治狱》十六篇。王先谦《补注》：《后书·应劭传》故胶西董仲舒老病致仕，朝廷每有政议，数遣廷尉张汤至陋巷问得失，于是作《春秋决狱》二百三十篇。而据《汉书·张汤传》记载：汤觉大狱，欲傅古义，乃请博士弟子治《尚书》《春秋》，补廷尉史。
（王式）以三百五篇当谏书	《汉书·儒林传·王式传》：式为昌邑王师。昭帝崩，昌邑王嗣立，以行淫乱废，昌邑君臣皆下狱诛，唯中尉王吉、郎中令龚遂以数谏减死论。式系狱当死，治事使者责问曰："师何以亡谏书？"式对曰："臣以《诗》三百五篇朝夕授王，至于忠臣孝子篇，未尝不为王反复诵之也；至于危亡失道之君，未尝不流涕为王深陈之也。臣以三百五篇谏，是以亡谏书。"使者以闻，亦得减死论，归家不教授。

　　自汉武帝推行独尊儒术的文教政策以来，儒家经学逐步成为帝王所必须具备的基本素养。诸如：（1）孝武帝：表章《六经》，雄材大略，不改文景之恭俭以济斯民，虽《诗》《书》所称，何有加焉！（《汉书·武帝纪》）（2）孝昭帝：朕以眇身获保宗庙，战战栗栗，夙兴夜寐，修古帝之事，诵《保傅传》《孝经》《论语》《尚书》，未云有明。（《汉书·昭帝纪》）（3）孝宣帝：师受《诗》《论语》《孝经》，操行节俭，慈仁爱人。甘露三年（前51年），诏诸儒讲《五经》异同，太子太傅萧望之等平奏其议，上亲称制临决焉。乃立梁丘《易》、大小夏侯《尚书》、穀梁《春秋》博士。（《汉书·宣

---

① 皮锡瑞：《经学历史》，中华书局 2011 年版，第 56 页。

帝纪》)（4）孝元帝：少而好儒，及即位，征用儒生，委之以政。(《汉书·元帝纪》)（5）孝成帝：壮好经书，宽博谨慎。(《汉书·成帝纪》)（6）哀、平短祚，莽改篡位。莽奏起明堂、辟雍、灵台，为学者筑舍万区，作市、常满仓，制度甚盛。立《乐经》，益博士员，经各五人。征天下通一艺教授十一人以上，及有逸《礼》、古《书》、《毛诗》、《周官》、《尔雅》、天文、图谶、钟律、月令、兵法、《史篇》文字，通知其意者，皆诣公车。(《汉书·王莽传》) 至于东汉时期，则是从光武帝始就推崇儒生，故有"东汉功臣多近儒"之说：

> 　　西汉开国，功臣多出于亡命无赖，至东汉中兴，则诸将帅皆有儒者气象，亦一时风会不同也。光武少时，往长安，受《尚书》，通大义。及为帝，每朝罢，数引公卿郎将讲论经理。故樊准谓帝虽东征西战，犹投戈讲艺，息马论道。是帝本好学问，非同汉高之儒冠置溺也。而诸将之应运而兴者，迹皆多近于儒。如邓禹，年十三能诵《诗》，受业长安，早与光武同游学，相亲附，其后佐定天下。有子十三人，使各守一艺，修整闺门，教养子孙，皆可为后世法。(禹传) 寇恂性好学，守颍川时，修学校，教生徒，聘能为《左氏春秋》者，亲受学焉。(恂传) 冯异好读书，通《左氏春秋》《孙子兵法》。(异传) 贾复少好学，习《尚书》，事舞阴李生。生奇之曰："贾君容貌志气如此，而勤于学，将相之器也。"后佐定天下，知帝欲偃武修文，不欲武臣典兵。乃与邓禹去甲兵，敦儒学。帝遂罢左右将军，使以列侯就第。复阖门养威重。(复传)……是光武诸功臣，大半多习儒术，与光武意气相孚合。盖一时之兴，其君与臣，本皆一气所钟。故性情嗜好之相近，有不期然而然者，所谓有是君，即有是臣也。①

---

① 赵翼：《廿二史劄记》，中国书店1987年版，第55页。

有鉴于此，皮锡瑞在《经学历史》中给予两汉经学以高度评价，"经学至汉武始昌明，而汉武时之经学为最纯正"①，"经学自汉元、成至后汉，为极盛时代"②。客观地说，两汉重经学之目的在于"以经术润饰吏事"（《汉书·循吏传序》），体现"霸王道杂之"的治国方略，"汉家自有制度，本以霸王道杂之，奈何纯任德教、用周政乎！且俗儒不达时宜，好是古非今，使人眩于名实，不知所守，何足委任！"（《汉书·元帝纪》）。然而，在化经籍为经术与经学的过程中，以五经博士－弟子（员）为主体的太学教育（儒生），以郎与吏为主体的官员身份（文吏），共同造就了学术性与政治性相结合且以后者为主的士（士君子与士大夫）阶层。

二、东汉：以名节别士

与西汉士人追求禄利之路的风尚不同，东汉士人以倡名教、尚名节而著称，"汉自孝武表章六经，师儒虽盛，而大义未明。故新莽居摄，而颂德献符者遍于天下。光武有鉴于此，故尊崇节义，敦厉名实，所举用，莫非经明行修之人，而风俗为之一变"（《日知录》卷十三《两汉风俗》条）。光武帝尊崇节义、敦厉名实的举措，既有鉴于新莽时期西汉士人颂德献符之变节行为，又成为东汉一代官方养士、用士之新风尚。

> 后汉取士，必经明行修；盖非专重其文，而必深考其行。前汉【1】匡、张、孔、马皆以经师居相位，而无所匡救。光武有鉴于此，故举【2】逸民，宾处士，褒崇节义，尊经必尊其能实行经义之人。后汉三公，如【3】袁安、杨震、李固、陈蕃诸人，守正不阿，视前汉匡、张、孔、马大有薰莸之别。③

---

① 皮锡瑞:《经学历史》，中华书局 2011 年版，第 41 页。
② 同上书，第 65 页。
③ 同上书，第 82 页。

　　匡（匡衡）、张（张禹）、孔（孔光）、马（马宫）等人，正是新莽居摄时颂德献符士人的代表。其中：（1）匡衡：以《诗》说著称；居大臣位，知显等专权势，作威福，为海内患害，不以时白奏行罚，而阿谀曲从，附下罔上，无大臣辅政之义。（2）张禹：治《易》《论语》；外戚王氏专政，禹不敢有所匡正。（3）孔光：孔子十四世孙，治《尚书》；莽权日盛，光忧惧不知所出。（4）马宫：治《春秋》；王莽篡位，以宫为太子师。有趣的是，《汉书》卷八十一《匡张孔马传》为上述四人专门集中作传，文末赞曰：

　　　　自孝武兴学，公孙弘以儒相，其后蔡义、韦贤、玄成、匡衡、张禹、翟方进、孔光、平当、马宫及当子晏咸以儒宗居宰相位，服儒衣冠，传先王语，其酝藉可也，然皆持禄保位，被阿谀之讥。彼以古人之迹见绳，乌能胜其任乎！

匡、张、孔、马四人，虽都以经学见长（儒宗）并居宰相位，但其持禄保位之行，却令人不敢恭维，成为典型的名、节不相符之士人。

　　同样面对王莽篡位的逆行，士人中的逸民则选择以隐匿的方式来保持名节。

　　　　汉室中微，王莽篡位，士之蕴藉义愤甚矣。是时裂冠毁冕，相携持而去之者，盖不可胜数。杨雄曰："鸿飞冥冥，弋者何篡焉。"言其违患之远也。光武侧席幽人，求之若不及，旌帛蒲车之所征贲，相望于岩中矣。若薛方、逢萌聘而不肯至，严光、周党、王霸至而不能屈。群方咸遂，志士怀仁，斯固所谓"举逸民天下归心"者乎！（《后汉书·逸民列传》）

光武帝之举逸民，一方面在于表章逸民重名节的行为，另一方面更在于拢聚天下士人之心，以养成重名节且忠于朝廷的士大夫，"盖自春秋之后至东京，而其风俗稍稍复乎古，吾是以知光武、明、章，果有变齐至鲁之功，而惜其未纯乎道也"（《日知录》卷十三《周末风俗》条）。正是在光武帝的号召和影响之下，东汉中叶以后涌现了众多重名节之士大夫，诸如袁安、杨震、李固、陈蕃诸人。"东汉尚名节"成为东汉士风流变的重要标志，赵翼在《廿二史劄记》中曾举出邓禹、寇恂、冯异、贾复等人，来论证"尚名节"之故事。对于"尚名节"之原因，则归纳为"盖当时荐举征辟，必采名誉，故凡可以得名者，必全力赴之，好为苟难，遂成风俗"①。首先，从汉武帝推行荐举征辟以来，举荐人物就需考察和品评被举荐者的孝行、德行与才识等在内的名誉，两汉尤为重视被举荐者的孝行，《汉书》从惠帝到平帝、《后汉书》从明帝到献帝都冠以"孝"字，就是最好的明证。其次，考察和品评人物的传统古已有之，"古之哲王所以正百辟者，既已制官刑儆于有位矣，而又为之立闾师、设乡校、存清议于州里，以佐刑罚之穷；移之郊遂，载在《礼经》；殊厥井疆，称于《毕命》。两汉以来，犹循此制。乡举里选，必先考其生平；一玷清议，终身不齿"（《日知录》卷十三《清议》条）。"犹循此制"，一是从"考其生平"来看，两汉察举与此前乡举里选具有共通之处，或都可以被视作"清议"；二是两汉从地方（郡、国、县）依据"好文学，敬长上，肃政教，顺乡里，出入不悖"的标准，选送京都太学之"得受业如弟子"类的太学生，同样注重考察被推荐者的名誉。最后，以东汉后期为界，两汉清议可分为各有侧重的两部分，一方面是具有汉代特色的地方察举中的清议，"溯自汉代取士大别为地方察举，公府征辟。人物品鉴遂极重要。有名者入青云，无闻者委沟渠。朝廷以名治（顾亭林语），士风亦竞以名行相高，声名出于乡里之臧否，故民间清议乃隐操士人进退之权。于是月旦人物，流为俗尚；讲目成名（《人物志》），具有定格，乃成社会中不成文之法度"②。另一方面是具有特殊含义的"清议"，具体是指东汉后期以太学生和士大夫为

---

①　赵翼：《廿二史劄记》，中国书店 1987 年版，第 61 页。

②　汤用彤：《魏晋玄学论稿》，《汤用彤全集》（第四卷），河北人民出版社 2000 年版，第 10 页。

主的士阶层，自下而上地在统治阶级内部掀起一场反对宦官、外戚专权的政治舆论活动，这种舆论活动可以被称作"清议"之风或"清议"思潮。《后汉书·党锢列传》记述如下：

【1】逮桓、灵之间，主荒政缪，国命委于阉寺，士子羞与为伍，故匹夫抗愤，处士横议，遂乃激扬名声，互相题拂，品核公卿，裁量执政，婞直之风，于斯行矣。

【2】初，桓帝为蠡吾侯，受学于甘陵周福。及即帝位，擢福为尚书。时同郡河南尹房植有名当朝，乡人为之谣曰："天下规矩房伯武，因师获印周仲进。"二家宾客，互相讥揣，遂各树朋徒，渐成尤隙，由是甘陵有南北部，党人之议，自此始矣。后汝南太守宗资任功曹范滂，南阳太守成瑨亦委功曹岑晊，二郡又为谣曰："汝南太守范孟博，南阳宗资主画诺。南阳太守岑公孝，弘农成瑨但坐啸。"因此流言转入太学，诸生三万余人，郭林宗、贾伟节为其冠，并与李膺、陈蕃、王畅更相褒重。学中语曰："天下模楷李元礼，不畏强御陈仲举，天下俊秀王叔茂。"

【3】时，河内张成善说风角，推占当赦，遂教子杀人。李膺为河南尹，督促收捕，既而逢宥获免，膺愈怀愤疾，竟案杀之。初，成以方伎交通宦官，帝亦颇谇其占。成弟子牢脩因上书诬告膺等养太学游士，交结诸郡生徒，更相驱驰，共为部党，诽讪朝廷，疑乱风俗。于是天子震怒，班下郡国，逮捕党人，布告天下，使同忿疾，遂收执膺等。其辞所连及陈寔之徒二百余人，或有逃遁不获，皆悬金购募。使者四出，相望于道。明年，尚书霍谞、城门校尉窦武并表为请，帝意稍解，乃皆赦归田里，禁锢终身。而党人之名，犹书王府。

【4】自是正直废放。邪枉炽结，海内希风之流，遂共相标榜，指天下名士，为之称号。上曰"三君"，次曰"八俊"，次曰"八顾"，次曰"八及"，次曰"八厨"，犹古之"八元""八凯"也。窦武、刘淑、陈

蕃为"三君"。君者，言一世之所宗也。李膺、荀翌、杜密、王畅、刘祐、魏朗、赵典、朱宇为"八俊"。俊者，言人之英也。郭林宗、宗慈、巴肃、夏馥、范滂、尹勋、蔡衍、羊陟为"八顾"。顾者，言能以德行引人者也。张俭、岑晊、刘表、陈翔、孔昱、苑康、檀敷、翟超为"八及"。及者，言其能导人追宗者也。度尚、张邈、王考、刘儒、胡母班、秦周、蕃向、王章为"八厨"。厨者，言能以财救人者也。

【5】又张俭乡人朱并，承望中常侍侯览意旨，上书告俭与同乡二十四人别相署号，共为部党，图危社稷。以俭及檀彬、褚凤、张肃、薛兰、冯禧、魏玄、徐乾为"八俊"，田林、张隐、刘表、薛郁、王访、刘祗、宣靖、公绪恭为"八顾"，朱楷、田槃、疏耽、薛敦、宋布、唐龙、嬴咨、宣襃为"八及"，刻石立墠，共为部党，而俭为之魁。灵帝诏刊章捕俭等。大长秋曹节因此讽有司奏捕前党故司空虞放、太仆杜密、长乐少府李膺、司隶校尉朱宇、颍川太守巴肃、沛相荀翌、河内太守魏朗、山阳太守翟超、任城相刘儒、太尉掾范滂等百余人，皆死狱中。余或先殁不及，或亡命获免。自此诸为怨隙者，因相陷害，睚眦之忿，滥入党中。又州郡承旨，或有未尝交关，亦离祸毒。其死徙废禁者，六七百人。

熹平五年，永昌太守曹鸾上书大讼党人，言甚方切。帝省奏大怒，即诏司隶、益州槛车收鸾，送槐里狱掠杀之。于是又诏州郡更考党人门生故吏父子兄弟，其在位者，免官禁锢，爰及五属。

【6】凡党事始自甘陵、汝南，成于李膺、张俭，海内涂炭，二十余年，诸所蔓衍，皆天下善士。

这就是以李膺、张俭为代表的士大夫，用"激扬名声，互相题拂，品核公卿，裁量执政"之清议来反对宦官专权，而导致第一次、第二次党锢之祸的大体历程。其中：

【1】简述了党锢之祸因何而起的缘由。"主荒政缪，国命委于阉寺"：东

汉后期形成了以郑众、孙程、曹腾、单超、曹节、张让等为首的阉寺群，他们"举动回山海，呼吸变霜露，阿旨曲求，则光宠三族，直情忤意，则参夷五宗。汉之纲纪大乱矣"（《后汉书·宦者列传》）。与此同时，东汉还形成了以阴氏、马氏、邓氏、阎氏、梁氏、窦氏、何氏等为首的外戚群，他们与阉寺群共同导致了东汉后期纲纪的混乱。"党锢之祸"就是外戚联合士大夫来共同反对宦官专权，宦官的反击导致党锢之祸的发生，【3】【5】是对第一次、第二次党锢之祸过程的描述。第二次党锢之祸以后，直至熹平五年（176 年）还在追究党人的罪责，"免官禁锢，爰及五属"，对士大夫心灵和肉体造成了双重打击。"禁锢了的清议，不得不开始转向，另求出路，其结果是清议转而为清谈。从是非臧否，到'发言玄远，口不臧否人物'（《晋书·阮籍传》）；从空洞无物的纲常名教，到纲常名教的否定而'判散五经，灭弃《风》《雅》'（《后汉书·仲长统传》)，以至圣人（孔子）与老庄'将无同'，流为纯概念的游戏。其间转向的契机，实应从郭林宗讲起。郭虽善人伦，而不为言核论，实开清谈之风。稷生以其知人则哲，崇为亚圣，后来林下谈风，避实就虚，不能不说导源于林宗品题的学风。狭义的名族公论，遂至狭义的概念的公论，这转变，衡之当时的政治情势，实是逻辑发展的必然趋势"①。"品核公卿，裁量执政"，就是将清议作为政治斗争的工具，一方面可以用来褒奖同类，另一方面也可以用来贬斥奸邪，赋予它以新的政争的性能。

　　【2】【4】（包括【5】的前半部分）正是用风谣、题目的方式来品评人物之清议。其中：【2】以风谣来展开清议："天下规矩房伯武，因师获印周仲进"就是对甘陵南北部党派宾客之论争的清议；"汝南太守范孟博，南阳宗资主画诺。南阳太守岑公孝，弘农成瑨但坐啸"，"天下模楷李元礼，不畏强御陈仲举，天下俊秀王叔茂"，太学的谣言改变了清议人物的风尚，对人物的清议不再标举经学的造诣，而是标举政治风度的坚贞与才能的卓越。【4】（包括【5】的前半部分）则是以题目来展开清议：无论是【4】中的

---

①　侯外庐等：《中国思想通史》（第二卷），人民出版社 1957 年版，第 404 页。

"三君""八俊""八顾""八及""八厨",还是【5】中的"八俊""八顾""八及",都是以题目来品藻人物。在此过程中,清议被"当作一种武器来运用,一面以攻击政敌,一面以之称扬己方的优越。与东汉初年仅用作积极地标榜学行德业,以为干禄射利的工具的那种意义,是完全不同的"①,体现了两汉士风从汉武帝至东汉前期尚"禄利"向东汉后期尚"名节"的转变②。至于士大夫用风谣或题目品藻人物的依据,就是"纲常名教,或者说是宗教,风教。纲常名教以及宗教的理论渊源是《白虎通义》一书,这是杂糅了儒学法术阴阳方士之说于一炉而加以冶铸的一部中世纪经典,自汉章帝以后,一直统治着东汉人的头脑"③,以纲常名教为依据来品藻人物,符合标准的士大夫就是纲常名教的代言人。《世说新语》之《德行第一》章中对李膺"欲以天下名教是非为己任"的赞语,就是对当时党人清流作为"社会良心"的高度概括,"党锢之祸,严格说来,是统治阶层内部的斗争。但是,东汉'党人'的正义感、无私情操、斗争意志和坚定气节,却代表着一种进步的时代精神"④。《后汉书·党锢列传·李膺传》记载了李膺以天下为己任、不顾利害生死之高尚行为。

案杀宦官张让之弟张朔后的言语行为:让诉冤于帝,诏膺入殿,御亲临轩,诘以不先请便加诛辟之意。膺对曰:"昔晋文公执卫成公归于京师,《春秋》是焉。《礼》云公族有罪,虽曰宥之,有司执宪不从。昔仲尼为鲁司寇,七日而诛少正卯。今臣到官已积一旬,私惧以稽留为愆,不意获速疾之罪。诚自知衅责,死不旋踵,特乞留五日,剋殄元恶,退就鼎镬,始生之愿也。"帝无复言,顾谓让曰:"此汝弟之罪,司隶何愆?"乃遣出之。自此诸黄门常侍皆鞠躬屏气,休沐不敢复出宫省。帝怪问其故,并叩头泣曰:"畏李校尉。"

---

① 侯外庐等:《中国思想通史》(第二卷),人民出版社 1957 年版,第 368～369 页。

② 赵翼在《廿二史劄记》中仅就"荐举征辟"来揭示"东汉尚名节"的原因,或意犹未尽、略显不足。

③ 侯外庐等:《中国思想通史》(第二卷),人民出版社 1957 年版,第 382 页。

④ 张岂之主编:《中国思想学说史》(秦汉卷),广西师范大学出版社 2008 年版,第 721 页。

第一次党锢之后：膺等颇引宦官子弟，宦官多惧，请帝以天时宜赦，于是大赦天下。膺免归乡里，居阳城山中，天下士大夫皆高尚其道，而污秽朝廷。

第二次党锢之后：后张俭事起，收捕钩党，乡人谓膺曰："可去矣。"对曰："事不辞难，罪不逃刑，臣之节也。吾年已六十，死生有命，去将安之？"乃诣诏狱。考死，妻子徙边，门生、故吏及其父兄，并被禁锢。

其时门徒的行为：时侍御史蜀郡景毅子顾为膺门徒，而未有录牒，故不及于谴。毅乃慨然曰："本谓膺贤，遣子师之，岂可以漏夺名籍，苟安而已！"遂自表免归，时人义之。

与李膺同样追求崇高"志节"的士大夫，逐渐形成一种具有"共同心志"的士人群体意识，"膺与廷尉冯绲、大司农刘祐等共同心志，纠罚奸倖"（《后汉书·党锢列传》），这种群体意识成为联合党人的精神纽带，成为支撑党人与宦官、外戚专权作斗争的精神动力。

> 建宁二年，遂大诛党人，诏下急捕滂等。督邮吴导至县，抱诏书，闭传舍，伏床而泣。滂闻之，曰："必为我也。"即自诣狱。县令郭揖大惊，出解印绶，引与俱亡。曰："天下大矣，子何为在此？"滂曰："滂死则祸塞，何敢以罪累君，又令老母流离乎！"其母就与之诀。滂白母曰："仲博孝敬，足以供养，滂从龙舒君归黄泉，存亡各得其所。惟大人割不忍之恩，勿增感戚。"母曰："汝今得与李、杜齐名，死亦何恨！既有令名，复求寿考，可兼得乎？"滂跪受教，再拜而辞。顾谓其子曰："吾欲使汝为恶，则恶不可为；使汝为善，则我不为恶。"行路闻之，莫不流涕。时年三十三。
>
> 论曰：李膺振拔污险之中，蕴义生风，以鼓动流俗，激素行以耻威权，立廉尚以振贵势，使天下之士奋迅感慨，波荡而从之，幽深牢破室族而不顾，至于子伏其死而母欢其义。壮矣哉！（《后汉书·党锢列传·范滂传》）

　　"子伏其死而母欢其义","汝今得与李、杜齐名,死亦何恨！既有令名,复求寿考,可兼得乎",这就是"李杜"精神的感召作用,党人们的"共同心志",名节高于和重于一切；这也正是二程、朱熹所赞叹之处,"后汉人之名节,成于风俗,未必自得也。然一变可以至道"(《河南程氏遗书》卷第一),"东汉士人尚名节,只为不明理。若使明理,却皆是大贤也"(《河南程氏遗书》卷第十八),"大义根于心,不顾利害生死,不变其节"(朱熹语)。不过,朱熹在《答刘子澄书》中还有值得深思的评价:"近看温公论东汉名节处,觉得有未尽处。但知党锢诸贤趋死不避,为光武、明、章之烈,而不知建安以后中州士人只知有曹氏,不知有汉室,却是党锢杀戮之祸有以驱之也。且以荀氏一门论之:则荀淑正言于梁氏用事之日,而其子爽已濡迹于董卓专命之朝,及其孙彧则遂为唐衡之婿,曹操之臣,而不知以为非矣。盖刚大方直之气,折于凶虐之余,而渐图所以全身就事之计,故不觉其沦胥而至此耳！"(《朱文公文集》卷三十五)东汉士风以"党锢杀戮之祸"为界,经历了从名节相副到名节相离的过程,特别是"士人在东汉末已处于无可奈何境地,人格最终发生了大分裂:斗争的失败击溃了他们的精神支柱,经学理论已经无法挽救社会危机,这种社会意识的衰落,势必引起士人人格面貌(生活意识),即个人精神的低落,从而带来士风的消沉。这是一代士人的悲哀"[①]。司马光有言曰:"党人生昏乱之世,不在其位,四海横流,而欲以口舌救之,臧否人物,激浊扬清,撩虺蛇之头,践虎狼之尾,以至身被淫刑,祸及朋友,士类歼灭而国随之以亡,不亦悲乎！"(《资治通鉴》卷第五十六)李膺子瓒的选择就是最好的明证,"膺子瓒,位至东平相。初,曹操微时,瓒异其才,将没,谓子宣等曰:'时将乱矣,天下英雄无过曹操。张孟卓与吾善,袁本初汝外亲,虽尔勿依,必归曹氏。'诸子从之,并免于乱世"(《后汉书·党锢列传·李膺传》)。士大夫既知"大树将颠,非一绳所

① 马彪:《东汉士风中的"禄利"、"名节"之变》,《北京师范大学学报》(社会科学版),1992年第 2 期。

维"（《后汉书·徐穉传》），由以天下为己任到唯在保全身家性命，汉末士人之名节随风而去。

至于汉末士大夫为何在名节上发生如此大的转折与变化，甚至发生子辈不再依从父志而违背先辈所坚守的名节之事，究其原因，就在于"儒学丧失其旧有社会文化之效用"[①]。一是从儒学自身来说，"夫儒生之业五经也，南面为师，且夕讲授章句，滑习义理，究备于五经，可也。五经之后，秦汉之事不能知者，短也。夫知古不知今，谓之陆沉，然则儒生所谓陆沉者也。五经之前，至于天地始开，帝王初立者，主名为谁，儒生又不知也。夫知今不知古，谓之盲瞽。五经比于上古，犹为今也。徒能说今，不晓上古，然则儒生所谓盲瞽者也"（《论衡》卷十二《谢短》）。陆沉者与盲瞽者，就是对汉末经学渐流于章句烦琐而失去应有之社会功用的形象表征。既然儒家经术流于无用，那么就必然会发生士子弃经学而从其他之选择，"学之兴废，随世轻重。汉时贤俊皆以一经弘圣人之道，上明天时，下该人事，用此致卿相者多矣。末俗已来不复尔，空守章句，但诵师言，施之世务，殆无一可。故士大夫子弟皆以博涉为贵，不肯专儒"（《颜氏家训》卷三《勉学》）。二是从纲常名教来看，"所谓儒学之效用者，具体言之，即其名教纲常之说可以维持稳定之社会关系，使上下有别，长幼有序，夫子君臣等皆各安其分而已。然汉末以来，君臣一伦既随人心之分裂而渐趋淡漠，而父子一伦亦因新思潮之影响而岌岌可危。此外如夫妇朋友之关系亦莫不发生变化，儒教旧有之安定作用遂不复能发挥矣"[②]。名教纲常无论是对帝王还是对士大夫来说，都是一把双刃剑。对帝王来说，一方面纲常名教可以是维持社会秩序的有效工具，另一方面也存在对纲常名教的滥用，甚至可以成为杀人的工具。如灵帝时，陈蕃与窦武合谋上书太后诛曹节、王甫等人，太后不纳而事泄露，故遭到曹节等人的反杀。

---

① 余英时：《士与中国文化》（2 版），上海人民出版社 2013 年版，第 322 页。

② 同上书，第 322 页。

及事泄，曹节等矫诏诛武等。蕃时年七十余，闻难作，将官属诸生八十余人，并拔刃突入承明门，攘臂呼曰："大将军忠以卫国，黄门反逆，何云窦氏不道邪？"王甫时出，与蕃相近，适闻其言，而让蕃曰："先帝新弃天下，山陵未成，窦武何功，兄弟父子，一门三侯？又多取掖庭宫人，作乐饮宴，旬月之间，赀财亿计。大臣若此，是为道邪？公为栋梁，枉桡阿党，复焉求贼！"遂令收蕃。蕃拔剑叱甫，甫兵不敢近，乃益人围之数十重，遂执蕃送黄门北寺狱。黄门从官驺蹋踧蕃曰："死老魅！复能损我曹员数，夺我曹禀假不？"即日害之。（《后汉书·陈蕃传》）

陈蕃号称"三君"之一，名节不可谓不高也，反而因名节而死，何其荒唐！同样，对士大夫来说，一方面纲常名教可以给士大夫带来崇高的声望，如"膺独持风裁，以声名自高。士有被其容接者，名为登龙门"（《后汉书·党锢列传·李膺传》），用"登龙门"来作比喻，足可以见纲常名教的附加值。另一方面，正是因为纲常名教可以带来极高的声誉，故出现了某些仅注重外在声名的虚名者，反而成为后人所耻笑的对象。

汉世之所谓名士者，其风流可知矣。虽弛张趣舍，时有未纯，于刻情修容，依倚道艺，以就其声价，非所能通物方，弘时务也。及征樊英、杨厚，朝廷若待神明，至竟无它异。英名最高，毁最甚。李固、朱穆等以为处士纯盗虚名，无益于用，故其所以然也。然而后进希之以成名，世主礼之以得众，原其无用亦所以为用，则其有用或归于无用矣。（《后汉书·方术传》）

类似于樊英、杨厚、李固、朱穆等人，就是名不副实的士大夫，徒有其名罢了，士大夫之名节由此而走到了相反的另一面。

经学的无力与纲常名教的虚无，即便有贵为显学之郑玄经学的挽救，然而"其说出于折衷调停，犹近章句之烦琐。一般经生或可于此得所依傍，博通古今好学深思之士则尚心有未安，而不得不别为探本抉原之谋"①，"而宋明理学以前，儒家性命之学未弘，故士大夫正心修身之资，老释二家亦夺孔孟之席"②。故对后世儒家学者来说，最重要的课题就是弘扬儒家性命之学，以正孔孟之席。而这个接力棒，就落到了韩愈手中。

第二节　传经与传道：士志于道之个体觉醒

按照陈寅恪的理解，"唐代之史可分前后两期，前期结束南北朝相承之旧局面，后期开启赵宋以降之新局面，关于政治社会经济如此，关于文化学术者亦莫不如此。退之者，唐代文化学术史上承先启后转旧为新关捩点之人物也"③，其中，"南北朝相承之旧局面"就是烦琐且已失去活力的章句之学，"赵宋以降之新局面"就是以己意解经的义理之学，韩愈正是处于由汉学到宋学转变的坐标点位置上。韩愈开启赵宋以降之新局面的首要之举，莫属于"建立道统，证明传授之渊源"，即从道的层面来追溯学术传授之渊源，从而有别于汉唐以来基于师法之经学传承，进而从师道传授渊源关系上来承续先秦儒家"士志于道"之精神。"宋代复是士大夫自觉之时代，而昌黎开其先河，亦首尊师道。此吾国士之自觉皆以尊师为其表征之验也"④，与此同时，苏湖教法为宋代教育注入的活力，"辅以师道，致使随后而起的教育有了既自由开放又师承有序的风气，它使得宋代的私学得以在一个良好的氛围中

---

① 余英时：《士与中国文化》（2 版），上海人民出版社 2013 年版，第 306 页。

② 同上书，第 341 页。

③ 陈寅恪：《论韩愈》，《金明馆丛稿初编》，译林出版社 2020 年版，第 328 ～ 329 页。

④ 余英时：《士与中国文化》（2 版），上海人民出版社 2013 年版，第 260 页。

发展"①，"宋学最先姿态，是偏重在教育的一种师道运动。这一运动，应该远溯到唐代之韩愈"②，这就是韩愈倡师道之于宋代士大夫之个体觉醒的启蒙价值。

一、旧局面：以师法为核心之经学传承

钱穆在《中国历史上的传统教育》一文中指出："中国儒家此一种教育理想与教育精神，既不全注重在知识传授与职业训练上，更不注重在服从法令与追随风气上；其所重者，乃在担任教育工作之师道上，乃在堪任师道之人品人格上。故说：'经师易得，人师难求。'若要一人来传授一部经书，其人易得。若要一人来指导人为人之道，其人难求。因其人必先自己懂得实践了为人之道，乃能来指导人；必先自己能尽性成德，乃能教人尽性成德。"③孔子以创始人的身份，为儒家学派树立了理想教师形象的典范，成为后世儒师乃至全体师者学习的榜样。

（一）前经学时代④：以师－弟子为主的孔门之教

以师－弟子为主的孔门之教主要存在于前经学时代的春秋战国时期。萧承慎在《师道征故》中将先秦时期教师身份的发展演变过程，大致分为三个主要阶段：君师合一阶段、官师合一阶段、诸子授学阶段。

> 古代之所谓师者，乃聚善积德，而出于其类，拔乎其萃，以德行善道为众之长，而教喻诸德者也。按泰古之际，政教合一，官师不分，故"师"字在最初其意不过人群中出类拔萃之官长。迫社会组织颇具规制，则百官有所分掌，有重在事务之管理者，有重在万民教化者。

① 何俊：《南宋儒学建构》，上海人民出版社 2021 年版，第 16 页。

② 钱穆：《宋明理学概述》，台湾学生书局 1984 年版，第 2 页。

③ 钱穆：《中国历史上的传统教育》，《国史新论》，九州出版社 2012 年版，第 217 页。

④ 中国经学思想史可划分为四个阶段：前经学时代、汉唐经学、宋明经学、清代经学（姜广辉：《中国经学思想史》（第一卷），中国社会科学出版社 2003 年版，前言第 18 页）。

而负教化之责者，尤以德行善道为其必备之要件，俾得型仪天下，教长万民。浸及后世，政教渐繁，形式上不得不日趋分途。官师既分，"师"字除通常亦训作军旅之外，乃多训为聚善积德以施教者之尊称。"师"字亦以传"道"（民族之伦理哲学）授"业"（专门之技艺学问）为其专职矣。[①]

作者结合泰古以来不同社会发展阶段之现实需要，来考察教师身份的流变历程，即从"出类拔萃之官长"到"负教化之责的官职"再到"聚善积德以施教者"的变迁。王伦信则是从"师"的字源、"师"的群体构成及"师"的教育意涵的获得等方面，来梳理先秦时期"师"概念的发展脉络。

师在殷墟甲骨中的字形隶定位"𠂤"，象丘陵之形，因作为屯军之所而引申表示军旅之义，同时也在领军人物的名前冠以"𠂤"。到商末周初，在周原甲骨中首度出现"師"字，主要作为军事首领等人物的身份标识，似有意在概念上与标识军旅的"𠂤"相区别，在用例上虽不严格区分但大抵遵循这一原则。而后"師""𠂤"并用到大约西周中期，"𠂤"的使用逐渐减少，而"帀"开始作为独立字流行，如大约制造于周夷王早期的"师㝬簋鼎"，其铭文已将"齐师"的"师"写作"帀"，而在不久前制造的"史密簋"铭文中还写作"𠂤"。然而，"師""帀"两字的用法似没有先前"師""𠂤"那样在义项上有明显区分，但流行的地域范围却有明显的不同，秦国在中前期（庄襄王即位之前）基本用"帀"，而楚国则基本上通行"帀"，在其他诸侯国则"師""帀"混用。直到秦并六国后，师的诸字形才真正统一于"師"。西周之后主要存在以下带有"师"标识的群体：担任军官的"师氏"群体；擅长乐舞的"乐师"群体；在各种器物制造业中因技术较高而

---

① 萧承慎：《教学法三讲》，福建教育出版社 2010 年版，第 13 页。

被任命为主管的"工师"群体。其中后两个群体身上的"师"最初是借用了军官之"师"的令长之意。当这些被称为"师"的群体兼职教育、大量从事教学活动之后，使"师"逐渐积累了教事喻德的教育者意涵，"师"的含义也因此发生了转移，直到春秋战国时期，"师"的主要义项也由原来的军队、军职人员、乐官和制造行业的技术能手，让位于教书育人者。[①]

从"𠂤"到"師""𠂤"并用再到"師""帀"最后到"师"，"师"字在不同历史阶段用法上的差异，体现了"师"从原来的军旅之义引申表示军事长官，到西周以后又泛化到"乐师""工师"群体，再到当这些群体兼职教育、大量从事教学活动之后，逐渐获得了教事喻德的教育者意涵。

在诸子授学阶段，师已经获得了教事喻德的教育者意涵，孔子与弟子们之间的教育活动就是发生在此种语境之中。以儒、墨、道、法为代表的诸子百家，在学派内部都存在师－弟子之间的教育活动，并且是各有各"师"、各有各"道"，其中又以孔子为首的儒家学派的教育活动最为代表。这一方面是由于儒家学派与其他各派对于教育活动的重视程度不同，相对于其他学派来说，儒家以献身教席为己任；另一方面更是与儒家学派创始人孔子，在对弟子们的教育活动中所形成的教育观点及所产生的教育影响紧密相关。一是以"有教无类"作为私学的办学方针，打破了西周官学在贵贱、贫富和种族之间的限制，将受教育的范围扩大到了平民，这是历史性的进步；二是以"君子儒"作为培养目标，秉承"为己之学"的为学之道，在成己成人中实现修、齐、治、平的人生价值；三是以"兴于《诗》，立于《礼》，成于《乐》"作为教学内容，使《诗》《礼》《乐》之文本教学与兴、立、成之修身宗旨相结合，从而实现知识获得与人格养成的统一；四是以"不愤不启，不悱不发。举一隅不以三隅反，则不复也"作为教学原则，"叩其两端"之

---

① 王伦信：《先秦"师"概念的发展及其教育意涵的获得》，《教师教育研究》，2007 年第 4 期。

"循循然善诱人"中，达成学生"欲罢不能"之理想状态；五是以师"发愤忘食，乐亦忘忧，不知老之将至"(《论语·述而》)与生"一箪食，一瓢饮，在陋巷。人不堪其忧，回也不改其乐"(《论语·雍也》)作为师生之共同心志，这就是周敦颐"孔颜乐处"学说之原型，后经二程、朱熹及王阳明等儒家学者之阐发，遂成为儒家圣贤境界的标志；六是以"学而不厌，诲人不倦"作为好教师之标准，"学不厌，智也；教不倦，仁也"(《孟子·公孙丑上》)，仁智统一就是伦理学与知识论二者的统一，这既是道德主体自身的道德与知识之间的统一，又是道德主体成己与成物的统一，"仁向内以显露道德主体，智向外以成就知识才能。仁虽为孔学的骨干，但孔子对于智，实已付与以一个与仁相平行的地位，以成就其'内外兼管''体用赅备'的文化建构"①。好教师就是集真、善、美于一身，并致力于探求和追寻真、善、美的人。孔子就是一位集真、善、美于一身的好教师。

孔门弟子们正是在孔子的言传身教之下，"自孔子卒后，七十子之徒散游诸侯，大者为师傅卿相，小者友教士大夫，或隐而不见。故子路居卫，子张居陈，澹台子羽居楚，子夏居西河，子贡终于齐。如田子方、段干木、吴起、禽滑釐之属，皆受业于子夏之伦，为王者师。是时独魏文侯好学。后陵迟以至于始皇，天下并争于战国，儒术既绌焉，然齐鲁之间，学者独不废也。于威、宣之际，孟子、荀卿之列，咸遵夫子之业而润色之，以学显于当世"，弟子们或"大者为师傅卿相"，或"小者友教士大夫"，薪火相传，文脉绵延，"及高皇帝诛项籍，举兵围鲁，鲁中诸儒尚讲诵习礼乐，弦歌之间不绝，岂非圣人之遗化，好礼乐之国哉？故孔子在陈，曰'归与归与！吾党小子狂简，斐然成章，不知所以裁之'。夫齐、鲁之间于文学，自古以来，其天性也"(《史记·儒林列传》)，齐、鲁之间弟子们自古以来的天性正是受益于孔子的教化之功。

"咸遵夫子之业而润色之，以学显于当世"的孟子、荀子可谓是孔门弟

---

① 　徐复观:《中国学术精神》，华东师范大学出版社 2014 年版，第 17 页。

子的代表，以曾子－孟子为代表的"内在超越"之路与以子夏－荀子为代表的"外在超越"之路，体现了先秦儒家思想学说相反而相成之两途，《中庸》之"诚明"与"明诚"、"德性"与"问学"及《大学》之"道学"与"自修"正是对此两途之概括性总结。孟子、荀子都遵夫子之业，"孟子阐其前，荀卿振其后"，然而由于思想学说之差异而导致为学路径之不同，"孔子之后，孟子主要发展了孔子的仁，'夫子以仁发明斯道，其言浑无罅缝。孟子十字打开，更无隐遁'。而荀子则继承了孔子的礼，并援法入礼，建立起'隆礼重法'的思想体系。同时，孟子'序《诗》《书》，述仲尼之意'（《史记·孟子荀卿列传》），荀子则对毛、鲁、韩《诗》，《左传》、《穀梁》，《礼记》（大小戴礼）等大部分经典进行了传授"①，再加上汉唐经学与宋明理学各有侧重，从而造成孟子、荀子思想学说或尊或抑的阶段性特征。

（二）经学时代：以师法－家法为主的经学传承

徐复观在《先汉经学之形成》的结论部分指出："应打破《汉书·儒林传》所叙述的经一线单传下来的迷信，这是五经博士成立以后，由五经博士们为了垄断经学的权利所造出的迷信。"② 这段总结性话语中所包含的关键词有：经一线单传、五经博士、垄断经学的权利。其中：（1）经一线单传：《汉书·儒林传》中记载汉初《五经》第一代大师，"汉兴，言《易》自淄川田生；言《书》自济南伏生；言《诗》，于鲁则申培公，于齐则辕固生，燕则韩太傅；言《礼》，则鲁高堂生；言《春秋》，于齐则胡母生，于赵则董仲舒"，《易》《诗》《书》《礼》都生于秦火之前，或为秦博士，唯独《春秋》的胡母生、董仲舒，生于文帝时代。在《五经》中，《易》的传授从孔子至田何"不绝也"，"自鲁商瞿子木受《易》孔子，以授鲁桥庇子庸。子庸授江东馯臂子弓。子弓授燕周丑子家。子家授东武孙虞子乘。子承授齐田何子

---

① 梁涛：《儒家道统说新探》，华东师范大学出版社 2013 年版，第 75～76 页。
② 徐复观：《中国经学史的基础·周官成立之时代及其思想性格》，九州出版社 2014 年版，第 62～63 页。

装。及秦禁学，《易》为筮卜之书，独不禁，故传受者不绝也。汉兴，田何以齐田徙杜陵，号杜田生，授东武王同子中，洛阳周王孙、丁宽、齐服生，皆著《易传》数篇。同授淄川杨何，字叔元，元光中征为太中大夫"。（2）五经博士：汉武帝立五经博士，《书》唯有欧阳、《礼》后、《易》杨、《春秋》公羊。《书》自济南伏生传欧阳生，欧阳为《书》博士；《礼》自鲁高堂生传萧奋，萧奋传孟卿，孟卿传后苍，后苍为《礼》博士；《易》自淄川田生传王同，王同传杨何，杨何为《易》博士；《春秋》公羊，胡母生、董仲舒为孝景时博士；《诗》则申公、辕固生、韩婴先后任博士。其后五经博士分为十四：《易》立施、孟、梁丘、京四博士；《书》立欧阳、大小夏侯三博士；《诗》立鲁、齐、韩三博士；《礼》立大小戴二博士；《春秋》立严、颜二博士。五经博士的特点为：一是官方设立；二是专治一经，各经博士事实上又成为官方经学的代言人。（3）垄断经学的权利：汉武帝立五经博士的同时，为博士官置弟子五十人，这就是太学的首批教师和学生，博士官与弟子员都获得了官方认可的正式身份，从而享有与正式身份相一致的权利。特别是博士弟子"学而优"可致仕，或为郎或为吏，功名利禄的诱惑而致"一经说至百余万言，大师众至千余人"。之后，汉代今古文之争，表面上的问题"大致集中在《春秋左氏传》是否传经的讨论上"，而实际上是"既得利益者，不愿意共享利禄"[1]，"既得利益者"正是专守今文经学的五经博士。

　　至于博士官与弟子们之间的经学传授，则是遵循师法－家法方式来展开的。"在汉代，若经师被选为'博士'则有师法可言，反之则无。'置博士'之所以重要，如班固所言可取得利禄，弟子们按照师法讲经，能够谨守家法、发挥师说的，便可得利禄，于是说经者日众。同时为了迎合执政者的喜好，并永远保持'博士'的地位不被取代，还需假设各种各样的可能性问题，以应付挑战者的问难，长期下来，使得经说更加详细缜密，最终导致章句学的发生。钱穆先生《两汉博士家法考》说：'有"章句"则有"师法"，

---

① 叶纯芳：《中国经学史大纲》，北京大学出版社 2016 年版，第 149 页。

凡当时所谓尊师法者，其实即守某家章句也'"①，师法、章句、家法之间的相互关系由此而产生。需要说明的是，博士、弟子间的"师法"，"不是说以师为法，而是把师所说的，赋予以法的权威性"，"师法的具体内容则是章句。老师的口头解说容易变动、容易忘记，不易定以为法；传、说乃训释大义，不太受经本文的约束，故训乃解释文字，但在同一故训之下，对经文也可作不同的导引，都不易定以为法。只有博士为了教授弟子，顺着经文加以敷衍发挥，以成为固定形式的章句。再加上博士在学术上的权威性地位，师法的'法'的观念才得浮现出来"②，章句可以说就是文本化、学术化的师法载体，以师为"法"就是以章句为法，章句之学由此而产生。反过来说，之所以形成西汉重师法、东汉重家法的经学传承格局，是因为"汉初学者由于不熟悉经书内容，对能读且能解析者，只能全盘吸收。渐渐地对经书能读通，再经过自己的思考，并提出自己的看法，于是对师法或增、或删、或改，后人认为他们不尊师法，实际上，这是一种再自然不过的现象。汉代有师法，也有家法，并不如清儒所言遵守的如此严谨。所以钱穆先生说：'清代经师，圣尊汉学，高谈师说家法，已失古人真态'"③，师法、家法与汉代经学自身发展的具体实际紧密相关，重师法的背后既是汉初经学发展的具体需要，又体现了执政者对于今文经学权威地位的确立和维护，再加上经文学家出于自身利益的考虑，因而就形成了以维护师法来强化经学地位、巩固博士官与弟子员各自权利的学术利益共同体。今、古文经学之争的背后，就体现了今文经学与古文经学利益共同体之争，而古文经学是否可以立于学官的背后，就是对古文经学是否可以享受同样权利的争夺。

西汉末期师法的衰落，一方面是汉代经学自身发展的结果，另一方面则是由于章句之学转向烦琐而导致，"经有数家，家有数说，章句多者或乃百

---

① 叶纯芳：《中国经学史大纲》，北京大学出版社 2016 年版，第 148 页。

② 徐复观：《中国经学史的基础·周官成立之时代及其思想性格》，九州出版社 2014 年版，第 88 页。

③ 叶纯芳：《中国经学史大纲》，北京大学出版社 2016 年版，第 148 页。

余万言，学者劳而少功，后生疑而莫正"（《后汉书·郑玄传》），章句之学从"有用之学"渐变为"无用之学"，"空守章句，但诵师言，施之世务，殆无一可"（《颜氏家训·勉学》）。面对章句之学因烦琐、无用而没落之局面，执政者与经学学者（特别是古文经学者）做出了不同的选择。对于执政者来说，以章句之学为表征的今文经学（《五经》）是官方经学，从出于维护官方经学地位的考虑来解决章句之学的病症，成为其解决章句之学困局的不二选择。无论是王莽时期省《五经》章句，并各减省为二十万言；还是东汉以举办官方经学会议的形式，通过整合分歧的章句来解决烦琐，"宣帝博征群儒，论定五经于石渠阁，方今天下少事，学者得成其业，而章句之徒，破坏大体，宜如石渠故事，永为后则"（《后汉书·桓郁传》），究其实质，都是为了维护今文经学的官方地位。对于经学学者（特别是古文经学）来说，"不守章句"或"不为章句"是其首要选择，然后就是以打破今古文经学之藩篱的方式来统整两汉经学，郑玄经学就是其代表，"郑玄括囊大典，网罗众家，删裁繁诬，刊改漏失，自是学者略知所归"（《后汉书·郑玄传》），"于是经生皆从郑氏，不必更求各家，郑学之盛在此，汉学之衰亦在此"[1]，虽然"汉学衰废，不能尽咎郑君；而郑采今古文，不复分别，使两汉家法亡不可考，则亦不能无失。故经学至郑君一变"[2]。无家法就无师法，无师法与家法则两汉官方经学就此走向了衰废。

以师法为主导的两汉经学传授，博士官与弟子之间所形成的师生关系，就是以单一经学传承为主的经师与经生之间的师承关系。汉武帝时期的五经博士官就是以经师的身份，向弟子们来传授《易》《礼》《诗》等今文经学，《汉书·儒林传》就详细记载了以汉初第一代经学大师为始点，具有确切师承关系的《五经》之诸经的经学传授活动。如《汉书·儒林传·丁宽传》记载：

---

① 皮锡瑞：《经学历史》，中华书局 2011 年版，第 95～96 页。

② 同上书，第 101 页。

丁宽字子襄，梁人也。初，梁项生从田何受《易》，时宽为项生从者，读《易》精敏，材过项生，遂事何。学成，何谢宽。宽归东，何谓门人曰："《易》以东矣。"宽至洛阳，复从周王孙受古义，号《周氏传》。景帝时，宽为梁孝王将军距吴、楚，号丁将军，作《易说》三万言，训故举大谊而已，今《小章句》是也。宽授同郡砀田王孙。王孙授施雠、孟喜、梁丘贺。由是《易》有施、孟、梁丘之学。

从田何（汉初第一代《易》学大师）到丁宽，再到施、孟、梁丘之学，就构成了《易》之师承关系。施、孟、梁丘之《易》学，又以施雠、孟喜、梁丘贺为始端，分别形成了以施雠为师的张、彭之学，以孟喜为师的翟、孟、白之学，以梁丘贺为师的士孙、邓、衡之学。如果以田何之《易》学为原始师法，从丁宽到施、孟、梁丘之学，再到以施、孟、梁丘为经师的诸子《易》学，就是在师法与家法、（新）师法与家法的身份转换中实现《易》学传承。

经师在教学中以传授经学知识为主要任务，或因章句之学"一经说至百余万言，说五字至二三万言"的烦琐无用，或因经学大师"一师能教千万人""三年不得见者"的高足弟子代为授课，故引发了时人对经师与人师问题的追问。"经师易遇，人师难遭"，来自郭泰与魏昭之间的对话。

> 泰曰："年少当精义书，曷为来近我乎？"
> 昭曰："盖闻经师易遇，人师难遭。故欲以素丝之质，附近朱蓝耳。"（《后汉纪》卷二十三）

司马光在《资治通鉴》卷第五十五《汉纪》四十七之中，认为"经师，谓专门名家，教授有师法者。人师，谓谨身修行，足以范俗者"。钱穆在《中国教育制度与教育思想》中，结合郭泰生平事迹来说明其为何被称为"人师"，"郭泰可称为当时一极崇高之社会教育家。党锢事起，闭门教授，弟子以千数。经其识拔奖诱者，或值幼童，或在里肆，或事刍牧，或役邮驿，或从事屠沽，或出身卒伍，而其终皆成英彦，凡六十余人。尚有不少故事，见于史籍。后代史家评郭泰，谓：虽墨翟、孟轲不能远过。时有孟昭，尚在童年，谓泰曰：'经师易遇，人师难遭。愿在左右，供给洒扫。'泰许之。夜中令作粥，进而呵之。三进三呵，昭不变容。秦乃与友善，卒成妙士。如此之类，不能备述。泰又自著一书，专论取士本末，惜遭乱丧亡。如郭泰，诚可谓在中国教育史上为师道树立一标格。今若目马融为经师，郭泰为人师，而郑玄则两者兼备，故益为后人所推重"①。而郑玄之所以被称为"两者兼备"，就在于"郑玄以在野学者之身，当朝廷提倡数百年经学达于坠地将尽之际，玄之为学，不专治一经，更不专师一家，能囊括汇通，成一大结集。此下四十博士家法师传尽归散去，惟郑玄最晚出，而使经学传统不堕重光。其功绩实为两汉经生四百年来所未有。可见教育事业，主要在'师道'。师道所贵，主要在为师者之'人格'与'学问'"②。或许，汉末对经师与人师探讨的主要关注点仍在于经学传授中的师承关系，但是对于经学传授中师者行为方面问题的讨论，尤其是以素丝与朱蓝之喻来揭示师者应有的人格修养，就是对先秦儒家教师身份伦理化思想的继承和发展，"师者，人之模范也"（《法言·学行》）。

二、新局面：以师道为核心之经学传承

钱穆在《杂论唐代古文运动》一文中指出："抑韩公之所以卓绝于一世，而见崇于后人者，复有一节焉，厥为其盛倡师道。柳宗元则辞避不敢当。其答韦中立书云：'今之世不闻有师，独韩愈不顾流俗，犯笑侮，收召后学，作师说，因抗颜为师，愈以是得狂名。'又其报严厚与书有云：'仆才能勇敢不如韩退之，故不为人师。人之所见有同异，无以韩责我。'则柳子者，仅以文章作负隅，较之韩公，气魄局度，自当远逊。故后人论唐代古文运动，

---

① 　钱穆：《中国教育制度与教育思想》，《国史新论》，九州出版社 2012 年版，第 240～241 页。
② 　同上书，第 239～240 页。

终必推韩公为宗师也。"① 这就是韩愈、柳宗元二人在"为人师"方面的不同表现，一是"不顾流俗，犯笑侮，收召后学，作师说，因抗颜为师"（韩愈），一是自认"才能勇敢不如韩退之，故不为人师"（柳宗元），足见韩愈作《师说》、倡师道的智慧、勇气与担当。

（一）《师说》之师

"师道日微"是韩愈作《师说》、倡师道的根本原因所在。从《师说》中"古之学者必有师"的前置表述来看，一是师与师道从源头上可以追溯至"古代"；二是以古之师、师道为标准，来反观汉至唐（韩愈作《师说》之时）的师道传承，从整体上呈现出或有师而无师道，或无师又无师道的状态。具体来说：

汉代师道传承呈现出有师而无师道的状态，"问：古之学者必有师，所以通其业，成就其道德者也。由汉以来，师道日微，然犹时有授经传业者；及于今，则无闻矣。德行若颜回，言语若子贡，政事若子路，文学若子游，犹且有师；非独如此，虽孔子亦有师，问礼于老聃，问乐于苌弘是也。今之人不及孔子、颜回远矣，而且无师；然其不闻有业不通而道德不成者，何也？"（《进士策问·其十二》）无论是颜回、子贡、子路、子游等孔门弟子还是孔子本人都有师，从师学习是古代学者通业、成德的不二选择。而孔子师从老聃学礼、苌弘学乐的求学经历，充分体现了圣人学无常师、惟道是从的师道精神。孔子与孔门之教，为后世师者树立了为师、为教的榜样。有汉一代，经学"至汉武始昌明，而汉武时之经学为最纯正"②，"自汉元、成至后汉，为极盛时代"，"宰相须用读书人，由汉武开其端，元、成及光武、明、章继其轨。经学所以极盛者，此其一"，"汉末太学诸生至三万人，为古未有之盛事。经学所以极盛者，又其一"③，与经学之昌明时代、极盛时代

---

① 钱穆：《杂论唐代古文运动》，罗联添编：《中国文学史论文选集》（第四册），台湾学生书局1980年版，第1037页。

② 皮锡瑞：《经学历史》，中华书局2011年版，第41页。

③ 同上书，第65页。

相匹配的就是"传业者浸盛，支叶蕃滋。一经说至百余万言，大师众至千余人"（《汉书·儒林传》）。"所以如此盛者，汉人无无师之学，训诂句读皆由口授；非若后世之书，音训备具，可视简而诵也。书皆竹简，得之甚难，若不从师，无从写录；非若后世之书，购买极易，可兼两而载也。负笈云集，职此之由"①。这一方面揭示了两汉，尤其是历经秦"焚《诗》《书》、坑术士"之后的西汉，之所以重师法、重章句之学的原因；另一方面说明了两汉师者的主要任务在于口授"训诂句读"，就是韩愈文中所提及的"授经传业"。而在韩愈看来，以"授经传业"为职的两汉经师，并非其心目中理想的师者②，"彼童子之师，授之书而习其句读者，非吾所谓传其道解其惑者也。句读不知，惑之不解，或师焉，或不焉，小学而大遗，吾未见其明也"（《师说》），章句学、章句师正是导致两汉以来"师道日微"的症结所在。特别是，随着章句之学成为烦琐、无用之学的代名词，经学、经师逐渐失去了其在政治社会生活中的应有地位，"学术之中心移于家庭，太学博士之传授变为家人父子之世业"③，两汉以来儒学独尊之局面就此而终结。统观两汉经学的发展历程，执政者尊崇儒术的目的是以"经术饰吏事"，"江都相董仲舒，内史公孙弘、兒宽，居官可纪。三人皆儒者，通于世务，明习文法，以经术饰吏事"（《汉书·循吏传》），"饰"字暴露了今文经学者乃至执政者的真实意图，"吏事"则限制了两汉经学本可以达到的高度。

　　观两汉之已事，可以发思古之幽情。孔子道在六经，本以垂教万世；惟汉专崇经术，犹能实行孔教。虽《春秋》太平之义，《礼运》大同之象，尚有未逮；而三代后政教之盛，风化之美，无有如两汉者。降

① 皮锡瑞：《经学历史》，中华书局 2011 年版，第 88 页。
② 柳宗元在《答严厚舆秀才论为师道书》一文中，也表达了同样的观点："马融、郑玄者，二子独章句师耳。今世固不少章句师，仆幸非其人"，由此可见，在不为章句师的认识上，柳宗元与韩愈是一致的。
③ 陈寅恪：《隋唐制度渊源略论稿》（外二种），河北教育出版社 2002 年版，第 23 页。

至唐、宋，皆不能及。尊经之效，已有明征。若能举太平之义、大同之象而实行之，不益见玄圣缀学立制真神明之式哉？此顾炎武所云"光武、明、章果有变齐至鲁之功，而惜其未纯乎道"也。[1]

"有变齐至鲁之功"而缺"鲁一变至于道"之增进与质变，故两汉经学有三代政教之用而缺三代圣王之功，两汉经师有授经传业之形而缺传道解惑之质。

魏晋南北朝及隋以来儒学式微，道、佛盛行，儒家师道传承基本上处于无师又无道的状态。《文献通考》卷四十一《学校考二》详细梳理了魏晋南北朝及隋唐以来太学的发展状况，如据《魏志·王肃传》记载："自初平之元，至建安之末，天下分崩，人怀苟且，纪纲既衰，儒道尤甚。至黄初元年之后，新主乃复始扫除太学之灰炭，补旧石碑之缺坏，备博士之员录，依汉甲乙以考课。申告州郡，有欲学者皆遣诣太学。太学始开，有弟子数百人。至太和、青龙中，中外多事，人怀避就，虽性非解学，多求诣太学。太学诸生有千数，而诸博士率皆粗疏，无以教弟子。弟子本亦避役，竟无能习学，冬来春去，岁岁如是。又虽有精者，而台阁举格太高，加不念统其大义，而问字指墨法点注之间，百人同试，度者未十。是以志学之士，遂复陵迟，而来求浮虚者各竞逐也。正始中，有诏议圆丘，普延学士。时郎官及司徒领吏二万余人，虽复分布，见在京师者尚且万人，而应书与议者略无几人。又是时朝堂公卿以下四百余人，其能操笔者未有十人，多皆相从饱食而退。嗟夫！学业沈陨，乃至于此。"从汉末（初平至建安年间）到曹魏（黄初元年之正始中）年间（190年至244—245年）太学形同虚设，太学生从数量上虽有千数之时，但多非求学之人（甚至还有为避役而躲太学者）；或有少数向学之人，也未学得真学问。再加上博士自身水平不高，一方面使得有志之士更加不愿意来太学就读，另一方面太学竟演变成不学之士追求功名禄利的

---

[1]　皮锡瑞：《经学历史》，中华书局 2011 年版，第 67 页。

浮华之地。"应书与议者略无几人""能操笔者未有十人"，太学教育效果以及官员的整体文化水平尤其可见一斑。在此之后太学受朝代更迭的影响而时兴时废，办学活动整体效果不佳。

有唐一代，以韩愈对前唐时期官学教育的批判与反思为开端，正式拉开了中唐师道运动的序幕。《旧唐书·儒学列传上》的序言中，对前唐时期官学教育的发展历程，进行了概括性描述：

> 高祖颇好儒臣，以义宁三年五月，初令国子学、太学、四门学等按等级开始招收生源；武德二年诏曰："朕君临区宇，兴化崇儒，永言先达，情深绍嗣。宜令有司于国子学立周公、孔子庙各一所，四时致祭。仍博求其后，具以名闻，详考所宜，当加爵士。是以学者慕向，儒教聿兴。"
>
> 太宗贞观二年，停以周公为先圣，始立孔子庙堂于国学，以宣父为先圣，颜子为先师，大征天下儒士，以为学官；是时四方儒士，多抱负典籍，云会京师；又诏前中书侍郎颜师古考定《五经》，诏国子祭酒孔颖达与诸儒撰定《五经》义疏，名曰《五经正义》，令天下传习。
>
> 高宗嗣位，政教渐衰，薄于儒术，尤重文吏。于是醇醲日去，华竞日彰，犹火销膏而莫之觉也。
>
> 及则天称制，以权道临下，不吝官爵，取悦当时。其国子祭酒，多授诸王及驸马都尉，准贞观旧事。祭酒孔颖达等赴上日，皆讲《五经》题。至是，诸王与驸马赴上，唯判祥瑞按三道而已。至于博士、助教，唯有学官之名，多非儒雅之实。是时复将亲祠明堂及南郊，又拜洛，封嵩岳，将取弘文国子生充斋郎行事，皆令出身放选，前后不可胜数。因是生徒不复以经学为意，唯苟希侥幸。二十年间，学校顿时隳废矣。
>
> 玄宗在东宫，亲幸太学，大开讲论，学官生徒，各赐束帛。及即位，数诏州县及百官荐举经通之士。又置集贤院，招集学者校选，募儒士及博涉著实之流。以为《儒学篇》。

高祖、太祖崇儒兴学，撰定《五经正义》；高宗、则天称制年间，一是政教渐衰，薄于儒术；一是博士、助教唯有学官之名，多非儒雅之实，儒学发展不畅，陷入停滞；玄宗执政后，儒学重新受到重视，然玄宗末年安史之乱的爆发，导致学校益废，生徒流散。安史之乱后，前唐已有的社会秩序遭到了严重破坏，伦常失序，引发了有识之士对之前的治国思路的深刻反思。对于儒者来说，用经义治世之学取代空疏无用的章句之学，重新确立儒学在社会生活中的中心地位，就成为摆在他们面前的重要课题。

　　唐代宗时，杨绾提出以新的取士方式来改革贡举的建议，就是试图以转变学风来重振儒学的有益尝试。杨绾上疏条奏贡举之弊曰：

　　　近炀帝始置进士之科，当时犹试策而已。至高宗朝，刘思立为考功员外郎，又奏进士加杂文，明经加帖经，从此积弊，浸转成俗。幼能就学，皆诵当代之诗；长而博文，不越诸家之集。递相党与，用致虚声，《六经》则未尝开卷，《三史》则皆同挂壁。况复征以孔孟之道，责其君子之儒者哉。祖习既深，奔竞为务。矜能者曾无愧色，勇进者但欲凌人，以毁訾为常谈，以向背为己任。投刺干谒，驱驰于要津；露才扬己，喧腾于当代。古之贤良方正，岂有如此者乎！朝之公卿，以此待士，家之长老，以此垂训。欲其返淳朴，怀礼让，守忠信，识廉隅，何可得也！譬之于水，其流已浊，若不澄本，何当复清。方今圣德御天，再宁寰宇，四海之内，颙颙向化，皆延颈举踵，思圣朝之理也。不以此时而理之，则太平之政又乖矣。

　　　凡国之大柄，莫先择士。自古哲后，皆侧席待贤；今之取人，令投牒自举，非经国之体也。望请依古制，县令察孝廉，审知其乡闾有孝友信义廉耻之行，加以经业，才堪策试者，以孝廉为名，荐之于州。刺史当以礼待之，试其所通之学，其通者送名于省。自县至省，不得令举人辄自陈牒。比来有到状保辩识牒等，一切并停。其所习经，取《左传》《公羊》《穀梁》《礼记》《周礼》《仪礼》《尚书》《毛诗》《周易》，任通一经，务取深义奥旨，通诸家之义。试日，差诸司有儒学者对问，每经问义十条，问毕对策三道。其策皆问古今理体及当时要务，取堪行用者。其经义并策全通为上第，望付吏部便与官；其经义通八、策通二为中第，与出身；下第罢归。其明经比试帖经，殊非古义，皆诵帖括，冀图侥幸。并近有道举，亦非理国之体，望请与明经、进士并停。其国子监举人，亦请准此。如有行业不著，所由妄相推荐，请量加贬黜。所冀数年之间，人伦一变，既归实学，当识大猷。居家者必修德业，从政者皆知廉耻，浮竞自止，敦庞自劝，教人之本，实在兹焉。事若施行，即别立条例。

诏左右丞、诸司侍郎、御史大夫、中丞、给、舍同议奏闻。给事中李广、给事中李栖筠、尚书左丞贾至、京兆尹兼御史大夫严武所奏议状与绾同。尚书左丞至议曰：

> 今试学者以帖字为精通，不穷旨义，岂能知迁怒贰过之道乎？考文者以声病为是非，唯择浮艳，岂能知移风易俗化天下之事乎？是以上失其源而下袭其流，波荡不知所止，先王之道，莫能行也。夫先王之道消，则小人之道长；小人之道长，则乱臣贼子生焉。臣弑其君，子弑其父，非一朝一夕之故，其所由来者渐矣。渐者何？谓忠信之凌颓，耻尚之失所，末学之驰骋，儒道之不举，四者皆取士之失也。
>
> 夫一国之事，系一人之本谓之风。赞扬其风，系卿大夫也，卿大夫何尝不出于士乎？今取士试之小道，而不以远者大者，使干禄之徒，趋驰末术，是诱导之差也。夫以蜗蚓之饵杂垂沧海，而望吞舟之鱼，不亦难乎！所以食垂饵者皆小鱼，就科目者皆小艺。四人之业，士最关于风化。近代趋仕，靡然向风，致使禄山一呼而四海震荡，思明再乱而十年不复。向使礼让之道弘，仁义之道著，则忠臣孝子比屋可封，逆节不得而萌也，人心不得而摇也。

且夏有天下四百载，禹之道丧而殷始兴焉；殷有天下六百祀，汤之法弃而周始兴焉；周有天下八百年，文、武之政废而秦始并焉。观三代之选士任贤，皆考实行，故能风化淳一，运祚长远。秦坑儒士，二代而亡。汉兴，杂三代之政，弘四科之举，西京始振经术之学，东都终持名节之行。至有近戚窃位，强臣擅权，弱主孤立，母后专政，而社稷不陨，终彼四百，岂非兴学行道、扇化于乡里哉？厥后文章道弊，尚于浮侈，取士术异，苟济一时。自魏至隋，仅四百载，三光分景，九州阻域，窃号僭位，德义不修，是以子孙速颠，享国咸促。国家革魏、晋、梁、隋之弊，承夏、殷、周、汉之业，四隩既宅，九州攸同，覆焘亭育，合德天地。安有舍皇王举士之道，踪乱代取人之术？此公卿大夫之辱也。杨绾所奏，实为正论。

李暠等议与绾协，文多不载。宰臣等奏以举人旧业已成，难于速改，其今岁举人，望且许应旧举，来岁奉诏，仍敕礼部即具条例奏闻。代宗以废进士科问翰林学士，对曰："进士行来已久，遽废之，恐失人业。"乃诏孝廉与旧举兼行。

一上疏、一议与一对曰，虽然代宗朝仍维持其旧，但是杨绾的上疏与尚书左丞贾至的复议，直击唐代科举取士的弊端，为改革取士方式提供了新的思路，成为宋代改革科举考试取士方式的先声。其中：（1）科举取士之流弊由来已久，"进士加杂文，明经填帖，从此积弊，浸转成俗"，在此种风俗的带动和影响下，士子们"幼能就学，皆诵当代之诗；长而博文，不越诸家之集"，试学者以"帖字为精通"而"不穷旨义"，考文者以"声病为是非"而"唯择浮艳"，所产生的直接后果就是"递相党与，用致虚声，《六经》则未尝开卷，《三史》则皆同挂壁"，孔门之道更是无从谈起。既然士子们无须研读《六经》《三史》等典籍，仅以当代之诗文就能获取功名，"取士试之小道，而不以远者大者，使干禄之徒，趋驰末术"；那么从师学习变得可有可无，"士大夫之族，曰师、曰弟子云者，则群聚而笑之。问之，则曰：'彼与彼年相若也，道相似也。位卑则足羞，官盛则近谀'"（《师说》），而有识之士更是无心为师，"世久无师弟子，决为之，且见非，且见罪，惧而不为"（柳宗元《报袁君陈秀才避师名书》）。（2）复归孔门之道、以经义取士是革除流弊的最佳选择，一是以察举取代陈牒，"依古制，县令察孝廉，审知其乡闾有孝友信义廉耻之行，加以经业"，"自县至省，不得令举人辄自陈牒"；二是以经义取代章句，"其策皆问古今理体及当时要务，取堪行用者"；三是停道举、明经、进士取士之途，以养成尊崇礼让、仁义之士风、学风，达成"居家者必修德业，从政者皆知廉耻，浮竞自止，敦庞自劝"的教育功效。

唐宪宗时，韩愈承续杨绾改革官学教育之遗风，从复国子监生徒、新注学官之标准等方面来复振儒风。

> 韩愈《请复国子监生徒疏》曰："国家典章，崇重庠序。近日趋竞，未复本原，至使公卿子弟，耻游太学，工商凡冗，或处上庠。今圣道大明，儒风复振，恐须革正，以赞鸿猷。今请国子馆并依六典，其太学馆量许取常参官八品以上子弟充，其四门馆亦量许取无资荫有才业人充。如有资荫不补学生应举者，请礼部不在收试限；其新补人有冒荫者，请牒送法司科罪。"
>
> 又《论新注学官牒》："准今年赦文，委国子祭酒选择有经艺、堪训导生徒者，以充学官。近年吏部所注，多循资叙，不考艺能，至令生徒不能自劝励。伏请非专通经传、博涉坟史，及进士、五经诸色登科人，不以比拟。其新授官，上日必加研试，然后放行。上以副圣朝崇儒尚学之意。"（《文献通考》卷四十一《学校考二》）

用贯通经学大义之标准来选聘学官（师），借此来提升国子监对生徒的吸引力，转变学风、复振儒风，进而从源头上解决公卿子弟"耻游太学"的风气。

（韩愈）入迁国子祭酒。有直讲，能说礼而陋于容，学官多豪族子，摈之不得共食，公命吏曰："召直讲来，与祭酒共食。"学官由此不敢贱直讲。奏儒生为学官，日使会讲，生徒多奔走听闻，皆相喜曰："韩公来为祭酒，国子监不寂寞矣。"（李翱：《韩公行状》）

生徒从"耻游太学"到"多奔走听闻"的前后变化，正是发生在韩愈任国子祭酒期间。这个重大变化，或许就是韩愈不顾流俗、勇于为师的动力所在。

（二）《师说》之道

以高扬师道为旗帜，韩愈《师说》揭开了中唐师道运动的序幕。之所以称为序幕，就是在韩愈之后的学者们，以"师道仍不传"为中心议题，"从未停止过对教师问题的探讨，就我们掌握的文献资料来看，自宋至清专门讨论教育问题的文章有 127 篇之多"，"其中宋代 14 篇，元代 4 篇，明代 31 篇，清代 78 篇"①。据此可见《师说》篇对于古代师道建设的先导性作用，而从整篇文本的学术价值来看，后世学者认为"此篇最近《孟子》"（张裕钊语）②。《师说》以"古之学者必有师"为立论的出发点，以"道"为中心来展开关于"师"的论说：

古之学者必有师。师者，所以传道受业解惑也。人非生而知之者，孰能无惑？惑而不从师，其为惑也终不解矣。生乎吾前，其闻道也固先乎吾，吾从而师之；生乎吾后，其闻道也亦先乎吾，吾从而师之：吾师道也，夫庸知其年之先后生于吾乎？是故无贵无贱、无长无少，道之所存，师之所存也。嗟乎，师道之不传也久矣，欲人之无惑也难矣！

圣人无常师，孔子师郯子、苌弘、师襄、老聃。郯子之徒，其贤不

---

① 孟祥庚：《后韩愈时代的"师说"——"师道仍不传"的困境与出路》，《教师教育研究》，2021 年第 2 期。

② 韩愈：《韩昌黎文集校注》，上海古籍出版社 2014 年版，第 47 页。

及孔子，孔子曰："三人行，则必有我师。"是故弟子不必不如师，师不必贤于弟子，闻道有先后，术业有专攻，如是而已。(《师说》)

以"传道、授业、解惑"来全面概括教师的基本任务，以"道"作为求师的标准，既是对先秦以来儒家思想学说的继承与发展，又成为后世师者及师道建设的理论标杆。"中国传统教育理想，最重师道，但师道也有另一解法。孔子说：'三人行，必有吾师。'子贡亦说：'夫子焉不学，而亦何常师之有。'可见人人可以为人师，而且亦可为圣人师"①，《师说》一文就生动诠释了中国传统教育中的这两种师道观，一种是以道为求师的标准，学无常师的师道观；一种是以道、业为身份的标准，人人可为师的师道观。

至于与师相统合之道是何道，韩愈在《原道》篇中则给予了说明：

【1】博爱之谓仁，行而宜之之谓义；由是而之焉之谓道；足乎己，无待于外之谓德。其文《诗》《书》《易》《春秋》，其法礼、乐、刑、政，其民士、农、工、贾，其位君臣、父子、师友、宾主、昆弟、夫妇，其服麻、丝，其居宫、室，其食粟米、果蔬、鱼肉：其为道易明，而其为教易行也。

【2】曰：斯道也，何道也？曰：斯吾所谓道也，非向所谓老与佛之道也。尧以是传之舜，舜以是传之禹，禹以是传之汤，汤以是传之文、武、周公，文、武、周公传之孔子，孔子传之孟轲，轲之死，不得其传焉。荀与扬也，择焉而不精，语焉而不详。

【3】由周公而上，上而为君，故其事行；由周公而下，下而为臣，故其说长。

【1】【2】主要体现了韩愈的道统论，其中：【1】诠释"道"，【2】构建"道

---

① 钱穆：《中国历史上的传统教育》，《国史新论》，九州出版社2012年版，第222页。

统"。何谓道，道就是儒家的仁义之道，它"既是人先天具有的博爱（仁）的体现，又是后天实践合理化（义）的表达"；道统就是儒家仁义之道的传承谱系，即从尧－舜－禹－汤－文、武、周公至孔子－孟子的道学传承。需要注意的是，韩愈既认为"轲之死，不得其传"又表达"荀与扬也，择焉而不精，语焉而不详"是有矛盾的，与孟子相比，荀子、扬雄对于道的传承，只是不精、不详而已。还有就是韩愈在《进学解》中曾写道："昔者孟轲好辩，孔道以明，辙环天下，卒老于行；荀卿守正，大论是弘，逃谗于楚，废死兰陵。是二儒者，吐辞为经，举足为法，绝类离伦，优入圣域，其遇于世何如也？"从"吐辞为经，举足为法"的表述来看，孟子与荀子都是"优入圣域"的儒学传人。韩愈思想体系与文本表述中的矛盾之处，一是表明其对于儒家道统的建构尚处于初创阶段，还未从思想学说层面形成系统性的认识，更未在中唐学术界取得较为广泛的共识，而仅仅是思想家个体层面的学术探索；二是宋代理学家对于儒家道统传承谱系的前期认识，也同样存在相互矛盾之处，直至朱熹之时才最终完成了对儒家道统体系的理论建构。【3】以周公为界，道学传承分为君、臣两个主体，"周公以前，道的承担者是圣君贤相，他们通过制度安排将道铺展在现实生活中；周公以后，道转化为一种知识与价值，儒者成为这一知识与价值的载体，道需要通过儒师的论说传述，才能得以绵延不绝。换言之，'师'成为道统得以传承的保证"①。

《师说》篇在结尾处写道："李氏子蟠，年十七，好古文，六艺经传皆通习之，不拘于时，学于余。余嘉其能行古道，作师说以贻之。"这一方面回应了《师说》为谁、为何而作的问题，另一方面则是借助主人公李蟠之好古文、通习六艺经传、行古道之行为，刻画出了韩愈心目中理想学者的形象，即"读六艺之文，修先王之道"（《请上尊号表》）。先王之道载于六艺之文，欲学先王之道，当读六艺之文。六艺之文就是古文，学古文就是为了学古道，"思古人而不得见，学古道则欲兼通其辞，通其辞，本志乎古道者也"

---

① 　陆敏珍：《论韩愈〈师说〉与中唐师道运动》，《社会科学战线》，2009 年第 1 期。

（《题欧阳生哀辞后》）。古文与古道正是以韩愈、柳宗元为代表的中唐古文运动的两个基本内容，"语言上反对过分雕琢和四六句对偶的形式，要求用朴素活泼的先秦散文来代替华丽死板的骈文；内容上拒斥南北朝奢靡腐朽的个人主义文学，要求在文章中贯彻儒家的道德教化，重建社会的伦理秩序，恢复先秦儒家的政教理论。说到底是文与道两方面的复古，即恢复先秦古文质朴明快的写作风格和关心实事的精神特质，实现'文以明道'"①。特别是韩愈提出"师其意不师其辞"的写作方法，"或问：为文宜何师？必谨对曰：亦师古贤人。曰：古圣贤人所为书具存，辞皆不同，宜何师？必谨对曰：师其意，不师其辞"（《答刘正夫书》），在意（道）与辞（文）之间，以意为重，更加突出了"文以明道"的中唐古文运动的风尚。

中唐古文运动的倡导者们，用先秦散文来代替六朝以来的骈文，意味着对以骈文为文本载体的前唐文风的否定，以及对以散文为文本载体的先秦儒家经典的回归。而这种回归又与《原道》中所建构的儒家道统具有内在的一致性，韩愈以散文为载体来承续孟子之后"不得其传"的儒家道统，虽然其主要着力点在于对空虚华美骈文的批判以及对古文运动的倡导，但是以古文运动为先声，开启了经学发展史上否定汉唐注疏之学，复归先秦儒家经典来寻找革新儒学的基本思想资源的学术先河。在此之后，"韩愈的文学精神被欧阳修继承和发展，他与韩愈一样，既有文学理论，更有贯彻其理论的优秀作品，成为宋代古文运动的代表人"，"在欧阳修的领导下，学生苏轼、曾巩、王安石等人大力推动，古文写作达到了比唐代韩愈、柳宗元更高的成就，文学从魏晋以来注重美学和艺术形式的骈俪文体转变为排斥修辞、长于说理明道的质朴散文，唐宋文学变革由此完成。在文学形式的转换过程中，儒学与经学也有了质的飞跃，魏晋以来长期流行的佛老之学终于被宋明理学所取

---

① 向世陵主编：《宋代经学哲学研究·儒学复兴卷》，上海科学技术文献出版社2014年版，第69页。

代"①。总而言之，"凡以见唐代之古文运动，不仅下开宋代之文章，即论思想义理，亦已远抽宋儒之端绪。惟韩公独尊儒统，力排佛老，又其所谓尧舜禹汤文武周公孔孟之道统相承，仁义诗书之大本所寄，虽由后视前，若不免枝粗叶大，而此后蕴奥之发，终亦无逃于其范围焉，此韩公之所以终为群伦冠冕，卓绝一时，而无与争此牛耳也"②，这就是韩公开宋代理学风气之先的学术地位。

（三）"以道为师"的理想与现实

正如柳宗元在《答韦中立书》中所言："独韩愈不顾流俗，犯笑侮，收召后学，作师说，因抗颜为师。世果群怪聚骂，指目牵引，而增与为言辞。愈以是得狂名"，一个独字与一个群字，一个狂字与一个骂字，更加凸显了韩愈倡师道的艰难与不易。柳宗元接着以"蜀之日"来比拟韩愈，以不想成为"越之雪"来袒露自己的心声。

> 屈子赋曰："邑犬群吠，吠所怪也。"仆往闻庸、蜀之南，恒雨少日，日出则犬吠，余以为过言。前六七年，仆来南，二年冬，幸大雪逾岭，被南越中数州。数州之犬，皆苍黄吠噬，狂走者累日，至无雪乃已，然后始信前所闻者。今韩愈既自以为蜀之日，而吾子又欲使吾为越之雪，不以病乎？非独见病，亦以病吾子。然雪与日岂有过哉？顾吠者犬耳！度今天下不吠者几人，而谁敢炫，怪于群目，以召闹取怒乎？

柳宗元与韩愈同为中唐古文运动的中坚力量，"文以明道"是他们共同的学术追求，"及长，乃知文者以明道，是固不苟为炳炳烺烺，务采色，夸声音而以为能也。凡吾所陈，皆自谓近道"；"文以明道"之道皆为儒家之道，"本

---

① 向世陵主编：《宋代经学哲学研究·儒学复兴卷》，上海科学技术文献出版社 2014 年版，第72 页。

② 钱穆：《杂论唐代古文运动》，罗联添编：《中国文学史论文选集》（第四册），台湾学生书局1980 年版，第 1037 页。

之《书》以求其质，本之《诗》以求其恒，本之《礼》以求其宜，本之《春秋》以求其断，本之《易》以求其动：此吾所以取道之原也"。中唐文学上往往韩、柳并称，而在倡尊师明道之风方面，柳宗元却不愿为"越之雪"，更不敢以实际行动支持志同道合的同伴，再次表明韩愈之"以道为师"仅为时代之先声，而未获得中唐师者群体之共识，更未转化他们的实际行动。土田健次郎在评价中唐以来的各种思想运动时，就曾指出："说到唐后期以来的思想发展，有中唐韩愈等发起的儒教复兴运动，佛教方面则是禅宗和净土教势力的渐次增大，道教方面则自盛唐起盛行内丹之说。另外，文学方面有中唐古文运动的崛起，据说，连庶民所用的启蒙读物也呈现出变化"，"但是，思想界并未被此种变化所一律覆盖，古文运动也好，与此同时的儒教运动也好，都没有立即取得主导权，而经历了纡余曲折的道路。古文运动与道教、道家系统的思想发生接触，与佛教也有所关系，以在野的形式被延续下来，到将近北宋中期的时候，再度在儒教中开花。这个开花的时期，正是下文作为讨论对象的庆历年间"①，庆历年间正是接续中唐儒教复兴运动且道学思想萌发的关键时期。后世学者就是从宋代道学生成的立场，来认识和看待中唐儒教复兴运动的启蒙价值。

就韩愈本人为学、为师的志向与追求来看，"韩公自言，世无孔丘，不当在弟子之列，而其为人师，所重亦在文字间"，言外之意，韩愈虽然以倡师道开风气之先，但是因其为人师所重在"文字间"而影响了其师道理论的成色。略早于韩愈的吕温对师道的论述，让后世学者"乃粹然见儒家师道之正"。吕温在《与族兄皋请学〈春秋〉书》一文中谈道：

> 今之君子，事君者不谏诤，与人交者无切磋，盖由其身不受师保之教诲，朋友之箴诚，既不知己之损益，恶肯顾人之成败乎？而今而后，乃知不师不友之人，不可与为政而论交矣。且不师者，废学之渐也，恐

---

① 〔日〕土田健次郎：《道学之形成》，朱刚译，上海古籍出版社 2010 年版，第 6 ～ 7 页。

数百年后，又不及于今日，则我先师之道，其陨于深泉。是用终日不食，终夜不寝，驰古今而慷慨，抱坟籍而叹息。

小子狂简，实有微志，蕴童蒙求我之愿，立朝闻夕死之誓，所与者不唯鸿硕之老，博洽之士，与我同志者则为吾师。请与兄略言其志也。温所贵乎道者六，其《诗》《书》《礼》《乐》《大易》《春秋》欤，人皆知之，鄙尚或异。所曰《礼》者，非酌献酬酢之数，周旋裼袭之容也，必可以经乾坤，运阴阳，管人情，措天下者，温愿学焉。所曰《乐》者，非缀兆屈伸之度，铿锵鼓舞之节也，必可以厚风俗，仁鬼神，熙元精，茂万物者，某愿学焉。所曰《易》者，非探著演数之妙，画卦举繇之能也，必可以正性命，观化元，贯众妙，贞夫一者，温愿学焉。所曰《书》者，非古今文字之殊，大小章句之异也，必可以辨庸王，稽道德，辅大政，建皇极者，温愿学焉。所曰《诗》者，非山川风土之状，草木鸟兽之名也，必可以警暴虐，刺淫昏，全君亲，尽忠孝者，温愿学焉。所曰《春秋》者，非战争攻伐之事，聘享盟会之仪也，必可以尊天子，训诸侯，正华夷，绳贼乱者，温愿学焉。此外非圣人所论，不与于君臣父子之际，虽欲博闻，不敢学矣。

尝阅雅论，深于《春秋》，其间所得，实自渊正，窃不自揣，愿以《春秋》三《传》，执抠衣之礼于左右。童蒙求我，兄得辞乎？朝闻夕死，温可逆乎？无以流俗所轻，而忽贤圣之所重也。

由上可知，因存在不师不友的不良风气，而导致先师之道"陨于深泉"，不得知更不得传。虽然先师之道蕴含于《六经》之中，是人尽皆知的道理，但是士人对于《六经》的学习，仅"以讽诵章句为精，以穿凿文字为奥"。吕温用"所曰……者，非……必可以……"之一反一正的句式结构，既体现了其对于当时讲学风气的强烈不满，又突出了其以六经为本来重建师道的精神诉求。与韩愈突出"文以明道"之重古文倾向不同，吕温则是立足六经文本来重建师道，这就是"儒家师道之正"。

以韩愈重建儒家师道为开端，自宋初至清末的师道建设在理论与实践层面呈现出迥然不同的状态。一是就复兴师道的理论层面来看，"在唐宋变革的历史背景下，宋代士大夫引领和推动了一场复兴师道的思想运动。宋代士大夫'以师道自居'的责任担当，强化了两宋儒家士大夫在政治领域与文化领域的主体意识；宋儒'以师道明正学'的学术追求，推动了两宋的儒学重建与宋学崛起。宋学追求一种'明体达用'的学术精神，完成了以'师道'为主体的道统论思想建构"①。二是从师道传承的实践层面来看，"后世'师说'反映出来的却尽是对教师状况的不满，所搜集到的 127 篇'师说'文章中直言'师道不传'的竟有 34 篇之多。在这些文章的论说中，我们分明可以感受到，后世之师已然放弃了对'道'的坚守，与此同时又囿于现实生活的压力汲汲于为人师，'无道'之师'好为人师'的诟病已足以令人咋舌，更令人担忧的是作为求学的士人对'无道'之师也趋之若鹜。如此看来，韩愈之后'师道不传'的状况似愈演愈烈了"②。理论建构与实践境遇之间的冲突，再次表明以道为师不仅仅是一种师者认识层面的问题，而且更是需要师者努力践行的问题。特别是在道与禄利之间，究竟何去何从？对师者与学者来说都面临两难的困境：

> 古之师也，以道；今之师也，以利。古之师也，以经；今之师也，以科第。古之师也，来学；今之师也，往教。古之师也，有德；今之师也，达官。（黄彭年《原师》）
>
> 古之学者，从师以专其道；今之学者，自习以苟其禄。古之志为学业，不期利于道，则不学矣；今之志为学也，不期利于身，则不学矣。（柳开《续师说》）

---

① 朱汉民：《师道复兴与宋学崛起》，《哲学动态》，2020 年第 7 期。

② 孟祥庚：《后韩愈时代的"师说"——"师道仍不传"的困境与出路》，《教师教育研究》，2021 年第 2 期。

《论语·宪问》篇中"古之学者为己，今之学者为人"的孔门遗训，对于后世学者来说仍然是摆在为学、为教面前的一道难题。朱熹曾试着给出解决问题的答案：

> 尝论科举云："非是科举累人，自是人累科举。若高见远识之士，读圣贤之书，据吾所见而为文以应之，得失利害置之度外，虽日日应举，亦不累也。居今之世，使孔子复生，也不免应举，然岂能累孔子邪！自有天资不累于物，不须多用力以治之者。某于科举，自小便见得轻，初亦非有所见而轻之也。正如人天资有不好啖酒者，见酒自恶，非知酒之为害如何也。又人有天资不好色者，亦非是有见如何，自是他天资上看见那物事无紧要。若此者，省得工夫去治此一项。今或未能如此，须用力胜治方可。"（《朱子语类》卷十三《学七·力行》）

这个答案实质上就是坚守孔门遗训——为己之学，只有这样，无论是师者还是学者最终才不会为禄利所困惑，以道为师的理想最终方能走进现实。

第三节　周孔与孔孟：舍传求经之原典追寻

《中国思想学说史》指出："宋代理学的兴起，普遍地被认为是受佛教刺激的结果，但从儒家的思想家自身来看，他们努力的却是从传统儒家自身中寻找资源，他们认为可以在儒家的历史与经典中找到他们所需要的东西，最关键的是，他们认为儒家的传统业已提供了揭示天地之道的精神资源，而他们所做的工作只是把它们发掘出来。至少在唐代，儒家已经开始在做这种努力了，到宋代，终于结出了果实。"① 以新《春秋》学为始端，以啖助为先导的唐代儒家学者通过复活儒家经典资源的方式，来发掘儒家经典文本中所蕴含的圣人之道，"以己意解经"取代"疏不破注"成为新的解经方法，实为后世宋代理学的先声。

一、《春秋》新学的兴起

以啖助为代表的《春秋》学派舍传求经，以己意来阐释孔子笔削大意，虽然有背离经本的虚构之意，但是却由此而开启了唐代后期儒家学者自由说经的风气，构建了一种新的基于自由解经的经学诠释方式。这种新的解经方式，启发韩愈、李翱以《大学》《中庸》为依托来复兴儒家思想学说的自觉意识和思想行动。

《春秋》学派由啖助、赵匡、陆淳师徒三人所组成，其中：啖助是新《春秋》学的开创者，与赵匡、陆淳之间的师徒关系，有两种不同的说法：一是据《旧唐书·儒学列传下·陆质传》记载："质②有经学，尤深于《春秋》，少师事赵匡，匡师啖助"，啖助－赵匡－陆淳构成师承关系；二是据《新唐书·儒学列传下·啖助传》记载："助门人赵匡、陆质，其高弟也"，啖助与赵匡－陆淳构成师承关系。《啖助传》对《春秋》学派的总体评价如下：

> 左氏与孔子同时，以《鲁史》附《春秋》作《传》，而公羊高、穀梁赤皆出于子夏门人。三家言经，各有回舛，然犹悉本之圣人，其得与失盖十五，义或谬误，先儒畏圣人，不敢辄改也。啖助在唐，名治《春秋》，摭诎三家，不本所承，自用名学，凭私臆决，尊之曰"孔子意也"，赵、陆从而唱之，遂显于时。呜呼！孔子没乃数千年，助所推著果其意乎？其未可必也。以未可必而必之，则固；持一己之固而倡兹

---

① 张岂之主编：《中国思想学说史》（隋唐卷），广西师范大学出版社 2008 年版，第 236 页。
② 陆质即陆淳，本名淳，避宪宗改名为质。

世，则诬。诬与固，君子所不取。助果谓可乎？徒令后生穿凿诡辨，诟
前人，舍成说，而自为纷纷，助所阶已。

这一总体评价体现了啖助治《春秋》所形成新《春秋》学的文本性质（通
学）、解经方式（义理之学）及其学术地位（宋学先路）。

从文本性质来看，新《春秋》学变专门之学为通学。西汉以来的《春
秋》学，形成了《春秋左氏传》《春秋公羊传》与《春秋穀梁传》三传并存
的格局；汉初董仲舒尊《春秋公羊传》，公孙弘以《春秋公羊传》而位至宰
相，"《公羊》大兴"引发"《公羊春秋》热"；唐初孔颖达奉旨撰定《五经
正义》，其中《春秋正义》仅尊《左传》，科举取士以《春秋左氏传》为大
经，以《春秋公羊传》《春秋穀梁传》为小经，从而造成士人仅知有《左传》
而不闻有公羊、穀梁，多知《左传》史事而少闻《春秋》义理。中唐之时藩
镇的崛起与李唐皇室的衰微，与春秋乱世形成了某种类比关系，"社会现状
恰似孔子所处时代——'周德虽衰，天命未改'。如果再尊《左传》，岂不等
于承认诸侯可以挟天子的历史。这是中唐以来最高统治者极不情愿，也最担
心的事情。事实虽然不能改变，但又不允许其成为'以下犯上'的历史'根
据'，就得另外想出一种新的说法来。好在这样的说法，老祖宗那里早就有
过。解《春秋》，自西汉以来就一直有左氏、公羊、穀梁三家，而公、穀两
家不重史实，而重义理，正可以从中发掘适合需要的'根据'。在这种背景
下，啖助不仅亲身感受到安史之乱的祸害，还目睹了浙东刘展的反叛，决定
通过史实与义理的对照，重新阐释《春秋》经义"①。于是，啖助"考三家
短长，缝绽漏阙，号《集传》，凡十年乃成，复摄其纲条为例统"，"助门
人赵匡、陆质，其高弟也。助卒，年四十七。质与其子异裒录助所为《春
秋集注总例》，请匡损益，质纂会之，号《纂例》"（《新唐书·儒学列传
下·啖助传》）。《集传》就是啖助"考三家短长"而成之一新《春秋》学，

---

① 姜广辉：《中国经学思想史》（第二卷），中国社会科学出版社 2003 年版，第 785 页。

赵匡、陆质依循啖助治学精神，共同完成了"异"于前人的《春秋》之通学。其中：啖助著《春秋集传集注》《春秋统例》、赵匡著《春秋阐微纂类义统》，均已失传；现存以陆淳命名的《春秋集传纂例》《春秋集传辨疑》《春秋集传微旨》，集中体现了啖助、赵匡、陆淳三人的《春秋》学思想，但各有侧重：

> 《集传》取舍三传之义，可入条例者于《纂例》诸篇言之备矣。其有随文解释，非例可举者，恐有疑难，故纂啖、赵之说，著《辨疑》。（陆淳《春秋集传辨疑》）

《纂例》以啖助说为多，《辨疑》以赵匡说为多，而《微旨》则是先列三传异同，参以啖、赵之说，而成一家之言，故曰《微旨》。正所谓"今世所传合三《传》为一书者，自唐陆淳《春秋纂例》始。淳本啖助、赵匡之说，杂采三《传》，以意去取，合为一书，变专门为通学，是《春秋》经学一大变"①，三《传》原为专门之学，本不相通，啖助、赵匡、陆淳一派之新《春秋》学将专门之学变为通学。新《春秋》学派杂采三《传》的治学取向，改变了前唐士人仅重《左传》而导致《公羊》《穀梁》近乎失传的局面，"唐开元八年，国子司业李元瓘上言'《公羊》、《穀梁》'殆绝；十六年，杨玚为国子祭酒，奏言'今明经习《左氏》者十无二三，《公羊》、《穀梁》殆将绝废'。啖氏正当其时，于经学废坠之余，为举世不为之事，使《公》《穀》二传复明于世，虽不守家法，不得谓其无扶微学之功也"②。虽然新《春秋》学派杂采三《传》的志向不在于此，但是却在无形之中助使《公羊》《穀梁》二传重新进入唐代学者的学术视野，起到了挽救《公羊》《穀梁》于殆将绝废之际的经典传承作用。

---

① 皮锡瑞：《经学通论》，中华书局 2017 年版，第 446 页。
② 同上书，第 447 页。

从解经方式来看，新《春秋》学为义理之学。主要体现在三个方面：一是重新看待三《传》之得失。"论啖助说《左氏》具有特识，说《公》《榖》得失参半，《公》《榖》大义散配经文，以待考之，确有可征"，这是皮锡瑞在《经学通论·春秋》（三十六）中结合陆淳《春秋集传纂例》卷一《三传得失议》，对啖助、赵匡、陆淳一派重新看待三《传》之得失的纲领性评价。具体评价内容为：

　　锡瑞案：啖氏《春秋》之学非专家，故所说有得有失。其说《左氏》具有特见，说《公》《榖》得失参半。谓三《传》皆后学著竹帛，"而以祖师之目题之"，与《公羊》徐疏同。徐疏惟言《公羊》《榖梁》，啖氏并言《左氏》，亦以为门人乃著竹帛，且有附益。故啖氏兼取三《传》，而不尽信三《传》。啖氏不云左氏非丘明，但云《传》非丘明自作，比赵匡之论为更平允。谓《公》《榖》得子夏口授，"后人据其大义，散配经文"，所见尤精。既云"二《传》传经密于《左氏》"，不得疑其繁碎。《春秋》之旨数千，圣人详示后人，无所谓不夷旷，若其矛盾穿凿，正由散配经文时致误，与《左氏》之徒附益迂诞正相等耳。《公》《榖》释经虽密，亦或有经无传，经所书者，间无其说，不书者以义说之，实所罕见。啖氏知"不告则不书"，不知《春秋》即告者亦多不书。圣人笔削，大率笔者一而削者十。若从旧史、赴告全录，则一年之中亦可盈卷矣。以"夫子写鲁史，何名修《春秋》"，驳《左氏》家经承旧史，尤为明快。知啖氏云《公》《榖》大义散配经文之说是者，如"君子大居正"一条，《公羊》以之说宋宣，《榖梁》以之说鲁隐，是二家据《春秋》"大居正"之大义散配经文，而参差不同之明证也。《公羊传》"《春秋》有讥父老子代从政者，未知其为齐与、曹与"，是《公羊》家据《春秋》"讥世子"之大义散配经文，而未知其属齐世子、属曹世子，游移莫决之明证也。明乎此，则于传义之可疑者，不必强通。

啖氏见及此，可谓卓识矣。①

按照啖助等人的理解，既然三《传》有得有失，又有不可尽信之处，所以有必要来重新认识和诠释《春秋》。从此，"治《春秋》不再拘守三传。由《春秋》经学的变异影响到其他四经，传统的《五经》到了宋代都被重新解释。经学完成从汉学到宋学的转变，其明显的转折点始自中唐新起的《春秋》新学"②。二是重新认识《春秋》之宗旨。啖助、赵匡、陆淳一派以重新看待三《传》之得失为起点，形成了他们对于《春秋》宗旨的新认识。《新唐书·儒学列传下·啖助传》指出：

（啖助）其言孔子修《春秋》意，以为："夏政忠，忠之敝野；商人承之以敬，敬之敝鬼；周人承之以文，文之敝僿。救僿莫若忠。夫文者，忠之末也。设教于本，其敝且末；设教于末，敝将奈何？武王、周公承商之敝，不得已用之。周公没，莫知所以改，故其敝甚于二代。孔子伤之曰：'虞、夏之道，寡怨于民；商、周之道，不胜其敝！'故曰：'后代虽有作者，虞帝不可及也。'盖言唐、虞之化，难行于季世，而夏之忠，当变而致焉。故《春秋》以权辅用，以诚断礼，而以忠道原情云。不拘空名，不尚狷介，从宜救乱，因时黜陟。古语曰：'商变夏，周变商，春秋变周。'而公羊子亦言：'乐道尧、舜之道，以拟后圣。'是知《春秋》用二帝、三王法，以夏为本，不壹守周典明矣。"又言："幽、厉虽衰，《雅》未为《风》。逮平王之东，人习余化，苟有善恶，当以周法正之。故断自平王之季，以隐公为始，所以拯薄勉善，救周之敝，革礼之失也。"

---

① 皮锡瑞：《经学通论》，中华书局 2017 年版，第 444 ～ 445 页。

② 姜广辉：《中国经学思想史》（第二卷），中国社会科学出版社 2003 年版，第 800 页。

此宗旨之论，可谓啖助、赵匡、陆淳一派之新《春秋》学的治学纲领，从中可以窥见他们对《春秋》的基本认识：第一，《春秋》尊王道，尚一统，以国家社稷为务，是为"忠道"之义；第二，孔子修《春秋》提倡"以夏为本"来救周之"文弊"，就是要反"文"归"质"复归夏之"忠"；第三，复归夏之"忠"就需要"立忠为教"，即要树立"忠道"以行教化，达到宣扬"忠道尊王"的目的；第四，以"原情为本"，"忠道"本原于人的情性，"忠道原情"就是合于忠道之情而断褒贬，做到"不拘空名，不尚狷介，从宜救乱，因时黜陟"，而"从宜""因时"正是由"原情"发展而来，"就是不墨守礼法教条，随机应变，不惮于以非礼的行为方式促进忠道的实现，这是新春秋学不拘浮名、原情为本的思想在实践层面的延伸"①。陆淳由此而提出"以讳为善"的说法，"凡事不合常礼，而心可嘉者，皆以讳为善"（《春秋微旨》卷中），以是否出于"忠心"（而非用"礼"）来评判"不合常礼"之事，就是要借《春秋》之具体事件来肯定和宣扬"忠心"，以此来彰显新《春秋》学派"原情为本""立忠为教"的立场。三是重新诠释《春秋》之经义。啖助、赵匡、陆淳一派遵循新《春秋》学的治学纲领，以"原情为本"来诠释《春秋》，而不再拘泥于三《传》，开启了"舍传求经，直取本义"的解经新风。如啖助释僖公二十八年（前 632 年）冬"天王狩于河阳"条曰：

> 时天子微弱，诸侯骄惰怠于臣礼，若令朝于京师，多有不从。又晋已强大，率诸侯而入王城，亦有自嫌之意，故请王至温而行朝礼，若天子因狩而诸侯得觐。然以常礼言之，晋侯召君，名义之罪人也，其可以为训乎？若原其自嫌之意，嘉其尊主之意，则晋侯请王之狩，忠亦至焉。故夫子特书曰：天王狩于河阳。所谓《春秋》之作，原情为制，以诚变礼者也。（《春秋集传微旨》卷中）

---

① 李广欣：《中唐新春秋学"原情"思想探论》，《孔子研究》，2017 年第 5 期。

按照啖助的解释，如果依据"天子－诸侯"礼制，"晋侯召君"就是违背礼制之事，然而孔子依据"时天子微弱""晋已强大"及晋侯"自嫌之意""尊主之意"，特书"天王狩于河阳"之事件，一正一反之间，实暗含褒彰晋侯忠道尊王之意。啖助对"天王狩于河阳"的注释，实际上就是"学着孔子评判人物、褒贬立言的思维方式来理解经义，将先圣之思、之情作为阐释经义、辨析三传的依据"，同样，"既然孔子作《春秋》原情而不囿于礼，那么后来者探寻《春秋》大义时，若仅求诸文章典制，则其字句虽古亦不免取法乎下"，"《春秋》本于旧史却能超越旧史，其原因就在于古老文字的些微变动中编织进了夫子之'圣心'；而明此圣心，沿循夫子忠道原情的思路前行，才能窥得圣人境界。也正是这样的思想，赋予了新春秋学破三传、立新说的勇气，使他们力图从距离夫子'最近'的文字——经文——入手，求得圣人本意。某种意义上，这也是新春秋学舍传求经的基本理由"①。总而言之，从汉代学者以天人感应的政治导向来释《春秋》，到中唐学者以原情的义理导向来释《春秋》，再到宋代学者重视《春秋》学中的天理人欲问题，新《春秋》学派事实上就起到了从汉到宋经学诠释话语体系转化的中介作用。

从学术地位来看，新《春秋》学"实导宋人之先路"。宋儒治《春秋》"本啖、赵、陆一派"，"如孙复、孙觉、刘敞、崔子方、叶梦得、吕本中、胡安国、高闶、吕祖谦、张洽、程公说、吕大圭、家铉翁，皆其著者，以刘敞为最优，胡安国为最显"，"刘敞《春秋传》本啖、赵、陆之法，删改三《传》，合为一传"，"胡安国《春秋传》杂采三《传》，参以己意"②。同样，宋元理学大学对啖、赵、陆一派之新《春秋》学给予了高度评价：

　　邵子（雍）曰："《春秋》三传而外，陆淳、啖助可以兼治。"程子

---

① 李广欣：《中唐新春秋学"原情"思想探论》，《孔子研究》，2017年第5期。
② 皮锡瑞：《经学通论》，中华书局2017年版，第446～447页。

（颐）称其绝出诸家，有攘异端、开正途之功。朱子（熹）曰："赵、啖、陆淳皆说得好。"吴澄曰：唐啖助、赵匡、陆淳三子，始能信经驳传，以圣人书法纂而为例。得其以者十七八，自汉以来，未闻或之先也。①

至于新《春秋》学与理学之间的内在关系，或者说新《春秋》学在理学兴起中究竟有何作用，学者们集中聚焦在"性情"这一点上，因为"'性情'问题正是宋儒关心的主要话题。中唐《春秋》学者提出'原情为本'，'以性情为用'，认识到用'性情'来改变纲常伦理之虚化现象"，"他们越过文字障碍，深挖文字背后的精神实质，因此体会到'性情'问题，意在用真情实感来充实礼法秩序，缓解'情'与'礼'的紧张，最终达到维系纲常伦理的目的。甚至他们意识到'理'与'性情'的模糊关系，但却没有提出具体的实践办法，所以，中唐'春秋'学派只能作为一种学术思潮，启迪人们的心智，开拓人们的思维，并没有落实到'用'上。当然这也是历史条件限制的结果，即使如此，在当时，他们的成绩也是不可磨灭的"②。由此而来，新《春秋》学派的学术地位就在于，以"原情为本"来诠释《春秋》所形成的学术新风，为从中唐到宋代儒学话语系统的转换以及理学新话语系统的建立，为儒家扭转中唐以来"儒门淡薄，收拾不住，皆归释氏"的尴尬局面及重新夺回学术话语的中心地位，起到了思想启蒙和话语引领的双重作用。

二、《大学》《中庸》诠释的结构性变化

与唐代前期儒学相比，唐代后期儒学有了一个结构性的转变，"主要地表现为由代表历史与典章制度而向注重心性学说转化，虽然这种转化在宋代

---

① 皮锡瑞：《经学通论》，中华书局 2017 年版，第 447 页。
② 向世陵主编：《宋代经学哲学研究·儒学复兴卷》，上海科学技术文献出版社 2014 年版，第 137 页。

理学兴起后才最终完成，但在唐代发生的变化已经具有了这种明显的倾向，并开启了这种变化"①。韩愈、李翱对《大学》《中庸》中圣贤之道的诠释，就是这种结构性变化在唐代后期儒家思想学说中的体现。

（一）韩愈：《大学》之"将以有为"

如果说啖助、赵匡、陆淳一派是通过重新诠释《五经》体系中的《春秋》，以新《春秋》学来提升儒家经典对于中唐以来社会政治生活的实践功用，那么韩愈、李翱师徒则是在《五经》模式逐渐被解构的背景下，从"心"（《大学》）、"性"（《中庸》）之心性论方面为中唐儒家思想学说寻找新的生长点。这一方面得益于韩愈、李翱等人的阐扬之功，才使得《大学》《中庸》从《礼记》众多文本中脱颖而出，"自秦汉以来《大学》《中庸》杂入《礼记》之中，千有余年，无人得其藩篱。而首见及之者，韩、李也"；另一方面突破礼学体系来诠释《大学》《中庸》，就为儒学话语系统的转换以及理学新话语系统的建立，寻找到了新的思想资源和文本依据，"退之作《原道》实阐正心诚意之旨，以推本于《大学》。而习之论《复性》则专以羽翼《中庸》"（全祖望《鲒埼亭集外编》卷三十七）。

韩愈对于《大学》文本价值的发见，主要体现在《原道》篇中：

> 传曰："古之欲明明德于天下者，先治其国；欲治其国者，先齐其家；欲齐其家者，先修其身；欲修其身者，先正其心；欲正其心者，先诚其意。"然则古之所谓正心而诚意者，将以有为也。今也欲治其心而外天下国家，灭其天常；子焉而不父其父，臣焉而不君其君，民焉而不事其事。

韩愈引用《大学》文本中的"正心诚意"条来阐发儒家仁义之道，并用"将以有为"以区别于佛教之"治心"而"外天下国家，灭其天常"。以儒家之

---

① 张岂之主编：《中国思想学说史》（隋唐卷），广西师范大学出版社 2008 年版，第 235 页。

"正心"抗衡佛教之"治心"，究其目的，一方面是要从事功层面以儒家"齐家治国平天下"之"有为"来抨击佛教"外天下国家"之"无为"，另一方面是要为儒家之"心"寻找新的理论依据，从诚意、正心、修身至齐家、治国、平天下的为学修身过程，正是对儒家仁义之道的落实和践行过程。"正心"与"有为"之一体两面，体现了韩愈以"正心"抗"佛心"的根本用意，"退之首先发见《小戴礼》中《大学》一篇，阐明其说，抽象之心性与具体之政治社会组织可以融会无碍，即尽量谈心说性，兼能济世安民，虽相反而实相成，天竺为体，华夏为用，退之于此以奠定后来宋代新儒学之基础"①。

与韩愈突出《大学》文本中"正心诚意"条不同的是，李翱在《复性书》中通过对《大学》"格物致知"条的阐释，来为"尽心复性"寻找从格物而致知的途径：

　　问曰："本无有思，动静皆离，然则声之来也，其不闻乎？物之形也，其不见乎？"

　　曰："不睹不闻，是非人也。视听昭昭，而不起于见闻者，斯可矣。无不知也，无弗为也，其心寂然，光照天地，是诚之明也。《大学》曰：'致知在格物。'《易》曰：'易，无思也，无为也，寂然不动，感而遂通天下之故，非天下之至神，其孰能与于此？'"

　　曰："敢问'致知在格物'，何谓也？"

　　曰："物者，万物也。格者，来也，至也。物至之时，其心昭昭然明辨焉，而不应于物者，是致知也，是知之至也。知至故意诚，意诚故心正，心正故身修，身修而家齐，家齐而国理，国理而天下平，此所以能参天地者也。《易》曰：'与天地相似，故不违。知周乎万物而道济天下，故不过。旁行而不流，乐天知命，故不忧。安土敦乎仁，故能爱。范围天地之化而不过，曲成万物而不遗，通乎昼夜之道而知，故神无方

---

① 陈寅恪：《论韩愈》，《金明馆丛稿初编》，译林出版社 2020 年版，第 320 页。

而易无体，一阴一阳之谓道.'此之谓也。"

这主要是从方法层面来诠释"格物致知"的含义，按照李翱的理解，既然人不可不睹不闻，那么当"物至之时"如何致知就成为关键，最为理想的状态就是"心昭昭然明辨焉，而不应于物"。当心"不应于物"，心就能保持"动静皆离"的不动心境界，这既是"知之至"的最佳状态，更是由"心寂然"而"诚之明"的理想境界。由此可见，李翱是从"诚"的角度来诠释"格物致知"的内涵，而"自李翱开启这种心性解读方式后，宋代理学家也沿用此种思路"来解释"格物致知"，"格物致知"转化为内在修养理论后，"逐渐成为宋代理学家穷理尽性的关键环节而备受理学家的关注"[①]。

（二）李翱:《中庸》之"性命之道"

与韩愈首先发现《大学》相同，李翱则是首先发现《中庸》中的"性命之道"，《复性书》在很大程度上可以视为《中庸》义理的展开，是"《中庸》之义疏"（《欧阳文忠公文集》卷二三《读李翱文》）。

李翱对于《中庸》文本价值的发现，始于其对《中庸》作为儒家"性命之源"文本地位的确认：

　　昔者圣人以之传于颜子，颜子得之，拳拳不失，不远而复，"其心三月不违仁"。子曰："回也其庶乎，屡空。"其所以未到于圣人者一息耳，非力不能也，短命而死故也。其余升堂者，盖皆传也。一气之所养，一雨之所膏，而得之者各有浅深，不必均也。子路之死也，石乞、孟黡以戈击之，断缨，子路曰："君子死，冠不免。"结缨而死。由非好勇而无惧也，其心寂然不动故也。曾子之死也，曰："吾何求焉？吾得正而毙焉，斯已矣。"此正性命之言也。子思，仲尼之孙，得其祖之道，

---

① 向世陵主编:《宋代经学哲学研究·儒学复兴卷》，上海科学技术文献出版社 2014 年版，第 166 页。

述《中庸》四十七篇，以传于孟轲。轲曰："我四十不动心。"轲之门人，达者公孙丑、万章之徒，盖传之矣。遭秦灭书，《中庸》之不焚者，一篇存焉，于是此道废缺。其教授者，惟节文章句、威仪击剑之术相师焉，性命之源，则吾弗能知其所传矣。(《复性书》)

源起于孔子的儒家性命之道，经孔子传于孔门诸位高足，弟子们对性命之道的接受、领悟程度深浅不一，其中又以颜回、子路、曾子最为代表。颜回之"其心三月不违仁"、子路之"君子死，冠不免"、曾子之"吾得正而毙焉"，均为蕴含性命之道的性命之言。在此之后，子思(仲尼之孙)以《中庸》述性命之道，并传之以孟轲，孟轲传之以公孙丑、万章之徒，后不得其传。这实际上就形成了先秦时期儒家性命之道的传承谱系，一是以孔子为原点，孔子传于颜回、子路、曾子；二是以《中庸》为中心，从子思经孟轲到公孙丑、万章之徒，后不得其传。李翱对儒家性命之道传承谱系的构建，一方面是厘清了儒家性命之道的渊源，明确了《中庸》在儒家思想学说中的地位；另一方面又是以《复性书》来接续《中庸》，借此来表达传承儒家性命之道的责任与使命。

　　道之极于剥也必复，吾岂复之时邪？吾自六岁读书，但为词句之学。志于道者四年矣，与人言之，未尝有是我者也。南观涛江入于越，而吴郡陆傪存焉，与之言之。陆傪曰："子之言，尼父之心也。东方如有圣人焉，不出乎此也，南方如有圣人焉，亦不出乎此也。惟子行之不息而已矣。"呜呼！性命之书虽存，学者莫能明，是故皆入于庄、列、老、释，不知者谓夫子之徒不足以穷性命之道，信之者皆是也。有问于我，我以吾之所知而传焉，遂书于书，以开诚明之源，而缺绝废弃不扬之道，几可以传于时，命曰《复性书》，以理其心，以传乎其人。呜呼！夫子复生，不废吾言矣。(《复性书》)

李翱借吴郡陆傪之口表达自己的心志，在"性命之书虽存，学者莫能明"之际，当学者皆入于"庄、列、老、释"之时，以《复性书》开"诚明之源"，以此来传续从孔子而来的儒家性命之道。

李翱在《复性书》中，从复性的立场出发对《中庸》"天命之谓性，率性之谓道，修道之谓教"之三纲领，展开了具有性命内涵的阐释。

> 曰："生为我说《中庸》。"
>
> 曰："不出乎前矣。"
>
> 曰："我未明也，敢问何谓'天命之谓性'？"
>
> 曰："人生而静，天之性也；性者，天之命也。"
>
> 曰："率性之谓道，何谓也？"
>
> 曰："率，循也。循其源而反其性者，道也。道也者，至诚也。至诚者，天之道也。诚者，定也，不动也。"
>
> 曰："修道之谓教。何谓也？"
>
> 曰："教也者，人之道也。诚之者，择善而固执之者也。循是道而归其本者，明也。教也者，则可以教天下矣，颜子其人也。'道也者，不可须臾离也，可离非道也。'说者曰：'其心不可须臾动焉故也。动则远矣，非道也。变化无方，未始离于不动故也。''是故君子戒慎乎其所不睹，恐惧乎其所不闻，莫见乎隐，莫显乎微，故君子慎其独也。'说者曰：'不睹之睹，见莫大焉；不闻之闻，闻莫甚焉。其心不动，是不睹之睹，不闻之闻也；其复之不远矣。故君子慎其独，慎其独者，守其中也。'"

李翱通过诠释《中庸》之三纲领，将天，性、道，教三者之间实现上下贯通。首先，从天与性的关系来看，性根源于天并复归于天，天是性的最终归宿；其次，从性、道、诚的关系来看，性即道即诚，诚联结性与道，至诚即天之道；最后，从教、性、道、诚的关系来看，教就是要使得道德主体实现从"诚之"到"诚"的人性复归，以达到至诚（极致的诚明）的境界，这就是"自明诚，谓之教"。与此同时，"诚"也是《复性书》中最为重要的概念，《复性书》上、中、下三卷共出现 22 次"诚"，而中卷就有 14 次之多。李翱在诠释《中庸》三纲领之后，紧接着就又引用《中庸》来进一步论证诚与明之间的关系：

> 问曰："昔之注解《中庸》者，与生之言皆不同，何也？"
>
> 曰："彼以事解者也，我以心通者也。"
>
> 曰："彼亦通于心乎？"
>
> 曰："吾不知也。"
>
> 曰："如生之言，修之一日，则可以至于圣人乎？"
>
> 曰："十年扰之，一日止之，而求至焉，是孟子所谓以杯水而救一车薪之火也，甚哉！止而不息必诚，诚而不息必明，明与诚终岁不违，则能终身矣。造次必于是，颠沛必于是，则可以希于至矣。故《中庸》曰：'至诚无息，不息则久，久则征，征则悠远，悠远则博厚，博厚则高明。博厚所以载物也，高明所以覆物也，悠久所以成物也。博厚配地，高明配天，悠久无疆。如此者，不见而章，不动而变，无为而成。天地之道，可一言而尽也。'"

以心通圣人之意，就是李翱诠释《中庸》的独特之处。心与诚相通，诚与明相连，以诚论明，以明征诚，由明至诚就是从载物（博厚）、覆物（高明）到成物（悠久）的过程。此外，《复性书》还引用《中庸》之"喜、怒、哀、乐之未发谓之中，发而皆中节谓之和。中也者，天下之大本也；和也者，天下之达道也。致中和，天地位焉，万物育焉"的"中节"思想，来论证圣人虽然有"情"但"未尝有情"的原因就在于，圣人的动作都出于至诚，都是"中节"的，这就是圣人与凡人的区别。

　　《复性书》除以《中庸》来论证性命学说之外，还引用《易》《大学》《论语》《孟子》《乐记》等相关文本内容，来论证性与情之间的关系。故此，后世学者从《四书》形成的角度来评价李翱对于新经典文本的学术贡献，"儒家书中，谈此虚高者（按：指性命问题），仅有《孟子》《易·系》及戴记之《乐记》《中庸》《大学》三篇，于是将此数书提出，合同其说，以与二氏相角，此《复性书》之所由作也。戴记此三篇，在李氏前皆不为人注意，自李氏提出，宋儒遂奉为宝书。即此一端论之，李氏在儒学史上之重要已可概见"①，《四书》的集结是宋学确立的标志，从这个意义上来说，李翱实为宋学的开创者。

总而言之，"韩愈和李翱为道学奠定了基础。他们制造了一个'道统'，为道学作历史根据。他们提出了《大学》《中庸》，作为道学的基本经典，加上《论语》（韩愈和李翱曾合注《论语》）、《孟子》，成为后来的道学的《四书》"②，与此同时，韩愈、李翱师徒在《原道》《复性书》中，以《礼记》之《大学》《中庸》篇来论证心性、性命问题，开启了儒家经典研究的新方向和理论建构的新话题，推动了儒家经典从《五经》到《四书》的过渡，儒家学术从汉学向宋学的学术转型，预示着一个新的学术时代的到来。

三、《孟子》升格运动的时代先声

中唐时期杨绾、韩愈、皮日休等学者，掀开了《孟子》升格运动的时代先声。赵翼在《陔余丛考》卷四《尊〈孟子〉》一文中，对杨绾等学者为提升《孟子》学术地位所做出的学术贡献，概括如下：

> 《孟子》书，汉书来杂于诸子中，少有尊崇者。自唐杨绾始请以《论语》《孝经》《孟子》兼为一经，未行，韩昌黎又推崇之。其后皮日休请立《孟子》为学科，其表略云："圣人之道，不过乎经；经之降，不过乎史；史之降，不过乎子。不异道者，《孟子》也；舍是而子者，皆圣人之贼也。请废庄、老之书，以《孟子》为主，有能通其义者，其

---

① 傅斯年：《论李习之在儒家性论发展中之地位》，《性命古训辨证》，上海三联书店2018年版，第246页。

② 冯友兰：《中国哲学史新编》（中卷），人民出版社2007年版，第591～592页。

科选同明经。"则宋人之尊《孟子》，其端发于杨绾、韩愈，其说畅于日休也。日休又尝请以韩文公配享太学，则尊昌黎亦自日休始。

虽然从发生学的立场来看，包括《孟子》一书在内的孟子升格运动乃至孔孟之道形成于宋代，但是中唐时期杨绾、韩愈、皮日休等学者为宋代孟子升格运动做了思想层面的努力，或者可以说，宋代孟子升格运动是将杨绾等学者的学术理想变为现实。

孔丘之后，儒家内部分为八派，以孟轲为代表的"孟氏之儒"和以荀况为代表的"孙氏之儒"最具影响力，"于威、宣之际，孟子、荀卿之列，咸遵夫子之业而润色之，以学显于当世"（《史记·儒林列传》），这就是《史记》话语体系中的孟、荀并称时代。汉代以来，孟子之学与荀子之学融入了古代学术生活并呈现出阶段性特点，"汉世儒者，非仅浮丘伯、伏生、申公一辈博士经生，大部出自荀卿之学；即其卓称诸子，自陆贾以下，如扬雄、王符、仲长统，及荀悦之伦，亦莫非荀卿之传也。盖两汉学术，经学固云独盛，然因承先秦诸家之余风，子学述作亦复不少，其列属儒家者，大抵为荀卿之儒也"[1]，故由汉至唐，荀子的影响远在孟子之上；另外，即使在著作中必须孟子、荀子并提的时候，学者们特意将荀子置于孟子之前，以凸显尊荀抑孟的学术倾向。如徐干在《中论》的序言中谈道："予以荀卿子、孟轲怀亚圣之才，著一家之法，继明圣人之业。"有宋一代，以宋神宗熙宁四年（1071 年）将《孟子》列为科举考试用书为标志，从官方层面开启了孟子升格运动的序幕。正是在从唐向宋转型之际，以杨绾、韩愈、皮日休等为代表的中唐学者，发出了提升孟子学术地位的时代先声。

杨绾于代宗宝应二年（763 年）上疏请将《孟子》与《论语》《孝经》"兼为一经"，成为中唐时期"提升孟子学术地位的时代先声"的前奏曲。杨绾在《上贡举条目疏》中指出："《论语》《孝经》，圣人深旨，《孟子》儒门

---

[1]　徐平章:《荀子与两汉儒学》,台湾文津出版社 1988 年版，第 179 页。

之达者，望兼习此三者为一经，其试如上"（《全唐文》卷三百三十一），将《孟子》与《论语》《孝经》并列本身就是对其地位的提升，如果再能获得"经"名并成为科举考试用书，那么《孟子》的官方经学地位就能得以最终确立。遗憾的是，杨绾的上疏并未获得批准，但是其提议将《孟子》与《论语》《孝经》三者并为一经的行为本身，标志着《孟子》已进入学者们的视野并开始受到关注。

韩愈、李翱师徒高举尊孟大旗，以孟子后人自居，接续儒家失传之学术，正式拉开了"孟子升格运动"的序幕。

> 释老之害过于扬、墨，韩愈之贤不及孟子，孟子不能救之于未亡之前，而韩愈乃欲全之于已坏之后，呜呼，其亦不量其力且见其身之危，莫之救以死也！虽然，使其道由愈而粗传，虽灭死万万无恨！（《与孟尚书书》）

> 呜呼！性命之书虽存，学者莫能明，是故皆入于庄、列、老、释，不知者谓夫子之徒不足以穷性命之道，信之者皆是也。有问于我，我以吾之所知而传焉，遂书于书，以开诚明之源，而缺绝废弃不扬之道，几可以传于时，命曰《复性书》，以理其心，以传乎其人。呜呼！夫子复生，不废吾言矣。（《复性书》）

一是重塑儒家道统谱系，一是宣扬儒家性命之道，由此而来，孟子之学就成为中唐以后儒家思想学说发展的关键一环，接续孟子，就意味着对儒家思想学说正统的传承和弘扬，这就是韩愈、李翱高举尊孟大旗而为宋人前驱的学术地位。

晚唐时期，皮日休提倡孟子亦力，甚至请求将韩愈配享太学。皮日休在《请孟子为学科书》的上书中，建议把《孟子》一书选入"明经"科。

> 圣人之道，不过乎经。经之降者，不过乎史。史之降者，不过乎

子。子不异乎道者，孟子也。舍是子者，必戾乎经史。

故其文继乎六艺，光乎百氏，真圣人之微旨也。

今有司除茂才明经外，其次有熟庄周列子书者，亦登于科。其诱善也虽深，而悬科也未正。夫庄列之文，荒唐之文也。读之可以为方外之士，习之可以为洪荒之民，有能汲汲以救时补教为志哉。伏请命有司去庄列之书，以孟子为主。有能精通其义者，其科选视明经。

皮日休把《孟子》提升到与经、史相同的地位，并从承续六艺、孔子之道的角度来认识和评价《孟子》一书的思想地位。有鉴于此，皮日休建议去庄列之书，立《孟子》并用于取士，其地位可与明经科取士相同。《请孟子为学科书》虽与《上贡举条目疏》的命运相同，但是皮日休建议以《孟子》开科考试，是得风气之先。同样，在皮日休看来，唐代传承圣人之道的唯有韩愈一人，故特上书朝廷请韩文公配飨太学。

夫孟子、荀卿，翼传孔道，以至于文中子。文中子之末，降及贞观开元，其传者醨，其继者浅。或引刑名以为文，或援纵横以为理，或作词赋以为雅。文中之道，旷百祀而得室授者，惟昌黎。文公之文，蹴杨墨于不毛之地，蹂释老于无人之境，故得孔道巍然而自正。夫今之文，千百十之作，释其卷，观其词，无不裨造化，补时政，繄公之力也。公之文曰："仆自度若世无孔子，仆不当在弟子之列。"设使公生孔子之世，公未必不在四科焉。国家以二十二贤者代用其书，垂于国胄，并配享于孔圣庙堂者，其为典礼也，大矣美矣。苟以代用其书，不能以释圣人之辞，笺圣人之义哉。况有身行其道，口传其文，吾唐以来，一人而已，不得在二十二贤之列，则未已乎典礼为备。伏请命有司定其配享之位，则自兹以后，天下以文化，未必不由夫是也。（《请韩文公配飨太学书》）

建议把韩愈"配飨于孔圣庙堂"，与二十二贤同列，这事实上就是对韩愈在儒家道统谱系中地位的确认。因此，《四库总目》在《文薮》提要中指出："今观集指《文薮》中书、序、论、辩诸作，亦多能原本经术。其《请孟子为学科》《请韩愈配飨太学》二书，在唐人尤为卓识，不得谨以词章目之。"李松寿在《重刊宋本文薮序》中对皮日休的学术贡献，给予了高度的评价：

> （孟子）圣亚尼山（孔子），功不在禹下。然当时疑之诋之，后世亦非之刺之。甚或取书妄加删节，比于忍人辨士仪（张仪）秦（苏秦）之流。至若泰山北斗，昌黎氏（韩愈）千载独步矣。然方其喟然引圣，讪笑争加，同时诸公既以文士一例相视，门下服其教者，亦第赞其文之独至，初不知其诣之绝而道之高。他更何论焉？皮子（日休）起衰周后千余年，当韩子道未光大时，独能高出李泰伯（李觏）、司马君实（司马光）诸公所见，而创其说，继李汉、皇甫持正诸人，而力致其尊崇。非知孟、韩之深，而具有知言知人之识者，能乎？昔范文正（范仲淹）以《中庸》授横渠张子，论者谓：有宋一代道学，实自文正倡之。然则孟子之得继孔（作《论语》）、曾（作《大学》）、思（作《中庸》）而称四子，韩子之能超轶荀、扬而上配孟子，虽经程（二程）朱（朱熹）欧（欧阳修）苏（苏轼）诸公表章论定，即谓其议，实自皮子开之，可也。

皮日休或可视作韩愈道统思想学术的接续者，尤其是在韩愈、李翱等人去世之后，继续高举尊孟之大旗，实开后世道学理论之先河。

　　总而言之，中唐以来韩愈、李翱乃至皮日休等人，以提升孟子学术地位为始端，力图以"道"为中心来诠释孔、孟之间的学术谱系，这种学术尝试虽与汉唐主流经学风格不符，但实开有宋一代道学思想学说之先河。

第四章 《四书》与《五经》：中国古代教育经典文本的高峰期

　　故河南程夫子之教人，必先使之用力乎《大学》《论语》《中庸》《孟子》之言，然后及乎《六经》。盖其难易、远近、大小之序，固如此而不可乱也。（朱熹：《书临漳所刊四子后》）

　　先生教人，以《大学》《语》《孟》《中庸》为入道之序，而后及诸经。以为不先乎《大学》，则无以提纲挈领，而尽《论》《孟》之精微；不参之以《论》《孟》，则无以融会贯通，而极《中庸》之旨趣。然不会其极于《中庸》，则又何以建立大本，经纶大经，而读天下之书，论天下之事哉？（黄榦：《朱先生行状》）

　　朕观朱熹集注《大学》《论语》《孟子》《中庸》，发挥圣贤蕴奥，有补治道，朕励志讲学，缅怀典刑，可特赠熹太师，追封信国公。（《宋史》卷四十一《理宗本纪一》）

　　从二程到朱熹、从朱熹到黄榦，既构建了以《大学》《论语》《孟子》《中庸》为中心的新的教育经典体系，又阐述了《四书》次序及与《六经》之间的逻辑关系。宋理宗宝庆三年（1227年），以诏书的形成明确了《四书章句集注》及朱熹本人的官方地位；淳祐元年（1241年）诏令周敦颐、张载、二程、朱熹从祀学宫，标志着一个新的经学时代的到来。后世学者就此评价道："《四书》并行，是继董仲舒建议汉武帝罢黜百家，表彰六艺（六经）之后，学术思想史和教育史上的重大事件。程朱表彰《四书》之后，不久就风行天下，逐步取代了《五经》在教育中的垄断地位。元朝皇庆二年（1313年）议定科举程式，规定以《四书集注》取士。从此，《四书集注》成为各级学校的必读教材，科举考试以《四书集注》为标准答案，影响中国教育达数百年之久。"①

第一节 承续孟子：从学统到道统的话语新系统

"衮缠"与"正统"，是考察宋代士人构建从学统到道统的新话语系统的过程中必须谨慎对待的两个关键词。关于"衮缠"，朱熹在与门人讨论道学形成的学统谱系时，就曾专门阐明道学形成过程中存在的"衮缠"问题：

> 某问：已前皆衮缠成风俗。本朝道学之盛，岂是衮缠？
> 先生曰：亦有其渐。自范文正以来已有好议论，如山东有孙明复，徂徕有石守道，湖州有胡安定，到后来遂有周子程子张子出。故程子平生不敢忘此数公，依旧尊他。（《朱子语类》卷一百二十九）

朱熹以周敦颐为始端，从道学形成的渊源关系出发，呈现出两个层面的"衮缠"关系，一是在周敦颐之前，从范仲淹以来士人对于道学问题的讨论，宋初三先生就是其中的代表；二是以周敦颐作为道学的创始人，从道学本身来讨论道学的形成问题，周敦颐（濂学）、程颢与程颐（洛学）、张载（关学）等学派就进入了道学的传承谱系。朱熹通过对道学形成过程中"衮缠"问题的阐释，一是说明道学是宋代诸学派中的一派，二是表明道学形成过程中受到了包括宋初三先生在内的诸多学派思想的影响，道学从思想源起上

---

① 王炳照：《朱熹》，沈灌群、毛礼锐主编：《中国教育家评传》（第二卷），上海教育出版社1989年版，第228页。

或可追溯到范仲淹时期诸多学派的论述。关于"正统"，包括"正学"与"正道"两个方面的问题，"朱熹的道统论本来就是联结两个谱系而成：一是从上古圣神到孔子、曾子、子思、孟子的谱系，二是将周、程与自己直接联结起来的谱系。其中，前一个谱系与周、程相结，意味着将儒学的正统确定为周程之学（道学）；而将周、程与自己直接联结，则意味着道学的正统乃是自己。所以他的道统论不仅是在儒学内部主张道学为正统，也包含了在道学内部主张自己为正统的目的"①，这就是众多学派中的道学，道学中的程朱理学。

一、儒学学统四起，谁是正学？

"学统四起"是全祖望在《士刘诸儒学案》的"谨案"中，对庆历年间"士刘诸儒"学派总体状况的描述：

> 庆历之际，学统四起。齐、鲁则有士建中、刘颜夹辅泰山（孙复）而兴。浙东则有明州杨（适）、杜（醇）五子，永嘉之儒志（王开祖）、经行（丁昌期）二子，浙西则有杭之吴存仁，皆与安定（胡瑗）湖学相应。闽中又有章望之、黄晞，亦古灵（陈襄）一辈人也。关中之申（颜）、侯（可）二子，实开横渠（张载）之先。蜀有宇文止止，实开范正献公（祖禹）之先。筚路蓝缕，用启山林，皆序录者所不当遗。

《士刘诸儒学案》正文中对"士刘诸儒"的学统关系进行了阐释：

表 4-1　《士刘诸儒学案》中的学统关系

泰山同调	（1）士建中：泰山所推重者，先生为第一，而石祖徕其次也。（2）刘颜：石祖徕见其书，叹曰："恨不在弟子之列。"

---

① 〔日〕土田健次郎：《道学之形成》，朱刚译，上海古籍出版社 2010 年版，第 455～456 页。

安定同调	（1）王开祖：是时伊、洛未出，安定、泰山、徂徕、古灵诸公甫起，而先生之言实遥与相应。（2）丁昌期：永嘉师道之立，始于儒志先生王氏；继之者为塘奥先生林氏，安定、古灵之再传也；而先生三之。（3）吴师仁：每授学者以诚明义理之学，而不为异端之说，士习为之风向。（4）杨适：先生治经不守章句，黜浮屠、老子之说，歌诗卓越超迈，容仪甚伟，衣冠俨如。始友钱塘林逋，后与同郡王致、杜醇结交，后进莫不师之。（5）杜醇：二邑文风之盛，自先生始。先生谈《诗》《书》不倦，为诗质而清，当时谓学行宜为人师者也。（6）王致：与同郡杨、杜二先生为友，俱以道义化乡里，诸生子弟师尊之，称三人皆为先生。（7）楼郁：志操高厉，学以穷理为先，为乡人所尊。
古灵同调	（1）章望之：翰林学士欧阳修、韩绛，知制诰吴奎、刘敞、范镇同荐其才；宗孟子言性善。（2）黄晞：石祖徕在太学，遣诸生以礼聘召，先生走匿邻家不出。枢密使韩魏公琦表荐之，以为太学助教致仕，受命一夕卒。
关学之先	侯可、申颜二先生。（1）侯可：自陕而西多宗其学，先生亦以乐育为己任，主华学之教者几二十年。（2）申颜：关学未兴，申颜先生盖亦安定、泰山之俦，未几而张氏兄弟大之。
蜀学之先	宇文之邵：司马温公曰："吾闻志不行，顾禄位如锱铢；道不同，视富贵如土芥。今于之邵见之矣！"范蜀公亦曰："之邵位下而言高，学富而行笃，少我二十一岁而先我挂冠，使吾慊然！"
除上述"谨案"中涉及的人物之外，《士刘诸儒学案》中还包括：士氏门人（赵狩）、士氏私淑（李缊）、刘氏家学（刘庠）、刘氏门人（曹起、张洞）、吴氏家学（吴师礼）、杨氏门人（王说）、鄞江家学（王说、王该、王勋）、鄞江门人（周师厚、史简、丰稷、袁毂、汪洙、姚孳、俞伟、陈掞）、西湖家学（楼常）、西胡门人（丰稷、袁毂、罗适、周锷、史诏、舒亶）、周氏家学（周锷、周铢）、史氏家学（史诏）、侯氏家学（侯仲良）、汪氏家学（汪大猷）、八行家学（史浩、史弥忠、史弥巩、史弥林）、西湖续传（楼钥）、袁氏续传（袁燮）		

以"泰山同调""安定同调""古灵同调""关学之先""蜀学之先"等来评述"士刘诸儒"，一是说明儒学内部诸学派在思想核心和接受脉络之间存在差异，二是以"同调"来表明不同时期的不同学派之间存在的学脉相承关系，以"之先"来表明同一学派内部存在的先后相承关系。除此之外，还有以"门人""私淑""家学""续传"等为代表的各种类型的学术派别和师门传承，由此可见，用"学统四起"来总括包括"士刘诸儒"在内的庆历年间诸学派，绝对是名实相符。至于将"士刘诸儒"纳入"泰山同调""安定同调""古灵同调"之属，就是源于"泰山""安定""古灵"在宋学形成过程

中的首创地位。

《宋元学案》将《安定学案（卷一）》置于篇首的位置，是由于"宋世学术之盛，安定、泰山为之先河，程、朱二先生皆以为然。安定沈潜，泰山高明，安定笃实，泰山刚健，各得其性禀之所近。要其力肩斯道之传，则一也。安定似较泰山为更醇。小程子入太学，安定方居师席，一见异之。讲堂之所得，不已盛哉！"（祖望谨案）。同样，将《泰山学案（卷二）》置于仅次于《安定学案（卷一）》的位置，就在于"泰山之与安定，同学十年，而所造各有不同。安定，冬日之日也；泰山，夏日之日也。故如徐仲车，宛有安定风格；而泰山高弟为石守道，以振顽儒，则岩岩气象，倍有力焉。抑又可以见二家渊源之不紊也"（祖望谨案）。事实上，这就是依据程、朱理学乃至宋学之缘起来认识安定、泰山的先导地位。

百家谨案接续祖望谨案，在阐述"文昭胡安定先生瑗""殿丞孙泰山先生复"之生平学术历程之后，对二位先生之于程朱理学的学术贡献进行了简短评述。

其一，黄百家对胡安定先生的评述为："先生在太学，尝以'颜子所好何学论'试诸生。先生得伊川之作，大奇之，即请相见，处以学职，知契独深。伊川之敬礼先生亦至。于濂溪，虽尝从学，往往字之曰'茂叔'；于先圣，非'安定先生'不称也。又尝语人曰：'凡从安定先生学者，其醇厚和易之气，一望可知。'又尝言：'安定先生之门人，往往知稽古爱民矣，于从政乎何有！'"伊川即程颐，一是以"先生"之语来尊称胡瑗，一是以"茂叔"（周敦颐，字茂叔）来称呼周敦颐，两相对比，进一步突出了胡瑗在程颐心目中的地位，阐明了其对于宋学的开创之功。一个有趣的事情是，无论是程颢受学于周敦颐，还是程颐受学于胡瑗之时，都曾围绕颜渊展开学术讨论。

周敦颐与程颢之间的讨论是围绕"寻颜子、仲尼乐处"而展开的，"昔受学于周茂叔，每令寻颜子、仲尼乐处，所乐何事"（《河南程氏遗书》卷第二上），"寻颜子、仲尼乐处"正是"孔颜乐处"的学术原型。周敦颐在《通书》中对何谓"孔颜乐处"展开了阐述：

> 道德高厚，教化无穷，实与天地参而四时同，其惟孔子乎！（《孔子下》第三十九章）
>
> 圣希天，贤希圣，士希贤。伊尹、颜渊，大贤也。伊尹耻其君不为尧、舜，一夫不得其所，若挞于市。颜渊不迁怒，不贰过，三月不违仁。志伊尹之所志，学颜子之所学。过则圣，及则贤，不及则亦不失于令名。（《志学》第十章）
>
> 颜子一箪食，一瓢饮，在陋巷，人不堪其忧，而不改其乐。夫富贵，人所爱也。颜子不爱不求而乐乎贫者，独何心哉？天地闲有至贵至爱可求而异乎彼者，见其大而忘其小焉尔。见其大则心泰，心泰则无不足，无不足则富贵贫贱，处之一也。处之一则能化而齐，故颜子亚圣。（《颜子》第二十三章）

孔子为圣人，道德高厚，教化无穷；伊尹、颜渊为大贤，志伊尹之志、学颜子之学就可以成为圣贤。伊尹之志，就是致君尧舜而致力于国家治理，体现了儒家外王之道；颜渊之学，就是勤勉践行仁德而加强自我道德修养，体现了儒家内圣之学。合而言之，即内圣外王之道。程颢对"孔颜乐处"的探寻，志向就在于复归儒家内圣之学。

胡瑗与程颐之间的讨论是围绕"颜子所好何学论"而展开的，并记载在《宋史·道学传》之《程颐列传》一文中：

> 程颐，字正书。年十八，上书阙下，欲天下黜世俗之论，以王道为心。游太学，见胡瑗问诸生以颜子所好何学，颐因答曰：学以至圣人之道也。圣人可学而至欤？曰：然。学之道如何？……然学之道，必先明诸心，知所养，然后力行以求至，所谓"自明而诚"也……故颜子所事，则曰："非礼勿视，非礼勿听，非礼勿言，非礼勿动。"仲尼称之，

则曰："得一善则拳拳服膺而弗失之矣。"又曰："不迁怒，不贰过。""有不善未尝不知，知之未尝复行。"此其好之笃，学之得其道也。……后人不化，以谓圣本生知，非学可至，而为学之道遂失。不求诸己，而求诸外，以博闻强记、巧文丽辞为工，荣华其言，鲜有至于道者。则今之学，与颜子所好异矣。瑷得其文，大惊异之，即延见，处以学职。吕希哲首以师礼事颐。

程颐作《颜子所好何学论》一文来诠释"颜子所好何学"，"学以至圣人之道"，颜子所好之学就是成圣之学，而成圣之学也就是周敦颐所谓孔颜之学，寻"孔颜乐处"就是要恢复传统儒家的圣人之学，并从中获取超越的道德精神境界和人生之乐。程颢、程颐围绕颜渊所展开的讨论，实质上就是对儒家内圣之学的复归，"敦颐每令寻孔、颜乐处，所乐何事，二程之学源流乎此矣"（《宋史·道学传》之《周敦颐列传》），胡瑷、周敦颐之于程朱理学的先导价值就体现在此。日本学者本田成之述及此曾谓："此一问（即颜子所好何学），至掀起宋学界重大波纹。比较从来在经文里所表现出来的训诂解释，是欲体验经文里的心的，即所谓颜回'在陋巷，一箪食、一瓢饮，人不堪其忧，回也不改其乐'，乐什么？《论语》不曾记载，自然其注释也没有。这就成了研究的问题。以后宋的学者就常提出此问题来研究，宋学成为内省的也是此一问。"[①]

　　其二，黄百家对孙复先生的评述为："宋兴八十年，安定胡先生、泰山孙先生、徂徕石先生始以师道明正学，继而濂、洛兴矣。故本朝理学虽至伊、洛而精，实自三先生而始，故晦庵有'伊川不敢忘三先生'之语。震既抄而读伊、洛书，而终之以徂徕、安定笃实之学，以推其发源之自，以示归根复命之意，使为吾子孙者毋蹈或者末流谈虚之失，而反之笃行之实。"这首先是进一步确证了宋初三先生的学术地位，明确了宋初三先生之学与伊、

---

① 〔日〕本田成之：《中国经学史》，孙俍工译，漓江出版社 2013 年版，第 196 页。

洛之学间存在的承续关系。其次是宋初三先生"以师道明正学"，既接续了韩愈未竟之事业，又开启了宋代传道之先河，特别是三先生都曾充任太学教官，无形之中扩大了他们学术思想的影响力。最后，以倡导笃实之学而著称的宋初三先生，成为肃清宋初以来不知务求道德而只崇尚文辞的学风流弊的中流砥柱，正是在他们的引领和倡导之下，开启了宋代崇尚义理之学的学术新风尚。

古灵四先生仅次于安定、泰山之流，"宋仁之世，安定先生起于南，泰山先生起于北，天下之士从者如云，而正学自此造端矣。闽海古灵先生于安定盖稍后，其孜孜讲道，则与之相浮。安定之门，先后至一千七百余弟子，泰山弗逮也，而古灵亦过千人。安定之门如孙莘老、管卧云辈，皆兼师古灵者也。于时濂溪已起于南，涑水、横渠、康节、明道兄弟亦起于北，直登圣人之堂。古灵所得虽逊之，然其倡导之功，则固安定、泰山之亚，较之程、张，为前茅焉。故特为立一学案，而以郑氏、陈氏、周氏三子并见于后"（祖望谨案）。古灵四先生，包括陈襄（古灵先生）、郑穆（字闳中）、陈烈（季甫先生）、周希孟四人，四人中"古灵最有名，闳中亦显于朝，而先生（指周希孟）与季甫独不出，然交相重也"。从学术传承的位序来看，古灵四先生居于安定、泰山与程、张之间，虽不至于像前者或后者那样闻名于世，但与安定、泰山一起共同承担起传道的责任和使命。

至于以安定、泰山学派为代表的宋学初创阶段的情况，全祖望在《庆历五先生书院记》一文中概述如下：

> 有宋真、仁之际，儒林之草昧也。当时濂、洛之徒方萌芽而未出，而睢阳戚氏（同文）在宋，泰山孙氏（复）在齐，安定胡氏（瑗）在吴，相与讲明正学，自拔于尘俗之中。（梓材案：袁絜斋为《四明教授厅壁续记云》："国朝庠序之设，遍于寓内。自庆历始，其卓然为后学师表者，若南都之戚氏，泰山之孙氏，海陵之胡氏，徂徕之石氏，集一时俊秀，相与讲学，涵养作成之功，亦既深矣。"是谢山所本。）亦会值贤

者在朝，安阳韩忠献公（琦）、高平范文正公（仲淹）、乐安欧阳文忠公
（修）皆卓然有见于道之大概，左提右挈，于是学校遍于四方，师儒之
道以立。而李挺之（之才）、邵古叟（邵雍父，古叟当为天叟）辈共以
经术和之。说者以为濂、洛之前茅也。

学者在野与贤者在朝，一野一朝，共同构成了宋学初创时期的学术格局。一
是学者在野（戚同文在宋、孙复在齐、胡瑗在吴）形成了地方学者共同讲明
正学的学派格局，二是贤者在朝（韩琦、范仲淹、欧阳修）与地方学者就倡
导正学形成了初步的共识，特别是范仲淹所倡导的"先天下之忧而忧，后天
下之乐而乐""以天下为己任"的士大夫精神，彰显了宋初乃至后世儒家学
者的责任担当与人文情怀。至于在朝者对在野者的"左提右挈"，则以范仲
淹最为代表。朱熹在《三朝名臣言行录》卷十一《丞相范忠宣公》中就曾指
出，"文正公门下多延贤士，如胡瑗、孙复、石介、李觏之徒，与公从游"，
范仲淹对胡瑗、孙复、李觏（包括欧阳修）等人，都有提携与举荐之功；与
石介之间的关系虽不如胡瑗、孙复，但也颇为密切。欧阳修与胡瑗、孙复、
石介等人都有不同程度的交往，在其为宋初三先生所撰写的《胡先生墓表》
《孙明复墓志铭》《石介墓志》中，对他们一生的学术历程及学术贡献给予了
总结和概括，进一步明确了宋初三先生在宋学初创过程中的先导地位。而韩
琦与范仲淹、富弼等人共同主持"庆历新政"期间，促成了不同地方学派之
间的交流与互动，具体表现为：一是举荐地方学者参与国家政治生活；二是
在太学推行胡瑗创立的"分斋教学"制度，从而为新的教风、学风的形成提
供了活动场所和储备了新生力量；三是又因韩琦等人"有见于道之大概"，
就为庆历年间学者们承续韩愈等人所倡导的儒学复兴运动创造了条件，从而
开启了宋代"新"学术生活之时代先声，濂、洛之徒正是在此基础之上得以
萌发而产生的。

　　以濂、洛学派为代表的学者们，之所以认为庆历之际的学者们实开宋代
"新"学术生活之时代先声，就在于其反对传统经学、倡导"新"思想学说

的新精神和新取向，而胡瑗的"明体达用"之学正是宋代士人学术转型的风向标。《宋元学案》卷一《安定学案》之"文昭胡安定先生瑗"中，对胡瑗的"明体达用"之学进行了说明：

> 在湖学时，福唐刘彝往从之，称为高弟。后熙宁二年，神宗问曰："胡瑗与王安石孰优？"对曰："臣师胡瑗以道德仁义教东南诸生时，王安石方在场屋中修进士业。臣闻圣人之道，有体、有用、有文。君臣父子，仁义礼乐，历世不可变者，其体也。《诗》《书》史传子集，垂法后世者，其文也。举而措之天下，能润泽斯民，归于皇极者，其用也。国家累朝取士，不以体用为本，而尚声律浮华之词，是以风俗偷薄。臣师当宝元、明道之间，尤病其失，遂以明体达用之学授诸生。夙夜勤瘁，二十余年，专切学校。始于苏、湖，终于太学，出其门者无虑数千余人。故今学者明夫圣人体用，以为政教之本，皆臣师之功，非安石比也。"帝曰："其门人今在朝者为谁？"对曰："若钱藻之渊笃，孙觉之纯明，范纯仁之直温，钱公辅之简谅，皆陛下之所知也。其在外，明体达用之学，教于四方之民者，殆数十辈。其余政事、文学粗出于人者，不可胜数。此天下四方之所共知也。"帝悦。明嘉靖四年，从祀孔庙，称"先儒胡子"。

以"明体达用"之学的"传道之师"，来总括胡瑗为师为教的特点与风格，就有别于昔日的"章句之师"，而"'师道'的确立与理学的兴起及其流变关系甚大，理学所阐发的伦理本体，之所以能够在后来深入人心，浸润于中国人的日常生活之中，并产生其潜移默化的作用，'师道'的确立是非常重要的一个原因"[①]。以体、用、文三部分来诠释"圣人之道"，并落实于"经义"与"治事"的分斋教学活动中，其目的就是着眼于更为长远的秩序重建的人才培养问题。美国学者包弼德就此评价道："从 11 世纪 30 年代开始，范

---

① 徐洪兴：《思想的转型——理学发生过程研究》，上海人民出版社 1996 年版，第 304 页。

仲淹的集团积极创办地方学校，他们希望以此作为转变精英之学，并由此使士自身发生转变的手段。"①如果说胡瑗在苏、湖地区所展开的教育、学术实践活动，是以地方学者身份践行"明体达用"之学的一次成功的教育改革实验，那么，从皇祐四年（1052年）到嘉祐四年（1059年），胡瑗执教太学期间，所获得的"学者不远千里而至，愿识其面，一闻其言，以为楷模"的教学声誉，则更是进一步说明了"明体达用"之学所具有的时代价值和社会影响力。乃至于在"庆历新政"失败之后，倡"新学"的王安石同样注重"经义"实践，对胡瑗及其"明体达用"之学同样推崇备至。王安石在《临川文集》卷一三《古诗》之《寄赠胡先生》序并诗文中，以孔孟来比拟胡瑗，可谓是赞誉有加：

> 【序】孔孟去世远矣，信其圣且贤者，质诸书焉耳。翼之先生与予并世，非若孔孟之远也，闻荐绅先生所称述，又详于书不待见，而后知其人也，叹慕之不足，故作是诗。

> 【诗】先生天下豪杰魁，胸臆广博天所开。文章事业望孔孟，不复睥睨蔡与崔。十年留滞东南州，饱足藜藿安蒿莱。独鸣道德惊此民，民之闻者源源来。高冠大带满门下，奋如百蛰乘春雷。恶人沮服善者起，昔时蹐跼今骞回。先生不试乃能尔，诚令得志如何哉。吾愿圣帝营太平，补葺廊庙枝倾颓。披疏发圹广耳目，照彻山谷多遗材。先收先生作梁柱，以次构架桷与榱。群臣面向帝深拱，仰戴堂陛方崔嵬。

余英时就此诗文评价道："安石眼高一世，于前辈如范仲淹、欧阳修等都曾流露过不满之意，而独推许胡瑗为并世之孔、孟，且惜其'不试'，希望仁宗用他为'廊庙'中的'梁柱'。这在安石诗文中是仅见之例。刘彝自然读过此诗，所以他答神宗的话大体上可与诗意互相印证。最明显的，如刘彝指

---

① 〔美〕包弼德：《斯文：唐宋思想的转型》，刘宁译，江苏人民出版社2001年版，第180页。

出胡瑗'以道德仁义教东南诸生'，而安石诗也特说'十年留滞东南州''独鸣道德惊此民'。不但如此，'道德'两字当时已成为胡瑗的独家标帜"，"根据以上的线索，胡瑗是王安石变法的一个重要精神泉源，似无可疑"①。或许正是鉴于范仲淹、王安石与胡瑗之间内在精神的一致性，朱熹以二程为始端将宋代儒学分为两个阶段：

> 如二程未出时，便有胡安定、孙泰山、石徂徕，他们说经虽是甚有疏略处，观其推明治道，直是凛凛然可畏！（《语类》卷八三《春秋·经》）

余英时就此认为：

> 依据朱熹的观察，宋代儒学第一阶段的重心在"说经"以"推明治道"（《语类》卷八三《春秋·经》），但他又说："国初人便崇礼义，尊经术，欲复二帝三代，已自胜如唐，但说未透在。直至二程出，此理说得透。"（卷一二九《本朝三》）可见他以二程为宋代儒学史上划时代的人物。二程开启了第二阶段，其重心转向"理学"（或"道学"）。从"治道"转入"理学"也就是从"外王"转入"内圣"。②

以"治道"为重心的宋代儒学第一阶段，又包括从"坐而言"到"起而行"两个时期。其中：从宋初到仁宗朝为第一个时期，"确立了'治道'的大方向，即重建一个以'三代'理想为依归的政治、社会秩序。范仲淹'士当以天下为己任'的号召之所以获得巨大的回响，正是因为第一阶段的政治文

---

① 余英时：《朱熹的历史世界：宋代士大夫政治文化的研究》，生活·读书·新知三联书店2011年版，第303～304页。

② 同上书，第407页。

化已臻成熟之境"①；第二个时期政治文化的高潮则在熙宁变法，"主要由于王安石及其支持者的奋斗，士大夫至少在理论上取得了'共定国是''同治天下'的合法权力。这是一个重大的突破，使士大夫的政治主体意识得以具体地落实在政治行动之中"②，"所以最初不同思想流派的士大夫都出来支持王安石的新法。朱熹也完全承认'那时也是合变时节'"③。同样，当熙宁变法失败之后，南宋思想家们将变法失败的根本原因，归咎于"王安石之学不足""学术不正"：

> 荆公新学之所以差者，以其见道理不透彻。(《语类》卷一三○《本朝四》)
> 荆公之学，未得其正，而才宏志笃，适足以败天下。(《全集》卷一三《与薛象先》)

无论是朱熹之"见道理不透彻"还是陆九渊之"未得其正"，实际上都是从"内圣"入手来批判荆公新学、倡导"得其正"的理学，"在这一理解下，他们努力发展'内圣'之学，以为重返'外王'奠定坚固的精神基础。'外王'必自'内圣'始，终于成为南宋理学家的一个根深蒂固的中心信念"④。

以荆公新学为坐标所引发的"外王"与"内圣"之学的论争，成为北宋与南宋儒学转型发展的一个风向标。一是以荆公新学为坐标，来梳理宋初三先生以来北宋儒学诸学派之间的传承关系及其总体特征；二是以二程洛学为坐标，来重申以洛学为肇始、以朱熹为集大成者的程朱理学的学统关系及其正学地位。美国学者刘子健就此论述道："主干史料中新儒家一枝独秀的倾

---

① 余英时：《朱熹的历史世界：宋代士大夫政治文化的研究》，生活·读书·新知三联书店2011年版，第407页。
② 同上书，第408页。
③ 同上书，第407页。
④ 同上书，第420～421页。

向由来自有，毕竟新儒家①最终成了国家正统。宋朝的正史为该学派的主要思想家创造了一个特别的列传——'道学传'。（道学是一个总名，其指称范围包括新儒家的先驱，朱熹本人和他的追随者。）明朝灭亡了，儒家之道一败涂地。明的遗民黄宗羲（1610—1695年）开始编撰一部弘扬宋儒学术贡献的著作。这部具有里程碑意义的著作名为《宋元学案》，英译名常作《宋元学术史》，按字面当译为《宋元诸学派》，而更能达意的译法则是《宋元儒家诸学派》，因为它实质上是把外在的学术活动同儒家学问等而视之的。这部书不包括任何佛教徒、文学家和活跃在儒家之外的知识分子。作者将新儒家作为宋代学术生活的主流，一个学派一个学派地细加追索，胪列大师及其弟子、同道和朋友，并使用互见参照手法来揭示不同学派之间的渊源关系。新儒家以外的思想家和儒家派别，在明朝已经被视为异端，黄宗羲将其列入该书结尾的简短总论中。这些异端包括北宋的苏轼（1037—1101年）、改革家王安石、新儒家最主要的对手——心学学派，以及几位生活在北方、宋朝范围之外的金朝知识分子。黄宗羲并未完成其著作；18世纪，有人为该书作续编；19世纪，两位追随者又为该书作卷帙浩繁的补遗。值得称道的是，续编和补遗都严格保持了黄宗羲最初的方法和立场。"②至于黄宗羲最初的方法，就是"一个学派一个学派地细加追索，胪列大师及其弟子、同道和朋友，并使用互见参照手法来揭示不同学派之间的渊源关系"；最初的立场，就是以"新儒家作为宋代学术生活的主流"，即以朱熹为中心来诠释宋代儒学的发展脉络。

以朱熹为中心，与程朱理学最终成为国家正统的历史事实相符合。从师承关系来看，"程颢、程颐—杨时—罗从彦—李侗—朱熹"一脉相承的师

---

① 作者书中的"新儒家"，专指朱熹学派即理学，而不泛及其他。考虑到新儒家将德性提升到天理的层次以对抗人欲，作者将其特点概括为道德先验论者；并将道德保守主义者，特别是程颐学说的追随者，称为新儒家的先驱。

② 〔美〕刘子健：《中国转向内在：两宋之际的文化转向》，赵冬梅译，江苏人民出版社2011年版，第40～41页。

弟关系。其中：（1）以二程洛学为标帜的理学创始阶段。"宋初三先生"胡瑗、孙复、石介，开伊洛之先河；"北宋五子"周敦颐（濂学）、张载（关学）、程颢和程颐（洛学）、邵雍（象数学）为理学创始人，分别创建了自己的学派。在北宋五子中，周敦颐基本上无讲学活动，朱熹、张栻将二程归于濂学并称周敦颐为程朱理学一派的"开山祖师"，其实更多是从道统而非学统的层面来讲的。"象数学"对于二程的影响并不大，邵雍被列为"北宋五子"或缘于朱熹把《易》学纳入理学体系的实际需要。"关学"之盛虽"不下洛学"，但是在熙宁十年（1077年）张载去世后开始渐渐式微，张门高徒"三吕"（吕大忠、吕大钧、吕大临）等转投"洛学"门下。洛学所在地洛阳为北宋政治、文化中心，程颢、程颐都重视通过讲学活动来传授学说、培育弟子，从而使得洛学经由程门弟子们在北宋时期就散播于四方，并进一步发展成为在北宋后期唯一能与受到官方支持的荆公新学相抗衡的最大的一个学派。就二程兄弟来说，虽程颐少程颢一岁，却比其兄多活了二十几岁，故在程颢去世之后，"北宋五子"复归于一，道学由此而发展成为统一的学派。（2）以道南学派为北宋、南宋过渡期的理学转型阶段。程门众多弟子当中，以杨时、游酢、谢良佐最为代表，遗憾的是，游酢与谢良佐卒于南渡之前，宋室南渡之后，杨时对于道学史的贡献就是所谓"道南"之功。日本学者土田健次郎从"反王学"与"祖述者"的双重立场，把杨时的"道南"之功概括为："杨时变本加厉地贯彻了程学的反王学一面，由此而对程学的社会势力之伸张做出了贡献。而且，在程颐亡故后，他因自觉为程门之耆宿，而企图通过二程语录的集成工作，来达成程学内部的统一。所有这些，都为道学集大成者朱熹的出现做了准备。"[①]朱熹接续杨时未竟之业，"通过对道学内部及其周边的无休止的攻击，通过二程语录的集成，试图统一过于膨胀的道学，他的这种努力，为杨时未能完成的课题开启了解决的门径"[②]。

---

① 〔日〕土田健次郎：《道学之形成》，朱刚译，上海古籍出版社2010年版，第455页。
② 同上书，第456页。

（3）以朱熹闽学为代表的理学集大成阶段。南宋儒学的最高峰是在淳熙年间，代表人物就是朱熹。与朱熹闽学在思想上相接近的学派有：湖湘之学（湖南学）、浙中之学（吕祖谦以及与他关系密切的陈亮）、江西之学（陆学）。湖湘学派与道南学派，共同构成了南宋儒学最初发展中的最重要的两个学派，"南渡昌明洛学之功，文定几侔于龟山"（《宋元学案》卷三十四《武夷学案》），龟山即杨时，文定即胡安定。朱熹继杨时道南学派之一脉，张栻承胡安定湖湘学派之一脉，而朱熹与张栻皆"得程氏之正，其源委脉络皆出于时"（《宋史·杨时传》）。胡安国三子胡寅、胡宁、胡宏及侄儿胡宪，皆从其习二程之学，朱熹在师事李侗之前曾师从胡宪，湖湘学派由地域性学派影响至整个南宋思想界得益于胡宏、张栻师徒的学术贡献，但令人遗憾的是，师徒二人皆未能永年，而导致湖湘学派的式微，并逐渐为朱子学所掩盖。朱熹与吕祖谦合编完成《近思录》，"虽然远未在理论与学术路径上达成共识，但在形式上朱熹终使吕祖谦为他所用"①。至于朱熹与陆九渊、陈亮及叶适之间的关系，"从理论上看，陆九渊对朱熹思想的否定，以及自己思想的标示，是在与朱熹同一个道德主义的立场上来展开的；陈亮、叶适则是跳出了道德主义的立场，是在工具理性的立场（尽管最终广义上也是表现为一种道德哲学）上来展开的。由于朱、陆在立场上的一致，因此他们对于儒家精神的确认与践履虽各持己见，但必诉诸道德主体的践履，并由此而推进到社会，最终影响到政治，这一思想的路径是一样的。陈亮与叶适则是诉诸政治，冀望于政治的作为来体现、贯彻与实现儒家的精神"②。朱熹对陆九渊、陈亮及叶适等人挑战的回应，一方面在于维护程朱理学的正统地位，另一方面在于阐明程朱理学的范畴体系，程朱理学的正学地位就是在与同时期学者们的争论中得以确证的，在此过程中"南宋儒家的发展不仅在理论上被推向高潮，使各家思想得到淋漓尽致的呈现，而且在形式上也推进到了一

---

① 何俊：《南宋儒学建构》，上海人民出版社 2021 年版，第 202 页。

② 同上书，第 204 页。

个高度清晰化的程度"①。至于程朱理学官学地位的确立及其在元、明、清三代的传承与发展，则是有赖于朱子后人的不懈努力和学术贡献。

需要特别说明的是，清代学者熊赐履秉承"尊朱子，辟阳明"的写作意图，专门以《学统》为题，将从先秦至明代的学术流派及其代表人物，分为正统、翼统、附统、杂统、异统五大类，反映了清代官方意识形态的正统学术史②。《学统》全书共分为五十六卷，正统、翼统、附统属于正学，"曰正统，犹族之有大宗也；曰翼统，犹小宗也；曰附统，犹外姻也"；杂统、异统属于异端，"曰杂曰异，则非我族矣"。具体结构为：（1）第一至第九卷为正统卷。正统卷以孔子为首，收录包括孔子、颜子、曾子、子思子、孟子、周濂溪先生、程明道先生、程伊川先生、朱晦庵先生在内的九位人物。孔子位列正统卷首的原因，就在于"孔子上接尧舜禹汤文武周公之统，集列圣之大成，而为万世之宗师也，故叙统断自孔子"，而其余八子皆"躬行心得，实接真传，乃孔门之大宗子也，故并列正统焉"。（2）第十至第三十二卷为翼统卷，"先贤先儒有能羽翼经传，表彰绝学者，则吾道之大功臣也，名曰翼统"，共收录闵子以下至明罗钦顺在内的二十三位人物，非程朱学派学者仅张载、邵雍、司马光三人而已。（3）第三十三至第四十二卷为附统卷，"圣门群贤，历代诸儒，见于传记，言行可考者，君子论其事，想见其为人，皆得于斯文者也，名曰附统"，共收录冉伯牛以下至明高攀龙在内的一百七十八位人物。（4）第四十三至第四十九卷为杂统卷，"百家之支，二氏之谬，或明叛吾道，显与为敌，或阴乱吾实，阴窃其名，皆斯道之乱臣贼子也。必为之正其辜使不得乱吾统焉，故揭之曰杂统，明不纯也，如荀卿、扬雄及象山、姚江之类是也"，共收录包括荀子、扬雄、王通（文中子）、苏轼、陆九渊、陈献章、王阳明在内的七位人物。（5）第五十至第五十六卷为

---

① 何俊：《南宋儒学建构》，上海人民出版社 2021 年版，第 309 页。

② 从康熙十年（1671 年）二月至十四年（1675 年）三月，熊赐履一直充任日讲官，向清康熙帝讲授"孔孟之书，程朱之道"；康熙二十四年（1685 年），熊赐履撰写完成《学统》一书。

异统卷，"明不同也，如老、庄、杨、墨，及道家、释氏之类也"，共收录除儒家学说以外的老、庄、扬朱、墨、告、道家、释氏在内的七位人物。《学统》一书，虽以"学统"命名，但全书充分维护和弘扬了以程朱为宗的道统观，《东华录》就记载有"又熊赐履所著《道统》一书，王鸿绪奏请刊刻，颁行学宫，高士奇亦为作序，乞将此书刊布"，故《学统》乃《道统》也。故此，《学统》中所倡导的"正统"，既是"正统"的学统，又是"正统"的道统，学统与道统在"正统"中实现了统一。《学统》也并非专述"正统"，翼统、附统、杂统、异统等其余四统也同样在作者的论述范围之内，五统大体上共同构成了从先秦至明代的学术体系。

以程朱为宗之正学，就生成于此学术体系之中。

二、儒学道统林立，谁是正道？

说到"道统"，需要明确三个方面的问题：一是"道统"一词首先由朱熹提出，二是道统说的创立者则首推韩愈，三是道统思想之滥觞或可追溯至孟子，或追溯至《论语》，《论语·尧曰》篇中尧舜禹相传的"允执其中"四字，正是朱熹所推崇"十六字心传"道统密旨之思想源起处。自《论语·尧曰》以来的历代道统谱系思想学说中，具有代表性的道统构建者及其道统谱系如下：

表 4-2　历代学者笔下的道统谱系

道统构建者	道统谱系
《论语·尧曰》	尧、舜、禹
《孟子·尽心》	尧、舜、禹、皋陶、汤、伊尹、莱朱、文王、太公望、散宜生、孔子
韩愈	尧、舜、禹、汤、文、武、周公、孔子、孟子
李翱	尧、舜、禹、汤、文、武、周公、孔子、颜回、子路、曾子、子思、孟子
朱熹	伏羲、神农、黄帝、尧、舜、禹、汤、文、武、伊尹、皋陶、傅说、周公、召公、孔子、颜子、曾子、子思、孟子、周敦颐、程颢、程颐

道统构建者	道统谱系
黄榦	伏羲、神农、黄帝、尧、舜、禹、汤、文、武、周公、孔子、孟子、周敦颐、二程、张载、朱熹
陆九渊	尧、舜、禹……孔子、孟子
王守仁	尧、舜、禹……孔子、孟子、周敦颐、程颢、陆九渊
吴澄	伏羲、神农、黄帝、少皞、颛帝、高辛、尧、舜、禹、皋、成汤、伊尹、傅说、文、武、周、召、孔子、颜、曾、子思、孟子、周子、二程、朱子
黄卷	伏羲、神农、黄帝、唐尧、虞舜、夏禹、商汤、文王、武王、周公、孔子、颜子、曾子、子思、孟子、濂溪、明道、伊川、朱子、陆子、阳明
周汝登	伏羲……罗汝芳（共88人）

以韩愈在《原道篇》中提出的儒家道统论为开端，李翱等八位儒家学者以韩愈道统论为参照，构建了反映不同学派特点及宋、元、明、清学术风格的儒家道统谱系。韩愈以仁义来诠释儒家之道，一方面折射出中唐以来从训诂之学向义理之学转型的儒家学术趋向，另一方面就为孟子由此而进入儒家道统谱系提供了理论支撑，中唐以来孟子其人其书所发生的外在变化，事实上就是与儒家学术风格的转型密切相关。虽然，令人遗憾的是，韩愈未能从理论上完成对道统论的系统诠释，再加上中唐乃至北宋初年的主流学说仍为训诂之学，故道统论并未成为同时期儒家学者的学术共识，就连韩愈本人也被湮没在唐末乱战的历史云烟之中[1]，而后人更多是从古文运动层面来谈及韩愈的学术贡献；但是，"自从韩愈提出'道统'的观念，从思想的层面上来抵制佛教这一外来文化时，这种抵制实际上还催生了一个新的更本质的问题，即儒家的道统作何解释。尽管抵制外来的佛教仍旧是根本的目的，但是更直接

---

[1] 直至北宋初年欧阳修时，才重新发现韩愈思想学说的启蒙价值，欧阳修被后人誉为"今之韩愈也"，以表彰其有功于北宋理学思潮的兴起。故徐洪兴认为，"北宋理学的真正开创者应该是欧阳修，而不是周敦颐"（徐洪兴：《思想的转型——理学发生过程研究》，上海人民出版社1996年版，第295页）。

的问题是能否正确诠释和确立起自己的传统。换言之，破斥佛教有待于儒学自身的确立。儒学实际上也因此而得以产生"①。

从承续韩愈到直续孟子，北宋士人开启了重释儒家道统的学术活动。庆历年间的学者们，大都以承续韩愈道统的接班人身份而自居。如：苏轼在为欧阳修《居士集》所作的序文中所言："自欧阳子之存，世之不悦者，哗而攻之，能折困其身而不能屈其言，士无贤不肖，不谋而同曰：'欧阳子，今之韩愈也。'"时人不约而同地认为欧阳修乃宋代韩愈的原因就在于，"自欧阳子出，天下争自濯磨，以通经学古为高，以救时行道为贤，以犯颜纳说为忠，长育成就，至嘉祐末，号称多士，欧阳子之功为多"，庆历年间士风转移、理学思潮兴起归功于"宋代韩愈"——欧阳修。之后，宋初三先生之孙复、石介都以承续韩愈道统论自居。石介在《泰山书院记》中，就以"宋代韩愈"道统接班人的身份，来评价孙复在庆历年间的学术地位。孙复在《信道堂记》中认为，"吾之所谓道者，尧、舜、禹、汤、文、武、周公、孔子之道也，孟轲、荀卿、扬雄、王通、韩愈之道也"。石介也说："道始于伏羲，而成终于孔子。道已成终矣，不生圣人可也。故自孔子来二千余年矣，不生圣人。若孟轲氏、扬雄氏、王通氏、韩愈氏祖述孔子而师尊之，其智足以为贤。"(《徂徕石先生文集·尊韩》)从尧、舜、禹、汤、文、武、周公、孔子到孟子、扬雄、王通、韩愈，这样一个圣贤相续的道统谱系，体现了庆历年间学者对韩愈道统论的接受和遵行。

到了熙宁、元丰年间，以二程"洛学"、张载"关学"、王安石"新学"为代表的学者们，开始以直续孟子的方式来构建新的道统谱系，在此过程中往往又表现出对韩愈及其道统论的批判。诸如：二程斥韩愈为"倒学了"，张载认为韩愈"只尚闲言词"，王安石则宣称"终身何敢望韩公"，就是最为明显的例证。究其实质，就是韩愈道统论已经不能满足此时学者们的理论诉求，因此，超越韩愈、直续孟子的"不传之统"，就成为学者们构建新的道

---

① 何俊：《南宋儒学建构》，上海人民出版社 2021 年版，第 79 页。

统谱系的必然趋势。从"尊韩"到"尊孟"，就成为熙宁、元丰年间的学者们将发端于中唐以来的"孟子升格运动"推向高潮的内在动力。程颐之"孔子没，传孔子之道者，曾子而已。曾子传之子思，子思传之孟子，孟子死，不得其传，至孟子而圣人之道益尊"（《河南程氏遗书》卷第二十五），张载之"古之学者便立天理，孔、孟而后，其心不传，如荀、扬皆不能知"（《经学理窟·义理》），王安石之"孔孟如日月，委蛇在苍旻；光明所照耀，万物成冬春"（《扬雄》），无不体现着对孟子及其"不传之统"的推崇。在其背后，实质上是对孟子思想学说中所包含的心性论思想的推崇，根源于构建义理之学的内在需要。从二程、张载、王安石到朱熹、陆九渊等人，无不以孟子心性思想学说为根基来构建宋代道统论，然而，"道统因其性质是论证思想权威性的工具，故道统的具体谱系必然完全因人而异"①，朱熹、陆九渊所构建的道统谱系就是其中的代表。

朱熹、陆九渊各自所构建的道统论，可从"道"与"统"两个方面加以说明。

从"道"的方面来说，朱熹道统之"道"为"十六字心传"，陆九渊道统之"道"为孟氏之心学。

朱熹在《中庸章句序》中将道统之"道"概括为"十六字心传"，"盖自上古圣神，继天立极，而道统之传有自来矣。其见于经，则'允执厥中'，尧之所以授舜也；'人心惟危，道心惟微，惟精惟一，允执厥中'者，舜之所以授禹也。尧之一言，至矣尽矣"。

陆九渊则以继承孟子之心学而自居，"窃不自揆，区区之学，自谓孟子之后至是而始一明也"（《与路彦彬》卷十）。王阳明在《象山文集序》中同样也认为"陆氏之学，孟氏之学也"，并以心学来再释朱熹"十六字心传"之本意，"尧舜禹之相授受曰：'人心惟危，道心惟微，惟精惟一，允执厥中。'此心学之源也。中也者，道心之谓也。道心精一之谓仁，所谓中也"。

---

① 何俊：《南宋儒学建构》，上海人民出版社 2021 年版，第 141 页。

从"统"的方面来说，朱熹以伊洛诸公为道统正传，陆九渊则以直续孟子为正统。

朱熹对于道统谱系的构建主要体现在以下三个方面：第一是确立周敦颐的道学首创地位。朱熹在《韶州州学濂溪先生祠记》中，从三个方面来概括周敦颐思想学说的地位，"盖有以阐夫太极阴阳五行之奥，而天下之为中正仁义者，得以知其所自来；言圣学之有要，而下学者知胜私复礼之可以驯致于上达；明天下之有本，而言治者知诚心端身之可以举而措之于天下"。朱熹之所以从上述三个方面来阐述周敦颐的思想学说，一是因为这三个方面清晰地体现了三个连贯着的理论："（一）价值体系的形上根据，（二）伦理实践的切实路径，（三）功利成就的根本方法"[①]；二是在于朱熹的思想学说就是围绕这三个理论来展开的，周敦颐对于朱熹思想学说的开创之功就在于此。第二是接续程颐道统论并确立二程的正统地位。程颐视其兄程颢为孟子之后道学的唯一传人，"孟子之后，传圣人之道者，一人而已"（《河南程氏文集》卷第十一《明道先生门人朋友叙述序》），此"一人"即程颢。朱熹在程颐之后将二程全部确定为孟子之后的道学传人，"故程夫子兄弟出，得有所考，以续夫千载不传之续，得有所据，以斥夫二家似是之非"（《中庸章句序》）。第三是朱熹以接续二程的道学传人自居。朱熹在《大学章句序》中指出，"于是河南程氏两夫子出，而有以接乎孟氏之传"，"虽以熹之不敏，亦幸私淑而与有闻焉。顾其为书犹颇放失，是以忘其固陋，采而辑之，间亦窃附己意，补其阙略，以俟后之君子"，以私淑身份来接续二程并就此来承续孟氏之传，从而奠定了朱熹本人在道学谱系中的正统地位。

朱熹构建道学谱系的学术工作，集中体现在《伊洛渊源录》一书中。是书，以"伊洛"命名，就是为了彰显以二程之学为理学正宗的写作主旨；追溯"渊源"，正是为了探寻二程之学的渊源所自，梳理与二程之学有关的理学学派，究其目的，就是要从根源上澄清以二程为中心的理学脉络，从而达

---

① 何俊：《南宋儒学建构》，上海人民出版社 2021 年版，第 147 页。

到清理理学门户、树立理学正统的宗旨，"盖《伊洛渊源（录）》一书，凡周、程、张、邵及其门人之言行政事，无不备载，而圣贤相传之道炳然见于其中，如五纬之丽天，百川之有源委，其有功于世教大矣"（李世安《后序》）。《伊洛渊源录》"尽载周、程以来诸君子行实文字"，共十四卷，主要记载北宋理学"五子"周敦颐（卷一）、程颢（卷二、卷三）、程颐（卷四）、邵雍（卷五）、张载（卷六）及其门人、后学的言行政事，"其后《宋史》道学、儒林诸传，多据此为之。盖宋人谈道学宗派，自此书始，而宋人分道学门户亦自此书始"（《伊洛渊源录》提要《四库全书总目》卷五十七）。

或许正是得益于二程、朱熹等人的学术努力，《宋史》在《儒林传》前别立《道学传》，从"道学一"（周敦颐、程颢、程颐、张载（弟戴）、邵雍）、"道学二"（程氏门人刘绚、李吁、谢良佐、游酢、张绎、苏昞、尹焞、杨时、罗从彦、李侗）、"道学三"（朱熹、张栻）、"道学四"（朱氏门人黄榦、李燔、张洽、陈淳、李方子、黄灏）等四个方面来呈现宋代道学代表人物，并在《道学传》的序文中阐述了道学传承的渊源关系：

> "道学"之名，古无是也。三代盛时，天子以是道为政教，大臣百官有司以是道为职业，党、庠、术、序师弟子以是道为讲习，四方百姓日用是道而不知。是故盈覆载之间，无一民一物不被是道之泽，以遂其性。于斯时也，道学之名，何自而立哉。
>
> 文王、周公既没，孔子有德无位，既不能使是道之用渐被斯世，退而与其徒定礼乐，明宪章，删《诗》，修《春秋》，赞《易象》，讨论《坟》《典》，期使五三圣人之道昭明于无穷。故曰："夫子贤于尧、舜远矣。"孔子没，曾子独得其传，传之子思，以及孟子，孟子没而无传。两汉而下，儒者之论大道，察焉而弗精，语焉而弗详，异端邪说起而乘之，几至大坏。
>
> 千有余载，至宋中叶，周敦颐出于舂陵，乃得圣贤不传之学，作《太极图说》《通书》，推明阴阳五行之理，命于天而性于人者，了若指

掌。张载作《西铭》，又极言理一分殊之旨，然后道之大原出于天者，灼然而无疑焉。仁宗明道初年，程颢及弟颐实生，及长，受业周氏，已乃扩大其所闻，表章《大学》《中庸》二篇，与《语》《孟》并行，于是上自帝王传心之奥，下至初学入德之门。融会贯通，无复余蕴。

迄宋南渡，新安朱熹得程氏正传，其学加亲切焉。大抵以格物致知为先，明善诚身为要，凡《诗》《书》，六艺之文，与夫孔、孟之遗言，颠错于秦火，支离于汉儒，幽沉于魏、晋、六朝者，至是皆焕然而大明，秩然而各得其所。此宋儒之学所以度越诸子，而上接孟氏者欤。其于世代之污隆，气化之荣悴，有所关系也甚大。道学盛于宋，宋弗究于用，甚至有厉禁焉。后之时君世主，欲复天德王道之治，必来此取法矣。

邵雍高明英悟，程氏实推重之，旧史列之隐逸，未当，今置张载后。张栻之学，亦出程氏，既见朱熹，相与博约又大进焉。其他程、朱门人，考其源委，各以类从，作《道学传》。

这是正史第一次以《道学传》的方式来完整描述道学传承谱系，自此以后，以周、程、张、朱等为代表的濂、洛、关、闽之学就成为儒家道统的"正统"，其余非"正统"的学派自然就不能列入道统之列而面临被边缘化的命运。

陆九渊以直续孟子的方式构建的道统谱系，自然就不在《道学传》所呈现的官方道学传承谱系之中。首先，陆九渊认为朱熹所尊奉的伊洛诸公，其思想学说仍不足以继任孟子以来的道统。陆九渊在《与侄孙濬》一文中谈道："由孟子而来，千有五百余年之间，以儒名者甚众，而荀、扬、王、韩独著，专场盖代，天下归之，非止朋游党与之私也。若曰传尧、舜之道，续孔、孟之统，则不容以形似假借，天下万世之公，亦终不可厚诬也。至于近时伊、洛诸贤，研道益深，讲道益详，志向之专，践行之笃，乃汉、唐所无有，其所植立成就，可谓盛矣！然江、汉以濯之，秋阳以暴之，未见其如曾子能信其皜皜；肫肫其仁，渊渊其渊，未见其如子思之能达其浩浩；正人心，息邪说，距诐行，放淫辞，未见其如孟子之长于知言，而有以承三圣也"，二程之学术虽"植立成就，可谓盛伊"，但是非能与曾子、子思、孟子可比，故不能真正承续孟子不传之学。其次，陆九渊再次重申韩愈"柯之死，不得其传焉"，以反对朱熹所倡导之伊洛正统学说。陆九渊在《语录上》称赞道："退之言：'柯死不得其传。''荀与扬，择焉而不精，语焉而不详。'何其说得如此端的。"在《与李宰》一文中，再次重申其说，"自周衰此道不行，孟子没此道不明。今天下士皆溺于科举之习，观其言，往往称道《诗》《书》《论》《孟》，综其实，特借以为科举之文耳。谁实为真知其道者？口诵孔、孟之言，身蹈扬、墨之行者。盖其高者也。其下则往往为扬、墨之罪人，尚何言哉？孟子没此道不传，斯言不可忽也。"最后，陆九渊以孟子传人自居，"以不传之学为己任，以舍我其谁自居"（《梭山复斋学案》），以直续孟子之学为正统，"窃不自揆，区区之学，自谓孟子之后至是而始一明也"（《与路彦彬》），这就是陆九渊心目中的道统谱系。

总而言之，虽然后世形成了以程朱理学、陆王心学为代表的两大理学流派，但是从道统谱系的正统地位来看，以程朱理学为代表的道统谱系成为宋代以后的正统，并与《四书》学相互支撑，构成了元、明、清三代官方学术的正学与正统。

第二节　文本重建：从《三经新义》到《四书章句》的经典新体系

唐君毅在《中国哲学原论·原教篇》中，以经学文本的演变来诠释宋代学术之变迁，"宋学之初起，乃是以经学开其先。在经学之中，则先是春秋与易之见重，然后及于诗书之经学；再及于易传、中庸、大学，及孟子、论语等汉唐人所谓五经之传记；终乃归至于重此传记之书，过于重五经。此则始于周张之重易传、中庸，二程之重编大学、并重论孟。伊川遂言'论语孟子既治，则六经可不治而明矣'（《二程遗书》二十五）；乃有朱子之编订论、孟、大学、中庸，为四书"[①]。这段话所包含的具体内容有三：一是说明宋代经学的总体特征是重传记之书过于重《五经》，二是表明传记之书的地位是逐步确立起来的，三是用"先是""然后及于""终乃归至于"等关键词，全景式地展现出了宋代经学文本的运动轨迹，而从《三经新义》到《四书章句》的新经典体系的建立就伴随在其中。

一、前《三经新义》时期：承《春秋》开《易》的文本建设

皮锡瑞在《经学历史》中将宋初太祖、太宗、真宗时期经学的特征，概括为："经学自唐以至宋初，已陵夷衰微矣。然笃守古义，无取新奇；各承师传，不凭胸臆；犹汉、唐注疏之遗也。宋王旦作试官，题为'当仁不让于师'，不取贾边解师为众之新说，可见宋初笃实之风。乃不久而风气遂变。《困学纪闻》云：'自汉儒至于庆历间，谈经者守训故而不凿。《七经小传》出而稍尚新奇矣。至《三经义》行，视汉儒之学若土梗。'据王应麟说，是经学自汉至宋初未尝大变，至庆历始一大变也。"[②]庆历是宋仁宗的年号，经学至庆历年间"一大变"，实与宋初太祖、太宗、真宗时期经学"犹汉、唐注疏之遗"形成了鲜明的对比。宋初太祖、太宗、真宗三朝，经学尚尊《九经正义》，科举考试一律以《正义》为准，如试官王旦依《正义》中"当仁不让于师"之"师"训为"师傅"的"古训"，而不取贾边训"师"为"众"之不遵循"古训"的"新解"，就是最好的明证。王旦所依循的"古训"，正是宋初经学以《正义》为法的体现；至于贾边所"独创"的"新解"，则是直到庆历年间才兴起的"稍尚新奇"的新风尚。

---

① 唐君毅：《中国哲学原论·原教篇》，中国社会科学出版社 2006 年版，第 7 页。
② 皮锡瑞：《经学历史》，中华书局 2011 年版，第 156 页。

　　庆历年间经学的新风尚，预示着宋代经学由注疏之学向义理之学的转型，而这个转型又以官方正式颁行《三经义》（即《三经新义》）为标志，"从此以后，以义理之学为其主要特征的'宋学'，不仅在学术发展上彻底扫除了障碍（这个工作是由否定汉唐经学得以完成的），而且在政治上也开始获得了官方的支持。于是，义理之学开始进入一个全面发展的新的历史阶段，即创制新的理论形态的历史时期"①。所以，本文就以《三经新义》为中心，从前《三经新义》时期、《三经新义》时期、后《三经新义》时期（或可以称为《四书章句集注》时期）三个前后相连的时期来考察宋代新经典体系的确立过程。

　　前《三经新义》时期，大体上就是指从庆历年间"《七经小传》出"至熙宁八年（1075 年）"《三经新义》修成并颁行"之前的经学时期。在这个时期，"为学者们所普遍重视的儒家经典，无疑当推《周易》和《春秋》二经。据《宋史·艺文志》著录来看，宋儒治经，以《春秋》为最，举凡著作241 部，计 2799 卷，《周易》次之，举凡著作 230 部，计 1740 卷。宋人著述，固不能尽载于《宋史·艺文志》，但考之史传，证之典籍，谓宋儒《春秋》学及《易》学最为发达，决非夸大无根之词"②。宋初三先生之一的孙复就曾指出，"尽孔子之心者，大《易》；尽孔子之用者，《春秋》。是二大经，圣人之极笔也，治世之大法也"（《徂徕集》卷十九《泰山书院记》），一个"心"字与一个"用"字，揭示了宋儒普遍重视《周易》与《春秋》的动因所在。

　　以孙复为代表的宋初学者继承中唐以来啖、赵、陆三家"舍传求经"之《春秋》学风，"本于陆淳而增新意"（《续资治通鉴长编》卷一三八），采取了舍弃三传、断以己意的解经新路向。在《春秋尊王发微》中，孙复就是用"己意"来阐发《春秋》文本所蕴含的"微言大义"，其中的"己意"，一是指用自己的"语言"来注解经典文本，让《春秋》更加凸显其对当下生活的

---

① 徐洪兴：《思想的转型——理学发生过程研究》，上海人民出版社 1996 年版，第 92 页。

② 同上书，第 73 页。

指导意义；二是指置传统的"三《传》"于不顾，完全舍弃三传"旧有"或"固有"的解经风格与思路，尤注重所谓"大义"的发挥，故呈现出不同于汉唐注疏之学的学术新风。孙复在《春秋尊王发微》的《总论》中，就阐明了以"尊王"为主旨来诠释《春秋》的本义：

> 孔子之作《春秋》也，以天下无王而作也，非为隐公而作也。然则《春秋》之始于隐公者，非他，以平王之所终也。何者？昔者幽王遇祸，平王东迁，平既不王，周道绝矣。观夫东迁之后，周室微弱，诸侯强大，朝觐之礼不修，贡赋之职不奉，号令之无所束，赏罚之无所加。坏法易纪者有之，变礼乱乐者有之，弑君戕父者有之，攘国窃号者有之，征伐四出，荡然莫禁，天下之政，中国之事，皆诸侯分裂之。平王庸暗，历孝逾惠，莫能中兴，播荡陵迟，逮隐而死。夫生犹有可待也，死则何所为哉。故《诗》自《黍离》而降，《书》自《文侯之命》而绝，《春秋》自隐公而始也。《诗》自《黍离》而降者，天下无复有诰命也；《春秋》自隐公而始者，天下无复有王也。

在孙复看来，孔子作《春秋》的本义就在于"尊王"，《春秋》之所以自鲁隐公起而作，就是因为当时正处于"周道绝矣""天下无复有王"的乱世，故企图以"黜诸侯"之方式来实现"尊王"的真正意图。以"尊王"为要义的孙复《春秋》学，实开宋代学者注解《春秋》之新风，欧阳修在《孙明复先生墓志铭》中给予了高度的评价，"（孙明复）先生治《春秋》，不惑传注，不为曲说以乱经。其言简易，明于诸侯大夫功罪，以考时之盛衰，而推见王道之治乱，得于经之本义为多"。又有朱熹，称赞曰："近时言《春秋》，皆是计较利害，大义却不曾见。如唐之陆淳、本朝孙明复之徒，他虽未能深于圣经，然观其推言治道，凛凛然可畏，终是得圣人个意思"（《朱子语类》卷八十三）。之后，以《七经小传》而著称得刘敞，同样"长于《春秋》"（《宋史·刘敞传》），著有《春秋传》《春秋权衡》《春秋意林》等《春秋》

学著作。至于三部《春秋》学之间的关系，陈振孙在《书录解题》中给予了说明："始为《权衡》，以平三家之得失；然后集众说，断以己意，而为之《传》；《传》所不尽者，见之《意林》。"陈振孙此说虽然本意在于说明三部著作之间的逻辑关系，但是也道出了刘敞区别于孙复解《春秋》的特点。相对于孙复置传统的"三《传》"于不顾的解经风格，刘敞则是在"平三家之得失""然后集众说"的基础上"断以己意"，从而形成自己注解《春秋》文本的新风格，即一种先综合三传后断以己意的新的《春秋》学。稍晚于刘敞的孙觉，同样以研究《春秋》学著称，所著《春秋经解》一书以《穀梁》为本，与孙复一样尤为注重发挥《春秋》"尊王"大义，但从解经风格上来看又与刘敞较为接近，从而形成了综合孙复、刘敞之《春秋》学的特点。

与孙复、刘敞、孙觉等学者注重《春秋》"尊王"大义相区别的是，王安石主持熙宁新政期间，"黜《春秋》之书，不使列于学官，至戏目为'断烂朝报'"（《宋史·王安石传》）。至于"断烂朝报"之说，是否确实出自王安石之口，众说纷纭，但是《春秋》不列于学官，科举考试不以《春秋》取士，却是历史事实。胡安国在《春秋传·序》中就此阐述道：

> 近世推隆王氏新说，按为国是，独于《春秋》，贡举不以取士，庠序不以设官，经筵不以进读，断国论者无所折衷，天下不知所适。人欲日长，天理日消，其效使夷狄乱华（此四字四库本作"逆乱肆行"），莫之遏也。噫，至此极矣。仲尼亲手笔削拨乱反正之书，亦可以行矣。天纵圣学，崇信是经。乃于斯时奉承诏旨，辄不自揆，谨述所闻，为之说以献。

作为湖湘学派创始人的胡安国，以研究《春秋》而著称，"以为天下事物无不备于《春秋》，喟然叹曰：'此传心要典也'"（《先公行状》）。胡安国针对自王安石以来《春秋》学研究被搁置的历史事实，出于治道的目的而作《春秋传》，"顾其书，作于南渡之后，故感激时事，往往借《春秋》以寓意"。

后又因其书符合程朱理学之精神要义，故在明初被选定为科举考试用书，"明初定科举之制，大略承元旧式，宗法程朱。而程子《春秋传》仅成二卷，阙略太甚。朱子亦无此书。以安国之学出程氏，张洽之学出朱氏，故《春秋》定用二家。盖重其渊源，不必定以其书也。后《洽传》渐不行用，遂独用安国书"（《四库全书总目》卷二十七《经部·春秋类二》）。

与重治道者而取《春秋》相区别的是，重性理者则取《易》。统观《易》学研究，主要分为汉、宋两派，宋《易》学研究中则又分出"图书"与"义理"两支。《四库全书总目提要》之《易学总论》将《易》学研究的总体特征，概括如下：

> 《易》之为书，推天道以明人事者也。《左传》所记诸占，盖犹太卜之遗法。汉儒言象数，去古未远；一变而为京（房）、焦（赣），入于禨祥；再变而为陈（抟）、邵（雍），务穷造化，《易》遂不切于民用。王弼尽黜象数，说以《老》《庄》；一变而胡瑗、程子（颐），始阐明儒理；再变而李光、杨万里，又参证史事，《易》遂日启其论端。

以王弼为代表的《易》学研究，首开《易》学"义理"一派，这又与胡瑗、程颐等宋代学者以"义理"解经具有内在的一致性。故此，程颐在为弟子们推荐前代《易》学著作时，首推王弼、胡瑗、王安石等人的《易》学著述：

> 《易》有百余家，难为遍观。如素未读，不晓文义，且须看王弼、胡先生、荆公三家。理会得文义，且要熟读，然后却有用心处。（《河南程氏遗书》卷第十九）
>
> 若欲治《易》，先寻绎令熟，只看王弼、胡先生、王介甫三家文字，令贯通，余人《易》说，无取枉费功。（《河南程氏文集》卷第九《与金堂谢君书》）

一是要熟读，二是要落实到德性的提升，这就是程颐所谓的"用心处"。程颐的《伊川易传》作为程朱学派最重要的著作之一，从《易》学研究主旨到具体文本诠释，都能发现胡瑗《易》学思想的影子。如:《伊川易传》在序文中所强调的"《易》，变易也，随时变易以从道也"主旨，实与胡瑗《易》学中所谓的"变易之道"乃"天人之理"的观点，具有内在学理的共通性。从学术地位来看，《伊川易传》可视作程颐以义理解经的代表，程颐高足尹焞就曾指出，"先生平生用意，惟在《易传》。求先生之学者，观此足矣"（《宋名臣言行录外集》卷三）。从学术影响来看，《伊川易传》被列为明清时代科举考试用书，成为程朱理学关于《易》学研究的代表性作品。按照顾炎武的理解，"昔之说《易》者，无虑数千百家，如仆之孤陋，而所见及写录唐宋人之书亦有十数家，有明之人之书不与焉。然未见有过于《程传》者"（《顾亭林诗文集》），宋明《易》学以程颐《伊川易传》为第一。

　　总而言之，正如程颐在区分《易》之经与传的关系上所指出的那样，"古之学者，先由经以识义理。盖始学时，尽是传授。后之学者，却先须识义理，方始看得经。如《易》，《系辞》所以解《易》，今人须看了《易》，方始看得《系辞》。一本云:'古之人得其师传，故因经以明道。后世失其师传，故非明道，不能以知经'"（《河南程氏遗书》卷第十五）。古之学者是"由经识义理"，今之学者是"明道以知经"，虽然从方法论层面来看，这本是一种对儒家经典诠释的循环过程，但是对于程朱理学来说，"明道"就成为一种立场的问题，以理学思想来诠释儒家经典，并挖掘出经典文本之中所蕴含的哲学范畴和义理，就成为第一位的存在。比如:"像'理一分殊'这类命题，儒家十三经中本无其语，但当它被作为注文堂而皇之地写进注经著作中，而此一注经著作又被立为官学之后，那这类命题实际上已经作为经典的一个有机部分，而为士子研读和讨论，并由此而形成一种普遍的'问题意识'"[①]。由此而来，以经典文本为基础而形成的新的解释体系，就成为士

---

① 姜广辉:《中国经学思想史》（第三卷），中国社会科学出版社 2010 年版，第 21 页。

子们信仰对象的本身，一种新的体现理学范畴的话语体系就形成于此过程之中。

二、《三经新义》时期：以《周礼》《诗经》《尚书》为中心的文本建设

《三经新义》（包括《尚书新义》《诗经新义》《周官新义》）形成于王安石主政的"熙丰新政"期间，熙宁八年（1075年）由朝廷颁行天下，从而取代宋初仍然流行的唐孔颖达编撰的《五经正义》，成为北宋中后期居于主导地位的"新"的官方经学。

（一）从临川之学到荆公新学

临川之学与荆公新学是王安石之学的前、后两个组成部分。其中：临川之学是得名于王安石出生地的地域性学派，荆公新学则是得名于王安石封号荆国公的新官学。从临川之学到荆公新学名称变化的背后，实质上体现的是王安石之学从地域性学派到新官学的学派地位与政治身份的转变。

处于王学前期的临川之学，是一种以追求性命之理和内圣之道为主旨的地域性学派。王安石在《虔州学记》中，以"记"学的方式来阐述临川之学的主旨。

> 余闻之也，先王所谓道德者，性命之理而已。其度数在乎俎豆、钟鼓、管弦之间，而常患乎难知，故为之官师，为之学，以聚天下之士，期命辩说，诵歌弦舞，使之深知其意。夫士，牧民者也。牧知地之所在，则彼不知者驱之尔。然士学而不知，知而不行，行而不至，则奈何？先王于是乎有政矣。夫政，非为劝沮而已也，然亦所以为劝沮。故举其学之成者以为卿大夫，其次虽未成，而不害其能至者以为士，此舜所谓庸之者也。若夫道隆而德骏者，又不止此，虽天子，北面而问焉，而与之迭为宾主，此舜所谓承之者也。蔽陷畔逃，不可与有言，则挞之以诲其过，书之以识其恶，待之以岁月之久而终不化，则放弃、杀戮之刑随其后，此舜所谓威之者也。盖其教法，德则异之以智、仁、

圣、义、忠、和，行则同之以孝、友、睦、姻、任、恤，艺则尽之以礼、乐、射、御、书、数。淫言诐行诡怪之术，不足以辅世，则无所容乎其时。而诸侯之所以教，一皆听于天子，天子命之矣，然后兴学。命之历数，所以时其迟速；命之权量，所以节其丰杀。命不在是，则上之人不以教，而为学者不道也。士之奔走、揖让、酬酢、笑语、升降，出入乎此，则无非教者。高可以至于命，其下亦不失为人用，其流及乎既衰矣，尚可以鼓舞群众，使有以异于后世之人。故当是时，妇人之所能言，童子之所可知，有后世老师宿儒之所惑而不悟者也；武夫之所道，鄙人之所守，有后世豪杰名士之所惮而愧之者也。尧、舜、三代从容无为，同四海于一堂之上，而流风余俗，咏叹之不息，凡以此也。

周道微，不幸而有秦，君臣莫知屈己以学，而乐于自用，其所建立悖矣。而恶夫非之者，乃烧《诗》《书》，杀学士，扫除天下之庠序，然后非之者愈多，而终于不胜。何哉？先王之道德出于性命之理，而性命之理出于人心。《诗》《书》能循而达之，非能夺其所有而予之以其所无也。经虽亡，出于人心者犹在，则亦安能使人舍己之昭昭而从我于聋昏哉？然是心非特秦也，当孔子时，既有欲毁乡校者矣。盖上失其政，人自为义，不务出至善以胜之，而患乎有为之难，则是心非特秦也。墨子区区，不知失者在此，而发"尚同"之论，彼其为愚，亦独何异于秦。

呜呼，道之不一久矣。扬子曰："如将复驾其所说，莫若使诸儒金口而木舌。"盖有意乎辟雍学校之事。善乎其言，虽孔子出，必从之矣。今天子以盛德新即位，庶几能及此乎！今之守吏，实古之诸侯，其异于古者，不在乎施设之不专，而在乎所受于朝廷未有先王之法度；不在乎无所于教，而在乎所以教未有以成士大夫仁义之材。虔虽地旷以远，得所以教，则虽悍昏嚚凶、抵禁触法而不悔者，亦将有以聪明其耳目而善其心，又况乎学问之民？故余为书二侯之绩，因道古今之变及所望乎上者，使归而刻石焉。

王安石以记述虔州兴学历程的方式，表达了其对于学术思想、教育和政治之关系的基本主张，尤其是以性命之理来释先王道德，充分体现了王学前期学术思想的基本主张。《虔州学记》以学为主线，围绕学与政之一体化模式来展开关于尧、舜、三代国家治理方式的分析与论证，事实上就是对以三代内圣之学为中心的士大夫文化模式的推崇。特别是关于"先王之道德出于性命之理，而性命之理出于人心。《诗》《书》能循而达之，非能夺其所有而予之以其所无也"的论述中，人心为性命之理的源泉，《诗》《书》等儒家经典又是性命之理的载体，这充分表明王学前期与二程洛学所面对的是同样的问题，所要建构的是相同的性命之学思想体系。无怪乎，程颐在向弟子们推荐《易》学著述时，认为"若欲治《易》，先寻绎令熟，只看王弼、胡先生、王介甫三家文字，令贯通，余人《易》说，无取枉费功"，《易》与性命之学息息相关，程颐与王安石在对性命之学的理解上具有某种契合之处。故侯外庐曾就此评价道："道德性命之学，为宋道学家所侈谈者，在安石的学术思想里，开别树一帜的先河，也是事实。"[1]

处于王学后期的荆公新学，是一种以追求通经致用和外王之学为目标的新官学。《宋史·王安石传》中记载了一段神宗与王安石的对话，可以用来揭示王安石主政变法期间的学术旨趣：

上谓曰："人皆不能知卿，以为卿但知经术，不晓世务。"

安石对曰："经术正所以经世务，但后世所谓儒者，大抵皆庸人，故世俗皆以谓经术不可施于世务尔。"

上问："然则卿所施设以何先？"

安石曰："变风俗，立法度，最方今之所急也。"

上以为然。于是设制置三司条例司，命与知枢密院事陈升之同领之。安石令其党吕惠卿任其事。而农田水利、青苗、均输、保甲、免

---

① 侯外庐主编：《中国思想通史》（第四卷上），人民出版社 1959 年版，第 423 页。

役、市易、保马、方田诸役相继并兴，号为新法。遣提举官四十余辈，颁行天下。

宋神宗用"人皆""以为"等词语来表达一种转折关系，话语前后树立了两种截然不同的王安石形象，一种是"但知经术，不晓世务"的"学究型"形象，一种是"经术正所以经世务"的"实践者"形象。王安石的"学究型"形象，实际上是对王安石以论述性命之学为主的前期学术活动的反映，这种形象实际上也是一种褒奖，暗含着世人对王安石性命之学的理解和肯定，也代表了王安石前期学术活动的主要方向。至于其"实践者"形象，实际上就是王安石将《上仁宗皇帝万言书》中的言论转变为新法改革实践的一次思想实验。王安石早在《上仁宗皇帝万言书》中，就曾对当时经学研究崇尚章句、脱离现实的风尚进行了严厉的批评：

> 学者亦漠然自以礼乐刑政为有司之事，而非己所当知也。学者之所教，讲说章句而已。讲说章句，固非古者教人之道也。近岁乃始教之以课试之文章。夫课试之文章，非博诵强学穷日之力则不能。及其能工也，大则不足以用天下国家，小则不足以为天下国家之用。故虽白首于庠序，穷日之力以帅上之教，及使之从政，则茫然不知其方者，皆是也。

所学非所用，乃庠序之教以"课试之文章"为主所引发的所学与所用之间的严重脱节。特别是当王安石主持新法改革活动之后，解决现实政治问题对"实践型"人才的外在需求，促使了王安石学术思想的根本转向，即由之前重性命之理和内圣之道向之后重通经致用和外王之道的转型。这种转型就体现在王安石对于人才培养和选拔的思想言论中：

> 所谓文吏者，不徒苟尚文辞而已，必也通古今，习礼法，天文人

事，政教更张，然后施之职事，则以详平政体，有大议论，使以古今参之是也。

所谓诸生者，不独取训习句读而已，必也习典礼，明制度，臣主威仪，时政沿袭，然后施之职事，则以缘饰治道，有大议论，则以经术断之是也。

策进士者，若曰：邦家之大计何先？治人之要务何急？政教之利害何大？安边之计策何出？使之以时务之所宜言之，不直以章句声病累其心。

策经学者，宜曰：礼乐之损益何宜？天地之变化何如？礼器之制度何尚？各傅经义以对，不独以记问传写为能。（《论议·取材》）

由士人所追求的"道"转向朝廷所追求的"治"，强调了儒家学术与现实政治之间的密切联系，从而将"经术正所以经世务"的思想落实到具体的政治实践之中，进而为新政的顺利推行提供必要的人才保障。《三经新义》就是此背景之中酝酿而生的。

（二）《三经新义》：荆公新学的风向标和宣言书

王安石在推行新政的过程中修撰《三经新义》，是出于"一道德"使"义理归一"的政治目的。以《三经新义》为核心所形成的"荆公新学"，一是为新政的推行提供了必要的理论基础，富国强兵的外王之道需要内圣之道作为支撑；二是借助经典文本所阐发的"为己之学"的内圣之道，可以引导宋神宗在践行三代先王之道的过程中成为得"道"之君，进而起到以圣王（之道）来约束和规范当代帝王的作用；三是以推行新政为思想试验场，士大夫"得君行道"的理想得以实现，君王与士大夫共治天下成为可能，士大夫作为文化主体与政治主体的双重身份得以彰显。

我们以散见于《宋史·选举志》《宋史·王安石传》《续资治通鉴长编》中的文献资料为基础，来梳理和总结熙丰新政期间王安石修撰《三经新义》的背景、过程及其影响。

表 4-3 王安石修撰《三经新义》

《宋史·选举志》	【《选举一》】（宋神宗）他日问王安石，对曰："今人材乏少，且其学术不一，异论纷然，不能一道德故也。一道德则修学校，欲修学校，则贡举法不可不变。若谓此科尝多得人，自缘仕进并无他路，其间不容无贤；若谓科法已善，则未也。今以少壮时，正当讲求天下正理，乃闭门学作诗赋，及其入官，世事皆所不习，此科法败坏人才，致不如古。" 既而中书门下又言："古之取士，皆本学校，道德一于上，习俗成于下，其人材皆足以有为于世。今欲追复古制，则患于无渐。宜先除去声病偶对之文，使学者得专意经术，以俟朝廷兴建学校，然后讲求三代所以教育选举之法，施于天下，则庶几可以复古矣。"于是改法，罢诗赋、帖经、墨义，士各占治《易》《诗》《书》《周礼》《礼记》一经，兼《论语》《孟子》。每试四场，初大经，次兼经，大义凡十道（后改《论语》《孟子》义各三道），次论一首，次策三道，礼部试即增二道。中书撰大义式颁行。
	【《选举三》】（宋神宗）帝尝谓王安石曰："今谈经者人人殊，何以一道德？卿所著经，其以颁行，使学者归一。"八年，颁王安石《诗》《书》《周礼义》于学官，是名《三经新义》。
《宋史·王安石传》	初，安石训释《诗》《书》《周礼》，既成，颁之学官，天下号曰"新义"。晚居金陵，又作《字说》，多穿凿附会。其流入于佛、老。一时学者，无敢不传习，主司纯用以取士，士莫得自名一说，先儒传注，一切废不用。黜《春秋》之书，不使列于学官，至戏目为"断烂朝报"。
《续资治通鉴长编》	【宋神宗熙宁五年正月】戊戌，王安石以试中学官等第进呈，且言黎侁、张谔文字佳，第不合经义。上曰："经术，今人人乖异，何以一道德？卿有所著，可以颁行，令学者定于一。"安石曰："诗，已令陆佃、沈季长作义。"上曰："恐不能发明。"安石曰："臣每与商量。"
	【宋神宗熙宁六年三月】命知制诰吕惠卿兼修撰国子监经义，太子中允、崇政殿说书王雱兼同修撰。先是，上谕执政："今岁南省所取多知名举人，士皆趋义理之学，极为美事。"王安石曰："民未知义，则未可用，况士大夫乎！"上曰："举人对策，多欲朝廷早修经义，使义理归一。"乃命惠卿及雱，而安石以判国子监沈季长亲嫌，固辞雱命，上弗许。已而又命安石提举，安石又辞，亦弗许。丁卯，旧纪书诏王安石设局置官，训释《诗》《书》《周礼义》，即此事也，今不别出。

"道德一于上，习俗成于下"，以教化成其美俗，既是宋神宗命王安石修撰《三经新义》的目的，也是儒家三代先王之教的理想所在。一是从政治层面

来看，新政推行以来思想学术领域异论纷然，"自上即为，稽合先王，造立法度，而议者不深维其意，群起而非之。上以为，凡此，皆士不知义故也"（《续资治通鉴长编》卷二二〇）。宋神宗命王安石修撰《三经新义》，就是为了使士子们"义理归一"。熙宁六年（1073 年）朝廷设立经学专门机构——修撰经义局，由王安石总体负责①，来展开训释《诗》《书》《周礼》三经义的工作。《三经新义》中的《周官新义》由王安石亲撰，《尚书新义》出于王雱之后，《诗经新义》则由众人集体修成。台湾学者程元敏对《三经新义》评价道："宋人治经，敢变汉、唐旧义，创立新说，于时最早，而又影响官学及私家著述最大者，莫加于王安石《周礼新义》《尚书新义》《诗经新义》——《三经新义》者，神宗熙宁六至八年王安石父子等奉敕撰，诚王氏一家之学，故文献多径题王安石作。"② 二是从儒家教化层面来看，王安石修撰《三经新义》也是有意而为之，究其目的，就是以《三经新义》为统一教本来养士、取士，从而实现士皆趋义理之学的教化目的。王安石在《周官新义序》中，就《周官》一书的性质、重新修撰之意义，进行了概括性的说明：

> 士弊于俗学久矣，圣上闵焉，以经术造之；乃集儒臣，训释厥旨，将播之校学，而臣某实董《周官》。惟道之在政事，其贵贱有位，其后先有序，其多寡有数，其迟数有时；制而用之存乎法，推而行之存乎人。其人足以任官，其官足以行法，莫盛乎成周之时；其法可施于后世，其文有见于载籍，莫其于《周官》之书。盖其因习以崇之，庚续以终之，至于后世，无以复加，则岂特文、武、周公之力哉？犹四时之运，阴阳积而成寒暑，非一日也。自周之衰，以至于今，历岁千数百矣；太平之遗迹，扫荡几尽，学者所见，无复全经。于是时也，乃欲训

---

① 据程元敏考证，参加修撰工作的人员包括：余中、叶唐懿、朱服、邵刚、叶林、徐禧、吴著、陶临、练亨甫、刘泾、曾旼、陆佃、沈季长、吕惠卿、吕升卿、王雱等。
② 《程元敏序》，王水照主编：《王安石全集》（第二册），复旦大学出版社 2016 年版，第 5 页。

而发之，臣诚不自揆，然知其难也；以训而发之之为难，则又以知夫立政造事追而复之之为难；然窃观圣上致法就功，取成于心，训迪在位，有冯有翼，橐橐乎乡六服承德之世矣。以所观乎今，考所学于古，所谓见而知之者。臣诚不自揆，妄以为庶几焉；故遂昧冒自竭，而忘其材之弗及也。谨列其书为二十有二卷，凡十余万言，上之御府，副在有司，以待制诏颁焉。

周代任官、行法之遗迹，都记载于《周官》一书中；从周代衰败至今，《周官》一书遗失不全，故重新修撰《周官》就成为应有之义；无论是变风俗还是立法度，都需要从《周官》之中获得理论支撑，三代先王之道的精神由此而得以彰显于新法之中。同样，正是在宋神宗、王安石等人的积极推动下，《三经新义》成为学校养士、科举取士的指定用书，宋神宗"使义理归一"的政治理想在短期内得以实现，王安石使"道德一于上"的学术理想也在朝廷的把持下得以实现，士人们"得君行道"的学者愿望从理想变为现实。"综上所述，王安石在学术与政治两方面的心路历程，表现为一种在政治理想上言必称'先王'，在经典依据上言必称'《周礼》'。如果《周官新义》的撰作可以说是其造就政治人才的理想的一个组成部分的话，那么其以《周礼》为经典依据而实施变法则是其追寻和实现先王政治理想的一个组成部分。朱熹曾说：'理会《周礼》，非位至宰相，不能行其事。……若做到宰相，亦须遇上文武之君，方可得行其志。'如果在一种历史的顺境中，宋神宗与王安石未尝不可以扮演他们心目中理想的圣君贤相的角色。但是，由于当时朝臣之间的政治见解的分歧甚至对立，由于学术见解的不同甚至相左，演变成旷日持久的新旧党争，王安石变法在当时乃至后世几乎成为众矢之的，连带他的学术成就也受到贬损"[1]。

尤其是，宋室南渡之后，宋高宗将北宋的灭亡归咎于荆公新学，《三经新

---

[1]　姜广辉：《中国经学思想史》（第三卷），中国社会科学出版社 2010 年版，第 295 页。

义》的命运随时沉浮，再也无力承担熙丰新政时期"一道德"的经学使命和政治责任。绍兴五年（1135 年）三月，（兵部侍郎）王居正向宋高宗呈献攻击荆公新学的《辩学》一书时，君、臣之间围绕荆公新学有过这样一段讨论：

> （王居正）进言曰："臣闻陛下深恶安石之学久矣，不识圣心灼见其弊安在？敢请。"上曰："安石之学，杂以伯（霸）道，取商鞅富国强兵。今日之祸，人徒知蔡京、王黼之罪，而不知天下之乱，生于安石。"居正对曰："祸乱之源，诚如圣训。然安石所学得罪于万世者，不止此。"因为上陈安石训释经义、无父无君者一二事。上作色曰："是岂不害名教！孟子所谓邪说者，正谓是矣。"居正退，即序上语系于《辩学》书首上之。（《要录》卷八十七，庚子条）

宋高宗将王安石之学所引发的祸乱与号称"北宋六贼"之蔡京、王黼等人相提并论，是否恰当暂且不论，但是足以可见荆公新学在宋代所引发的社会影响之重远超预期，《三经新义》也由此而成为一种变法的符号，一种新党与旧党之争的文本对象，其社会意义确实超出了经学文本本身。同样，即使是发出"天下之乱，生于安石"高论的宋高宗，又因种种现实原因的困扰，绍兴十四年（1144 年）又认为"王安石、程颐之学，各有所长，学者当取其所长，不执于一偏，乃为善学"（《要录》卷一百五十一，癸酉条）。从长远来看，王学的消沉与洛学的解禁，虽然构不成直接的因果关系，但是随着洛学的解禁，一种代表洛学思想学说的话语体系和经典文本得以走向历史舞台的中央。

三、后《三经新义》时期：以《四书》为中心的文本建设

作为庆历学统四起之后宋代思想界的两大潮流——王学与洛学，"在人格魅力与教学方法上，并无高低可分，因此从游求学之徒，当时都堪称盛况"，两家唯一可计较的是思想路数的不同，王学重在政事，"讲学必须是要落在现实的行政事务上，才能见分晓"，洛学的宗旨与此有别，"讲学在于弄

清物理与成就人性，而后进达天理。因此，政治的实践并不是唯一的落实，于个人的全部生活中来格物穷理和涵养持敬才是根本"①。鉴于两家思想路数的不同，故选择阐释自己思想的经典文本载体的重心各不相同，《三经新义》与《四书章句集注》就是体现两家不同思想路数的经典文本。

（一）从《三经新义》到《四书章句集注》

从《三经新义》到《四书章句集注》，一是宋代思想学说的重心发生了根本性的转变，《三经新义》以王官学为主，《四书章句集注》以子学为主；二是宋代思想学说的主体发生了根本性转变，《三经新义》以君王求治为主，《四书章句集注》以士人求道为主；三是宋代思想学说的诉求发生了根本性转变，《三经新义》以外王之道为主，《四书章句集注》以内圣之道为主。朱熹将《四书章句集注》集结、编撰和刊刻，标志着以《四书》为核心的新的儒家经典体系的形成，自此以后，以《四书》《五经》为代表的中国古代儒家经典体系最终得以形成。

《四书》之名，虽然起源甚晚，但是"《四书》绝不是宋代'道学'（或'理学'）的私产，而早已成为当时学术界公认的'圣典'"②。其中：（1）《论语》作为记录孔子及其弟子思想、言行的著作，从汉代起就取得了较高的地位，位列汉代"七经"之一，《论语》与《孝经》共同构成了汉代以来儒家经典体系的重要组成部分。（2）《大学》《中庸》作为《礼记》中的重要篇章，《五经正义》之《礼记正义》（郑注孔疏）是唐乃至宋初科举考试用书；作为单行本的《大学》《中庸》在中唐儒家复兴运动时，受到韩愈、李翱、皮日休等学者的特别重视和推崇；在北宋初天圣五年（1027年）仁宗赐进士《中庸》，三年后又赐《大学》。（3）孟子本人及《孟子》一书地位的变化，与中唐以来兴起的孟子升格运动紧密相关，特别是韩愈在《原道》中提出"道统论"，从儒家道统谱系传承来认识和看待孟子其人其书的地位；有

---

① 何俊：《南宋儒学建构》，上海人民出版社 2021 年版，第 17 页。

② 余英时：《中国文化史通释》，生活·读书·新知三联书店 2011 年版，第 230 页。

宋一代，无论是庆历思潮的领袖人物范仲淹、欧阳修，还是之后的二程、张载、王安石都属于"尊孟"之列，尤其是在熙丰新政期间，《论语》《孟子》列入进士考试的必选科目，这对提升孟子其人其书的地位意义重大；宣和年间（1119—1125 年），《孟子》一书首次被刻成石经，成为"十三经"之一，标志着孟子升格运动达到高潮。

　　宋代"尊孟"学者之中，王安石"无论在四书的升格运动还是四书学的兴起上都是一个关键人物"[①]，特别是其在《性论》一文中，虽未提及《四书》之名称，但是却对构成《四书》之各篇章之间的关系展开了论证：

　　　　古之善言性者，莫如仲尼；仲尼，圣之粹者也。仲尼而下，莫如子思；子思，学仲尼者也。其次莫如孟轲；孟轲，学子思者也。仲尼之言载于《语》，子思、孟轲之言著于《中庸》，而明于《七篇》……欲明其性，则孔子所谓"性相近，习相远"，《中庸》所谓"率性之谓道"，孟轲所谓"人无有不善"之说是也。

这是以"性"为主线来论述孔子、子思、孟子思想学说之间的逻辑关系。

　　在《四书》学的形成过程中，二程是承先启后的关键人物，"仁宗明道初年，程颢及弟颐寔生，及长，受业周氏，已乃扩大其所闻，表章《大学》《中庸》二篇，与《语》《孟》并行，于是上自帝王传心之奥，下至初学入德之门。融会贯通，无复余蕴"（《宋史·道学传一》），经二程的提倡和表彰，在形式上使《四书》得以并行，《四书》学的雏形由此而得以确立起来。二程关于《四书》学的相关论述，大多散见于《遗书》《外书》等语录里，具体表现为：（1）关于《四书》性质的认识。《论语》"传道立言""深得圣人之学"，《中庸》乃"孔门传授心法"，《大学》乃"孔门之遗言"，《孟

---

① 　束景南、王晓华：《四书升格运动与宋代四书学的兴起——汉学向宋学转型的经典诠释历程》，《历史研究》，2007 年第 5 期。

子》"有功于圣门，不可胜言"，二程通过阐述《四书》与圣人之道的紧密关系，来突出《四书》的重要价值。（2）关于《四书》内在关系的认识。二程认为："孔子没，传孔子之道者，曾子而已。曾子传之子思，子思传之孟子，孟子死，不得其传，至孟子而圣人之道益尊"（《河南程氏遗书》卷第二十五），形成了孔子—曾子—子思—孟子之间的道统传承谱系，这样就使得《四书》之间的内在关系得以形成。（3）关于《四书》的研读次序。《大学》为初学者的"入德之门"之书，"《大学》，孔子之遗言也。学者由是而学，则不迷于入德之门也"（《河南程氏粹言》卷第一《论书篇》）。《大学》之后，则是研读《论语》《孟子》，"入德之门，无如《大学》。今之学者，赖有此一篇书存，其他莫如《论》《孟》"（《河南程氏遗书》卷第二十二上）。至于《中庸》则在此后，"《中庸》之书，学者之至也"（《河南程氏遗书》卷第二十五），"《中庸》之言，放之则弥六合，卷之则退藏于密"（《河南程氏遗书》卷第十一）。二程虽然未明确提出《四书》的研读次序，但是形成了以《大学》为首，次读《论语》《孟子》，然后读《中庸》的顺序。（4）关于《四书》与《五经》之间的关系。二程认为，"于《语》《孟》二书知其要约所在，则可以观《五经》矣"（《河南程氏粹言》卷第一《论书篇》），先读《论语》《孟子》，在掌握其中所蕴含的精义之后，再读《五经》才能理解其中蕴含的圣人之意。朱熹进一步指出，"河南程夫子之教人，必先使之用力乎《大学》《论语》《中庸》《孟子》之言，然后及乎《六经》。盖其难易、远近、大小之序，固如此而不可乱也"（《朱熹集》卷八十二《书临漳所刊四子后》），先《四书》后《六经》符合经学之间难易、远近、大小之类的程度差异。（5）以《大学》为本来构建为学的先后次序，"人之学莫大于知本末始终。致知格物，则所谓本也，始也；治天下国家，则所谓末也，终也"（《河南程氏遗书》卷第二十五），以致知格物为本，以治天下国家为末，这就是由内圣至外王的为学之道。

　　朱熹则是在二程的基础上，建立了以《四书》为核心的新经典体系。具体学术贡献为：（1）在经学史上，第一次明确提出《四书》之名。淳熙九年

（1182 年），朱熹在浙东提举任上，首次把四书合为一集刻于婺州，这是经学史上首次以《四书》之名来集合刊刻。束景南在《朱子大传》中认为，这个宝婺刻本，是"朱熹首次把《大学章句》《中庸章句》《论语集注》《孟子集注》集为一编合刻，经学史上与《五经》相对的《四书》之名第一次出现"①。（2）第一次明确阐述研读《四书》之先后次第。朱熹指出，"学问须以《大学》为先，次《论语》，次《孟子》，次《中庸》。《中庸》工夫密，规模大"，"某要人先读《大学》，以定其规模；次读《论语》，以立其根本；次读《孟子》，以观其发越；次读《中庸》，以求古人之微妙处。《大学》一篇有等级次第，总作一处，易晓，宜先看。《论语》却实，但言语散见，初看亦难。《孟子》有感激兴发人心处。《中庸》亦难读，看三书后，方宜读之"（《朱子语类》卷十四），先学《大学》，再读《论语》《孟子》，最后读《中庸》，这就是朱熹明确提出的"入道之序"。（3）第一次明确论述《四书》与《六经》之间的逻辑关系。朱熹认为，"《四子》，《六经》之阶梯"（《朱子语类》卷一百五），"《语》《孟》《中庸》《大学》是熟饭，看其他经，是打禾为饭"（《朱子语类》卷十九），"人自有合读底书，如《大学》《语》《孟》《中庸》等书，岂可不读！读此四书，便知人之所以不可不学底道理，与其为学之次序，然后更看《诗》《书》《礼》《乐》。某才见人说看《易》，便知他错了，未尝识那为学之序"（《朱子语类》卷六十七），先学习《四书》，然后再读《六经》，这就是《四书》与《六经》之间的为学次序。（4）第一次以《四书》为中心来系统构建程朱理学的学统与道统谱系。朱熹在《中庸章句序》中首次提出"道统"二字，将《四书》学与道统论相结合，并通过阐发《大学》《论语》《孟子》《中庸》的义理，构建了以《四书》学为核心的新经学思想体系。

　　总而言之，以二程洛学、朱熹闽学为根基，以《四书》为载体，在二程、朱熹及其弟子们的共同努力下，《四书》学获得了官方层面的接受和认

---

①　束景南：《朱子大传》，商务印书馆 2003 年版，第 766 页。

可，逐步由地方性学术变为官方性学术。具体表现为：（1）《四书》成为南宋及元、明、清三代学校教育、科举考试用书。①宋理宗宝庆三年（1227年），理宗下诏将朱熹集注的《大学》《论语》《孟子》《中庸》列为学校教育的教材。②元仁宗皇庆二年（1313年）制定科举考试条目，规定明经内《四书》《五经》，以程朱注解为主。③明成祖永乐十三年（1415年）编纂成以朱学为主的《四书大全》《五经大全》《性理大全》，科举以《四书》《五经》取士。其中《四书》以朱熹《四书章句集注》为标准；《五经》中的《易》用朱熹的《周易本义》与程颐的《易传》，《诗》用朱熹的《诗集传》，《书》用朱熹弟子蔡沈的《书集传》。④清康熙五十四年（1715年），李光地奉敕编撰《性理精义》，以程朱之学作为学校教育、科举考试的内容。（2）《四书》学纳入传统知识分类体系之中。①《明史·艺文志》专设《四书》一门，首次从官方正史层面确立了《四书》学在传统知识分类体系中的地位。②清代编撰的《四库全书总目》之《经部》专设《四书》类一门，将历代学者注解《论语》《大学》《中庸》《孟子》的相关著述进行归纳，从整体上呈现了《四书》学的学术发展史。

（二）《四书章句集注》：程朱理学之学统与道统的象征和标志

朱熹在《四书章句集注》的序文中，从经典文本、思想内涵、学术谱系三个方面，全面而系统地梳理和总结了程朱理学的学统和道统，从而形成了以《四书》为中心的新的儒学体系和经典体系。

《四书章句集注》的出版"前言"中，以"编辑按"的方式对《四书章句集注》的整体情况进行了介绍：

　　《四书章句集注》是朱熹（1130—1200年）最有代表性的著作之一。朱熹祖述二程的观点和做法，特别尊崇《孟子》和《礼记》中的《大学》《中庸》，使之与《论语》并列。认为《大学》中"经"的部分是"孔子之言而曾子述之"，"传"的部分是"曾子之意而门人记之"，《中庸》是"孔门传授心法"而由"子思笔之于书以授孟子"。四者合起来，代表了由孔子经过曾参、子思传到孟子这样一个儒家道统，而二程和自己则是这一久已中断的道统的继承、发扬者。他为四者分别作了注释，对《大学》还区分了经传并重新编排了章节，作为一套书同时刊行，称为《四子》（《朱文公文集》卷二八有《书临漳所刊〈四子〉后》一篇，又《朱子语类》卷一〇五云"《四子》,《六经》之阶梯"）。《大学》《中庸》的注释称"章句"，《论语》《孟子》的注释因引用二程、程门弟子及其他人的说法较多，称"集注"。后人合称之为《四书章句集注》，简称《四书集注》。

朱熹在《四书章句集注》中，一是交代了《大学》《中庸》的作者，由此而形成了从孔子到曾子、子思再到孟子的儒家道统谱系，进而确立了《四书》（尤其是《大学》《中庸》）在儒家道统传统中的应有地位；二是阐明了二程、朱熹在宋代道学传承中的地位，从二程到朱熹之间的宋代儒家道统谱系得以形成；三是确立了《中庸》在《四书》经学体系中的地位，尤其是从"孔门传授心法"来看待《中庸》，从而为儒家道统论中的"道"寻找到了文本依据。在《四书》内部的为学次序上，朱熹遵照二程的指导，认为"学问须以《大学》为先，次《论语》，次《孟子》，次《中庸》"（《朱子语类》卷十四）。朱熹对于《大学》文本的理解，充分体现在《大学章句序》之中：

> 【1】《大学》之书，古之大学所以教人之法也。盖自天降生民，则既莫不与之以仁、义、礼、智之性矣，然其气质之禀或不能齐，是以不能皆有以知其性之所有而全之也。一有聪明睿智能尽其性者出于其间，则天必命之以为亿兆之君师，使之治而教之，以复其性。此伏羲、神农、黄帝、尧、舜，所以继天立极，而司徒之职、典乐之官所由设也。
>
> 三代之隆，其法浸备，然后王宫、国都以及闾巷，莫不有学。人生八岁，则自王公以下，至于庶人之子弟，皆入小学，而教之以洒扫、应对、进退之节，礼乐、射御、书数之文；及其十有五年，则自天子之元

子、众子，以至公、卿、大夫、元士之适子，与凡民之俊秀，皆入大学，而教之以穷理、正心、修己、治人之道。此又学校之教、大小之节所以分也。

夫以学校之设，其广如此，教之之术，其次第节目之详又如此，而其所以为教，则又皆本之人君躬行心得之余，不待求之民生日用彝伦之外，是以当世之人无不学。其学焉者，无不有以知其性分之所固有，职分之所当为，而各俯焉以尽其力。此古昔盛时所以治隆于上，俗美于下，而非后世之所能及也！

【2】及周之衰，贤圣之君不作，学校之政不修，教化陵夷，风俗颓败，时则有若孔子之圣，而不得君师之位以行其政教，于是独取先王之法，诵而传之以诏后世。若《曲礼》《少仪》《内则》《弟子职》诸篇，固小学之支流余裔，而此篇者，则因小学之成功，以著大学之明法，外有以极其规模之大，而内有以尽其节目之详者也。三千之徒，盖莫不闻其说，而曾氏之传独得其宗，于是作为传义，以发其意。及孟子没而其传泯焉，则其书虽存，而知者鲜矣！

自是以来，俗儒记诵词章之习，其功倍于小学而无用；异端虚无寂灭之教，其高过于大学而无实。其他权谋术数，一切以就功名之说，与夫百家众技之流，所以惑世诬民、充塞仁义者，又纷然杂出乎其间。使其君子不幸而不得闻大道之要，其小人不幸而不得蒙至治之泽，晦盲否塞，反覆沈痼，以及五季之衰，而坏乱极矣！

【3】天运循环，无往不复。宋德隆盛，治教休明。于是河南程氏两夫子出，而有以接乎孟氏之传。实始尊信此篇而表章之，既又为之次其简编，发其归趣，然后古者大学教人之法、圣经贤传之指，粲然复明于世。虽以熹之不敏，亦幸私淑而与有闻焉。顾其书犹颇放失，是以忘其固陋，采而辑之，间亦窃附己意，补其阙略，以俟后之君子。极知僭逾，无所逃罪，然于国家化民成俗之意、学者修己治人之方，则未必无小补云。

朱熹在《大学章句序》中将《大学》界定为"学者修己治人"之工夫，并从（【1】【2】【3】）三个方面进行说明：

一是《大学》的主旨为"古之""教人之法"。此"古之"从时间范围上来说是"及周之衰"之前的时代，从具体代表人物来说包括伏羲、神农、黄帝、尧、舜等，这是君师合一、教治合一的时代；此"教人之法"主要体现在小学与大学两个阶段，其中：八到十五岁为小学阶段，教育内容包括洒扫、应对、进退之节与礼乐、射御、书数之文两部分；十五岁以上为大学阶段，教育内容以穷理、正心、修己、治人之道为主。无论是小学还是大学阶段的教育，都以"性分之所固有、职分之所当为，而各俛焉以尽其力"之"复其性"为宗旨，故能达到"治隆于上，俗美于下"的教育效果。

二是《大学》是圣经贤传之旨。所谓"圣经"就是"孔子之言而曾子述之"之经文，凡二百五字，即"大学之道，在明明德，在亲民，在止于至善"章；所谓"贤传"就是"曾子之意而门人记之"之传文，凡千五百四十六字，共分为十章，分别用来"释明明德""释新民""释止于至善""释本末""释格物、致知之义""释诚意""释正心修身""释修身齐家""释齐家治国""释治国平天下"。传文十章之中，前四章统论纲领旨趣，后六章细论条目功夫。从《大学》的传承顺序来看，孔子取先王之法，诵而传之于曾子；曾子独得其宗，作为传义，然后传之于孟子。孟子之后，不得其传。故造成君子"不得闻大道之要"，小人"不得蒙至治之泽"，而导致"坏乱极矣"！

三是《大学》为学者修己治人之方。二程接续"孟子之传"，既表彰"大学教人之法""圣经贤传之指"，又"为之次其简编，发其归趣"，从而使得《大学》"粲然复明于世"。二程分别对《大学》进行改本，形成"明道先生改正大学""伊川先生改正大学"两个版本，两个版本一是调整了文字的顺序，二是程颐将《大学》文本中的"亲民"改为"新民"，即"亲，当作新"。朱熹接续二程未竟之业，"顾其为书犹颇放失，是以忘其固陋，采而辑之，间亦窃附己意，补其阙略"，从而形成了朱熹改本之后的《大学章句》。朱熹将《大学》文本分为经文一章、传文十章，经文一章即是指"三纲领"

中的"明明德""新民""止于至善",传文十章即是指"八条目"中的"格物""致知""诚意""正心""修身""齐家""治国""平天下"。最为引人注目的是,朱熹专门补"格物致知"的传文,这样一方面从形式上补充完整了《大学》文本的经文与传文,另一方面则是将《大学》文本的重心从郑玄时期的"博学为政"转移到朱熹时代的"格物致知"之"修己治人",由此而来,《大学》文本的重心就由为政者变为学者,从而成为"学者必由是而学"的"初学入德"的入门之书。

朱熹的《中庸章句序》主要在于言明道统史上一脉相承的中庸之道,尧之所以授舜,舜之所以授禹,"自是以来,圣圣相承:若成汤、文、武之为君,皋陶、伊、傅、周、召之为臣,既皆以此而接夫道统之传";另一方面,则是以孔子为代表,"虽不得其位,而所以继往圣、开来学,其功反有贤于尧、舜者",孔子传颜子、曾子,曾子再传子思,"子思惧夫愈久而愈失其真也,于是推本尧、舜以来相传之意,质以平日所闻父师之言,更互演绎,作为此书,以诏后之学者"。子思根据"尧、舜以来相传之意""平日所闻父师之言"而作《中庸》,书中体现中庸之道的"天命率性""择善固执""君子时中"与尧、舜、禹相传之道统具有内在的一致性,"其曰'天命率性',则道心之谓也;其曰'择善固执',则精一之谓也;其曰'君子时中',则执中之谓也"。由此而来,《中庸》既是体现尧、舜、禹、汤、文、武等圣王的"十六字心传"道统之传,又是记载孔子、颜子、曾子、子思传承道统的文本。朱熹在《孟子序说》中引借韩愈的评价:"自孔子没,独孟轲氏之传得其宗。故求观圣人之道者,必自孟子始",一是用来说明孟子其人其书在儒家道统传承谱系中的重要地位;二是用来交代孔子、曾子、子思、孟子之间一脉相承的学统关系,"孟轲师子思,子思之学出于曾子";三是进一步阐明孟子思想学术的贡献,"孟子有功于圣门,不可胜言。仲尼只说一个仁字,孟子开口便说仁义。仲尼只说一个志,孟子便说许多养气出来。只此二字,其功甚多"。朱熹在《论语序说》中主要是通过引述《史记·孔子世家》及二程对《论语》的评价,来进一步说明《论语》在儒家道统传统谱系上的重要地位。尤其是通过《读论语孟子法》一文，以引述二程就如何读《论语》《孟子》之法的方式，来阐明《论语》《孟子》在《四书》（乃至包括《六经》在内的）儒家经典文本体系中的基本地位，"学者当以《论语》《孟子》为本。《论语》《孟子》既治，则《六经》可不治而明矣。读书者当观圣人所以作经之意，与圣人所以用心，圣人之所以至于圣人，而吾之所以未至者，所以未得者。句句而求之，昼诵而味之，中夜而思之，平其心，易其气，阙其疑，则圣人之意可见矣"（《读论语孟子法》）。

　　总而言之，朱熹通过为《四书》作序的方式，确立了《四书》在承接三代先王之道中的学术地位，详细说明了《四书》中每部经典之于传承三代先王之道的道统论意义，进一步完善了（孔子、曾子、子思、孟子）人物与（《论语》《大学》《中庸》《孟子》）文本之间的逻辑关系，构建了从孔孟到程朱之间的学统与道统关系，从而形成了以《四书》为中心的新的儒家经典体系和道统传承谱系。

第三节　双重身份：从书院到经筵的传道新方式

　　以朱熹为代表的宋代学者所构建的《四书》学经典体系，是"一种能够满足儒家士大夫承担道统传承、复兴孔孟之道的经典体系"。具体来说，"从中唐韩愈的《原道》，到南宋朱熹的《四书》诸序，在经历了三百多年的思想探索和历史建构之后，一个系统而完整的道统论终于成型。这就是朱熹建构的以《四书》为经典文献依据、以仁义中正为核心思想、以尧舜孔孟程朱为授受谱系的道统论。朱熹建构的《四书》学道统论，其目的就是回应如何回归政统与道统合一的三代传统。《四书》学道统论既体现出宋儒如何以'士'的文化身份在文化思想领域承担道统传承的责任；同时也体现宋儒如何以'帝师''大夫'的双重身份，在政治领域以道统教育帝王，以道统治理国家"①。书院与经筵，恰恰正是宋儒展现文化主体与政治主体身份的重要制度平台。一方面书院为宋学精神之所寄，"宋学精神，厥有两端：一曰革新政令，二曰创通经义，而精神之所寄则在书院。革新政令，其事至荆公而止；创通经义，其业至晦庵而遂。而书院讲学，则其风至明末之东林而始竭"②。荆公即王安石，以修撰《三经新义》为荆公新学之精神体现；晦庵即朱熹，以编撰《四书章句集注》为程朱理学之精神表征；以荆公新学与程朱理学为代表的宋学精神，正是酝酿、生成于书院自由讲学的学术氛围之中，"在发扬儒家的'为己之学'或宋明理学的思想上面，书院发挥了重要的作用。讲学的风气以及制度化当然要归功于书院，宋明理学或儒学的种种风尚及学派往往依附书院而发扬光大。这是中国教育制度史上十分重大的发展。西洋中古学术的发展往往依附于大学，迨文艺复兴，则'学院'（academy）兴起，日渐取代大学。而到了启蒙时代，沙龙更成了新思想的温床。可见学术的发达往往和思想家荟萃的场所有千丝万缕的关系。从这个角度言之，书院是宋明以降儒学发达的制度上的保姆"③。另一方面经筵为宋儒理想之所托，"宋代理学家还希望在朝廷的支持下推动理学的进一步发展，通过自上而下的路径确立理学的重要地位。宋儒利用宋朝的文治国策，特别是利用经筵讲学的制度，主动对君王施加影响，重视君德养成，致力于引君于道。理学家强调当朝帝王必须将'学以成圣'作为自己毕生追求的目标，他们又将理学及《四书》学看作'帝王之学'"④。由此可见，书院与经筵正是宋儒寄希望通过自下而上与自上而下之双重传道方式，实现以《四书》（包括《五经》在内的）儒家经典文本的学术建构与知识传播，最终达成白衣秀才与君王共治天下的儒家终极理想。

---

① 朱汉民：《宋儒道统论与士大夫的主体意识》，《哲学研究》，2018 年第 10 期。

② 钱穆：《中国近三百年学术史》，商务印书馆 1997 年版，第 7 页。

③ 李弘祺：《序二》，陈谷嘉、邓洪波主编：《中国书院史资料》（上册），浙江教育出版社 1998 年版，第 2 页。

④ 朱汉民：《朱熹帝学思想的开拓：评王琦教授〈朱熹帝学思想研究〉》，《原道》，2021 年第 41 辑。

一、书院与经筵：得士行道与得君行道之传道新方式

宋代的文化主体以白衣秀才为主，"秦前，乃封建贵族社会。东汉以下，士族门第兴起。魏晋南北朝定于隋唐，皆属门第社会，可称为是古代变相的贵族社会。宋以下，始是纯粹的平民社会。除蒙古满洲异族入主，为特权阶级外，其升入政治上层者，皆由白衣秀才平地拔起，更无古代封建贵族及门第传统的遗存。故就宋代而言之，政治经济、社会人生，较之前代莫不有变"①，士之身份从"封建贵族""士族门第"到"白衣秀才"的转型，使宋代形成了一种新的所谓"士大夫与君主共治天下"的政治格局。书院与经筵，就是这种士大夫型社会结构中重要的一环，为士大夫以文化主体与政治主体的双重身份，实现从内圣到外王的学术理想和人生价值提供了制度平台和政策保障。

（一）书院：宋学精神之所寄

王船山就宋代师道复兴、宋学兴起与书院教育之间的关系，评价道："咸平四年，诏赐'九经'于聚徒讲诵之所与州县学校等，此书院之始也。嗣是而孙明复、胡安定起，师道立，学者兴，以成乎周、程、张、朱之盛。"（《宋论·真宗一》）宋初，书院兴起，特别是源于宋初三先生胡瑗、孙复、石介"相与讲明正学，自拔于尘俗之中"，使得师儒之道立而学者兴，学统四起，最终促成了"周、程、张、朱之盛"。

宋初三先生胡瑗、孙复、石介就是宋初书院兴起的象征和代言人。尤其是胡瑗以"苏胡教法"而著称，对于宋代学院乃至官学（太学）教育都产生了十分重要的影响，"师道废久矣，自景祐、明道以来，学者有师，惟先生暨泰山孙明复、石守道三人，而先生之徒最盛。其在湖州之学，弟子去来常数百人，各以其经转相传授，其教学之法最备，行之数年，东南之士莫不以仁义礼乐为学"（《胡先生墓表》）。宋神宗题赞先生（胡瑗）像曰："先生之道，得孔、孟之宗；先生之教，行苏、湖之中。师任而尊，如泰山屹峙于诸

---

① 钱穆：《理学与艺术》，《宋史研究集》（第七辑），台湾书局1974年版，第2页。

峰；法严而信，如四时迭运于无穷。辟居太学，动四方欣慕，不远千里而翕从；召入天章，辅先帝日侍，启沃万言而纳忠。经义治事，以适士用；议礼定乐，以迪朕躬。敦尚本实，还隆古之淳风；倡明正道，开来学之颛蒙。载瞻载仰，谁不思公；诚斯文之模范，为后世之钦崇"。胡瑗讲学复归儒学"明体达用"之主旨，以经义、治事二斋进行教学，倡明儒家师道之风，实开宋代义理之学的先河。

孙复与胡瑗、石介三人关系密切，《文昭胡安定先生瑗》中载有胡瑗"往泰山，与孙明复、石守道同学"的求学经历。至于孙复，在范仲淹掌教于应天府书院期间，曾求学于此，任职于此，主要讲《春秋》学，同样，变《春秋》学由专门学为通学的第一人正是孙复。之后，孙复应石介之邀，主持、讲学于泰山书院，故有"泰山先生"之称谓。石介专门撰有《泰山书院记》，用以阐明作为"贤人之穷者"的孙复，在传承圣贤之道、复兴儒学中的重要地位，以此来说明书院讲学与宋学兴起之间的密切关系。

> 自周以上观之，贤人之达者，皋陶、傅说、伊尹、吕望、召公、毕公是也。自周以下观之，贤人之穷者，孟子、扬子、文中子、吏部是也。然较其功业德行，穷不必易达，吏部后三百年，贤人之穷者，又有泰山先生。

孙复是韩愈（吏部）之后的贤人之穷者，与孟子、扬子、文中子、韩愈同道。

> 孟子、扬子、文中子、吏部皆以其道授弟子，既授弟子，复传之于书，其书大行，其道大耀。先生亦以其道授弟子，既授之弟子，亦将传之于书，将使其书大行，其道大耀。

孙复与孟子、扬子、文中子、韩愈一样，都通过教授弟子、著书立说，来推行其说，光大其道。

乃于泰山之阳起学舍斋堂，聚先圣之书满屋，与群弟子而居之。当时游从之贵者，孟子则有梁惠王、齐宣王、滕文公之属；扬子则有刘歆、桓谭之属；文中子则有越公之属；吏部则有裴晋公、郑相国、张仆射之属。门人之高第者，孟则有万章、公孙丑、乐克之徒；扬则有侯芭、刘棻之徒；文中子则有董常、程元、薛收、李靖、杜如晦、房魏之徒；吏部则有李观、李翱、李汉、张籍、皇甫湜之徒。今先生游从之贵者，故王沂公、蔡二卿、李秦州、孔中丞，今李丞相、范经略、明子京、张安道、士熙道、祖择之。门人之高第者，石介、刘牧、姜潜、张洞、李缊，足以相望于千百年之间矣。孰谓先生穷乎？大哉！圣贤之道无屯泰。孟子、扬子、文中子、吏部皆屯于无位与小官，而孟子泰于七篇，扬子泰于《法言》《太玄》，文中子泰于《续经》《中说》，吏部泰于《原道》《论佛骨表》十余万言。先生尝以谓尽孔子之心者大《易》，尽孔子之用者《春秋》，是二大经，圣人之极笔也，治世之大法也，故作《易说》六十四篇，《春秋尊王发微》十二卷；疑四凶之不去，十六相之不举，故作《尧权》；防后世之篡夺，诸侯之僭逼，故作《舜制》；辨注家之误，正世子之名，故作《正名解》；美出处之得，明传嗣之嫡，故作《四皓论》。先生述作，上宗周孔，下拟韩孟，是以为泰山先生，孰少之哉！

泰山书院为孙复讲学之场所，弟子之中既有游从之贵者，也有门人之高弟者，石介本人则以门人高弟来尊称先圣。孙复从"心"与"用"来诠释《易》与《春秋》，恰恰体现了宋学所要解决圣人之体与圣人之用的根本问题，事实上则吻合胡瑗"明体达用"之思想学说。

石介既有与胡瑗、孙复共学的经历，又有与孙复从学之师门情谊，更有创办、主持、讲学徂徕书院的经历，故有"徂徕先生"之称谓，其文集也命名为《徂徕集》。关于徂徕书院，范成大在《石鼓山记》中称其为宋初四大书院之一，"天下有书院四：徂徕、金山、岳麓、石鼓"。欧阳修在《石介墓志》中云："先生非隐者也，其仕尝位于朝矣。鲁之人不称其官而称其德，以为徂徕鲁之望，先生鲁人之所尊，故因其所居之山以配其有德之称，曰徂徕先生。其遇事发愤，作为文章，极陈古今治乱成败，以指切当世。贤愚善恶，是是非非，无所讳忌。世俗颇骇其言，由是谤议喧然。而小人尤嫉恶之，相与出力，必挤之死。先生安然，不惑不变，曰：'吾道固如是。吾勇过孟轲矣！'"鲁人以石介为鲁之望，并以其所居之山而尊称之为徂徕先生，这是其仁；石介为仕期间，最勇敢的行为莫过于宋仁宗庆历三年（1043年），在范仲淹、欧阳修等人被重用及吕夷简、夏竦等人被罢免之时，直呼"此盛事也，歌颂吾职，其可以乎"，并效仿韩愈《元和圣德诗》作《庆历圣德颂》，来褒贬大臣、辨别邪正，不惧个人之荣辱与得失（虽有过激之失，但勇气可嘉），这是其勇；石介以一介书生，守道、卫道，并以"勇过孟轲"自我激励，足实可称为一个"狂生"，一个具有仁、勇但智略显不足的宋学引路人。后世学者以儒者"正统"自居，以排佛、道为己任，正是受益于石介等人的思想启蒙与行动指引。

周敦颐、二程、张载、朱熹五先生都有浓厚的书院情结，承续宋初三先生未竟之业，高举义理之学的大旗，复兴儒学，倡明师道，开启有宋一代乃至后世书院讲学传道之新风尚。（1）周敦颐曾经讲学的书院有：江州的濂溪书堂（后改名为濂溪书院）、修水的景濂书院（又称濂山书院）、萍乡芦溪的宗濂书院、虔州的清濂书院。周敦颐在濂溪书堂讲学期间，程颢、程颐兄弟曾拜师、求学于此，朱熹专门撰写《江州濂溪书堂记》，以此来阐述周敦颐在理学道统传承中的学术地位。（2）程颢、程颐兄弟讲学于嵩阳书院期间，培养出了"程门四大弟子"杨时、游酢、谢良佐、吕大临，其中杨时在无锡创建东林书院（又称龟山书院），其学经罗从彦、李侗而三传至朱熹。程颢创建了明道书院（又称大程书院），程颐创建了伊皋书院（又称伊川书院），明道书院是南宋书院中规制最完备的书院，《明道书院规程》对书院的招生、教学、祭祀、考试、考勤等方面都有明确的制度规定。朱熹、游九言、真德秀各自所撰写的《明道书院记》、王塈的《明道书院御书记》、马光祖的《明道书院跋》，阐明了程颢在传承道学方面的开创性地位。从现今留存的明道

书院系列讲义来看，学者们主要围绕《大学》《中庸》《论语》《周易》《周礼》
中的核心语段，通过阐明语义、诠释义理来传播理学思想学说。

表 4-4　明道书院系列讲义一览表 [①]

讲学者	讲学内容
宋淳祐十一年（1251）：胡崇开堂讲《大学》	大学之道，在明明德，在亲民，在止于至善。（学者们在不同时间段，以同一主题来阐释对于《大学》核心语段的不同理解，既能交流思想，又能深挖其中所包含的义理。）
宋宝祐三年（1255）：赵汝训开堂讲《大学》	
宋景定元年（1260）：胡立本开堂讲《大学》	
翁泳开堂讲《大学》	
宋景定三年（1262）：程必贵开堂讲《大学》	
宋景定三年（1262）：程必贵开堂讲《中庸》	天命之谓性，率性之谓道，修道之谓教。
宋开庆元年（1259）：张显开堂讲《中庸》	博学之，审问之，谨思之，明辨之，笃行之。
吴坚开堂讲《论语》	子曰："吾十有五而志于学，三十而立，四十而不惑，五十而知天命，六十而耳顺，七十而从心所欲，不逾矩。"
宋开庆元年（1259）：周应合开堂讲《论语》	子曰："学而时习之，不亦说乎？有朋自远方来，不亦乐乎？人不知而不愠，不亦君子乎？"
宋开庆元年（1259）：周应合开堂讲《论语》	有子曰："其为人也孝弟，而好犯上者鲜矣；不好犯上，而好作乱者未之有也。君子务本，本立而道生。孝弟也者，其为仁之本与？"子曰："巧言令色，鲜矣仁！"
宋宝祐四年（1256）：潘骥开堂讲《周易》	《复》：亨。出入无疾。朋来无咎。反复其道，七日来复。利有攸往。《彖》曰：《复》"亨"。刚反，动而以顺行。是以"出入无疾，朋来无咎"。"反复其道，七日来复"，天行也。"利有攸往"，刚长也。《复》，其见天地之心乎。
宋宝祐二年（1254）：朱貔孙开堂讲《周礼》	大司徒以乡三物教万民，而宾兴之。一曰六德：知、仁、圣、义、忠、和；二曰六行：孝、友、睦、姻、任、恤；三曰六艺：礼、乐、射、御、书、数。

---

① 根据陈谷嘉、邓洪波主编的《中国书院史资料》（上册）中《著名的书院讲义、策问》的相关内容编制而成。

（3）张载读书、讲学始于崇寿院，终于崇寿院，崇寿院即今横渠书院。张载之关学，"以《易》为宗，以《中庸》为的，以《礼》为体，以孔、孟为极"，强调通经致用，以"躬行礼教"倡道于关中，"于是关中风俗一变而至于古"（《横渠学案》之《献公张横渠先生载》)，体现了宋代儒学发展的新方向。（4）朱熹是南宋理学家中书院情结最重的一位，方彦寿在《朱熹书院与门人考》一书中，将与朱熹有关的67所书院，"分为创建的4所，修复的3所，读书讲学的47所，题诗题词的13所"①。其中最具代表性的是朱熹因重修白鹿洞书院，而在中国古代书院发展史上留下了一段教育佳话；同样，白鹿洞书院之所以能扬名于后世，完全得益于朱熹个人贡献。具体包括：一是为白鹿洞书院订立学规，二是请吕祖谦为白鹿洞书院作记，三是邀请陆九渊来白鹿洞书院讲学。南宋淳熙七年（1180年），值白鹿洞书院重建"喜初成"之际，朱熹升堂讲说《中庸》首章，并以"圣贤所以教人为学之大端"来揭示诸生，即为著名的《白鹿洞书院揭示》。《揭示》以儒家"父子有亲，君臣有义，夫妇有别，长幼有序，朋友有信"之"五伦"作为"五教之目"，然后从"为学之序""修身之要""处事之要""接物之要"四个方面，将儒家经典文本中的思想学说转变为士人为学、修身、处事、接物之基本准则，从而将儒家伦理道德转变为士人的日常生活行为规范，以此来养成士人以程朱理学的价值标准来为学修身的目的。之后，《白鹿洞书院揭示》由单个地方书院的学规演变为古代书院精神的象征，一是得益于朱熹本人的推广，绍熙五年（1194年），朱熹重建岳麓书院之时，将《白鹿洞书院揭示》移录其中，成为岳麓书院的学规，史称《朱子教条》；二是受益于宋理宗的推崇，淳祐元年（1241年），宋理宗在视察太学之时，曾手书《揭示》赐示诸生。朱熹的学术声望叠加帝王的政治影响，既提升了白鹿洞书院在古代书院中的历史地位，又增强了《揭示》在诸类书院学规中的社会影响。朱熹经营白鹿洞书院之事，还包括在重建白鹿洞书院之时，邀请吕祖谦于淳熙年间（1174—

---

① 方彦寿:《朱熹书院与门人考》，华东师范大学出版社2000年版，序言第1页。

1189 年）撰写《白鹿洞书院记》。

> 淳熙六年，南康军秋雨不时，高仰之田告病，郡守新安朱侯熹行视陂塘，并庐山而东，得白鹿洞书院废址，慨然顾其傍曰："是盖唐李渤之隐居，而太宗皇帝驿送九经，俾生徒肄业之地也。书院创于南唐，其事至鲜浅，太宗于泛扫区宇日不暇给之际，奖劝封殖如恐弗及，规模远矣。中兴五十年，释老之宫圮于寇戎者，斧斤之声相闻，各复其初，独此地委于榛莽，过者太息，庸非吾徒之耻哉！郡虽贫薄，顾不能筑屋数楹，上以宣布本朝崇建人文之大指，下以续先贤之风声于方来乎？"乃属军学教授杨君大法、星子县令王君仲杰董其事，又以书命某记其成。

这是吕祖谦交代写作《白鹿洞书院记》的缘由，并借朱熹之语来简要介绍白鹿洞书院的历史过往，以及朱熹修复白鹿洞书院的用意——"上以宣布本朝崇建人文之大指，下以续先贤之风声于方来"。

> 某窃尝闻之诸公长者：国初，斯民新脱五季锋镝之厄，学者尚寡，海内向平，文风日起，儒先往往依山林，即闲旷以讲授，大率多至数十百人，嵩阳、岳麓、睢阳及是洞为尤著，天下所谓四书院者也。祖宗尊右儒术，分之官书，命之禄秩，锡之扁榜，所以宠绥之者甚备。当是时，士皆上质实，下新奇，敦行义而不偷，守训故而不凿，虽学问之渊源统纪或未深究，然甘受和，白受采，既有进德之地矣。庆历、嘉祐之间，豪杰并出，讲治益精，至于河南程氏、横渠张氏，相与倡明正学，然后三代孔孟之教，始终条理，于是乎可考。熙宁初，明道先生在朝，建白学制，教养、考察、宾兴之法，纲条甚悉，不幸王氏之学方兴，其议遂格，有志之士未尝不叹息于斯焉。建炎再造，典刑文献浸还旧观，关洛绪言稍出于毁弃剪灭之余，晚进小生骤闻其语，不知

亲师取友以讲求用力之实，躐等陵节，忽近慕远，未能窥程张之门庭，而先有王氏高自贤圣之病，如是洞之所传习道之者或鲜矣。然则，书院之复岂苟云哉！此邦之士盍相与揖先儒淳固悫实之余风，服《大学》离经辨志之始教，由博而约，自下而高，以答杨熙陵开迪乐育之大德，则于贤侯之劝学斯无负矣。至于考方志，纪人物，亦有土者所当谨，若李潗之之遗迹，固不得而略也。侯于是役，重民之劳，赋功已狭，率损其旧十七八，力不足而意则有余矣。兴废始末具于当涂郭祥正所记者，皆不书。

吕祖谦一是说明白鹿洞书院为宋初"天下四书院"之一，为宋儒讲明先贤圣学之场所；二是赞扬二程、张载之学，尊三代孔孟之教；三是批判荆公新学，既毁二程、张载之学，又碍书院倡明正学之学风。由此而来，朱熹重建白鹿洞书院，就有倡明二程、张载之学，复三代先王之教的功效，这就是吕著《白鹿洞书院记》的用意所在。之后，嘉定十年（1217年）黄榦撰《南康军新修白鹿书院记》、绍定年间（1228—1233年）袁甫撰《重修白鹿书院记》《白鹿书院君子堂记》、祥兴年间（1278—1279年）马廷鸾撰《庐山白鹿洞书院兴复记》，接续吕祖谦来记述关于白鹿洞书院过往之经历，以此来倡明正学，倡三代先王之教。马廷鸾在《庐山白鹿洞书院兴复记》中，专门交代了各记写作的大致背景：

　　谨按国史，淳熙八年十一月辛丑，礼部言：知南康军朱熹奏庐山白鹿洞书院在本军星子县界，恭闻先朝尝赐之国子监九经，又尝敕有司重加修缮。考此山佛老之祠以百数，兵乱之余次第兴葺，而先王礼乐之官所以为化民成俗之本者，乃反寂寥。臣蒙恩假守，始即其故基度为小屋，教养生徒，欲望继述两朝神圣遗意，特降敕命，仍旧以白鹿书院为额，诏国子监仰摹御书石经、印造《九经注疏》《论》《孟》等书给赐。事下国子监勘当，监上礼部奏闻。从之。于是，东莱吕成公为之记。后三十有八年，南康守臣重修，而勉斋黄公记之。又后十有六年，江东宪臣重修，而蒙斋先生袁公记之。后五十有四年，斋藏不戒于火，百年儒官一夕湮灭，斯文之厄极矣。于是，领生徒尸讲席者，尽然动心，任藩侯为师帅者，慨然出力，披荒拨烬，度材鸠工，爰畀之人徒焉，赋之财粟焉，旧日规制乃大兴复。入其境，则山葱茏水汩潏者，文公之旧也；登其门，则厦屋渠渠，章甫峨峨者，文公之旧也。且于微阐显幽之余，更有饰回增美之观，斯亦奇矣。山长某姓等写图纂事，授简于鄱阳后学马某，而俾记其成焉。

白鹿洞书院虽然命运多舛，但是历经士人修缮，薪火相传而终成古代著名书院之代表。朱熹在白鹿洞书院讲学期间，于淳熙八年（1181年）特意邀请陆九渊来白鹿洞书院讲学，并留存有著名的《白鹿书堂讲义》。

> 九渊虽少服父兄师友之训，不敢自弃，而顽钝疏拙，学不加进，每怀愧惕，恐卒负其初心，方将求针砭镌磨于四方师友，冀获开发，以免罪戾。比来得从郡侯秘书先生至白鹿书堂，群贤毕集，瞻睹盛观，窃自庆幸！秘书先生、教授先生不察其愚，令登讲席，以吐所闻。顾惟庸虚，何敢当此？辞避再三，不得所请，取《论语》中一章，陈平昔之所感，以应嘉命，亦幸有以教之。
>
> 子曰："君子喻于义，小人喻于利。"
>
> 此章以义利判君子、小人，辞旨晓白，然读之者苟不切己观省，亦恐未能有益也。九渊平日读此，不无所感，窃谓学者于此，当辨其志。人之所喻由其所习，所习由其所志。志乎义，则所习者必在于义，所习在义，斯喻于义矣。志乎利，则所习者必在于利，所习在利，斯喻于利矣。故学者之志不可不辨也。
>
> 科举取士久矣，名儒巨公皆由此出。今为士者固不能免此。然场屋之得失，顾其技与有司好恶何如耳，非所以为君子、小人之辨也。

而今世以此相尚，使汨没于此而不能自拔，则终日从事者，虽曰圣贤之书，而要其志之所向，则有与圣贤相背而驰者矣。推而上之，则又惟官资崇卑、禄廪厚薄是计，岂能悉心力于国事民隐，以无负于任使之者哉？从事其间，更历之多，讲习之熟，安得不有所喻？顾恐不在于义耳。诚能深思是身，不可使之为小人之归，其于利欲之习，怛焉为之痛心疾首，专志乎义而日勉焉。博学、审问、谨思、明辨而笃行之。由是而进于场屋，其文必皆道平日之学、胸中之蕴，而不诡于圣人。由是而仕，必皆共其职，勤其事，心乎国，心乎民，而不为身计。其得不谓之君子乎？

秘书先生起废以新斯堂，其意笃矣。凡至斯堂者，必不殊志。愿与诸君子勉之，以毋负其志。

陆九渊以《论语》中"君子喻于义，小人喻于利"为阐发对象，从志乎义与志乎利两个方面来区别君子与小人，并告诫诸生在科举考试的利诱面前，更应该坚守"志乎义"的学术志向，"由是而仕，必皆共其职，勤其事，心乎国，心乎民，而不为身计"。朱熹以《跋金溪陆主簿白鹿洞书堂讲义后》一文，对陆九渊讲学给予了积极的回应：

淳熙辛丑春二月，陆兄子静来自金溪，其徒朱克家、陆麟之、周清叟、熊鉴、路谦亨、胥训实从。十日丁亥，熹率僚友诸生，与俱至于白鹿书堂，请得一言以警学者。子静既不鄙而惠许之。至其所以发明敷畅，则又恳到明白，而皆有以切中学者隐微深痼之病，盖听者莫不竦然动心焉。熹犹惧其久而或忘之也，复请子静笔之于简，而受藏之。凡我同志，于此反身而深察之，则庶乎其可以不迷于入德之方矣。新安朱熹识。

陆九渊与朱熹虽然存在心学与理学之为学路径的论争，但终归都以儒家经典为本且都崇尚为己之学的为学修身宗旨。心学与理学，共同构成了宋明理学的主体，这就是两个学派之间的和而不同。朱熹与陆九龄、陆九渊兄弟之间的鹅湖寺论辩①，更是进一步将理学与心学之间的论争，置于开放式的自由论辩的学术氛围之中，以《四书》为中心的程朱理学又因此次论争而获得了更多的学术话语权，朱熹其人其说逐渐得到了官方的认可，这就是书院讲学论道之于宋学形成的价值所在。

（二）经筵：宋儒理想之所托

宋儒之理想是恢复和实现政统与道统合一的三代之治，如何以白衣秀才的身份参与国家政治生活，达到与君共治天下的政治格局，从而实现从内圣到外王的学术理想，就成为宋儒在构建儒家道统论的过程中必须面对和解决的现实问题。这一方面要求宋儒以文化主体的身份，成为儒家道统的建构者和传承者，自觉承担起复兴孔孟之道的责任和使命；另一方面则要求宋儒能以士大夫之政治主体身份来"引君当道"，"君子之事君也，务引其君以当道，志于仁而已"（《孟子·告子下》），这样既能解决汉唐以来"朝廷以道学、政术为二事"之政统与道统分离的政治困境，又能实现治国以道的政统与道统合一的三代先王之治。

王安石主持新政就是一个儒家士大夫"得君行道"的政治典范，"安石自应举历官，尊尚尧、舜之道，以倡率学者，故士人之心靡不归向，谓之为贤"（《宋史·刘述传》）。刘述是王安石的政敌，尤其反对王安石变法，但是对王安石"得君行道"方式却给予高度赞扬，足以可见，王安石在掀动神宗、重建治道的过程中所展现的个人政治魅力，无疑为宋儒树立了一个与君共治天下的榜样和典范。朱熹在《跋王荆公进邺侯遗事奏稿》中就指出，"熹常恨不晓写进《李邺侯传》，于宇文泰、苏绰事何所预？而独爱其纸尾三行，

① 这次自由论辩得益于吕祖谦的积极倡导，吕祖谦与朱熹、张栻并称"东南三贤"。吕祖谦创建了丽泽书院，制定了《丽泽书院学规》，并留存有《丽泽讲义》；张栻求学于碧泉书院，创建城南书院，主讲于岳麓书院。与朱熹展开论辩的陆九渊，曾讲学于象山精舍（后学改名为象山书院）。这就是南宋学者们的书院情结。

语气凌厉，笔势低昂，尚有以见其跨越古今、斡旋宇宙之意，疑此非小故也。后读《熙宁奏对日录》，乃得其说如此。甚矣！神宗之有志，而公之得君也"（《朱文公文集》卷八三）。无论是"跨越古今、斡旋宇宙"还是"神宗之有志，而公之得君也"，均能体现出朱熹本人对王安石的崇拜之情与推崇之意。朱熹本人同样期待像王安石一样获得"得君行道"的机会，以实现从内圣转出外王的政治诉求。李心传在《晦庵先生非素隐》一文中，就生动地再现了朱熹内心对于"得君行道"的期待。

　　晦庵先生非素隐者也，欲行道而未得其方也。绍兴己卯之秋，高宗闻其贤，已有命召。盖陈鲁公初执政，荐之也。时同召者四人：韩无咎尚书为建安宰，得旨候终更乃入；而先生与徐敦立、吕仁甫皆当即赴。何司谏（溥）乃言：徐、吕皆部使者，宜令满任，意实欲以见沮。先生因援三人例，乞俟岳祠满日赴行在。会刘忠肃新除御史，籍溪胡先生赴秘书省正字，先生以诗寄之曰："先生去上芸香阁，阁老新峨豸角冠。留取幽人卧空谷，一川风月要人看。"又曰："瓮牖前头翠作屏，晚来相对静仪刑。浮云一任闲舒卷，万古青山只么青。"时三十年五月矣。五峰胡先生初未识先生，闻之，和其诗曰："幽人偏爱青山好，为是青山青不老。山中出云洗太虚，一洗尘埃山更好。"五峰又语其学者南轩张先生曰："观此章，知其能有进，特其言有体而无用，故为是诗以箴警之。"然先生则未之见也。孝宗复召先生，一辞而至，先生之欲得君以行其道，意可见矣。及对垂拱殿，首论讲学、复雠二事。又论谏争之涂尚壅，佞幸之势方张，民力已殚，国用未节。是时汤丞相方大倡和议，深不乐之。除武学博士，待次，癸未秋也。[①]（《建炎以来朝野杂记》乙集卷八）

---

① 本文所摘取的仅为《晦庵先生非素隐》一文的开篇部分，即绍兴二十九年（1159年）、绍兴三十年（1160年）间，朱熹始得到宋高宗赏识而"命召"的事迹。

李心传以"非素隐"为主题，以时间为线索，记述了从宋高宗赵构绍兴二十九年（1159 年）至宋宁宗赵扩庆元六年（1200 年）间朱熹为仕的大致历程，充分展现了朱熹不为艰难、力行其道的为人、为学的品格和志向。李心传在文末特别说明了写作的用意，"今特取史官所书、诸家所记，先生难进易退之大节，会萃于此。后有学者，因得以求先生之志焉"，仅以此文记述先生之志，以勉后学续道前行。与朱熹思想学说相左的陆九渊，在"得君行道"的政见方面却志趣相同，"由于'行道'是共同的目的，'得君'不过是手段，朱、陆之间似乎不存在为'得君'而互相竞争的意识"①。陆九渊在《与王顺伯》第一书中，就从源头上来追溯"得君行道"之历史渊源，阐明了"得君行道"是孔孟之道统的应有之义，是儒家学者之一贯传统。

　　来教谓："若要稍展所学，为国为民，日见难如一日。"此固已然之成势，然所以致此者，亦人为之耳。能救此者，将不在人乎？孟子曰："责难于君谓之恭。"吾人平日所以自励与朋友所以相勉者，素由斯道，而后能责难于君。大禹所谓"后克艰厥后，臣克艰厥臣"，夫子所谓"为君难，为臣不易"者，皆欲思其艰以图其易耳，非惧其难而不为，与知其难而谓其必不可为也。天下固有不可为之时矣，而君子之心，君子之论，则未尝必之以不可为。春秋、战国，何如时也，而夫子则曰："如有用我者，吾其为东周乎？"又曰："如有用我者，期月而已可也，三年有成。"孟子则曰："以齐王，犹反手也。"又曰："饥者易为食，渴者易为饮，故事半古之人，功必倍之，惟此时为然。"曰："王犹足用为善。王如用予，则岂徒齐民安，天下之民举安。王庶几改之，予日望之！"曰："千里而见王，是予所欲也，不遇故去，岂予所欲哉？"

———————

① 余英时：《朱熹的历史世界：宋代士大夫政治文化的研究》，生活·读书·新知三联书店 2011 年版，第 439 页。

人之遇不遇，道之行不行，固有天命，而难易之论，非所以施于此也。（《全集》卷十一）

在朱熹、陆九渊等人看来，孔、孟身上所体现出的"知其不可为而为之"的行道精神，"只有在宋代才真正具备了实现的可能性，因为从皇帝到士大夫都已接受了'三代之道'为重建合理秩序的基本原则。而神宗和王安石之间'千载一时'的遇合则更鼓舞了他们对于这一可能性的期待"[①]。虽然他们不能像王安石一样恰逢"千载一时"的政治机遇，但是宋代经筵制度的创设，就为他们以经筵讲官的身份与帝王互动提供了制度平台。经筵讲官们借助经筵平台以讲授儒家经典为媒介，在与帝王之间的问答互动中来成就君德、"引君当道"，从而就可以间接实现"得君行道"的政治目的。

对于宋儒来说，经筵讲官不单是道的拥有者和守护者，更希望通过经筵讲学来实现道的传承。正如程颐所言："臣窃意朝廷循沿旧体，只以经筵为一美事。臣以为，天下重任，唯宰相与经筵；天下治乱系宰相，君德成就责经筵"（《河南程氏文集》卷第六《论经筵第三劄子》），设置经筵并不只是为了从形式上表达重道之仪式，而是要从成就君德的高度来认识经筵的价值和地位。为此，程颐在受命崇政殿说书之前便进呈专论经筵的三劄子，寄希望通过经筵来延续和实现三代圣王之遗迹，"三代之时，人君必有师傅保之官：师，道之教训；傅，傅之德义；保，保其身体。后世作事无本，知求治而不知正君，知归过而不知养德，傅德义之道固已疏矣，保身体之法复无闻焉"，正君养德就是经筵之宗旨所在。故当法先王，"乞皇帝左右扶侍祗应宫人内臣，并选年四十五已上，厚重小心之人；服用器玩皆须质朴，一应华巧奢丽之物，不得至于上前；要在侈靡之物不接于目，浅俗之言不入于耳。及乞择内臣十人，充经筵祗应，以伺候皇帝起居，凡动息必使经筵官知之，有翦桐

① 余英时：《朱熹的历史世界：宋代士大夫政治文化的研究》，生活·读书·新知三联书店2011年版，第437页。

之戏则随事箴规，违持养之方则应时谏止"，在之后的贴黄中进一步突出和强调，"今不设保傅之官，傅德义保身体之责皆在经筵，皇帝在宫中语言动作衣服饮食，皆当使经筵官知之"（《河南程氏文集》卷第六《论经筵第二劄子》），经筵讲官就是三代之时师傅保的统一体，就应该从道义上承担正君养德的责任。程颐对于经筵讲官责任的阐述，成为后世经筵讲官行事的准则和效法的楷模。之后，元代嵲嵲认为："天下事在宰相当言，宰相不得言则台谏言之，台谏不敢言则经筵言之。备位经筵，得言人所不敢言于天子之前，志愿足矣"（《元史》卷一百四十三《嵲嵲传》）；明人贺钦认为："圣学之成与不成，君道之尽与不尽，天下之治与不治，一系于经筵讲官"（《皇明疏钞》卷三《陈言洽道疏》）；清代学者认为："天下之治，由乎君德。而君德之成，本于经筵。讲幄之设，历代首重"（《清世祖实录》卷十五），足见经筵与君德相与共生成为历代学者的学术共识。经筵讲官通过讲授儒家经典文本来教化帝王、涵养君德，就是要在学理层面达成"以政为教"与"以教为政"的互融共生，从而实现内圣所以外王的理想追求与外王必以内圣的现实境遇之间的统一，进而在学术、思想、政治之间的互动中诠释和重塑学为圣王的新范式，以《四书》《五经》为中心的儒家经典传承就伴随在其中。

二、《大学》文本：从书院到经筵之思想试验场

无论是在书院讲学还是经筵讲学的过程中，《大学》文本都是一个特殊性的存在。《大学》正、诚、格、致和修、齐、治、平的文本结构与推演逻辑，不仅契合宋代士人"把事功融于学术"内圣外王之学的思想主旨，而且成为宋代士人通过诠释《大学》文本来建构理学体系、彰显理学价值和功用的思想来源和立论依据。

（一）大人之学：《大学》文本诠释的心性儒学进路

宋明士人对《大学》文本的理学式诠释，从学术源头上来看，无论是《大学》改本还是《大学》学术史地位的提升，都可归功于程颢、程颐兄

弟；从学术贡献上来看，朱熹的《大学章句》、王阳明的《大学古本》则是其中的代表。二程对《大学》文本结构的改正，主要体现在《明道先生改正大学》《伊川先生改正大学》篇。其中：程颢在《明道先生改正大学》中将《大学》文本结构改正为：三纲－三纲释文、八目－八目释文两部分，程颐在《伊川先生改正大学》中将《大学》文本结构改正为：三纲－八目、格致释文－三纲释文－诚正修齐治平释文两部分。二程对《大学》文本结构的改正，从形式上源于因原本"错简"而致先后失序，究其实质，则是在于通过改正文本结构，使《大学》改本更加契合二程理学的观念和主张。这种通过理学式诠释《大学》改本所形成的理学观念和主张，主要散见于《二程集》的二程语录之中。如：程颐对"格物"与"治天下国家"之间本末关系的诠释，"《大学》曰：'物有本末，事有终始，知所先后，则近道矣。'人之学莫大于知本末终始。致知在格物，则所谓本也，始也；治天下国家，则所谓末也，终也。治天下国家，必本诸身，其身不正而能治天下国家者无之。格犹穷也，物犹理也，犹曰穷其理而已也。穷其理，然后足以致之，不穷则不能致也。格物者适道之始，欲思格物，则固已近道矣"（《河南程氏遗书》卷第二十五）。格物穷理为本（始）、治天下国家为末（终），这样不仅进一步凸显了改正《大学》文本结构的学术意图，而且从学理层面论证了《大学》"格物"与道德主体修养之间的逻辑关系，"修身，当学《大学》之序"（《河南程氏遗书》卷第二十四），"自格物而充之，然后可以至圣人"（《河南程氏遗书》卷第二十五）。再如：二程对《大学》文本性质的定位，"《大学》乃孔氏遗书"（《河南程氏遗书》卷第二上）、"《大学》，圣人之完书也"（《河南程氏遗书》卷第二十四）、"入德之门，无如《大学》"（《河南程氏遗书》卷第二十二上），这样一方面启发理学后继者基于儒家道统谱系来确证《大学》文本的经典地位，乃至为《大学》作者的探寻提供了思路，另一方面则是视《大学》为道德主体修养的起始环节，由此开启了从《大学》修身至圣贤境界的下学而上达之路。

在此之后，以朱熹、王阳明为代表的宋明士人，依循改订《大学》文本

结构与诠释新文本的两个进路来建构理学体系，"朱子通过对《大学》进行
文本改订，建立起'即物穷理'学说的经典基础。王阳明借助恢复《大学古
本》，试图驳倒朱子学说赖以成立的基础，并且从中获得自己'致良知'学
说的经典依据。朱子和阳明的这种做法，具有重要的方法论意义，即从《大
学》文本改订入手，进行理学学说创新活动"①。其中：朱熹对《大学》文本
的改订主要表现在两个方面：一是在《大学章句》中将《大学》注疏本分为
经文一章（包括三纲领与八条目）、传文十章两部分，并明确了"经文"与
"传文"的作者，经文"盖孔子之言，而曾子述之"，传文"曾子之意而门人
记之"，从而明确了曾子与《大学》文本之间的关系；二是在传文部分补写
了"格物致知"章，并将传文顺序调整为"释明明德""释新民""释止于至
善""释本末""释格物、致知""释诚意""释正心修身""释修身齐家""释
齐家治国""释治国平天下"，这样就从形式和内容上完成了对《大学》文本
的理学式改造，为儒家心性理论建构起经典文本意义上的根源性权威。至于
朱熹对《大学》文本性质的理学诠释与定位，则主要体现在《大学章句》题
解与序文、文本注解之中。（1）朱熹在《大学章句》题解中指出："子程子
曰：'《大学》，孔氏之遗书，而初学入德之门也。'于今可见古人为学次第
者，独赖此篇之存，而《论》《孟》次之。学者必由是而学焉，则庶乎其不
差矣。"这段题解，首先承续了二程对《大学》文本性质的定位；其次，阐
明了学习《大学》与《论语》《孟子》之间的先后顺序，并最终形成了以《大
学》为"四书之首"的四书学体系，确立了《大学》文本在《四书章句集
注》中的合法性地位；最后，将《大学》行为主体由先王变为学者（士人），
明确了《大学》就是作为"古人为学次第"之书，这也是朱熹补写"格物致
知"传文的用意所在，"所谓致知在格物者，言欲致吾之知，在即物而穷其
理也。盖人心之灵莫不有知，而天下之物莫不有理，惟于理有未穷，故其知

---

① 刘勇：《变动不居的经典：明代〈大学〉改本研究》，生活·读书·新知三联书店2016年版，
第25页。

有不尽也。是以《大学》始教，必使学者即凡天下之物，莫不因其已知之理而益穷之，以求至乎其极"(《大学章句》)，即物穷理的过程就是学者用心去格事物之理并穷事物之理的过程，就是以儒家心性本体论为依据来明德修身的过程。(2)朱熹在《大学章句》的序文及原文注解中认为，"《大学》之书，古之大学所以教人之法也"，"大学者，大人之学也"，这样就将《大学》与大人之学与教结合起来，将《大学》的重心由郑注孔疏的"博学为政"之学转变为学者的"修己治人"之学，突出了"明明德"在"三纲领"中的根本地位，"明德为本，新民为末。知止为始，能得为终"，形成了下学上达并以下学为根基的修身格局，"凸显程朱一系内外并重、格物明德、德知兼修而最终以知辅德的本体－工夫论"[①]。故此，朱熹对《大学》文本改造与诠释的理学价值在于树立了学术和个人的双重形象，一是通过编撰以《大学》为"四书之首"的《四书章句集注》，形成了宋明以来新的经典体系和思想谱系，特别是《四书章句集注》成为书院教育及科举取士的指定用书之后，这种以中国古代圣贤经典为中心来重构新时代思想谱系的学术工作，成为引领中国古代教育理论实现自我更新与重构的新范式和新方向；二是朱熹以自下而上方式建构理学体系的自我努力和学术贡献，生动展示了道德个体遵循《大学》三纲领、八条目实现生命价值和学术抱负的为学历程，再加上朱熹后学及历代统治者对朱熹理学形象的宣扬和褒奖，遂成为中国古代知识分子实现个体生命价值的理想典范。同样，从树立学术和个人双重形象的理学价值上来讲，王阳明对《大学》文本的改造也可以视作对朱熹学术思想工作的承续，"王阳明在《大学》改本问题上的典范意义在于，他不仅通过提倡恢复《大学古本》来彻底否定朱子的文本和解释，从而动摇其'即物穷理'说最根本的经典基础，而且更为关键的是，阳明经过长达十余年的反复斟酌后，最终得以成功从《大学古本》中拈出自己最重要的创造发明'致良知'宗旨，以此作为自己学说的理论核心，从而围绕这个宗旨建立起全新的

---

① 胡治洪：《从修身成德到家国事功——论大学之道》，《人文论丛》2008 年卷，第 205 页。

理论体系"①，由此而来，源起于《大学》的"即物穷理"（朱熹）与"致良知"（王阳明），就共同构成了宋明理学大厦的根基。至于王阳明如何从《大学》文本中生成"致良知"学说，徐阶在《王文成公全书序》中作了概括性阐述："唯文成公奋起圣远之后，慨世之言致知者求知于见闻，而不可与酬酢，不可与佑神，于是取《孟子》所谓'良知'合诸《大学》，以为'致良知'之说。其大要以谓人心虚灵莫不有知，唯不以私欲蔽塞其虚灵者，则不假外索，而于天下之事自无所感而不通，无所措而不当。盖诚意、正心、修身、齐家、治国、平天下，必先致知之本旨，而千变万化，一以贯之之道也。故尝语门人云：'良知之外更无知，致知之外更无学。'"这段话也可看作是对朱熹补写"格物致知"章的回应，虽朱熹"即物穷理"的前提也是本源于"人心虚灵有知"，但致知的方式却大相径庭，一是格天下之物，一是不假外索，一外一内之间，生动诠释了朱熹理学与王阳明心学之间的不同学术旨趣。值得说明的是，朱熹与王阳明二人虽学术旨趣不同，但以《大学》文本为根基绍续儒家道统的使命感与责任感却是一致的，如朱熹在《大学章句序》中所言："河南程氏两夫子出，而有以接乎孟氏之传"，"虽以熹之不敏，亦幸私淑而与有闻焉。顾其为书犹颇放失，是以忘其固陋，采而辑之，闲亦窃附己意，补其阙略，以俟后之君子。极知僭逾，无所逃罪，然于国家化民成俗之意、学者修己治人之方，则未必无小补云"。再如王阳明在《大学问》中所言："《大学》之教，自孟氏而后，不得其传者几千年矣。赖良知之明，千载一日，复大明于今日"（《王阳明全集》卷二十六《续编一》），这或许就是君子间的和而不同。由此而来，"《大学》通过理学和心学两大血脉而更加全面地包络了士人思想和社会意识，成为中国古代社会后期最重要的儒家经典之一"②。

---

① 刘勇：《变动不居的经典：明代〈大学〉改本研究》，生活·读书·新知三联书店 2016 年版，第 24 页。

② 胡治洪：《从修身成德到家国事功——论大学之道》，《人文论丛》2008 年卷，第 206 页。

（二）帝王之学：《大学》文本诠释的政治儒学进路

《大学》文本诠释的心性儒学与政治儒学进路，体现了宋学明体达用精神的一体两面，相对来说，心性儒学进路的《大学》文本诠释较为偏重体的一面，政治儒学进路的《大学》文本诠释则较为偏重用的一面。正如余英时在评价朱熹时所言："朱熹决无'宦情'，这是完全可以相信的。但是他的责任意识不允许他放过任何一次可以重建政治秩序的机会，因为这是宋代儒家士大夫为自己规定的'天职'。"[①]朱熹的这种"天职"，就直接体现在以政治儒学进路来诠释《大学》文本的《（大学）经筵讲义》中。经筵是宋元明清时期儒家士大夫作为经筵讲官（"帝师"），通过向帝王讲授儒家经典来参与国家政治生活的一种合法性的制度平台，《（大学）经筵讲义》就是绍熙五年（1194年）朱熹为入侍经筵而作。经筵讲官以《大学》为中心来建构帝王之学的理论工作，从源头上可追溯至范祖禹在《帝学》中的学术贡献。范祖禹在《帝学》一书中，不仅首次从学理层面提出"帝王之学"的概念，"帝王之学，谓之'大学'"，"故学者所以致知、诚意、正心、修身、齐家、治国、明明德于天下，尧舜之道是也"；而且从实践层面论证"帝王之学，所以学为尧舜也"，"尧舜亦学于古先王而已"[②]，开启了以《大学》衍义帝王之学的端倪[③]。朱熹在绍兴三十二年（1162年）八月七日上《壬午应诏封事》中，第一次提出《大学》为"不可不熟讲"的"帝王之学"，"盖'致知格物'者，尧舜所谓精一也。'正心诚意'者，尧舜所谓执中也。自古圣人口授心传而见于行事者，惟此而已。至于孔子，集厥大成，然进而不得其位以施之天下，故退而笔之以为《六经》，以示后世之为天下国家者。于其间语其本末终始先后之序尤详且明者，则今见于戴氏之记，所谓《大学》篇者是

---

① 余英时：《朱熹的历史世界：宋代士大夫政治文化的研究》，生活·读书·新知三联书店2011年版，第847页。

② 范祖禹：《帝学校释》，华东师范大学出版社2015年版，第74页。

③ 正是鉴于范祖禹首倡以《大学》构建帝学的学术贡献，朱熹在《伊洛渊源录》中将范祖禹纳入道学序列并列入程颐门下，可见朱熹对范祖禹以《大学》来构建帝学的赞许和认同。

也"(《朱子全书》第二十册),《大学》文本中"致知格物""正心诚意"就是对尧舜十六字心传的体现,帝王据此行事就可体悟尧舜之道的真谛。在此之后,朱熹不仅撰写了系列与"帝王之学"相关的封事和奏札,而且形成了以《四书集注》为核心的理学新体系,从学术思想和行动上诠释了内圣外王之学的真义。至于朱熹以帝王为对象而撰写的《(大学)经筵讲义》,则是对《大学》文本中明体达用之"用"的学理推衍,究其目的,就是通过"经文诠释＋按语"的体例对何谓帝王之学展开理论论证,并为后学真德秀创作《大学衍义》提供了思路与框架。

　　作为绍续朱子之学的真德秀("小朱子"),在理宗朝时所进献的《大学衍义》,从体例结构到内容构成方面都更加凸显明体达用之"用"。从体例结构来看,《大学衍义》开创了一种遵循"确立纲目＋先经后史＋诸子议论＋自己按语"次序的经典诠释体例(衍义体);从内容构成来看,《大学衍义》通过纲目并举的方式来构建帝王之学,"其书之旨皆本《大学》,前列二者之纲,后分四者之目"。《大学衍义》的"纲"为"帝王为治之序""帝王为学之本","纲"下设"四目"格物致知、正心诚意、修身和齐家,"四目"围绕为学和为治之中心内容来展开,在遵循"以义求经"诠释原则的基础上,实现以《大学》来推衍帝王之学的目的,从而把《大学》"壹是皆以修身为本"的主旨演绎为帝王治国平天下之学[①]。之后,丘浚承续真德秀推衍《大学》之学脉,"窃观《衍义》之四要,尚遗治平之二条。虽曰举而措之为无难,不若成而全之为尽善"[②],补全《大学衍义》中未诠释之"治国""平天下"条目。这种补全是为了更加凸显《大学》为"儒家全体大用之学"的外王特质,以此区别于真德秀《大学》为"君天下者之律令格例"的主张;或可以说,真氏"所述者,虽皆前言往事,而实专主于启发当代之君"(如同

---

① 孙杰:《经筵讲读:经筵讲官与帝王互动中的经典传承——以〈五经〉〈四书〉为中心的考察》,《学术探索》,2021年第3期。

② 邱浚:《大学衍义补》,京华出版社1999年版,第4页。

黄帝之《素问》、越人之《难经》主于理），丘氏"盖主于众人易晓而今日可行"（如同张仲景《金匮》之论、孙思邈《千金》之方主乎事）[①]，以期实现"兼本末，合内外，以成夫全体大用之极功"的为政目的。至此，从朱熹《（大学）经筵讲义》到真德秀《大学衍义》再到丘浚《大学衍义补》，就形成了以政治儒学进路诠释《大学》文本的完整体系，从而使得"以修身为本、弘扬内圣之学的《大学》文本开始彰显出其外王之学的特质"[②]，让"帝王之学"成为从朱熹之内圣到真德秀、丘浚之外王的整全之学，进而实现了帝王修身与社会、政治行为改善之间理与术的贯通。

第四节　民间教化：从家训家规到
孔庙四配的礼俗新生活

黄榦在《朱先生行状》中以"绍道统，立人极，为万世宗师，则不以用舍为加损"，来概括朱熹一生以社会日用为切入点，用自下而上的方式来行道、践道的为学历程。同样，道学"作为一种思想活动，在朱熹生前及其后，所以能影响社会，并最终起极大的主导作用，正是因为朱熹不仅是一个思想家，而且也同时是一个'公众知识分子'，对现实的事业付以极大的关怀和创建，'不以用舍为加损'"[③]。道学以《四书》为载体，朱熹及其弟子们行道、践道的过程，就是将《四书》学整合为全社会的思想，并以家训家规的方式来统整民间社会文化，引导社会成员形成共同风俗习惯的思想实践。

---

① 邱浚：《大学衍义补》，京华出版社 1999 年版，第 3 页。

② 朱人求：《衍义体：经典诠释的新模式——以〈大学衍义〉为中心》，《哲学动态》，2008 年第 4 期。

③ 何俊：《南宋儒学建构》，上海人民出版社 2021 年版，第 173～174 页。

一、家训家规：以《朱子家礼》《朱子家训》为代表的
《四书》学实践

家训家规是宋儒将以《四书》为代表的精英文化转化为百姓日用的大众文化，"《四书》是两宋时期形成的经典学术，也是宋元明清官学的教材与科举的考试内容，体现的是中国近古时期的精英文化，而宋元明清家训、家范、家规，体现在广大平民的家庭家族中，是百姓日用的大众文化。但是，在传统中国，这两种文化并不是泾渭分明，而是相互渗透、相互影响的。帝王、士大夫精英所推崇的《四书》学，往往会通过士大夫以及民间社会的士绅、俚儒的工作，使其思想、观念、话语大量注入到家训家规之中，逐渐成为家庭教育、社会教育的共同思想基础"，"家训、家规中的一系列向善性引导规范，以及坚持以道德教育、自我修身为家国治理之本的观念，其实均源于宋儒的《四书》学"①，换句话说，家训、家规实际上就是通俗化、日用版的《四书》学。

"圣人正家以正天下"，齐家与治国、修己与治人，既是《大学》一文的核心要义，也是《四书》学的基本思想和核心价值。体现北宋初期治家典范的《温公家范》一书，就是"司马光援引经典以及历代故事，汇集而成，以修身、齐家为纲领，以家族中种种伦理关系为条目，详细阐述了一个人的自我修养与在家族中应当如何处理种种不同伦理关系的原则"②。司马光在《温公家范》的序言中，专门引用《大学》一文来论述齐家与治国之间的关系，以此来说明家范之于教家、齐家及推至治国、平天下的重要价值。

---

① 朱汉民:《宋代儒家经典与民间教化——从〈四书〉学到家训家规的生成》，《文史哲》，2020 年第 4 期。

② 司马光:《温公家范》，陈明主编:《中华家训经典全书》，新星出版社 2015 年版，第 195 页。

《大学》曰："古之欲明明德于天下者，先治其国；欲治其国者，先齐其家；欲齐其家者，先修其身；欲修其身者，先正其心；欲正其心者，先诚其意；欲诚其意者，先致其知；致知在格物。物格而后知至，知至而后意诚，意诚而后心正，心正而后身修，身修而后家齐，家齐而后国治，国治而后天下平。自天子以至于庶人，一是皆以修身为本。其本乱而末治者否矣，其所厚者薄，而其所薄者厚，未之有也！"此谓知本，此谓知之至也。所谓治国必先齐其家者，其家不可教而能教人者，无之。故君子不出家而成教于国。孝者所以事君也，弟者所以事长也，慈爱者所以使众也。《诗》云："桃之夭夭，其叶蓁蓁。之子于归，宜其家人。"宜其家人，而后可以教国人。《诗》云："宜兄宜弟。"宜兄宜弟，而后可以教国人。《诗》云："其仪不忒，正是四国。"其为父子，兄弟足法，而后民法之也。此谓治国在齐其家。

《温公家范》将《治家》置于全书的首卷，一是在于从学理层面重申"治国在齐其家"之《大学》纲目，二是在于从实践层面来阐明处理家族中种种伦理关系的目的就在于治家。治家又必以礼为先、以礼为重，"夫治家莫如礼。男女之别，礼之大节也，故治家者必以礼为先"。治家之礼主要用来规范家庭中的人际关系，"君令而不违，臣共而不贰，父慈而教，子孝而箴，兄爱而友，弟敬而顺，夫和而义，妻柔而正，姑慈而从，妇听而婉，礼之善物也"，以君臣、父子为始端，围绕封建纲常礼教来依次规范家庭中的伦理关系，从而将礼教嵌入家族日常的人际交往之中，进而形成了一个以礼来引导、规范家族关系的价值体系。

朱熹在遵循以礼为重、以礼为先的治家观念的基础上，进一步从礼与理的关系来阐述礼之于治家的重要作用，从而将以《四书》学为基础的理学思想融入家族日常规范之中，进而形成了理学化的家训家规——《朱子家礼》《朱子家训》。朱熹就礼与治家的关系，论述道："慈于家，便能慈于国，故言：一家仁，一国兴仁；一家让，一国兴让"（《朱子语类》卷十六），治国在齐其家，家慈、家礼、家让而推至国慈、国仁、国让，家国一体，以礼治家可谓是首重之举。《朱子家礼》就是遵循以礼治家的理念，围绕通礼、冠礼、昏礼、丧礼、祭礼等五个方面的内容来展开论述，既用来引导和规范家庭日常生活的礼节礼仪，又对五礼所蕴含的义理进行了挖掘和阐释，以期礼与理在规范家庭教育的文本诠释与日常生活中都能实现互融与共生。朱熹在《朱子家礼》的序文中，就礼与理之间的关系及编撰《朱子家礼》的用意进行了说明。

　　凡礼有本有文。自其施于家者言之，则名分之守、爱敬之实，其本也；冠婚丧祭，仪章度数者，其文也。其本者，有家日用之常礼，固不可以一日而不修；其文，又皆所以纪纲人道之始终，虽其行之有时，施之有所，然非讲之素明，习之素熟，则其临事之际，亦无以合宜而应节，是亦不可以一日而不讲且习焉者也。

　　三代之际，《礼经》备矣。然其存于今者，宫庐器服之制，出入起居之节，皆已不宜于世。世之君子，虽或酌以古今之变，更为一时之法，然亦或详或略，无所折衷，至或遗其本而务其末，缓于实而急于文。自有志好礼之士，犹或不能举其要；而困于贫窭者，尤患其终不能有以及于礼也。

　　熹之愚，盖两病焉。是以尝独究观古今之籍，因其大体之不可变者，而少加损益于其间，以为一家之书。大抵谨名分、崇爱敬，以为之本。至其施行之际，则又略浮文、敦本实，以窃自附于孔子"从先进"之遗意。诚愿得与同志之士熟讲而勉行之。庶几古人所以修身齐家之道，谨终追远之心，犹可以复见；而于国家所以崇化导民之意，亦或有小补云。

朱熹在注解《论语·学而》"礼之用，和为贵"时，指出："礼者，天理之节文，人事之仪则也。和者，从容不迫之意。盖礼之为体虽严，而皆出于自然之理，故其为用，必从容不迫，乃为可贵。"礼，兼备体与用，"有本有文"，其本（体）就是"名分之守、爱敬之实"，其文（用）就是"冠婚丧祭，仪章度数"，究其实质，就是形而上之道理与形而下之人事的有机结合，"学者学夫人事，形而下者也；而其事之理，则固天之理也，形而上者也"（《论语或问》卷十四）。陈淳在《北溪字义》中，从体、用之先后关系来分析礼的内涵。

> 文公曰："礼者，天理之节文，而人事之仪则。"以两句对言之，何也？盖天理只是人事中之理，而具于心者也。天理在中而著见于人事，人事在外而根于中，天理其体而人事其用也。"仪"谓容仪而形见于外者，有粲然可象底意，与"文"字相应。"则"谓法则、准则，是个骨子，所以存于中者，乃确然不易之意，与"节"字相应。文而后仪，节而后则，必有天理之节文，而后有人事之仪则。言须尽此二者，意乃圆备。①

依据陈淳的理解，"天理之节文、人事之仪则"中包含着对礼之体、用关系的理解，天理是礼之体，人事为礼之用。至于天理与人事之间的关系，天理是人事的中心，天理在内，人事在外，"天理之节文"是"人事之仪则"的条件，二者之间存在先后的顺序关系，以此来强调礼之内在义理的优先性。礼又同时具备理与文、体与用两方面的属性，"所因之礼是天做底，万世不可易；所损益之礼，是人做底，故随时更变"（《朱子语类》卷二十四）。序文中"三代之际，《礼经》备矣。然其存于今者，宫庐器服之制，出入起居之节，皆已不宜于世"，就是从"用"的层面来看待"宫庐器服之制"与"出入起居之节"，同样也是从"体"的层面来寻找编撰《家礼》的依据，"大抵谨名分、崇爱敬，以为之本。至其施行之际，则又略浮文、敦本实，以窃自

---

① 陈淳：《北溪字义》，中华书局 1983 年版，第 20 页。

附于孔子'从先进'之遗意"。对于编撰《家礼》之迫切性，就是因为"世之君子，虽或酌以古今之变，更为一时之法，然亦或详或略，无所折衷，至或遗其本而务其末，缓于实而急于文"，本末倒置而易舍弃礼之本，故需要重新厘清礼之本、末关系，以改变"务其末""急于文"的弊病；编撰《家礼》之用意，就在于"修身齐家之道"与"崇化导民之意"，《大学》"修身齐家之道"正是宋儒编撰家训家规的根本遵循，施行教化、归导民众为善正是编撰家训家规的意图所在。

以家训家规为载体，就将形而上学之天理落实于形而下之人事之中，礼就成为贯穿天理与人事之关键，从而就在家训家规的文本中实现了礼、理的双彰，进而达成本体论与工夫论的统一。下学人事而上达天理，正是由义理回归文本的内在动力。朱熹在注解《论语·宪问》"不怨天，不尤人，下学而上达，知我者其天乎"时，指出：

> 不得于天而不怨天，不合于人而不尤人。但知下学而自然上达，此但自言其反己自修，循序渐进耳，无以甚异于人而致其知也。然深味其语意则见其中自有人不及知而天独知之之妙。盖在孔门，惟子贡之智几足以及此，故特语以发之，惜乎其犹有所未达也。程子曰："不怨天不尤人在理当如此。"又曰："下学上达，意在言表。"又曰："学者须守下学上达之语，乃学之要。盖凡下学人事，便是上达天理，然习而不察则亦不能以上达矣。"

"反己自修，循序渐进"的下学工夫，是解决"不得于天""不合于人"之问题的关键。下学所学内容就是人事，与人事相对应的就是天理，礼的实质性作用就是沟通天理与人事。"因此，朱子所言的天理、人事实质上便是人遵循礼仪来开展活动。不论是下学还是上达，其实质都是以做事符合礼为中心。由此可见，编撰礼书为人的活动提供规则是其下学上达的治学思想的必然归宿"①，朱熹编撰《朱子家礼》的本义就在于此。

《朱子家礼》立足于宋代（南宋）家庭日常礼俗生活的现实需要，围绕通礼、冠礼、昏礼、丧礼、祭礼五个方面的主要内容，来构建符合庶民之礼俗生活的仪式规则。《家礼》一书，既是朱熹把礼与齐家、礼与理之思想学说，转换为家庭日常礼俗生活之行为规范的思想实践；又是对宋代以来儒家伦理普遍化、礼仪世俗化之发展趋势的体现和回应；也是在参照程、张二家之思想学说，吸收和借鉴温公《书仪》经验的基础之上编撰而成。《家礼》成书之后，因朱熹之地位及讲求实用、可行之特点，在宋元时期就被用作民间或宗族家庭的礼仪规范；有明一代，"自《明集礼》肯定《家礼》的地位，又特别是《性理大全》收录《家礼》，《家礼》遂被官方礼制所吸纳，其性质也由私人编撰的著作，变成为官方认可、体现官方意志的礼典"，"城乡读书人都把《家礼》奉为金科玉律"②；自此以后，《家礼》由"一家之书"转变为"庶民之书"，故丘浚称其为"万世人家通行之典"（丘浚《文公家礼仪节》）。

《朱子家训》与《朱子家礼》是朱熹关于家族文化建设的两个最重要的文献。如果说"《朱子家礼》一书涉及冠、婚、丧、祭等各种家礼，得到朝廷、儒者的特别赞许，故而曾经在民间广泛流传"，那么《朱子家训》文本中所体现的仁义礼智信的爱敬之实，则属于"本"，"这一'本'，恰恰是《四书》倡导的道德价值。所以，《朱子家训》其实是将《四书》的核心价值普及到家训家范的重要文献。朱熹推出的《家训》不仅属于朱子家族，而且普及为一个广为流传的'世范'"③。《朱子家训》虽仅有 317 个字，但是却将《四书》中的仁义礼智信的人格品质与家庭日常生活中的伦理关系相结合，构建了一个从上到下、纵横相连的君子修身体系，为个体的"我"融入家族的伦理关系之中，提供了为人处世的行为准则和道德规范。《朱子家训》在

---

① 王志阳：《〈仪礼经传通解〉编撰缘起新论》，《朱子学刊》，2017 年第 1 辑。
② 杨志刚：《中国礼仪制度研究》，华东师范大学出版社 2001 年版，第 239 页。
③ 朱汉民：《宋代儒家经典与民间教化——从〈四书〉学到家训家规的生成》，《文史哲》，2020 年第 4 期。

文末以"此乃日用常行之道，若衣服之于身体，饮食之于口腹，不可一日无也，可不慎哉！"作为结尾，一方面体现了礼之于日常生活的普世价值，"夫自修身以至于为天下，不可一日而无礼。天叙天秩，人所共由，礼之本也。商不能改乎夏，周不能改乎商，所谓天地之常经也"（《论语·为政》）；另一方面则是与《朱子家礼》中礼"不可以一日而不修""不可以一日而不讲且习"形成了前后呼应，从而将儒家之礼转化为全民之礼，将《四书》学中的程朱理学思想转化为社会大众的共同思想，标志着以《四书》学为核心思想和主流价值的社会渗透、思想整合得以完成。

二、孔庙四配：以祭祀方式将《四书》学与民间信仰
　　相结合的礼俗典范

以《四书》学为中心来构建新儒家经典体系的过程中，形成了以孔子承续三代道统为始源的儒家道统传承谱系。朱熹在《中庸章句序》中就此论述道：

> 自是以来，圣圣相承：若成汤、文、武之为君，皋陶、伊、傅、周、召之为臣，既皆以此而接夫道统之传，若吾夫子，则虽不得其位，而所以继往圣、开来学，其功反有贤于尧、舜者。然当是时，见而知之者，惟颜氏、曾氏之传得其宗。及曾氏之再传，而复得夫子之孙子思，则去圣远而异端起矣。子思惧夫愈久而愈失其真也，于是推本尧、舜以来相传之意，质以平日所闻父师之言，更互演绎，作为此书，以诏后之学者。盖其忧之也深，故其言之也切；其虑之也远，故其说之也详。其曰"天命率性"，则道心之谓也；其曰"择善固执"，则精一之谓也；其曰"君子时中"，则执中之谓也。世之相后，千有余年，而其言之不异，如合符节。历选前圣之书，所以提挈纲维、开示蕴奥，未有若是之明且尽者也。自是而又再传以得孟氏，为能推明是书，以承先圣之统，及其没而遂失其传焉。

《中庸》为记述"孔门传授心法"之书,"人心惟危,道心惟微,惟精惟一,允执厥中"是对程朱理学道统之"道"的象征和标志,孔、颜、曾、子思、孟就化身成为先秦时期道统之"道"的代言人。与朱熹从学理层面来构建儒家道统传承谱系相关联,出现了前后相连但是中心不同的祭祀孔子活动:一是在孔子去世以后,或因师门之礼,或因尊孔之义,或因治国之需,形成了以孔门弟子为代表的地方学者与以鲁哀公为始端的诸侯君王,作为不同利益主体来共同祭祀孔子的活动;二是在《四书》学获得官方认可之后,以宣扬儒家道统谱系为中心,形成了集祭祀、庙学、志书为一体的新型祭孔体系,为以《四书》学为中心的新儒家经典体系有机融入民众日常生活提供了新方式、新途径。

集祭祀、庙学、志书为一体的祭孔活动,究其实质,在于"祀其教"与"祀其道"而非"祀其人","天下民非社稷、三皇则无以生,非孔子之道则无以立。尧、舜、禹、汤、文、武、周公,皆圣人也。然发挥三纲五常之道,载之于经,仪范百王,师表万世,使世愈降而人极不坠者,孔子力也。孔子以道设教,天下祀之,非祀其人,祀其教也,祀其道也"(《明史·程徐列传》),"自孔子以后,有天下者无虑十余代,其君虽有贤否、智愚之不同,孰不赖孔子之道以为治?其尊崇之礼,愈久而愈彰,愈远而愈盛,观于汉魏以来褒赠加封可见矣"(《宪宗御制重修孔子庙碑》)①,祭祀孔子就是用来体现对孔子之教与孔子之道的尊崇,目的在于使全社会形成尊孔崇儒的社会风俗。以《四书》学为中心的新儒家经典体系以及道统传承谱系,主要是以三种方式来融入尊孔崇儒的祭孔活动之中。具体来说:

一是形成了以复圣颜子、宗圣曾子、述圣子思子、亚圣孟子配享至圣孔子的孔庙祭祀格局。早在三代之时就已经存在关于学校释奠的记载,"凡学,春官释奠于其先师,秋冬亦如之。凡始立学者,必释奠于先圣先师"(《礼

记·文王世子》）。虽然先圣、先师具体为何人，不得而知^①，但是，学校祭祀先圣、先师的释奠礼，彰显了后世学者对先圣、先师的敬仰与崇拜之情，从而形成了古代学校尊师重教的教育传统。又据《阙里文献考》卷一四《祀典第三之一》记载：

【1】周室衰微，礼乐崩坏。延及暴秦，益灭弃先王之法。汉兴，未暇复古，至成帝时，始诏立辟雍于国南，而其绪未竟。光武中兴，乃大营太学，车驾亲自临幸，彬彬乎称盛举矣。然其时所祭之先圣先师，史缺有间，而孔子之祀尚未出于阙里。【2】明帝永平间，益修明养老习射之礼，令郡县道学校皆祀圣师周公、孔子，于是孔子始祀于庠序焉。第或圣或师，升降不一，迄于唐初，尚无定论。【3】贞观中，慨然厘正祀典，专以孔子为先圣，然尚循康成"《礼》有高堂生，《乐》有制氏"之说，乃取左、榖以下二十二人专门训诂之儒为先师，而传道受业高弟子自颜子外，皆不得与于配食之列，犹不无可议者。【4】嗣自两宋元明，代有更革，而尊崇之盛极于国朝。^②

《阙里文献考》的作者为清代学者、孔子六十九代孙孔继汾，概括性地描述了从"周室衰微"到"国朝"（有清一代）官方祭孔活动的整体情况。大致可以分为两个阶段："孔子之祀尚未出于阙里"阶段（【1】），（孔子之祀外地化）以学校为主体的祭孔阶段（【2】【3】【4】）。在以学校为主体来祭祀孔子阶段，又可分为两种情形：以周公、孔子为圣师阶段（【2】），专以孔子为先圣阶段（【3】【4】）。在专以孔子为先圣的阶段，从配祀的角度来看，又可以分为两种情形：

① 因其不得而知，故引发后世学者多种解释。其中，最具代表性的解释为《礼记正义》中的郑注孔疏。（1）郑玄释"先圣"为"周公若孔子"，即或周公或孔子；释"先师"为"若汉，《礼》有高堂生，《乐》有制氏，《诗》有毛公，《书》有伏生"。（2）孔颖达接续郑玄，将郑注疏解为"以周公、孔子皆为先圣；近周公处祭周公，近孔子处祭孔子"。

② 孔继汾：《阙里文献考》，上海古籍出版社 2019 年版，第 78 页。

孔门弟子中仅颜渊配享阶段（【3】），宋代以来孔门弟子从颜、孟到颜、曾、思、孟配享阶段（【4】）。宋代以来形成孔门弟子颜、曾、思、孟四配的过程较为复杂，最终确定孔门弟子四配于宋度宗咸淳三年（1267 年）春。

> 度宗咸淳三年春正月，帝将临太学。诏曰："孔子独称颜回好学，固非三千之徒所同也，而其学不传。得圣传者，独曾子。曾子传子思，子思传孟轲。忠恕两语，深契一贯之旨；《中庸》一书，丕阐前世之蕴，而孔子之道益著。向非颜、曾、思、孟相继演绎、著书垂训，中更管、商、杨、墨、佛、老，几何其不遂泯哉！今大成惟颜、孟侑食，曾、思不预，尚为阙典。先皇帝迹道统之传，自伏羲以来，著十三赞，孔子而下，颜、曾、思、孟昭然具在，其非以遗我后人乎？其令礼官议，可升曾、思侑食，并议可升十哲者以闻。"
>
> 是年春二月，封曾参郕国公，子思沂国公，与颜、孟并配享。①

"诏曰"立论的背景，是理宗宝庆三年（1227 年）春诏曰："朕观朱熹集注《大学》《论语》《孟子》《中庸》，发挥圣贤蕴奥，有补治道。朕励志学问，缅怀典型，可特赠太师，追封信国公"，程朱理学获得官方认可。诏曰立论的依据，正是程朱理学所倡导的道统传承谱系："曾子传子思，子思传孟轲"，此后，以儒家道统谱系为学理依据的祭孔配享制度得以形成。至国朝（清代），"文庙大成殿中祀至圣先师孔子，南向。配以复圣颜子、宗圣曾子、述圣子思子、亚圣孟子，皆旁列，东西向。又次东列先贤闵子损、冉子雍、端木子赐、仲子由、卜子商、有子若，西列先贤冉子耕、宰子予、冉子求、言子偃、颛孙子师、朱子熹，为十二哲"②，遂成为官方定制，标志着以朱熹为代表的程朱理学彻底走入日常社会生活之中，朱熹化身成为"孔门最后一

---

① 孔继汾：《阙里文献考》，上海古籍出版社 2019 年版，第 90 页。
② 同上书，第 107 页。

位弟子"（孔门十二哲之一）。

二是形成了以孔、颜、曾、孟四氏圣裔为主体的圣贤子孙庙学教育体系。"孔子立纲垂宪，训化万民，按照重德食报的传统和观念，在中国传统社会，不仅孔子本人百世必祀，还要泽及子孙，封爵食报，绵延不绝"[①]，以阙里孔氏庙学为中心进行的孔、颜、曾、孟四氏圣裔教育，就是历朝"封爵食报"圣门后裔的重要组成部分。《阙里文献考》卷二七《学校第八之一》记述了四氏圣裔教育的形成过程，其中关键性事件为：

> 【1】孔子家学兴起：昔者孔子没，子孙即宅为庙，藏车服礼器，世以家学相承，自为师友，而鲁之诸生亦以时习礼其家。【2】由家学到庙学：魏文帝黄初二年，诏鲁郡修起孔子庙，复于庙外广建屋宇，以居学者。此孔氏家学所由仿也。【3】庙学起始与三氏学设立：宋真宗大中祥符三年，四十四代孙勖知县事，奏请于家学旧址重建讲堂，延师教授。得旨报可，而庙学之名始起。哲宗元祐元年十月，改建学于庙之东南隅，置教授一员，令教谕本家子弟。其乡邻愿入学者听。寻添入颜、孟二氏子孙。【4】设立三氏子孙教授司与四氏学形成：明太祖洪武元年，改庙学名三氏子孙教授司。神宗十五年，从巡按御史毛在请，添入曾氏，改名四氏学。[②]

从专门为孔氏后裔设置的庙学，发展成为孔、颜、孟三氏子孙受业的专门学校，再进一步发展成为孔、颜、曾、孟四氏子孙接受教育的四氏学，如此而来，圣贤祭祀与圣贤子孙庙学教育环环相扣，崇奉以孔氏家族为中心的圣贤家族群体遂成为历代尊孔崇儒的文化符号象征，"历史上人君祀孔，或许有

---

① 汪维真：《明代孔颜曾孟四氏圣裔的教育与科贡——以阙里孔氏庙学为中心》，《黄河文明与可持续发展》，2012 年第 3 辑。

② 孔继汾：《阙里文献考》，上海古籍出版社 2019 年版，第 213 ～ 214 页。

个人因素掺杂其中，但尤具意义的是，统治者对政教祭祀传统的积极参与，显示权力与信仰相互的渗透。元代的曹元用最能反映此中情结，他言道："孔子之教，非帝王之政不能及远；帝王之政，非孔子之教不能善俗。教不能及远，无损于道；政不能善俗，必危其国'"①，以治国为本，必推崇孔子之教，必尊崇孔子之道。

三是形成了以《阙里志》《陋巷志》《曾志》《三迁志》为代表的圣贤家族志书谱系。北宋末年，孔子四十七代孙孔传于南宋高宗绍兴年间编撰而成的《东家杂记》②，是现存第一部记述孔子家族姓谱事迹、历代尊崇恩典、曲阜林庙古迹等方面情况的圣贤家族志。之后，在有明一代，刘浚于成化十八年（1482年）编撰而成《孔颜孟三氏志》、陈镐于弘治十八年（1505年）编撰而成《阙里志》、颜公鋐（颜子六十一代孙）于正德二年（1507年）编撰而成《陋巷志》、史鹗于嘉靖三十一年（1552年）编撰而成《三迁志》、李天植于万历二十六年（1598年）编撰而成《曾志》，这样就形成了以孔子为中心的孔、颜、孟、曾四氏圣贤家族志。至于为何要编撰圣贤家族志，黄克缵在《重修阙里志序》中给予了说明：

> 古今之为志者，若一统志，若郡邑志，皆史之遗也。志一统者，六合之外不能该矣；志郡邑者，封域之外不能及矣。若乃事关一人，而可包涵乎宇宙；谱系一里，而可囊括乎乾坤，惟阙里之志为然。阙里，吾夫子所生地也，幼而嬉戏于斯，长而习礼讲学于斯，老而删述论著，没而墓葬庙食于斯。其精神命脉，千古如见。故虽数亩之宅，而可以孕唐育虞，甄商陶周，荡涤汉唐宋，无不具也。司马迁作《世家》载夫子道德功业，又作《孔门弟子》载七十子言行，可谓圣门之忠臣。然叙世系自防叔始，叙后裔至孔安国父子止，叙帝王尊崇则过鲁特祀，之外寥寥

---

① 黄进兴：《优入圣域：权力、信仰与正当性》（修订版），中华书局2010年版，第181页。

② 《东家杂记》是孔传在宣和六年（1124年）编成的《祖庭杂记》基础上增补而成。

无闻。溯而上之，则自殷至契，未暇及也；推而下之，则自汉至今，皆有待也。（黄克缵：《数马集》卷十九《重修阙里志序》）

这段序言所包含的信息有三：一是以一统志、郡邑志来比拟编撰阙里志的重要价值，"事关一人，而可包涵乎宇宙；谱系一里，而可囊括乎乾坤"；二是阙里为孔子精神命脉之所在，"虽数亩之宅，而可以孕唐育虞，甄商陶周，荡涤汉唐宋"；三是自司马迁《史记》之后再无编撰关于孔子遗迹的志书，"溯而上之，则自殷至契，未暇及也；推而下之，则自汉至今，皆有待也"。由此可见，通过编撰阙里志来宣扬以孔子为代表的儒家圣贤德业就成为时代之所需、历史之必然。又如刘浚在《孔颜孟三氏志》"序言"中指出："邹鲁之地，孔颜孟三氏之乡，古今学者诵诗读书，博文约礼，但知其概而已。然其出处世系之详，行事褒崇之典，若非亲造其地，体验之真，孰能知哉。三氏之志，其可阙乎。"以《孔颜孟三氏志》来记述孔、颜、孟三氏出处世系、行事褒崇之遗迹，使后世学者读此志书犹如"亲造其地"，形成身临其境之体验，继承先贤之志、承续先贤之道的人生志向油然而生。至于为何要编撰《陋巷志》《三迁志》，"孔门从游三千，而刚明能粹，独能入室以传圣道者，惟先师颜子一人而已"，这是李逊学在《〈陋巷志〉后序》中给出的答案；"一传于颜而不久，再传于曾而未大，三传于子思之门而得孟子者"，这是史鹗在《三迁志》序言中给出的说明。后，又因《曾志》晚出，故曾子后世子孙曾业在向巡按山东监察御史姚思仁上陈编撰曾氏志的缘由时指出："粤自圣师，为万世教父。吾先子亲则及门，甫逾冠而聆一贯，追垂老而著稡书。其在孔堂，虔始要终，以肩道统，即颜氏无多让焉，思孟可知已"（姚思仁《曾志序》），曾子有功于圣道，其地位可比肩颜氏、思孟，这就是要编撰曾氏志的原因所在。综上所述，编撰于明代的孔、颜、曾、孟四氏圣贤志书，生动诠释了四氏家族之间的内在联动性与外在整体性，对于宣扬儒家先贤德业、传播儒家道统谱系具有不可估量的历史作用。

总而言之，无论是将《四书》及其精神转化为家训家规，还是以孔孟四配的祭祀方式来呈现对《四书》学的认同，究其实质，就是以社会教化的方式来体现对孔子之教与孔子之道的崇奉，以期用《四书》学来统整全社会的思想观念，从而引导全体社会成员形成共同的价值追求和情感认同，进而让程朱理学成为全体社会成员所尊奉的共同价值理念，由此而来以《四书》学为中心的新儒家经典体系得以确立，以《四书》《五经》为代表的中国古代教育经典体系最终得以形成。

第五章　传统与近代：中国古代教育
　　　　　经典文本的终结期

　　在经学时代中，诸哲学家无论有无新见，皆须依傍古代即子学时代哲学家之名，大部分依傍经学之名，以发布其所见。其所见亦多以古代即子学时代之哲学中之术语表出之。此时诸哲学家所酿之酒，无论新旧，皆装于古代哲学，大部分为经学，之旧瓶内。而此旧瓶，直至最近始破焉。①

　　浸假而孔子变为董江都、何邵公矣，浸假而孔子变为马季长、郑康成矣，浸假而孔子变为韩昌黎、欧阳永叔矣，浸假而孔子变为程伊川、朱晦庵矣，浸假而孔子变为陆象山、王阳明矣，浸假而孔子变为纪晓岚、阮芸台矣，皆由思想束缚于一点，不能自开生面。②

上述两段文本内容所包含的关键信息有二：一是冯友兰与梁启超所共同揭示的都是经学时代的思想学说特点，即打着孔子的旗号，以"浸假而孔子变为……"的方式，借助对儒家经典的诠释，形成了体现"一代之好尚"的思想学说，"盖后儒治经学，咸随世俗之好尚为转移。西汉侈言灾异，则说经者亦著灾异之书。东汉崇尚谶纬，则说经者亦杂纬书之说，推之魏晋尚清谈，则注经者杂引玄言。宋明尚道学，则注经者空言义理。盖治经之儒，各随一代之好尚，故历代之君民咸便之，而《六经》之书遂炳若日星，为一国人民所共习矣"③。经学（或孔子）就是那个"旧瓶"，"浸假而孔子变为"之对象及其学说就是其中的"新酒"，经学时代就是以"旧瓶装

---

① 冯友兰：《中国哲学史》（下册），华东师范大学出版社 2000 年版，第 3～4 页。

② 梁启超：《保教非所以尊孔论》，《饮冰室合集·文集》（第四册），中华书局 2015 年版，第 805 页。

③ 刘师培：《经学教科书》，岳麓书社 2013 年版，第 17 页。

新酒"的方式，来体现不同时代学者的思想学说，从而呈现出了具有鲜明时代特点的经学研究范式，诸如汉唐经学（"汉学"）、宋明经学（"宋学"）等，进而生动诠释了一个时代具有一个时代的经学风尚与特色。二是以经学为中心，经学时代又大致可以分为汉唐经学、宋明经学、清代经学三个阶段，其中：在汉唐经学阶段，确立了以《五经》为中心的教育经典体系；在宋明经学阶段，形成了以《四书》为中心、《四书》《五经》并存的教育经典体系；清代经学主要"是对两千年的经学运动加以总结与检讨，一方面将经还原为史，做实事求是的研究；一方面将经纳入西学，作为政治维新的思想武器。而无论从哪一方面看，经学运动都已进入尾声"①，从而呈现出不同于汉唐经学、宋明经学的阶段性特征。特别是从清朝末年开始，随着西学及西方知识体系的传入、中国近代知识体系的逐渐形成，士人们所依赖的"旧瓶""始破"，以经学为中心的知识体系和价值系统渐呈式微之势。与此同时，在旧与新、传统与近代的冲突、交织与融合中，以《四书》《五经》为标志的中国古代教育经典文本，与经学、儒学一起退出了历史舞台，从而标志着经学时代的彻底瓦解和一个新的时代（后经学时代）的到来。

第一节　传统的延续:《四书》《五经》传承的制度化及其终结

　　经学至"汉武始昌明，而汉武时之经学为最纯正"②，以汉武帝时期《五经》立于学官为标志，古代经学由前经学时代进入经学时代。《汉书·儒林

---

① 姜广辉:《中国经学思想史》(第一卷)，中国社会科学出版社 2003 年版，前言第 18 ～ 19 页。
② 皮锡瑞:《经学历史》，中华书局 2011 年版，第 41 页。

传》就此赞曰："自武帝立五经博士，开弟子员，设科射策，劝以官禄，讫于元始，百有余年，传业者浸盛，支叶蕃滋，一经说至百余万言，大师众至千余人，盖禄利之路然也。"以五经博士与弟子员之间的师承关系为基点，形成了集养士、取士并诱以官禄为一体的经学教育格局，经学（儒学）与政治、道统与政统之间由此而构成了相互依赖与共生的关系。所谓经典与政治相结合的"经典政治"，就是"借助传统历史文化的资源，以圣人和经典的恒久权威性来维护王权政治架构的权威"，"儒家经典之所以适膺其选，是因为它适应了当时宗法血缘社会的需要。一个建筑在宗法家族制度之上的中央集权的国家，就好比是一个大家庭，拥有最高权力的皇帝是总家长。这是一个需要权威的时代，除了政治的权威之外，还要有思想的权威，而思想的权威就是圣人与经典"①，圣人即孔子，经典即以《四书》《五经》为中心的儒家经学，圣人、（儒家）经典文本与古代政治生活之间就形成了互动与共生的关系。

一、《四书》《五经》传承的制度化

中国经学史中所指的"经"，具有三个方面的特点："第一，'经'是中国封建专制政府'法定'的古代儒家典籍，随着中国封建社会的发展和统治阶级的需要，'经'的领域在逐渐扩张"；"第二，'经'是以孔子为代表的古代儒家典籍，它不仅为中国封建专制政府所'法定'，认为合法的'经典'，而且是在所有合法典籍中挑选出来的。后来儒家编著的书籍，固然不称之为'经'，就是秦汉以前的儒家典籍，不是得到孔子'真传'的，也不称之为'经'"；"第三，'经'之所以被中国封建专制政府从所有合法书籍中挑选出来'法定'为'经'，正是由于它能符合封建统治阶级的需求。因此，'经'的本身就是封建专制政府和封建统治阶级用来进行文化教育思想统治的主要工具，也是封建专制政府培养提拔统治人才的主要准绳，基本

---

① 姜广辉：《中国经学思想史》（第一卷），中国社会科学出版社 2003 年版，前言第 13 页。

上成为整个中国封建社会中合法的教科书"①,《四书》《五经》正是"中国封建社会中合法的教科书",或者严格意义上来说,是元、明、清三代合法的教科书。

从《五经》到《四书》《五经》之经典文本的"逐渐扩张"过程,就是中国封建专制政府根据自身的需要来"法定"经书的过程。"自汉武帝罢黜百家,独尊儒术,设立五经博士,从而《易》《书》《诗》《礼》《春秋》'五经'就被封建专制政府所'法定'。又汉代'以孝治天下',宣传封建宗法思想,利用血缘作为政治团结的工具,于是再将《论语》《孝经》'升格',称为'七经'。到了唐代,处于封建帝国极盛时期,把极力主张贵贱尊卑区别、认为阶级社会的秩序是'天道使然'的《五经正义》'钦命'为科举取士的标准书;又在'明经'科中设'三礼'(《周礼》《仪礼》《礼记》)、'三传'(《左传》《公羊传》《穀梁传》),连同《易》《书》《诗》,而有'九经'之称。宋儒保护家族宗法制度,提倡'忠、孝、节、烈',把《礼记》中的《大学》《中庸》抽出来和《论语》《孟子》配为四书,它是为中央集权的君主专制制度服务的,完全符合统治阶级的需要,于是《孟子》升格为'经',而有所谓'十三经'之名('九经'加《论语》《孝经》《孟子》《尔雅》)。明成祖永乐十二年(公元一四一四年)'御敕'胡广等修《五经四书大全》'颁行天下',用封建教条来束缚思想。清康熙、乾隆年间又将这些经书多次'御撰''钦定'。可知'经'是封建专制政府'法定'的古代儒家典籍,它的扩张是随着封建专制政府需要而日渐扩张的。"②

有明一代,以尊奉程朱学派而编撰的《四书大全》《五经大全》,是集经典与经学为一体的御用教科书。所谓"经学","一般来说,就是历代封建地主阶级知识分子和官僚对上述'经典'著述的阐发和议论"。这个"一般来说",就是说基本情况如此,但是也有个别例外的情况发生,"其一是个别经

---

① 朱维铮编:《周予同经学史论著选集》(增订版),上海人民出版社1996年版,第654～656页。

② 同上书,第654页。

学家的思想并不属于统治阶级，如王充是东汉的古文经学家，但他反对阴阳五行家和谶纬学，是'反对东汉主要上层建筑物的革命家'。其二是清朝末年改良主义思想家以'经学家'的面貌出现、'托古改制'、进行改良主义的政治活动，即康有为所领导的戊戌变法运动"①。唐代的《五经正义》、明代的《四书五经大全》被"钦命"为科举考试的标准用书，就是为了实现经典与经学的统一，以防止"个别例外情况的发生"。其中：《五经正义》中"郑注孔疏"成为诠释经典文本的标准，《四书五经大全》同样选择以程朱理学对《四书》《五经》的注释作为正统，《四书》自然以朱熹《四书章句集注》为本，《易》以程颐的《传》及朱熹之《朱子本义》为必读，《书经》以蔡沈受朱熹指导编撰之《蔡氏传》为必读，《诗经》必读朱熹之《诗集传》，《礼记》则以陈澔之《礼记集说》为正统，《春秋三传》以宋儒胡安国、张洽之注释为主（后因 18 世纪汉学盛行而采用汉代《三传》之注释），自此以后，"汉代与唐代之一切注疏便被摒除，只在宋代及元代经学作品中将之包含时才被提及，清代亦持续此方式，直至 18 世纪晚期。清康熙年间，政府亦促成《性理精义》之编撰，以为正统道学道德学说之概要"②。

以《四书五经大全》为指定用书的科举考试，是集朝廷的政治利益、士人的社会利益和经学的文化理念为一体的制度性建构。首先，"科举考试是中国帝制时期在古代政治、社会、经济与思想、生活之间互动最为频繁的交汇点之一。地方精英与朝廷不断地向主管部门反馈，以促进其检视和调整传统经学课程，并乐于为改进科举系统提出新的方法以考选文官。因此，作为一种才学能力测试，科举考试有利于王朝统治与士人文化的紧密结合，为官僚制度服务。科举考试反映了更为广泛的士人文化，因为这种文化已经通过基于经学的官僚选拔渗透在国家体制之中"。其次，"经典考

① 朱维铮编：《周予同经学史论著选集》（增订版），上海人民出版社 1996 年版，第 656 页。

② 〔美〕本杰明·艾尔曼：《经学·科举·文化史：艾尔曼自选集》，复旦大学文史研究院译，中华书局 2010 年版，第 159～160 页。

试还是一种将文化、社会、政治与教育有机结合的有效机制，它既适应官僚政治的需要，又维持中华帝国后期的社会结构"①。最后，在科举考试与经典考试的双重叠加之下，形成了一个由科举进身者组成的文化特权群体。"这个群体在经典解释上：（1）使用统一的文言；（2）牢记同样的经典教义；并（3）运用同一种文体，即八股文"②，从而就"确保了明清两代精英的政治权力和社会地位是由统治者与儒士共同认可的。宋代道学为王朝在政治与文化上的法统提供了经典依据，并巩固了当权集团的社会地位。儒士全程参与了经典教义的文化建构，并且，由于经典教义的改写和落实仍离不开他们的参与，科举作为一种教育制度的存续便获得了政治性和社会性的支持"③。

　　以《四书》《五经》为主要内容的科举考试，从乡试、会试到殿试都形成了统一、规范的模式。明朝科举考试的定式，始于洪武十七年（1384年），主要包括乡试、会试及殿试三级。其中：（1）乡试分为三场，每场考试时间均为一天。八月初九日为第一场，试《四书》义三道，每道限200字以上；经义四道，每道限300字以上。十二日为第二场，试论一道，限300字以上；判语五条，诏、诰、章、表内科一道。十五日为第三场，试经史策五道，限300字以上。（2）会试在京城举行，由礼部主持，时间为乡试的次年，参加者为各省举人，考试分为三场：二月初九日为第一场，试经义一篇，限500字；《四书》义一篇，限300字。十二日为第二场，试礼乐论，限600字。十五日为第三场，试时务策一道，限1000字以上。（3）殿试由皇帝主持，考试内容为时务策一道，限1000字以上，规定不用八股文。清承明制，三年一大比，以乡试、会试、殿试三级考试制度来取士，直至1905年科举考试被废除。任炜华在《经学教育的解体》一文中，根据相关资料整理出《清

---

① 〔美〕本杰明·艾尔曼：《经学·科举·文化史：艾尔曼自选集》，复旦大学文史研究院译，中华书局2010年版，第139～140页。
② 同上书，第194页。
③ 同上书，第199页。

代各时间阶段科举形式》，从清初、清中叶、清末及 1901 年以后等四个阶段，来呈现清代科举考试的具体内容 ①。

表 5-1　清代各时间阶段科举形式

1646—1756 年（清初）		1757—1781 年（清中叶）		1793—1901 年（清末）		1901 年以后	
第一场	引文数	第一场	题数	第一场	题数	第一场	题数
《四书》	3 段	《四书》	3 段	《四书》	3 句	中国史事	5 题
《易经》	4 段	论	1 段	诗题	1 首	国朝政治论	
《书经》	4 段	第二场	题数	第二场	题数	第二场	题数
《诗经》	4 段	《易经》	4 段	《易经》	1 句	时务策	5 题
《春秋》	4 段	《书经》	4 段	《书经》	1 句	第三场	题数
《礼记》	4 段	《诗经》	4 段	《诗经》	1 句	《四书》义	2 篇
第二场	引文数	《春秋》	4 段	《春秋》	1 句	《五经》义	1 篇
论	1 段	《礼记》	4 段	《礼记》	1 句		
诏诰表	3 表	诗题	1 首	论（1787 年取消）	1 句		
判语	5 判语	第三场	题数	第三场	题数		
第三场	题数	经史事务策	5 题	经史事务策	5 题		
经史事务策	5 题						

以 1901 年为界，清代科举考试内容都以《四书》《五经》为主，尤其是《四书》首场首试的地位一直未曾改变（即使是在 1901 年以后，虽然场次、地位发生了变化，但是，《四书》《五经》并未被排除出考试的科目）。也就是说，从 1313 年至 1905 年，《四书》《五经》在科举考试及士人文化生活中的中心地位几乎未曾发生改变，从而形成了以科举为依托的经典文本传承制度体系。与此同时，"为了应举成为绅士，必须长期吸收领悟正统思想、情趣与行为，因此，明代中国的社会与政治更新既导致了'士人文化'的产生又造就了'文人'" ②，文人绅士就成为《四书》《五经》在明清两代的代言人，成为正统学的文化符号和文化名片。在教育、社会与考试三者之间互动与共

---

① 任炜华：《经学教育的解体》，华东师范大学博士学位论文，2020 年，第 111 页。

② 〔美〕本杰明·艾尔曼：《经学·科举·文化史：艾尔曼自选集》，复旦大学文史研究院译，中华书局 2010 年版，第 147 页。

生的关系中，以文人绅士为中心展开了权力、政治与科举之间的博弈，《四书》《五经》的传承就贯穿于其中并成为国家正统意识形态的象征，从而标志着程朱理学、绅士与帝制之间利益共同体的形成。

二、以《四书》《五经》为中心的经学时代的终结

以《四书》《五经》为中心的经学时代，终结于权威丧失与去经典化的晚清改革浪潮之中。"晚清帝国急于改革，是为了应对来自太平天国（1851—1864年）和西方帝国主义的挑战。太平天国在1850年代甚至创立了以基督教为基础的科举制度。当科举考试丧失了原有的文化光彩，甚至沦为士人奚落的对象时，科举制度便被讥讽为一种应被抛弃的、'变态的'教育制度。到20世纪初期，新涌现的政治、体制和文化形式，向晚期帝国的教条体系发起挑战，并迫使其教育制度向西方靠拢。皇帝、王朝官僚体系以及儒家文化形式，迅速变成了'落后'的象征。传统形式的知识被理所当然地贴上了'迷信'的标签，而欧美'现代科学'被新式知识分子当作通往知识、启蒙和国族强盛的必由之路。光绪三十至三十一年（1904—1905年）科举制度在政治、社会及文化功能上的全面解体，最好地显现了这场巨变。无论是改良还是革命的拥护者，都太过仓促地拆解了诸如科举这样的王朝制度，他们低估了这些历经两个朝代、有着五百年历史的制度对公众的影响力。自1890年代起的二十年间，汉族士人不断消解帝制的合法性，他们最终推翻的不仅是满族人的统治，还有统治形式本身。帝制的垮台终结了千年以来精英对宋儒价值观的信仰，也为五百年来通行帝国上下的科举制度划上了句号"[1]，经典文本与科举制度之间的联结关系至此结束，标志着以《四书》《五经》为中心的经学时代的终结。

以《四书》《五经》为中心的儒家思想学说长期占据主导地位的根本原因

---

[1] 〔美〕本杰明·艾尔曼：《经学·科举·文化史：艾尔曼自选集》，复旦大学文史研究院译，中华书局2010年版，自序第11页。

在于其与古代社会和文化环境的契合，"因他是适应中国二千余年来未曾变动的农业经济组织反映出来的产物，因他是中国大家族制度上的表层结构，因为经济上有他的基础"[①]。古代社会关系是封建宗族宗法制，文化传统是社会至上、伦理为本，与儒家教育思想突出社会本位、修身为本，孝悌为本、忠恕为上的伦理观念之间具有内在的一致性，特别是当程朱理学获得官方承认之后，以"明天理、灭人欲"为根本任务的道德教育思想学说，更加吻合明清两代社会发展的现实需要。"明天理"中的"天理"就是指以"三纲五常"为核心的封建伦理道德，"所谓天理，复是何物？仁义礼智，岂不是天理！君臣、父子、兄弟、夫妇、朋友，岂不是天理！"（《朱文公文集》卷五十九）。更需要说明的是，此"天理"是"体用一源，显微无间"的"天理"。程朱理学主张理本体，从程颐提出"体用一源，显微无间"说之后，此学说就成为理学的核心和纲领。朱熹在注解"体用一源，显微无间"时，指出：

> 其曰"体用一源"者，以至微之理言之，则冲漠无朕，而万象昭然已具也。其曰"显微无间"者，以至著之象言之，则即事即物，而此理无乎不在也。言理则先体而后用，盖举体而用之理已具，是所以为一源也。言事则先显而后微，盖即事而理之体可见，是所以为无间也。然则所谓一源者，是岂漫无精粗先后之可言哉！况既曰体立而后用行，则亦不嫌于先有此而后有彼矣。（《周子全书》卷二引）

理为事的本原，故理在事上、理在事先；理有体用，即理为体，事象为用，理中就有象，此即"先体而后用""举体而用之理已具"。"理有体用"与晚清改革重臣张之洞的"中体西用"，是"一体"而非是"一用"，此物、此用、此体、此理，而非彼物、彼用、彼体、彼理，"中体西用"或可解一时之用，但终究是从体上削弱了理之体、用。有彼物，就有彼物之体、用，"西

---

① 《李大钊选集》，人民出版社 1959 年版，第 297 页。

人立国，具有本末，虽礼乐教化远逊中华，然其驯致富强，亦具有体用。育才于学堂，论政于议院，君民一体，上下同心，务实而戒虚，谋定而后动，此其体也。轮船火炮，洋枪水雷，铁路电线，此其用也。中国遗其体而求其用，无论竭蹶步趋，常不相及"（郑观应《盛世危言·自序》）。先行者或限于一时之蒙顿，或急于解决现实之困难，但西学正是从"用"出发逐渐获得了体用一致的应有地位。帝制的垮台，最终成为压死程朱理学的最后一根稻草，独一至尊的皇权与神明之上的圣人，既然与之相共生，那就必然与之同归去。

　　在经学时代大幕即将落下之际，经今文学者康有为、廖平等人成为经学时代历史舞台上最后的注脚，他们以较为"悲壮的方式"宣告了一个时代的结束。"以孔教复原为第一著手"的今文经学学者康有为，力主"尊孔圣为国教"，"以为生于中国，当先救中国；欲救中国，不可不因中国人之历史习惯而利导之。又以为中国人公德缺乏，团体散涣，将不可以立于大地，欲从而统一之，非择一举国人所同戴而诚服者，则不足以结合其感情，而光大其本性，于是乎以孔教复原为第一著手"（《南海康先生传》）。儒家经典依然是其解决现实政治困境的文本依据，以《公羊》为中心来发明孔子的"微言大义"，"孔子之道，有三世，有三统，有五德之运。仁智义信，各应时而行运。仁运者，大同之道。礼运者，小康之道"（《礼运注》），《新学伪经考》《孔子改制考》《大同书》正是康有为"借经术以文饰其政论"之作。"以上种种，都显示了康氏以'尊孔'为中心所建构的'新学'及其所倡立的'孔子新教'，具有一种深刻的内在张力性的思想品格，这种思想品格既使他开创了中国近代史的一场形式上虽然'殊多缺点'而精神上却至为'可贵'的维新事业，也造成了他进退失据的困境，而且不仅是康氏个人性的困境，更昭示了近代中国的时代性困境，即面对西方文化的冲击与挑战，儒教中国试图再借重塑孔教信仰以维系于不坠已是不可能的了"①。与康有为同时代、共命运

---

① 林存光：《历史上的孔子形象：政治与文化语境下的孔子和儒学》，齐鲁书社 2004 年版，第 366 页。

的廖平，"毕生所学，专以尊孔尊经为主"（《孔经哲学发微》），将尊孔"范围扩大至于极点"，"孔子，中国教宗也；《六经》，中国国粹也"（《文字源流考》叙一），孔子垂经立教，不仅为中国"生民未有之圣"，更是"世界中一人已足"的神圣（《知圣续篇》）。至于廖平以《孔经哲学发微》为主所构建的孔经哲学体系，为何最终以失败告终，弟子李源澄给予了说明："廖师精卓宏深，才实天纵，惟为时代所限，囿于旧文，故不免尊孔过甚，千溪百壑，皆欲纳之孔氏。又时当海禁初开，欧美学术之移入中土者，疏浅且薄，不足以副先生之采获。先生虽乐资之为说，而终不能于先生之学有所裨。使先生之生晚二十年，获时代之助予，将更精实绝伦也"①，或者可以说，廖平的失败宣告了经学时代最后一位经学大师的离开。冯友兰对经学时代之总体历程评价道：

> 本篇第一章谓中国哲学史，自董仲舒以后，即在所谓经学时代中。在此时代中，诸哲学家无论有无新见，皆须依傍古代哲学家之名，大部分依傍经学之名，如以旧瓶装新酒焉。中国与西洋交通后，政治社会经济学术各方面，皆起根本的变化。此西来之新事物，其初中国人仍以之附会于经学，仍欲以此绝新之酒，装于旧瓶之内。本章所述三人（笔者注：三人即康有为、谭嗣同、廖平），其代表也。此三人中廖平最后死。其经学之五变，始于民国七年。其此后所讲之经学，可谓已将其范围扩大至于极点。其牵引比附，有许多可笑之处。牵引比附而至于可笑，是即旧瓶已扩大至极而破裂之象也。故廖平之学，实为经学最后之壁垒，就时间言，就其学之内容言，皆可以结经学时代之局者也。②

冯友兰在《中国哲学史》中将从董仲舒至康有为的时代，称为中国经学史上的经学时代。经学时代之首章以"董仲舒与经文经学"为题，最后以"清代

---

① 　廖幼平编：《廖季平年谱》，巴蜀书社 1985 年版，第 106 页。

② 　冯友兰：《中国哲学史》（下册），华东师范大学出版社 2000 年版，第 343 页。

之今文经学"宣告"中国之中古哲学"的终结，标志着"旧瓶装新酒""依傍经学"的时代业已结束。

之后，以 1901 年梁启超发表《过渡时代论》一文为标志，近代社会从尊崇孔子、崇拜经典的单一价值取向进入了一个充满不确定性又具有无限可能的"过渡时代"：

> 中国自数千年来，常立于一定不易之域，寸地不进，跬步不移，未尝知过渡之为何状也。虽然，为五大洋惊涛骇浪之所冲激，为十九世纪狂飙飞沙之所驱突，于是穷古以来，祖宗遗传、深顽厚锢之根据地，遂逐渐摧落失陷，而全国民族，亦遂不得不经营惨淡，跋涉苦辛，相率而就于过渡之道。故今日中国之现状，实如驾一扁舟，初离海岸线，而放于中流，即俗语所谓两头不到岸之时也。语其大者，则人民既愤独夫民贼愚民专制之政，而未能组织新政体以代之，是政治上之过渡时代也；士子既鄙考据词章庸恶陋劣之学，而未能开辟新学界以代之，是学问上之过渡时代也；社会既厌三纲压抑虚文缛节之俗，而未能研究新道德以代之，是理想风俗上之过渡时代也。[①]

时代变动之不确定性，叠加 1905 年废除了以《四书》《五经》为主要科目的科举考试制度，"数百年来，科举制度一直是清王朝诱导民众认同帝制的重要手段。满族统治者最后波澜不惊地放弃了这一文化控制的有力武器，从而解散了经典价值观、王朝权力和士绅地位三者间在社会、政治和文化上的利益纽带"[②]，再叠加 1911 年清政府的退位，从皇权政治制度上宣告以《四书》《五经》为中心的经学时代的结束。

---

① 梁启超：《过渡时代论》，《饮冰室合集·文集》（第三册），中华书局 2015 年版，第 29 ～ 30 页。

② 〔美〕本杰明·艾尔曼：《经学·科举·文化史：艾尔曼自选集》，复旦大学文史研究院译，中华书局 2010 年版，自序第 11 页。

第二节　近代的介入：从《经学历史》到
《经学教科书》的实践转向与学术自觉

自 1905 年科举考试正式废除以来，"新的知识体系便逐渐取代了传统的经学形式，成为时代的主潮。为了适应这一根本性的转变，给保留在新式教育系统中的经学知识重新量身定做相应之课程，便开始有了各式经学教科书的写作。以学校课程和教科书的形式登场的经学史，在刚开始编撰的时候，可能只是旧经讲换了个名目或者汇编些资料，到后来才有了能与其他课程可相并举的模样"，在各式经学教科书之中，"真正能够代表那个时代经学转换之状况，并且足以为现代意义的经学史书写创辟范式的，当推刘师培的《经学教科书》和皮锡瑞的《经学历史》"①，当经学成为历史，就意味着"作为实体性存在的经学已经消亡，而经学只是在历史记忆和历史叙述中保持了鲜活的意义"，"有经学而无经学史，经学史兴则经学已亡，这大概就是历史的吊诡，实则为现代与传统的分野"②。基于经学史立场的经学研究，正是近代学者以新的研究方式来诠释经学（包括经典文本）价值的学术尝试，这种学术尝试有助于重申经学（乃至古代思想学说）之于近代社会生活价值，从而为经学（乃至古代思想学说）寻找到在近代社会（乃至现代社会）生活中的立足点和生长点。

---

① 景海峰：《从经学到经学史——儒家经典诠释展开的一个视角》，《学术月刊》，2019 年第 11 期。
② 同上。

一、《经学历史》：第一部以历史命名的经学史 [①]

从古代经学发展的历史进程来看，每一时代的经学呈现出每一时代特有的风尚与特色，《四库全书总目》就此而总结道：

> 自汉京以后，垂二千年，儒者沿波，学凡六变。其初专门授受，递稟师承，非惟诂训相传，莫敢同异，即篇章字句，亦恪守所闻，其学笃实谨严，及其弊也拘。王弼、王肃稍持异议，流风所扇，或信或疑，越孔、贾、啖、陆，以及北宋孙复、刘敞等，各自论说，不相统摄，及其弊也杂。洛、闽继起，道学大昌，摆落汉唐，独研义理，凡经师旧

① 周予同在《经学史与经学之派别》一文中指出："中国经学研究的时期，绵延二千多年；经部的史籍，据《四库全书总目》所著录，已达一千七百七十三部，二万零四百二十七卷；但是很可奇怪的，以中国这样重视史籍的民族，竟没有一部严整的系统的经学通史"，鉴于经学史研究的必要性和迫切性，"放宽"寻找的"范围"，"以寻求性质相近而较有价值的著作"，"这种著作，大概可分为三类：一、以经师为中心的，例如胡秉虔的《汉西京博士考》、张金吾的《两汉五经博士考》、王国维的《汉魏博士考》、江藩的《国朝汉学师承记》、洪亮吉的《传经表》《通经表》，以及各史的《儒林传》或《儒学传》等属之。这类著作的缺点：第一，每每是断代的记载，不能看见经学的整个趋势；第二，每每偏重个人的成就，而抹杀某一时代的全体表现；第三，甚至于仅有姓名而没有事实，或附以极简短的小传，大有'点鬼簿'的形式。二、以书籍为中心的，例如朱彝尊的《经义考》、翁方纲的《经义考补正》、郑樵《通志》的《艺文略》、马端临《文献通考》的《经籍考》、《四库全书总目提要》的经部，以及各史的《艺文志》或《经籍志》的经部属之。这类著作的缺点，大致同前者相同；虽然大多数不是断代，但不能表示经学的整个趋势却是一样。三、以典章制度为中心的，例如顾炎武的《石经考》、万斯同的《石经考》、杭世骏的《石经考异》、王国维的《五代两宋监本考》都是；在古代，选举、学校同经学也颇有密切的关系，所以《通典》的《选举门》、《通志》的《选举略》、《文献通考》的《选举考》《学校考》也属于这一类。这类著作的缺点，是每每罗列若干史料，加以排比，而不能显出这种典章制度在经学上的前因后果和其相互间的关系。总之，想真切了解经学的变迁，以上三类书籍只能作为补助的或分门的参考资料，而仍有待于经学通史。因为这种原因，所以这样简略的皮著《经学历史》竟成为适应需要而另具价值的著作了"（朱维铮编：《周予同经学史论著选集》（增订本），上海人民出版社1996年版，第96～98页）。

说，俱排斥以为不足信，其学务别是非，及其弊也悍。学脉旁分，攀缘日众，驱除异己，务定一尊；自宋末以逮明初，其学见异不迁，及其弊也党。主持太过，势有所偏，材辨聪明，激而横决，自明正德、嘉靖以后，其学各抒心得，及其弊也肆。空谈臆断，考证必疏，于是博雅之儒引古义以抵其隙，国初诸家，其学征实不诬，及其弊也琐。

从两汉到清初，经学大体上可以分为六个阶段，各阶段既有其优长又有其弊端。皮锡瑞在《经学历史》一书中又将上述六个阶段，具体诠释为："二千年经学升降得失，《提要》以数十言包括无遗，又各以一字断之。所谓拘者，两汉之学也；杂者，魏、晋至唐及宋初之学也；悍者，宋庆历后至南宋之学也；党者，宋末至元之学也；肆者，明末王学也；琐者，国朝汉学也。"[1] 皮锡瑞文中的"国朝"即清朝，清朝经学或以"五四"运动为界，可大致分为前后两个时期：一个是从汉代以来延续至清中叶的经学时期，一个是"五四"运动以来的经学史时期（或可称为后经学时期）。至于是否能明确以"五四"运动为界，学术界存在诸多争议，如果从近代社会与现代社会以 1919 年为界来说，那么从构建现代学术体系的视野来讨论如何展开经学史研究的话，这样的划分也有一定的道理，"五四运动以后，'经学'退出了历史舞台，但'经学史'的研究却急待展开"[2]。但是，必须声明的是，从经学时期到经学史时期的过渡是一个循序渐进的过程，皮锡瑞《经学历史》与刘师培《经学教科书》正处在过渡时期的关键节点上，或者，也可以说，他们就是引导和推动中国经学从经学时期向经学史时期过渡的探索者和先行者。皮锡瑞的《经学历史》、刘师培的《经学教科书》第一册，固然不能说不是通史；但是以两位近代著名的经今古文学大师，而他们的作品竟这样地简略，如一篇论文或一部小史似的，这不能不使我们失望了。"[3] 在周予同看来，两部著作虽然存在

---

[1]　皮锡瑞：《经学历史》，中华书局 2011 年版，第 254 页。

[2]　朱维铮编：《周予同经学史论著选集》（增订版），上海人民出版社 1996 年版，第 661 页。

[3]　同上书，第 96 页。

种种缺陷、遗憾，但是确实是最早的经学通史（"不能说不是通史"），而皮锡瑞正是"用会通的眼光来写中国经学史的第一人"（周予同语）。

皮锡瑞的《经学历史》虽然一直以来被学术界认为是中国第一部经学史著作，但是吴仰湘在《皮锡瑞的经学成就与经学思想》一书中却得出了一个颇具挑战性的结论，为我们更加全面地解读《经学历史》提供了启发和帮助。吴仰湘认为：

> 皮锡瑞在《经学历史》中虽然述及经学的源流与演变，但其初衷并非总结中国经学的历史，而仅以经学的历史变迁作为叙述的背景和立论的依托，编撰一本"通古今之变"的经学论著，针对晚清新学盛兴后孔教不尊、经学渐废的时势，阐述"尊孔崇经"的必要和有用，并就当时陷入困境的经学教育，提出一些基本的看法与建议，为趋新厌旧的学生指出一些简便易行的治经要点，使其"获从入之途"。因此，后人不妨以《经学历史》为研究中国经学史的重要参考书，但对《经学历史》本身及其作者的经学思想进行研究时，绝对不能视之为经学史著作，并以经学史书的标准加以毁誉，应该就其本来面目——皮氏晚年一本通贯经学、创发大义的经学论著加以分析和评价，庶不至于见其小而失其大，遗买椟还珠之憾。[①]

在此之前，朱维铮在《周予同经学史论著选集》（增订本）的"前言"中同样表达过类似的看法：

> 清末皮锡瑞的《经学历史》，并非像这部小书的书名所示，似乎是"经学的历史"。相反，皮锡瑞是晚清的经今文学家，《经学历史》与他的《经学通论》《王制笺》一样，旨在用历史替经今文学争"道统"。周

---

① 吴仰湘：《皮锡瑞的经学成就与经学思想》，湖南大学出版社 2013 年版，第 378～379 页。

先生虽"是比较倾向今文的"，却始终坚持从历史本身说明历史。他注释皮著《经学历史》，目的在于借这部书的历史陈述部分，通过注释的形式，给"中国经学史"研究提供一部参考书。因此，周先生不仅在此书"序言"中，尖锐地揭露了皮锡瑞原著的谬误，而且通过注释，在实际上改变了原著的取向，将它由经学著作变成了历史著作，变成了具有经今文学倾向的中世纪中国经学史的著作。①

我们对于吴仰湘（包括周予同）的学术观点持欢迎的态度，但坚持学术界公认的结论：《经学历史》是中国第一本经学史著作②。具体理由为：第一，"虽然述及""但其初衷并非"之语言表达方式中，还是承认《经学历史》一书"述及"了"经学的源流与演变"，这就是经学史研究的对象和内容。至于《经学历史》一书因"借史立论"而减弱了经学史的意味，这或许能从周予同对《经学历史》《经学教科书》的总体评价中找到答案。周予同用"简略"二字来评价《经学历史》《经学教科书》，其中所蕴含的深意为：一是"简略"与两位经今古文学大师的身份不符，二是"简略"与两千多年的经学历史不符，三是"简略"与严整的、系统的经学史体系不符。但是，周予同认为需要结合具体的历史实际来看待"简略"，"皮氏作这本书

---

① 朱维铮编：《周予同经学史论著选集》（增订版），上海人民出版社 1996 年版，增订版前言第 3 页。

② 葛兆光曾用自问自答的方式，对《经学历史》的历史地位问题进行了说明："皮锡瑞的书为什么可以成为中国经学史的开创著作？因为恰好这个时代，经学作为意识形态主流学说的语境消失，经学渐渐要成为历史，所以可以回头去整体观察。皮锡瑞虽然是今文经学的传人，不过他也是接受很多新思想的人物，大家有兴趣可以看他的《师伏堂春秋讲义》，什么叫'师伏'？就是效法西汉的传《尚书》的伏生，不过，你看他讲《春秋》，倒是用'天下'和'夷狄'讲中国和世界万国，用《春秋》讲《万国公法》，用管仲、子产讲变法自强，他的儿子都说他是因为欧化盛行，为了保存国粹，就不再作'艰深之论'，一定要用和当时政教相关的事情来讲，可见他还是一个'与时俱进'的人，所以他的《经学历史》，就有了近代的意味"（葛兆光：《经学史的研究方法》，《中国典籍与文化论丛》，2006 年，第 6 页）。

的时候，正是今文学复盛的时候，因为时代发展的关系，颇有我们现在以为不对的地方。这在皮氏，自然深可原谅"①，"简略"与经今文学家对待经学、经学史的态度相符，这就是《经学历史》的"硬伤"或"使我们失望"之处。第二，皮锡瑞作为经今文学家的身份，总体上并不妨碍其撰写一本经学史著作。周予同就此评价道："我现在介绍皮著《经学历史》于读者，并不以为这本书是万分完善，毫无可议；在现在经学史这样缺乏的时候，无论如何，这本书是有一读的价值的。我们读这本书时，第一，不要忘记皮锡瑞是经今文学者。因为他立场于今文学，所以他对于宋学是不满意的，更其是宋人的改经删经的方法；我们只要看他全书对于王柏的讥斥，便可了然了。又因为他立场于今文学，所以他对于经古文学也不表示绝对的崇信；他对于清代考证学的发展是相当地加以赞许，但他绝不以为是经学研究的止境。我们明了了这一点，则他所主张的《六经》断始于孔子，《易》《礼》为孔子所作，以及其他排斥左氏、讥贬郑玄等等的话，都可以有一贯的解释了。第二，不要忘记皮锡瑞究竟只是一个经学家而不是史学家。因为他不是史学家，所以史料的搜集不完备，史料的排比不妥善，而且每每不能客观地记述事实，而好加以主观的议论。他这部书，假使粗忽的翻阅，似乎不能将经古今文学、宋学的发生、变迁、异同、利弊一一显示给我们。他不能超出一切经学的派别来记述经学，而只是立在今文派的旗帜之下来批评反对派。诚然，就经学说，他是没有失掉立场；但是，就史学说，他这部书就不免有点宣传的嫌疑了。我觉得这部书的优点和缺点都不少，但是我不愿意在这简短的'导言之导言'中絮絮地谈论，更不愿因此给读者以批评的暗示。"②总而言之，《经学历史》虽然受到作者是经今文学家而非史学家的影响，存在以经今文学立场来划分经学发展阶段及确立评判经学盛衰的标准，但是从整体上并不影响皮锡瑞是"用会通的眼光来写中国经学史的第一人"。

---

①　朱维铮编：《周予同经学史论著选集》（增订版），上海人民出版社 1996 年版，第 102 页。

②　同上书，第 101 ～ 102 页。

换句话说，正是因为《经学历史》属于经学史著作范畴，周予同不仅为其作序，而且通过注释的方式来诠释"经古今文学、宋学的发生、变迁、异同、利弊"，以用来弥补皮锡瑞作为经今文学家来撰写经学历史存在的谬误，从而使其更加贴近于经学历史的具体实际。不仅如此，周予同还在序文之后以"附录"的形式，列出了自己的经学史研究计划，以明心志、以励己行。

> 我年来时常作如此的计划，假使我的环境与学力允许的话，我将献身于经学史的撰著。我将慎重地著撰一部比较详密而扼要的《经学通史》，使二千年来经学的变迁，明晰地系统地呈现于读者。其次，分经撰述，成《易学史》《尚书学史》《诗经学史》等书；其次，分派撰述，成《经今文学史》《经古文学史》《经宋学史》及《经今文古文学异同考》《经汉宋学异同考》等书；再其次，以书籍或经师为经，以时代为纬，成《历代经部著述考》与《历代经学家传略》；再其次，探究孔子与经学的关系，成《孔学变迁史》与《孔子传记》；最后，我将以我个人的余力编辑一部比较可以征信的《经学年表》与《经学辞典》。自然，这在具有天才的学者们，或以为这是胥钞的事，而加以轻蔑的冷笑；但我总觉得学术要专攻，这初步的整理工作，也应该有人忠实地埋头做去。我希望着，不，我热望着，我热望着我的环境与学力能够允许我，而同时热望着能引起读者的共鸣，而得到几位学术上的伴侣。[1]

周予同之所以重视经学史研究，之所以在经学时代结束后还要开启经学史时代，是因为"在现在，经学之继承的研究大可不必，而经学史的研究当立即开始。因为它一方面使二千多年的经学得以结束整理，他方面为中国其他学术开一条便利的途径"[2]，以史学的立场开展经学史研究，为经学在分科之学

---

① 朱维铮编：《周予同经学史论著选集》（增订版），上海人民出版社1996年版，第105页。

② 同上书，第97页。

的背景下寻找适当的位置，以此来解决后经学时代经学发展之困境，就是经学史研究的价值所在。

《经学历史》一书是借用源于西方的章节体例来呈现经学的源流与演变，全书将经学史分为十个时代，每个时代一章，共十章：经学开辟时代、流传时代、昌明时代、极盛时代、中衰时代、分立时代、统一时代、变故时代、积衰时代和复盛时代。皮锡瑞是以经今文学的标准来划分经学史的时代，在"《经学历史》的前两章，着重阐述'尊孔''崇经'的思想，在第三、四、五章中，又相继提出'治经必宗汉学''经学必专守旧'与'欲治汉学，舍郑莫由'的主张，并作为此后各章评判经学盛衰的几大标准。他说'经学盛于汉，汉亡而经学衰'，认为经学发展至汉代已达于巅峰，把以西汉今文学为核心的'汉学'树作经学的典范，对经学在魏、晋以后迄于清代中后期的发展，以是否'宗汉''信古'与'主郑'加以衡量，做出'中衰''变古''积衰''复盛'等评价"①。之后，皮锡瑞在《经学通论》的"自序"中深入地阐述了经今文学者"治经之门径"，究其目的，就是要从经学学理层面实现《经学通论》与《经学历史》之间的互通与互融。

> 前编《经学历史》以授生徒，犹恐语焉不详，学者未能窥治经之门径，更纂《经学通论》，以备参考。大旨以为：一、当知经为孔子所定，孔子以前，不得有经；二、当知汉初去古未远，以为孔子作经，说必有据；三、当知后汉古文说出，乃尊周公，以抑孔子；四、当知晋、宋以下，专信古文《尚书》《毛诗》《周官》《左传》，而大义微言不彰；五、当知宋、元经学虽衰，而不信古文诸书，亦有特见；六、当知国朝经学复盛，乾嘉以后，治今文者尤能窥见圣经微旨。执此六义以治诸经，乃知孔子为万世师表之尊，正以其有万世不易之经。②

---

① 吴仰湘：《皮锡瑞的经学成就与经学思想》，湖南大学出版社 2013 年版，第 372 ～ 373 页。
② 皮锡瑞：《经学通论》，中华书局 2017 年版，自序第 2 页。

这就是经今文学者的治经之要,《经学历史》就是一部具有明显的经今文学倾向且家派色彩浓厚的经学史著作。这正是皮锡瑞作为经今文学家而非史学家,以经今文学的立场来撰写《经学历史》不可避免的学术缺陷。

皮锡瑞编撰《经学历史》一书,既是因为科举制的废除,在经典传承失去制度支撑的背景下,对两千多年经学历史进行自觉地整理和介绍的著作;又是由于西学的冲击,在经学教育陷入困境的情况下,为了在新式学堂中重振经学教育而撰写的经学入门书籍;更是针对教科书杂乱无章的现状,为了解决经学教育的混乱局面而需要颁定统一的教科书。皮锡瑞在《应诏陈言谨拟增订学堂章程六条折》中,专门以"教科诸书宜颁定也""经学一门宜特重也"为题,从历史与现实两个层面阐述了编撰《经学历史》对于新式学堂及经学教育的重要价值。

一、教科诸书宜颁定也。考日本学堂教科书,皆由文部审定颁行,是以整齐划一。今学堂林立,教科书尚未颁行,教员人自为书,家自为说,新旧异趣,高下殊途。每换一人,则教法不同,甚或全然反对,生徒莫知所从,以致师弟冲突。其所沿用之教科书,乃日本人与留学生所编辑,宗旨既不尽合,教授殊不相宜。教员之学问稍深者,犹能择取其长,自编讲义。其学问不深者,但知钞录原文,一字不易。师以此教,弟子以此学。近日学生离经畔道,皆由此等教科书有以启之。即有提学认真调查讲义,而讲义由教科书出,不清其源,终不能绝其流。似宜亟催学部编辑成书,颁行学堂,以收道一风同之效。有不遵守而用别本教科书者,罪其监督、教员。则士习不入奇邪,而所学胥同一律矣。

一、经学一门宜特重也。孔子删定五经,自汉以来,莫不尊奉孔子为万世师表,五经即万世教科书。世道人心,赖以维系;纲常名教,确有持循。但使人人皆以圣经熟于口耳,则人人皆有圣教在其心胸。近日邪说流行,乃谓中国欲图富强,止应专用西学,五经四书皆当付之一炬。办学堂者,惑于其说,敢于轻蔑圣教。民立学堂,多无经学一门;

即官立者，亦不过略存饩羊之遗。功课无多，大义茫昧。离经畔道，职此之由。前者恭奉上谕，升孔子为大祀。尊崇盛典，上迈百王。窃谓尊孔必先尊经，废经即是废孔。似宜定章严饬各处学堂，无经学者，亟加一门；有经学者，更加程课。凡学堂不教经学者，即行封禁；不重经学者，罪其监督、堂长。则圣教益以昌明，而所学皆归纯正矣。[①]

"尊孔必先尊经，废经即是废孔"，皮锡瑞解决经学教育困境的对策就是倡导尊孔崇经，编撰适用于新式学堂经学教育的教科书，就可以从根本上解决"教员人自为书，家自为说""每换一人，则教法不同"而导致"学生离经畔道"的现实问题，从而达成"道一风同"的教育效果。故此，正如《经学历史》开篇即言："凡学不考其源流，莫能通古今之变；不别其得失，无以获从入之途"，考辨经学之源流、辨别经学之得失的学术工作，既具有为新式学堂的学子们指示研治经学入门路径之学理价值，又具有为新式学堂进行经学教育提供经学历史教科书之实践意义。

二、《经学教科书》：第一部以经学命名的教科书

刘师培的《经学教科书》是第一部为高等小学学生编写的国学教科书。按照《奏定高等小学堂章程》的规定：读经讲经"其要义亦宜少读浅解。《诗》《书》《易》三经文义虽多有古奥之处，亦甚有明显易解之处，可讲其明显切用者，缓其深奥者以待将来入高等学堂再习。若少年不读此数经，以后更不愿读，则此最古数经必将废绝矣。十二岁以后，为知识渐开、外诱纷至之时，尤宜令圣贤之道时常浸灌于心，以免流于恶习，开离经叛道之渐"[②]。《经学教科书》共编成两册，每册三十六课，每课字数四五百言；第

---

① 吴仰湘编：《中国近代思想家文库·皮锡瑞卷》，中国人民大学出版社 2013 年版，第 252～253 页。

② 璩鑫圭、唐良炎编：《中国近代教育史资料汇编·学制演变》，上海教育出版社 2007 年版，第 317～318 页。

一册概述经学历史，供高等小学堂第一、二年学生使用；第二册专论《易经》，供高等小学堂第三年学生使用；高等小学堂共四年，如若再完成未竟之事业，需要编写专论《诗经》《书经》的经学教科书，从而形成一个系统、完整的经学教科书体系。

至于刘师培为何要编撰包括《经学教科书》在内的五种国学教科书[①]，《国粹学报》的一则《编辑国学教科书广告》给予了说明：

> 本会志愿宏远，其所欲办之事有五：一曰创刊《国粹学报》；一曰开设藏书楼；一曰刊刻古籍，汇为《国粹丛书》；一曰编辑《国学教科书》；一曰开国粹学堂。前三事已逐渐成立，惟编辑教科书最为重要。顷明诏废科举、兴学堂，而所需教科书尤急。现查坊间所有之《国学教科书》，非译自东文，则草率漏劣，竟无一可用之本。本会同人既以保存国学为任，安能任五千余年光明俊伟之学术听其废弃？然祖国典籍浩如烟海，学人若无门径，每兴望洋之叹。非提要钩玄，重行编辑，不能合学堂教科之用，同人热心发愤，举以自任，将我国所有经史百家诸书萃荟无遗，再行编辑为《国学教科书》五种，定约以二年编成，其课数条例，悉依学堂章程，举我国五千年之学术其精要重大者，皆融会于五种教科书之中。学者读此，于国学已能窥其全，学有根柢，然后更进以泰西科学，其成就必大。本书之编辑，皆出自邃于国学诸子之手，其渊源博通，有典有则，迥非坊间译本可比。世之巨眼，当能识之。[②]

---

① 五种国学教科书为：《经学教科书》《伦理教科书》《中国文学教科书》《中国地理教科书》《中国历史教科书》。国学教科书编写完成之后，1907 年 1 月，学部特别下批文推广此套教科书，并赞曰："教科书宗旨纯正，文明理通，诚如该举人所云。该举人学会著书尤宜勉益，加勉此案。"参见国学保存会：《学部大臣批据禀（见杂志最后广告部分）》，《国粹学报》，第三年第 1 号（1907 年 3 月 4 日）。

② 国学保存会：《编辑国学教科书广告》，《国粹学报》，第一年第 8 号（1905 年 9 月 18 日出版）。

这则广告与《经学教科书》的编撰之间相关联的信息为：第一，编撰国学教科书为"本会"的五项宏愿之一。"本会"即 1905 年创办的国学保存会，以"研习国学，保存国粹"为宗旨，主要成员有邓实、黄节、刘师培等。何谓"国学"，"国学者何？一国所有之学也。有地而人生其上，因以成国焉，有其国者有其学。学也者，学其一国之学以为国用，而自治其一国者也。国学者，与有国而俱来，因乎地理，根之民性，而不可须臾离也。君子生是国，则通是学，知爱其国，无不知爱其学也"①，国学就是一国之学，爱国就是爱一国之学的国学；"国有学，则虽亡而复兴，国无学，则一亡而永亡，何者盖国有学则国亡而学不亡，学亡则国犹不可再造。国无学则国亡而学亡，学亡而国之亡，此吾国所以屡亡于外族，而数次光复"②，这就是国家之兴亡与国学之兴亡之间的关系，国学为立国之本，充分体现了国学保存会"国学救国"的思想主张。何谓"国粹"，"夫国粹者，国家特别之精神也"③，"为甚提倡国粹？不是要人尊信孔教，只是要人爱惜我们汉种的历史。这个历史，是就广义说的，其中可以分为三项：一是语言文字，二是典章制度，三是人物事迹"④，国粹就是民族精神、爱种之心的凝结。如此而来，国学就是学术文化层面的事情，国粹则是学术文化所内含的精华。第二，编撰国学教科书是保存、传播国学的重要途径。在废科举、兴学堂的教育大背景下，以《四书》《五经》为代表的传统教育失去了其原有的根基，包括经学教育在内的国学教育如何在新式学堂教育中重新确立其应有的地位，新式教科书的编撰就成为解决问题的关键。面对"坊间所有之《国学教科书》，非译自东文，则草率漏劣，竟无一可用之本"的现实，国学保存会以保存国学为己任，自觉地承担起编撰国学教科书的责任和使命。因为在他们看来，教育的根本要从自国自心发出来，"本国没有学说，自己没有心得，那种国，那种人，教

---

① 邓实：《国学讲习记》，《国粹学报》，第二年第 7 号（1906 年 8 月 9 日出版）。

② 许守微：《论国粹无阻于欧化》，《国粹学报》，第一年第 7 号（1905 年 8 月 20 日出版）。

③ 黄节：《保存国粹主义》，《政艺通报》，第 11 号（1904 年 7 月 27 日出版）。

④ 章太炎：《演说录》，《民报》，第 6 号（1906 年 7 月 25 日出版）。

育的方法，只得跟别人走。本国一向有学说，自己本来有心得，教育的路线自然不同"①，对于国人来说，本国的学说即"国学"，坚守国学才能生发出自己教育的根基。尤其是在"欧化热""国学冷"的背景下，"今之见晓识之士，谋所以救中夏之道，莫不同声而出于一途，曰：欧化。欧化也，兹而倡国粹毋乃与天择之理相违而陷于不适之境乎"②，更加需要倡导以国学为本的教育观，"大凡讲学问施教育的，不可象卖古玩一样，一时许多客人来看，就贵到非常的贵；一时没有客人来看，就贱到半文不值，自国的人，该讲求自国的学问，施自国的教育，象水火柴米一个样儿，贵也是要用，贱也就要用，只问要用，不问外人贵贱的品评。后来水越治越清，火越治越明，柴越治越燥，米越治越熟，这样就是教育的成效了"③，"讲求自国的学问，施自国的教育"，以"自国"为主来养成学问、实施教育，就是"自国"教育的根本所在。编撰适合于新式学堂所需的国学教科书，其根本目的就是要服务于"自国"的教育，以此来形成根基于"自国"学问的爱国精神。第三，学好国学、养成国学根基才能学好"他国之学"。"学其一国之学以为国用，而自治其一国者也，自一心之微以至国家之大皆学也。故不明一国之学不能治一国之事，乃若有兼通他国之学，以辅益自国者，则兼材之能也，国杰之资也。然不能自国之学，在古不知其历史，在今无以喻其民，在野不熟其祖宗之遗事，在朝即无以效忠于其子孙。知其历史，熟其遗事，则必读本国之书，学本国之学为亟需"④，国学保存会五项宏愿之一就是为国人编撰必读、必学的"本国之书"——国学教科书，以使国人"知其历史，熟其遗事"。学好国学方能学好西学，"国粹者，精神之学也。欧化者，形质之学也（欧化亦有精神

---

① 章太炎：《论教育的根本要从自国自心发出来》，《章太炎政论选集》，中华书局1977年版，第502页。

② 许守微：《论国粹无阻于欧化》，《国粹学报》，第一年第7号（1905年8月20日出版）。

③ 章太炎：《论教育的根本要从自国自心发出来》，《章太炎政论选集》，中华书局1977年版，第517页。

④ 邓实：《国学讲习记》，《国粹学报》，第二年第7号（1906年8月9日出版）。

之学，此就其大端言耳）。无形质而精神何以存，无精神则形质何以立"，形、神兼备，方能成学问之大全。国粹派虽然反对"中体西用"说，但是以精神之学与形质之学来划分国学与西学，实质上又再次陷入"中体西用"的老路，他们"之所以重中学而轻西学，是因为他们对中国传统文化教育抱有信心，认为国学立则国立，但同时他们也认为适当引入西学，可以促进中国教育的发展，可以说，他们的目标仍然是'研究固有文化，造就国学人才'，他们所探索的也正是'国学复兴'之路"①。然而，"正是在用西学重新研究中国旧学的过程中，中国旧学逐渐被纳入到西方近代学术体系中，中国学术逐步由传统形态向近代形态转变"②，"从而开辟了传统学术近代化的新生面"③。

刘师培编撰《经学教科书》不仅体现了国学保存会的学会宏愿，更是基于重建教育秩序的实践需要。刘师培认为：

> 近世以来，凡士人之稍具知识者，莫不知教育之为急。然学校之设，及数年，而卒未收教育之效者，则以教育无秩序之故也。盖教育之夫秩序，厥有二端：一曰学级无秩序，未入小学者，遽入中学；未入中学者，遽入大学。此固躐等之大弊也。然试以入大学之人与入小学之人，较其程度固同，其未受教育亦同。其所以稍异者，则以年龄之长幼与文理之深浅耳。而躐等若此，其一弊也。二曰学科无秩序。同一大学，而教科之目各殊；同一中学、小学，而教科之目各异。或伤于教科之浩繁，或伤于程度之低浅，而私设之学堂，又各本教员之见，自订课程。有同一教科而教授之本不同者，又同一课本而讲授之法不同者，致学科各门未能画一。其弊二。有此二弊，此教育所以无秩序也。④

---

① 郭军：《近代国学教育之困：国粹派教育思想研究》，科学出版社 2019 年版，第 126 页。

② 左玉河：《从四部之学到七科之学——学术分科与近代中国知识系统之创建》，上海书店出版社 2004 年版，第 415～416 页。

③ 郑师渠：《晚清国粹派文化思想研究》，北京师范大学出版社 1997 年版，第 68 页。

④ 刘师培：《论中国古代教育之秩序》，《警钟日报》，第 4 卷第 338～339 号（1904 年 5 月18～19 日出版）。

编撰《经学教科书》，一可以解决"学科无秩序"之弊端，二也可以为解决"学级无秩序"提供参照。近代的"学级无秩序"与"三代的教育"形成了鲜明的反差，"古代之所谓教育者，教有定程，课有定业，无过与不及之患。而于古代秩序之教育，反贻数典忘祖之讥，故汉族人民永无进化之日，则中国学校虽谓无一完全之教育可也"①，"教有定程""课有定业"之三代教育精神就保存于以《经学教科书》为代表的国学教科书之中，依循三代之制就可以寻找到解决"学级无秩序"的方法，从而将国学保存会"教育的根本要从自国自心发出来"的主张，践行于新式学堂的教育教学之中，进而从根本上达到重建教育秩序的目的。

《经学教科书》是国学保存会完成的第一部国学教科书，其中第一册主要用来概述经学的历史，是与皮锡瑞的《经学历史》（基本）同年②的两部经学史著作。可想而知，成书于科举废除之年的两部经学史著作，自然就引起了同时代及后世学者的关注与比较。刘、皮二人虽同为著名的经学学者，但与皮锡瑞不同的是，刘氏家族以三世相续共注一部《春秋左氏传》而著称，是经古文学的代表人物。如果说皮锡瑞在《经学历史》中向后人展示了经今文学的治经风格，那么刘师培在《经学教科书》第一册中则主要体现了经古文学的治经特点。以六经与孔子之间的关系为例，就能清晰凸显两部经学史著作的不同立场和不同风格。《经学历史》指出："经学开辟时代，断自孔子删定《六经》为始。孔子以前，不得有经"③，"必以经为孔子作，始可以言经学；必知孔子作经以教万世之旨，始可以言经学"④；《经学教科书》则言："《六经》本先王旧典，特孔子另有编订之本耳，周末诸子，虽治《六经》，

---

① 刘师培：《论中国古代教育之秩序》，《警钟日报》，第 4 卷第 338～339 号（1904 年 5 月 18～19 日出版）。

② 《经学教科书》第一册于 1905 年 10 月 18 日初版，1906 年 7 月 1 日再版；《经学历史》成书于 1905 年，1907 年由长沙思贤书局刊刻发行。

③ 皮锡瑞：《经学历史》，中华书局 2011 年版，第 1 页。

④ 同上书，第 7 页。

然咸无定本。至后世之儒，只见孔子编订之《六经》；而周室《六经》之旧本，咸失其传。班固作《艺文志》，以《六经》为'六艺'，列于诸子之前，诚以《六经》为古籍，非儒家所得私。然又列《论语》《孝经》于六艺之末，由是孔门自著之书，始与《六经》并崇。盖因尊孔子而并崇《六经》，非因尊《六经》而始崇孔子也"①，"周公者集周代学术之大成者也，《六经》皆周公旧典，足证孔子以前久有《六经》矣"②，一是"不得有经"，一是"先王旧典"；一是孔子，一是周公，这就是经今、古文学者阐述《六经》源头的立场之别。与《经学历史》不同的是，《经学教科书》第一册按照进化论的观点，将经学历史分为四期（先秦时期除外）：两汉时期、三国至隋唐时期、宋元明时期、近儒时期，具体内容为：第1、2课为经学总述及界定"经"的定义，之后，按照朝代顺序为"古代"（第3课）、"西周"（第4课）、"孔子"时期（第5—8课）、"两汉"（第9—15课）、"三国至隋唐"（第16—22课）、"宋元明"（第23—29课）、"近儒"（第30—36课），以此朝代历史线索来综述从两汉至清代的经学传承。对于每个时期的经学传承，又是以《易》《书》《诗》《春秋》《礼》《论语》《孝经》的顺序来进行专题陈述，每一个专经课分别从学术传承、学派流衍、代表性人物、经学研究成果等方面来总结、概括，从而形成了由每个时期的分－总结构共同构成的专经传承史与《六经》传承史，进而构成了一部分课讲义型的经学通史。与《经学教科书》第一册不同的是，第二册是专为《易经》教学而编撰的专题式的经学教科书，同样也是一部专题经学史，"与传统《易经》教科书编写不同，《经学教科书》第二册采用了多种结构手法和叙述视角，既包括传统《易经》义例，也有西方自然学科与社会学科的切入角度，中西兼容，灵活运用，相互补充，既别于汉儒象数派《易经》教材，也异于宋儒义理派的《易经》教材。《经学教科书》集象数派和义理派之长，且不乏创新，其第二册除弁言外，

---

① 刘师培：《经学教科书》，岳麓书社2013年版，第17页。

② 同上书，第9～10页。

所设 36 课的专题兼及《易经》传统义例与哲理，又诠释《易》学与西方学科的关系"①，各课之间的分－总关系为：

表 5-2　《经学教科书》的结构、主题及概要

	课程主题	概要
第 1 课 至 第 7 课	《易经》总义、《易经》卦名、卦名释义、论《易》卦之作用、释三《易》、释《周易》之旨、论《易》有三义	总述《易经》的义旨、卦义及作用，比较三家《易》的异同等。
第 8 课 至 第 21 课	释《彖》辞、释爻辞（上）、释爻辞（下）、释《易》象、释《十翼》、说筮法、说互体（一至四）、说卦变（一至三）、说比例	在传统义例范围之内，围绕《易经》本身内容进行介绍和举例阐释。
第 22 课 至 第 33 课	论《易经》与文字之关系、论《易》学与数学（科学、史学、政治学、社会学、伦理学）之关系、论《易经》与哲学之关系（一至三）、论《易经》与礼典之关系（上、下）	援引西学，阐述《易经》及《易》学与西式学科之间的关系。
第 34 课 至第 36 课	论《易》词（上、下）、释《易》韵	从文辞与音韵的角度，对六十四卦的卦名作思想史的诠释。

《易经》为群经之首，融传统义例与分科之学为一体的《易经》教科书，既便于高等小学堂教学之用，"揭重要之义为纲，而引申之语，参考之词，皆列为目，以教科书应以简明为主也"②，又为其他经学教科书的编撰提供了范例。从总体上来说，"刘师培的《经学教科书》是中国传统经学研究的尾声，同时也是以西学发明经学的发端。虽然后者更多被发扬成了荒诞而近乎混扯的附会，在当初却不失为一种正经的尝试，而且其中蕴藏的学术潜力到今天仍然值得严肃对待"③，国学保存会倡导国学教育的自觉、主动精神同样值得

---

① 黄明喜、刘金荣：《近代经学教科书编撰的新尝试——刘师培〈经学教科书〉论析》，《湖南师范大学教育科学学报》，2022 年第 4 期。

② 刘师培：《经学教科书》，岳麓书社 2013 年版，第 77 页。

③ 王铭铭：《民族、文明与新世界：20 世纪前期的中国叙述》，世界图书出版公司 2010 年版，第 157 页。

后世学者敬仰、效仿。但不可否认的是，"无论是今文经学家对经学'简明有用'的挖掘，还是古文经学家对儒学知识系统的坚守，都无助于阻止经学从教育领域的最终退出。然而，经学作为一门学科的价值并没有因之消失。通过经学研究的'经学史'化，传统经学找到了与现代学术的对接点，完成了自身的嬗变"①。

时至今日，如何在学校教育中开展国学教育，仍然是一个值得思考与探索的话题。《经学历史》与《经学教科书》无疑为我们提供了更多的思索空间和探索勇气！

第三节　在传统与近代之间：《四书》《五经》纳入近代新知识体系的教育实践

《四书》《五经》纳入近代新知识体系的教育实践，发生于中国传统学术在晚清时期开始向近代学术转型的过程中。以 1840 年为界，"近代"一词开始从器物、制度到观念层面与社会生活发生联系，学者们由此开启了为近代（现代）化而启蒙的思想探索与实践，《四书》《五经》以"中学"的名义容身于中、西学观念的碰撞与融合之中，发见于各类新式学堂的课程体系之内，直至 1898 年上谕令各府州县将大小书院"一律改为兼习中学、西学之学校"，中学、西学并存遂成为各类学校教育的定制，标志着西学在国家教育体制之内获得了合法的身份；以 1902 年壬寅学制的颁布为界，学者们参考和借鉴西方近代学科体系的分类标准，以分科设学模式来制定从小学堂到大学堂的课程体系，使得《四书》《五经》只能以读经讲经、经学科的形式委身于学制体系之内而面临被边缘化的危险；之后，随着读经讲经课程的取

---

①　张晶萍:《清末新式教育中的经学教科书》,《光明日报》,2008 年 10 月 19 日第 7 版。

消、经学科的废除，近代社会"不再把修养和道德作为教育中心，而把类似西洋的科学技术作为中心，开始效仿西洋知识教育的方式，这里直接带来的知识史和思想史的后果之一，却是传统知识系统的最后崩溃和瓦解"[1]，也就意味着经学时代的结束。

一、中、西学观念下的中学

中学与西学之间的关系，是在明末清初耶稣会士将西方近代科学引入中国的背景下形成的，经历了从"西学中源"说到"中体西用"说思想的历时性演变。赵敦华在《关于"西学"的几个理论问题》一文中就此"历时性演变"评价道："当中国人只是把'西学'理解为西方人学说时，内心中就把'西学'当作了一种地域性的特殊学说，或多或少地有把'中学'与'西学'对立起来的情结。明末清初的卫道士以'圣学'的名义批驳'西学'，'西学'中除了天文历算在'天学'的名义下被接受以外，其余部分都被排拒出去。即使是对'天学'的接受，也要找一个'西学中源'说借口。康熙皇帝写了《三角形论》，根据'毕达哥拉斯定理'与《周髀算经》里'勾股定理'的相似，说明西方的数学、天文学是西周末年时周王室的一些人流落到西方带去的。不但康熙如此说，反清的第一流的学者如黄宗羲、方以智、王锡阐等人，对此也深信不疑。这就说明，是否承认西学的普遍性，不是一个政治问题或其他性质的问题，而是一个考验中国文化的心理承受力的根本性问题。当西学在清末再次涌入中国时，这个问题再次尖锐地摆在中国人面前，张之洞提出'中学为体，西学为用'也是为了对付这个问题"[2]。这段评述性语言中所包含的关键信息为：第一，"当西学在清末再次涌入中国"的时间节点问题。以"再次"为界而分为前后两个阶段，在前一个阶段（从明末清初至雍正、乾隆后，清政府禁止耶稣会士来华传教，西学的输入也随之而中断），

---

[1]　葛兆光：《中国思想史》（第二卷），复旦大学出版社 2000 年版，第 605 页。

[2]　赵敦华：《关于"西学"的几个理论问题》，《哲学研究》，2007 年第 6 期。

中学与西学的关系主要体现为"西学中源"说；后一个阶段（从鸦片战争爆发，特别是在 1846 年道光下谕解除禁教令之后，西学再次"涌入"中国），中学与西学的关系则以"中体西用"说为主。第二，康熙及御制《三角形论》是前一个阶段"西学中源"说的核心人物及事例。对于何谓"西学中源"说，康熙曾给予权威性的评述：

> 我朝定鼎以来，远人慕化，至者渐多，有汤若望、南怀仁、安多、闵明我，相继治理历法，间明算学，而度数之理渐加详备，然询其所自，皆云本中土所流传。粤稽古圣，尧之钦明，舜之睿哲，历象授时，闰余定岁，璇玑玉衡，以齐七政，推步之学，孰大于是？至于三代盛时，声教四讫，重译向风，则书籍流传于海外者殆不一矣？周末畴人子弟失官分散，肆经秦火，中原之典章既多缺佚，而海外之支流反得真传，此西学之所以有本也。[1]

"远人"汤若望、南怀仁、安多、闵明我等耶稣会士，所精通之历法与数学，皆源自"中土所流传"。如若考察历法与数学之本源，上可至尧、舜圣贤"历象授时"，下可因"三代盛时"及"周末"典籍流传，理、据分明，汤若望等耶稣会士就是"海外之支流"的人证。同样，御制《三角形论》则是进一步从数理层面来论证西方之历算源起于中国，持相同论断的清代"历算第一名家"梅文鼎给予了高度评价，"御制《三角形论》言西学贯源中法，大哉王言，著撰家皆所未及"（《雨坐山窗》），"伏读圣制《三角形论》，谓古人历法流传西土，彼土之人习而加精焉尔，天语煌煌，可息诸家聚讼"（《上孝感相国》四之三），"伏读御制《三角形论》，谓众角辏心以算弧度，必古算所有，而流传西土。此反失传，彼则能守之不失且踵事加详。至哉圣人之言，可以为治历之金科玉律矣"（《历学疑问补》卷一）。从实质上来看，"西

---

① 玄烨（敕编）:《数理精蕴（上编卷一）周髀经解》，台湾商务印书馆 1968 年版，第 8 页。

学中源"说是为了论证中学与西学同出一源，二者之间本无区别，时人所理解和接纳的西学，天文也罢，历算也罢，仅为"黄宗羲、方以智、王锡阐等"少数先行者的行为，也不至于对中学的地位形成挑战，况且清王朝以"禁教"的方式就能阻止西学的传播，表明国人无论是从思想学说的立场上还是从对待西方文化的心态上（乃至行动上）都处于一种较为主动、乐观的心理状态，当然其中难免又夹杂着些许"天朝大国""君临万邦"的自大与傲慢①。第三，"再次涌入中国""再次尖锐地摆在中国人面前"中的两个"再次"强调了问题的严重性，"明末清初，不学西学，便无好历法；近代中国不学西学，就要亡国，向西方寻求救国真理是历史赋予近代中国人的重任"，"无独有偶，'西学中源'说发展流行时期，也是'中学为体，西学为用'思想形成和广为流传时期。它们的共同点是：给西学以合法地位，学习它求富求强。不同点是：'中体西用'是规定中学西学是主辅关系的基本方针，根据这一规定，中国人只能有限地学习西方，就此而言，它是传统夷夏之防的偏见延伸。'西学中源'说则力图论证西学中学同出一源，本无区别，西方一切学问乃至民主思想也都是中国圣人之学。一般来讲，主张'中体西用'的人也是讲'西学中源'的人，两种理论被交替使用，互为补充。从1898年春《劝学篇》出笼，'中体西用'成了洋务派顽固派反对资产阶级改良派的利器。'西学中源'说虽不科学，在20世纪初急速失去市场，却没有沦落为反动理论，因为它毕竟不是维护旧学的理论"②。从"西学中源"说之中（学）西（学）同源到"中体西用"说之中（学）主西（学）辅，就是明末清初以来中学西学关系的历时性演变。

中学西学之主辅关系，形成于从清末西学的"再次涌入"到张之洞提出"中体西用"说的过程中。尽管明末清初已有"西学"之名，但是当西学在

---

① 乾隆斥西学为"异学"、西器为"淫巧"，嘉庆"不识西士、不爱西学、不喜西艺"，就是此种不良心理状态的真实体现。

② 汤奇学：《"西学中源"说的历史考察》，《安徽史学》，1988年第4期。

清末再次涌入中国时，"西学"之名却经历了从"夷学"到"西学"（后或以"新学"之名代替，或"西学""新学"并行不悖）的变化过程。与此同时，在西学之名称变化的过程中，西学之实指也相应地发生改变。梁漱溟在《东西文化及其哲学》一书中，阐述了西学之实指的具体变化过程：

> 我们来看秉受东方化最久，浸润于东方化最深的中国国民对于西方化的压迫历来是用怎样的方法去对付呢？西方化对于这块土地发展的步骤是怎样呢？【1】据我们所观察，中国自从明朝徐光启翻译《几何原本》，李之藻翻译《谈天》，西方化才输到中国来。这类学问本来完全是理智方面的东西，而中国人对于理智方面很少创造，所以对于这类学问的输入并不发生冲突。直到清康熙时，西方的天文、数学输入亦还是如此。【2】后来到咸同年间，因西方化的输入，大家看见西洋火炮、铁甲、声、光、化、电的奇妙，因为此种是中国所不会的，我们不可不采取他的长处，将此种学来。此时对于西方化的态度亦仅此而已。所以，那时曾文正、李文忠等创办上海制造局，在制造局内译书，在北洋练海军，马尾办船政。这种态度差不多有几十年之久，直到光绪二十几年仍是如此。所以这时代名臣的奏议，通人的著作，书院的文课，考试的闱墨以及所谓时务书一类，都想将西洋这种东西搬到中国来，这时候全然没有留意西洋这些东西并非凭空来的，却有他们的来源。他们的来源，就是西方的根本文化。有西方的根本文化，才产生西洋火炮、铁甲、声、光、化、电这些东西：这些东西对于东方从来的文化是不相容的。他们全然没有留意此点，以为西洋这些东西好象一个瓜，我们仅将瓜蔓截断，就可以搬过来！如此的轻轻一改变，不单这些东西搬不过来，并且使中国旧有的文化步骤也全乱了——我方才说这些东西与东方从来的文化是不相容的。他们本来没有见到文化的问题，仅只看见外面的结果，以为将此种结果调换改动，中国就可以富强，而不知道全不成功的！【3】及至甲午之役，海军全体覆没，于是大家始晓得火炮、铁甲、

声、光、化、电，不是如此可以拿过来的，这些东西后面还有根本的东西。乃提倡废科举，兴学校，建铁路，办实业。此种思想盛行于当时，于是有戊戌之变法不成而继之以庚子的事变，于是变法的声更盛。这种运动的结果，科举废，学校兴，大家又逐渐著意到政治制度上面，以为西方化之所以为西方化，不单在办实业、兴学校，而在西洋的立宪制度、代议制度。于是大家又群趋于政治制度一方面，所以有立宪论与革命论两派。在主张立宪论的以为假使我们的主张可以实现，则对于西洋文化的规模就完全有了，而可以同日本一样，变成很强盛的国家。——革命论的意思也是如此。这时的态度既著目在政治制度一点，所以革命论家奔走革命，立宪论家请求开国会，设谘议局，预备立宪。后来的结果，立宪论的主张逐渐实现；而革命论的主张也在辛亥年成功。此种政治的改革虽然不能说将西方的政治制度当真采用，而确是一个改变；此时所用的政体绝非中国固有的政治制度。但是这种改革的结果，西洋的政治制度实际上仍不能在中国实现，虽然革命有十年之久，而因为中国人不会运用，所以这种政治制度始终没有安设在中国。【4】于是大家乃有更进一步的觉悟，以为政治的改革仍是枝叶，还有更根本的问题在后头。假使不从更根本的地方作起，则所有种种作法都是不中用的，乃至所有西洋文化，都不能领受接纳的。此种觉悟的时期很难显明的划分出来，而稍微显著的一点，不能不算《新青年》陈独秀他们几位先生。他们的意思要想将种种枝叶抛开，直截了当去求最后的根本。所谓根本就是整个的西方文化——是整个文化不相同的问题。如果单采用此种政治制度是不成功的，须根本的通盘换过才可。而最根本的就是伦理思想——人生哲学——所以陈先生在他所作的《吾人最后之觉悟》一文中以为种种改革通用不着，现在觉得最根本的在伦理思想。对此种根本所在不能改革，则所有改革皆无效用。到了这时才发现了西方化的根本的所在，中国不单火炮、铁甲、声、光、化、电、政治制度不及西方，乃至道德都不对的！这是两方问题接触最后不能不问到的一点，我们也不能不叹服陈先生头脑的明利！因为大家对于两种文化的不同都容易麻糊，而陈先生很能认清其不同，并且见到西方化是整个的东西，不能枝枝节节零碎来看！这时候因为有此种觉悟，大家提倡此时最应做的莫过于思想之改革——文化运动。经他们几位提倡了四五年，将风气开辟，于是大家都以为现在最要紧的是思想之改革——文化运动——不是政治的问题。我们看见当时最注重政治问题的如梁任公一辈人到此刻大家都弃掉了政治的生涯而趋重学术思想的改革方面。如梁任公林宗孟等所组织的新学会的宣言书，实在是我们很好的参证的材料，足以证明大家对于西方文化态度的改变！ ①

这段话是从四个阶段来概括西学传入中国的大致历程：【1】是从明末清初大致到鸦片战争前期（西学再次涌入中国之前），时人所理解的西学主要以"西方的天文、数学"为主；【2】是从鸦片战争之后到甲午战争时期，时人所理解的西学主要以"西洋火炮、铁甲、声、光、化、电这些东西"为主；【3】是从甲午战争后至清朝结束，时人所理解的西学主要以"西洋的政治制度"为主；【4】是新文化运动时期，时人所理解的西学主要以"伦理思想——人生哲学"为主。具体来说：在第一个阶段，国人是在"西学中源"思路下来接触和认识西学，上文已经展开相应的阐述。在第二个阶段，国人是在"师夷长技"思路的指导下来理解和接纳"再次涌入中国"的西学。魏源在阐述为何而作《海国图志》时，指出："是书何以作？曰：为以夷攻夷而作，为以夷款夷而作，为师夷长技以制夷而作"，"师夷长技以制夷"既是其创作《海国图志》的目的所在，又成为鸦片战争之后国人学习西方学说的指导思想。至于何为夷之长技，魏源认为"夷之长技三：一战舰；二火器；三养兵练兵之法"；洋务运动的代表人物李鸿章同样持此种认识，"中国文武制度，事事远出西人之上，独火器万不能及"，"中国欲自强，则莫如

---

① 梁漱溟：《东西文化及其哲学》，岳麓书社 2011 年版，第 4～6 页。

学习外国利器；欲学习外国利器，则莫如觅制器之器。师其法而不必尽用其人"。之后，各类洋务学堂的创办及专门人才的养成就是对"师夷长技"思想的践行。在第三个阶段，国人是在"中体西用"思路的指导下来理解和接纳西学，"甲午丧师，举国震动，年少气盛之士，疾首扼腕言'维新变法'，而疆吏若李鸿章、张之洞辈亦稍稍和之。而其流行语，则有所谓'中学为体，西学为用'者，张之洞最乐道之，而举国以为至言"①。"中体西用"思想的渊源由来已久：张之洞在《劝学篇》中对"中体西用"学说的概括最为代表，"其学堂之法约有六要。一曰新旧兼学：'四书'、'五经'、中国史事、政书、地图为旧学，西政、西艺、西史为新学。旧学为体，新学为用，不使偏废"（《劝学篇·设学第三》）。《劝学篇》中的"旧学"即"中学"，"新学"即"西学"，"旧学为体，新学为用"就是"中学为体，西学为用"。"西学"又分为西政、西艺、西史三类，其中：西政包括"学校、地理、度支、赋税、武备、律例、劝工、通商"，西艺包括"算、绘、矿、医、声、光、化、电"，而西政的学习又重于西艺，"西学亦有别，西艺非要，西政为要"（《劝学篇·序》），表明此阶段以西政为主要学习内容。第四个阶段则是《吾人最后之觉悟》的阶段，按照陈独秀的理解，"吾人最后之觉悟"有二：一是政治的觉悟、二是伦理的觉悟，"自西洋文明输入吾国，最初促吾人之觉悟者为学术，相形见绌，举国所知矣；其次为政治，年来政象所证明，已有不克守缺抱残之势。继今以往，国人所怀疑莫决者，当为伦理问题"，因此，伦理的觉悟为"吾人最后觉悟之最后觉悟"。政治与伦理相应而生，"伦理思想，影响于政治，各国皆然，吾华尤甚。儒者三纲之说，为吾伦理政治之大原，共贯同条，莫可偏废。三纲之根本义，阶级制度是也。所谓名教，所谓礼教，皆以拥护此别尊卑明贵贱制度者也。近世西洋之道德政治，乃以自由平等独立之说为大原，与阶级制度极端相反。此东西文明之一大分水岭也。吾人果欲于政治上采用共和立宪制，复欲于伦理上保守纲常阶级制，以收新旧调和

---

① 梁启超：《清代学术概论》，上海古籍出版社 1998 年版，第 97 页。

之效，自家冲撞，此绝对不可能之事。盖共和立宪制，以独立平等自由为原则，与纲常阶级制为绝对不可相容之物，存其一必废其一。倘于政治否认专制，于家族社会仍保守旧有之特权，则法律上权利平等、经济上独立生产之原则，破坏无余，焉有并行之余地？"[①]西洋之道德政治，与自由平等独立之学说相匹配，与儒家三纲相抵触，儒家三纲与道德政治不能"收新旧调和之效"，吾人最后之觉悟就是要以"伦理之觉悟"为根基来形成一种"新文化"。这种"新文化"，是超越清末以来"中学""西学"之固有观念的文化，是既不囿于"中学"又有别于"西学"的"新文化"。"中学"由此而消解于"新文化"的浪潮之中。

二、学制体系中的读经讲经及经学科

"建国君民，教学为先"，"君子如欲化民成俗，其必由学乎！"（《礼记·学记》），源起于三代之教育理想，是中国古代君王尊师重教之价值旨归与实践指向。有汉一代，汉武帝专立五经博士、开设太学以养士、通过察举以入仕，构建了集养士、取士并诱以官禄为一体的经学教育格局。历经唐、宋至元、明、清三代，以《四书》《五经》为中心的经学教育及科举考试制度，业已化身成为古代社会超稳定结构的内在组成部分，直至1912年清帝退位而解体。在古代经学教育的发展过程中，曾明显地出现过两次因外来文化的输入而引发的危机：一次是在唐宋转型之际，儒学独尊的地位受到佛教（包括道教）的挑战；一次是清末鸦片战争爆发之后，西方学术对儒学中心地位的冲击。相对于前一次仅为文化层面的危机来说，后一次的危机则是文化危机叠加国家危机的双重危机，"历代备边多在西北，其强弱之势、主客之形皆适相埒，且犹有中外界限。今则东南海疆万余里，各国通商传教，来往自如，聚集京师及各省腹地，阳托和好之名，阴怀吞噬之计，一国生事，诸国构煽，实为数千年来未有之变局。轮船电报之速，瞬息千里！军器机事

---

① 陈独秀:《独秀文存》,首都经济贸易大学出版社2018年版,第32页。

之精，工力百倍；炮弹所到，无坚不摧，水陆关隘，不足限制，又为数千年来未有之强敌"（李鸿章《筹议海防折》同治十三年十一月初二日）。面对前所"未有之变局""未有之强敌"，国人依循宋儒以程朱理学化解第一次危机的先例，再次寄希望以儒家伦理道德为本来探寻破解双重危机的理路，"中体西用"说就是"那个时代文化精英们的普遍思考"，"中体西用的思路是19世纪下半叶中国社会和学术发展的方向和可行道路"①。

从晚清学校教育的办学活动来说，在办学的过程中如何兼顾中西学，就成为教育先行者们必须共同面对且亟待解决的问题。先行者们的教育举措，主要体现为：一是从人才选拔的方式上兼容中学（传统经学教育）与西学（各类新式学堂）。自道光中叶两广总督奏呈《请推广文武科试疏》开始，"半个多世纪议改科举的讨论，主要围绕变革科举考试的科目与内容展开，是以出现了变常科、开特科、纳洋学于科目、增设经济特科等方面的奏议"②，这就是通过将西学纳入科举③的方式来兼容中西学。二是从人才培养的方式上实现中西学在学校教育体系内的融通。1898年5月15日，康有为在《请饬各省改书院淫祠为学堂折》中奏请光绪将"公私现有之书院、义学、社学、学塾，皆改为兼习中西之学校，省会之大书院为高等学，府州县之书院为中等学，义、社学为小学"④；1898年5月25日，光绪颁布《改书院为学校上谕》，"将各省府厅州县现有之大小书院，一律改为兼习中学、西学之学校"⑤。虽然因戊戌变法的失败而暂时搁置了学校兼习中西学的计划，但是融中西学于学校教育却成为教育改革发展的必然趋势。三是个别新式学堂的

---

① 张岂之主编：《中国学术思想编年》（明清卷），陕西师范大学出版社2006年版，序言第17页。

② 朱贞：《清季民初的学制、学堂与经学》，社会科学文献出版社2019年版，第18页。

③ 虽然此种改革措施收效甚微，但是在1905年科举制废除之前，纳西学入科举的努力仍在继续。

④ 邓谷嘉、邓洪波主编：《中国书院史资料》（下册），浙江教育出版社1998年版，第2467页。

⑤ 同上书，第2470页。

创办者在办学的实践过程中来尝试融通中西学。洋务运动时期创办的各类新式学堂，尤为侧重西学专门，并未将中学列入学堂中的科目。甲午海战之后，以肄习普通学的新式学堂的举办为转折点，开启了中学进入各类新式学堂的实践尝试，"官员开办技术类学堂，开始强调可以中国之心思通外国之技巧，不可以外国之习气变中国之性情。尤其在甲午战争前后开办的电报、医学、铁路、矿务等技术类学堂，已注重中体之学进入学堂。如两广电报学堂规定，除西学外，学生要兼课四书五经，以知礼义。而南京矿务铁路学堂与江南储才学堂也明确规定学生要兼习经史，习读《春秋》《左传》等"①。教育先行者们的改革举措与实践尝试，一方面为学校教育如何兼习中西学提供了实践经验，另一方面因新式学堂各自为政，故造成中西兼学大多流于形式，重西学轻中学依然如是，"中学为体，西学为用"的教育构想并未得以实现。

从国家层面来制定统一的学制，就成为解决学校教育如何兼习中西学之实践困境，践行"中学为体，西学为用"之教育构想的必然趋势。《钦定学堂章程（壬寅学制）》与《奏定学堂章程（癸卯学制）》，就是践行"中体西用"指导思想的两部学制。《钦定京师大学堂章程》在《全学纲领》中就明确规定："欧、美、日本所以立国，国各不同，中国政教风俗亦自有所以立国之本；所有学堂人等，自教习、总办、提调、学生诸人，有明倡异说、干犯国宪及与名教纲常显相违背者，查有实据，轻则斥退，重则究办"②；张百熙、荣庆、张之洞在《重订学堂章程折》中则进一步明确指出："至于立学宗旨，无论何等学堂，均以忠孝为本，以中国经史之学为基，俾学生心术壹归于纯正，而后以西学瀹其智识，练其艺能，务期他日成材，各适实用，以仰副国家造就通才、慎防流弊之意。"③需要说明的是，以"中体西用"为指导思想的两部学制，是以西方学术的分类标准而非仅以中学、

---

① 朱贞：《清季民初的学制、学堂与经学》，社会科学文献出版社 2019 年版，第 23 页。
② 璩鑫圭、唐良炎编：《中国近代教育史资料汇编·学制演变》，上海教育出版社 2007 年版，第 243 页。
③ 同上书，第 298 页。

西学之二分标准，来重新划分中国已有之学术，依此而行，张百熙负责制定的《钦定高等学堂章程》直接将大学分科为"政治、文学、格致、农业、工艺、商务、医术"七门，"七科分学"中并未将经学单独列为一科，经学科仅为文学科所包括的七门学科之一①，经学在壬寅学制中的地位可想而知。为了纠正张氏之"偏"，以便更加凸显经学在中国学术中的根本地位，张之洞在《奏定大学堂章程》中以"八科分学"取代"七科分学"，将经学单独设为一科，并置于诸科之首，"大学堂分为八科：一、经学科大学分十一门②，各专一门，理学列为经学之一门。二、政法科大学分二门，各专一门。三、文学科大学分九门，各专一门。四、医科大学分二门，各专一门。五、格致科大学分六门，各专一门。六、农科大学分四门，各专一门。七、工科大学分九门，各专一门。八、商科大学分三门，各专一门"③。"八科分学"的方案，"不仅初步奠定了近代中国新学制之基础，而且初步奠定了中国近代学术分科的基础，大致划定了近代中国学术的研究范围。中国传统学术中的经学、史学、文学在经学科和文学科中得到保存，晚清时期引入之各种西学，在政法科、格致科、农科、工科、医科和商科中确定下来。中国以经、史、子、集为骨架的'四部之学'知识系统，被包容到以西方学科分类为主干之'八科之学'的新知识系统之中"④。但不可否认的是，"以西方学术衡量中国固有学术，破坏了经学本身的形态、地位和价值。经过西式学制框架的改造，经学被分解，影响至今"⑤，经学体现古代

---

① 文学科包括七门学科：经学、史学、理学、诸子学、掌故学、词章学、外国语言文字学。

② 经学分十一门：一、周易学门，二、尚书学门，三、毛诗学门，四、春秋左传学门，五、春秋三传学门，六、周礼学门，七、仪礼学门，八、礼记学门，九、论语学门，十、孟子学门。愿兼习两经者，听。十一、理学门。

③ 璩鑫圭、唐良炎编：《中国近代教育史资料汇编·学制演变》，上海教育出版社 2007 年版，第 348 页。

④ 左玉河：《从四部之学到七科之学——学术分科与近代中国知识系统之创建》，上海书店出版社 2004 年版，第 193 ~ 194 页。

⑤ 朱贞：《清季民初的学制、学堂与经学》，社会科学文献出版社 2019 年版，第 34 ~ 35 页。

学术整体而化身成为学科体系中的一科，无论在分科中处于何种地位，都从根本上丧失了其对社会生活的整全价值。

与《奏定大学堂章程》设置经学科相衔接，《奏定初等小学堂章程》《奏定高等小学堂章程》与《奏定中学堂章程》专设读经讲经科目，从而形成了小学－中学－大学一体化的经学教育体系，进而实现了古代教育经典文本在学制体系内的传承。各级章程对读经讲经科目的教育要义，明确规定如下：

表 5-3　各级学堂的读经讲经

各级学堂	读经讲经科目教育要义
初等 小学堂[①]	其要义在授读经文，字数宜少，使儿童易记。讲解经文宜从浅显，使儿童易解，令圣贤正理深入其心，以端儿童知识初开之本。每日所授之经，必使成诵乃已。 　　凡讲经者先明章指，次释文义，务须平正明显，切于实用，勿令学童苦其繁难；其详略深浅，视学生之年岁、程度而定。尤不可务新好奇，创为异说，致启驳杂支离之弊。至于经义奥博无涯，学堂晷刻有限，止能讲其大义；若欲博综精研，可俟入大学堂后为之。此乃中、小学堂讲经通例。 　　现在定以《孝经》《四书》《礼记》节本为初等小学必读之经，总共五年，每年除假期外，以二百四十日计算。 　　第一年，每日约读四十字，共读九千六百字； 　　第二年，每日约读六十字，共读一万四千四百字； 　　第三、四两年，每日约读一百字，共读四万八千字； 　　第五年，每日约读一百二十字，共读二万八千八百字。 　　总共五年，应读十万零一千八百字；除《孝经》（二千零十三字）、《四书》（五万九千六百十七字）全读外（共六万一千六百字），《礼记》最切于伦常日用，亟宜先读。惟全经过于繁重，天资聪颖学生可读江永《礼记约编》（约七万八千余字）；其或资性平常，或以谋生为急，将来仅志于农工商各项实业，无仕宦科名之望者，宜就《礼记约编》择初学易解而人道所必应知者，节存四万字以内，俾得粗通礼意而仍易于毕业。其讲解用近人《礼记训纂》最好，如不能得，或用相台本郑注，或暂用通行之陈澔集说均可。缘所读所讲，止系切于人生日用之事，无甚精深典礼，则古注与元人注无大异同。 　　上表所列读经讲经时刻，计每星期读经六点钟，挑背及讲解六点钟，合共十二点钟。另有温经钟点每日半点钟，在自习时督课，不在表内。若学堂无自习室，则即在讲堂督课。

①　璩鑫圭、唐良炎编：《中国近代教育史资料汇编·学制演变》，上海教育出版社 2007 年版，第 303 ～ 304 页。

续表

各级学堂	读经讲经科目教育要义
高等小学堂[①]	其要义亦宜少读浅解。《诗》《书》《易》三经文义虽多有古奥之处，亦甚有明显易解之处，可讲其明显切用者，缓其深奥者以待将来入高等学堂再习。若少年不读此数经，以后更不愿读，则此最古数经必将废绝矣。十二岁以后，为知识渐开、外诱纷至之时，尤宜令圣贤之道时常浸灌于心，以免流于恶习，开离经叛道之渐。每日所授之经，亦必使之成诵。 　　**本段为中、小学堂讲经通例。（本书省略，见初等小学堂）** 　　现在定以《诗经》《书经》《易经》及《仪礼》之一篇为高等小学必读之经。总共四年，每年除假期外以二百四十日计算，每日约读一百二十字，每年应读二万八千八百字，四年应共读十一万五千二百字。除《诗》（四万零八百四十八字）《书》（二万七千一百三十四字）《易》（二万四千四百三十七字）全读外（共九万二千四百十七字），《仪礼》可止读《丧服经传》并记一篇，计四千四百三十七字，合《诗》《书》《易》共九万六千八百五十四字，余暇甚多，易于毕业（读毕后可令多温数次，更可纯熟）。 　　讲《诗经》即用朱子集传，讲《书经》即用蔡沈集传，讲《易经》即用程传。因此三经宋、元之注，自明及今功令皆已通行，儒士多习此本。且《易》之程传，《书》之蔡传，实远胜于注疏中之王弼《易注》，孔安国《书传》，先儒久有定评。《诗经》为教授幼童计，亦只可暂用朱注为便（湖北局刻朱子《诗传》，附刻小序于简端，并可兼通古义，此本尤善）。《仪礼》即用《仪礼郑注句读》，俟升入高等大学后，再行研究钦定诸经及注疏等书可也。 　　现在所定读经、讲经时刻，计每星期读经六点钟，挑背及讲解六点钟，合共十二点钟；另有温经钟点每日半点钟，在自习时督课，不在表内。若学堂无自习室，则即在讲堂督课。
中学堂[②]	学生年岁已长，故讲读《春秋左传》《周礼》两经，以备将来学成经世之用。讲读《左传》，应用武英殿读本。讲读《周礼》，应用通行之《周官精义》（其注解系就钦定《周礼义疏》摘要节录，最便初学寒士）。此两书既本古注，又不繁冗，最于学者相宜。讲《左传》宜解说其大事与今日世界情形相合者，讲《周礼》宜阐发先王制度之善，养民教民诸政之详备，与今日情形相类可效法者；但解说须简要。 　　**本段为中、小学堂讲经通例。（本书省略，见初等小学堂）** 　　现在所定读经讲经钟点，计每星期读经六点钟，挑背及讲解三点钟（间日背讲一次），合共九点钟；另有温经钟点，每日半点钟，在自习时督课，不在表内。 　　因学生皆系高等小学毕业者，故应读《春秋左传》及《周礼》两部，每日读二百字，每年除各假期外，以二百四十日计算，应读四万八千字，五年应共读二十四万字。计《春秋左传》十九万八千九百四十五字，《周礼》全本四万九千五百一十六字，合共二十四万八千四百六十一字。若用黄叔琳《周礼节训本》，约二万五千字，则合计不过二十二万三千余字，尚有余力温习。

---

①　璩鑫圭、唐良炎编：《中国近代教育史资料汇编·学制演变》，上海教育出版社 2007 年版，
　　第 317 ～ 318 页。

②　同上书，第 328 ～ 329 页。

按照癸卯学制的规定，从初等小学、中等小学堂到中学堂，就形成了以《孝经》《四书》《礼记》节本——《诗》《书》《易》及《仪礼》之一篇——《春秋左传》《周礼》为主要科目内容的经学教育体系，以《孝经》+《四书》+《五经》为中心的古代教育经典文本在近代学制体系内得以传承，从而为传统学术向近代学术的转型提供了教育基础与制度保障。因此，"整体而言，癸卯学制办法出台后，分科治学与设学有了具体操作的方案。作为一门分科，新式学堂中的经学已然不同于原有形态。然而，在注重中体、强调三纲五常的立学原则下，经学与学堂其他学科相比，又有着独特的地位。经过张之洞的具体规划，各阶段学堂经学课程授受的内容、程度与方式基本确定，从章程条文上实现了新旧教育的衔接转换"[1]。

　　与癸卯学制相关联，同样也是为了扫除科举制度废除之后在学堂中残存的流弊，重申古代学术正人心、纯风俗的教育精神，"学术者本于人心，关乎风俗者也。古者学术之隆，人心以正，风俗以纯；后世人心渐漓，风俗日薄，而其弊转受于学校。科举之制，其始意非不甚善，自士人以为弋功名希利禄之捷径，而圣经贤传遂无与修齐治平，科举乃为斯世病。今朝廷停罢科举，广设学堂，倘不于设施伊始，辨明义利，以清本源，将在官者持自私自利之见以兴学，为士者挟自私自利之心以应选，不特圣贤经旨、礼教大防日即沦夷，即东西各国教育之真精神，学堂之真效果，亦无由得；而科举之弊仍纳于学堂之中"[2]，学部于1906年《奏陈教育宗旨折》，奏请"将教育宗旨明降谕旨，宣示天下，以一风气，而定人心"。在忠君、尊孔与尚公、尚武、尚实的五项教育宗旨之中，"忠君、尊孔"两项为"中国政教之所固有，而亟宜发明以距异说者"，"尚公、尚武、尚实"三项为"中国民质之所最缺，而亟宜箴砭以图振起者"。朝廷在批复学部奏请的上谕中，希望通过"明示宗旨，俾定趋向，斯于一道同风"，并从官方层面阐明了五项教育宗旨之要

① 朱贞：《清季民初的学制、学堂与经学》，社会科学文献出版社 2019 年版，第 49 页。

② 璩鑫圭、唐良炎编：《中国近代教育史资料汇编·学制演变》，上海教育出版社 2007 年版，第 547 页。

义："君民一体，爱国即以保家；正学昌明，翼教乃以扶世。人人有合群之心力，而公德以昭；人人有振武之精神，而自强可恃。务讲求农、工、商各科实业，物无弃材，地无遗利，斯有益于国计民生；庶几风俗淳厚，人才众多，何患不日臻上理。"①这五项教育宗旨虽然未超越"中体"+"西用"的思维方式与表达形式，但这是首次从人才培养的视角来阐释五项内容的整体价值，相对于"忠君、尊孔"来说，"尚公、尚武、尚实"三项内容实质上突破了仅被理解为"用"的局限，"中国之大病：曰私，曰弱，曰虚，必因其病之所在而拔其根株，作其新机，则非尚公尚武尚实不可也"②，这实际上就是肯定了"尚公、尚武、尚实"三项内容在养成具有"完全之人格"之国民中的教育价值。总而言之，以（壬寅学制）癸卯学制、教育宗旨为标识的清末教育改革，有限度地开启了中国教育近代化的历程。

辛亥革命之后，在政治体制由专制走向共和的同时，培养具有"健全人格"之"共和国民"，成为民国初年教育发展的新趋势。蔡元培从对民国教育方针的整体构想出发，在《对于教育方针之意见》③一文中，首次提出了"五育并举"的教育方针，力图从理论层面对何谓"健全人格"之"共和国民"给予回答，并在文末特别强调："满清时代，有所谓钦定教育宗旨者，曰忠君，曰尊孔，曰尚公，曰尚武，曰尚实。忠君与共和政体不合，尊孔与信教自由相违（孔子之学术，与后世所谓儒教、孔教，当分别观之。嗣后教育界

---

① 璩鑫圭、唐良炎编：《中国近代教育史资料汇编·学制演变》，上海教育出版社2007年版，第547～548页。

② 同上书，第544页。

③ 《对于教育方针之意见》与《对于新教育之意见》是同一篇文章。蔡元培任教育总长后，发表了此篇文章。其中：（1）《对于新教育之意见》先后刊载于《民立报》1912年2月8、9、10日；《教育杂志》第3卷第11号（1912年2月10日初版）；（2）《对于教育方针之意见》发表于《东方杂志》第8卷第10号（1912年4月出版）。1912年9月，北京教育部公布《教育宗旨令》如下："兹定教育宗旨，特公布之，此令。注重道德教育，以实利教育、军国民教育辅之，更以美感教育完成其道德。中华民国元年九月初二日部令第二号。"见《教育杂志》第4卷第7号（1912年10月10日出版）。

何以处孔子，及何以处孔教，当特别讨论之，兹不赘），可以不论。尚武，即军国民主义也。尚实，即实利主义也。尚公，与吾所谓公民道德，其范围或不免有广狭之异，而要为同意。惟世界观及美育，则为彼所不道，而鄙人尤所注重，故特疏通而证明之，以质于当代教育家，幸教育家平心而讨论焉。"[1] 共和政体中"无君"可言，既然"忠君"已成过去，那么"尊孔"自然就成为教育家们发难的目标。清末学部在《奏请教育宗旨折》中对何谓"尊孔"，阐释道："无论大小学堂，宜以经学为必修之课目，作赞扬孔子之歌，以化末俗浇漓之习；春秋释菜及孔子诞日，必在学堂致祭作乐以表欢欣鼓舞之忱。其经义之贯彻中外，洞达天人，经注经说之足资羽翼者，必条分缕析，编为教科，颁之学堂以为圭臬。但学生各有程度，则学课自有浅深，高等以上之学堂，自可力造精微；中学堂以下则取其浅近平实，切于日用，而尤以身体力行不尚空谈为要旨；务使学生于成童以前，即已熏陶于正学，涉世以后，不致渐渍于奇邪。国教愈崇，斯民心愈固，臣等所谓尊孔者此也。"[2]"尊孔"实质上与"经学"相关，而"经学"自从进入清末学制体系以来，就引发了众多学者的质疑和批判："时人在用西学办法条理中学的同时，自然开始用西式观念审视和衡量中国固有学问，指经学为无用。朝野上下在如何看待学堂经学教育的问题上，出现了不同的答案。随着预备立宪进程加速，教育普及和开启民智的呼求增加，经学维系的纲常体系受到冲击，舆论对中小学堂读经的批判也逐渐增多，经学在学堂和学制中的存在日益受到质疑。各地的新教育家进一步要求用西学办法彻底整合中学，废除学堂读经。"[3] 清帝退位，纲常体系荡然无存；民国建立，忠君、尊孔无立身之地，经学退出学制就成为历史之必然选择。

　　经学退出学制的具体举措为：（1）1912 年 1 月 19 日，教育部颁发《普通

---

[1]　璩鑫圭、童富勇编：《中国近代教育史资料汇编·教育思想》，上海教育出版社 2007 年版，第 688 页。

[2]　璩鑫圭、唐良炎编：《中国近代教育史资料汇编·学制演变》，上海教育出版社 2007 年版，第 544 页。

[3]　朱贞：《清季民初的学制、学堂与经学》，社会科学文献出版社 2019 年版，第 248 页。

教育暂行办法》，其中第 8 条规定："小学读经科一律废止。"（2）1912 年 9 月
至 10 月，教育部公布的《小学校令》《中学校令》《师范教育令》《专门学校
令》均不设经学课程。（3）1912 年 10 月 24 日，教育部公布的《大学令》中，
大学分为文科、理科、法科、商科、医科、农科、工科，新的"七科分学"
取代清末"八科分学"，经学科被废除。（4）洪宪帝制期间：以"爱国、尚武、
崇实、法孔孟、重自治、戒贪争、戒躁进"七项教育宗旨取代民国元年（1912
年）的教育方针；1915 年 1 月 22 日颁布的《特定教育纲要》规定："中小学校
均加读经一科，按照经书及学校程度分别讲读，由教育部编入课程，并妥拟讲
读之法，通咨京外转饬施行"[1]，各学校应读经书为：初等小学读《孟子》，高
等小学读《论语》，中学节读《礼记》（《曲礼》《少仪》《大学》《中庸》《儒行》
《礼运》《檀弓》等为必读篇目）、《左氏春秋》；中小学校国文教科书除编定者
外，应读《国语》《国策》，并选读《尚书》；大学校外独立建设经学院，"专以
阐明经义发扬国学为主，按照各经种类，分立科门"[2]。与此相关，教育要言之
前两条[3]，一是规定"各学校均应崇奉古圣贤以为师法，宜尊孔以端其基，尚孟
以致其用"，二是规定"中小学教员宜研究性理，崇习陆王之学，导生徒以实
践。教科书宜采辑学案，以明尊孔尚孟之渊源"。帝制结束，重新接续民初的教
育方针。自此以后，尽管不时有人提出重设读经，始终议而未决[4]。读经讲经及
经学科彻底退出学制，标志着以《四书》《五经》为中心的经学时代的终结。

---

[1]　璩鑫圭、唐良炎编：《中国近代教育史资料汇编·学制演变》，上海教育出版社 2007 年版，
　　　第 764 页。

[2]　同上书，第 769 页。

[3]　同上书，第 762 页。

[4]　经学退出学制体系，只是走下神坛，从历史舞台的中心逐渐淡出，并非完全退出知识体
　　　系。为了避免中学为西学所异化，清季的存古学堂和民国时期的一些国学院所，都有想用
　　　中国学术的固有形态保留延续包括经学在内的中学的意向。"五四"之后，经学问题仍然
　　　持续困扰学界乃至全社会。一方面，不断有人提议恢复学校读经，在报刊书籍等媒体上，
　　　经学始终占有一席之地。另一方面，经学改头换面存在于大学甚至中小学的教学之中，在
　　　国学、史学、文学、哲学等领域成为重要的关联话题（桑兵：《经学与经学史的联系及分
　　　别》，《社会科学战线》，2019 年第 11 期）。

结语　回到"子思"去：构建
中国教育话语体系的新思路

"回到'子思'去"，是梁涛在《儒家道统说新探》中提出重构儒家道统论的新思路。正如作者所言："回到'子思'去——并非历史学、发生学意义上的回到，而是诠释学意义上的回到，即恢复根源文化生命的丰富性，在此丰富性的基础上重建儒家道统。'子思'也不仅仅指子思本人及其思想，而是代表儒学一个思想丰富的时代，以及一种合理的思想结构。如果说从子思到孟、荀是儒家整全的思想开始分化，但又在局部得到深化的话，那么，从孟、荀回到'子思'去，则是要在此深化的基础上，对孟、荀各自的思想创造进行综合，进行再创造，重建儒家道统。"[①] 在构建中国教育话语体系的过程中，更需要从"诠释学意义上"回到"子思"去，以此来"恢复根源文化生命的丰富性"，从而提升中国学者构建蕴含中国文化的教育话语体系的理论自信与文化自觉，进而形成根植于中国传统文化精神的中国教育话语体系。

一、大教育观："新四书"的新构想

从中国古代教育发展的实际情况来看，古代教育思想以儒家教育思想为主线，儒家教育内容以《五经》《四书》为中心，也就是说，以《五经》《四书》为中心的古代教育经典文本居于古代教育思想的中心地位。从《五经》《四书》的传承情况来看，汉唐时期以《五经》为中心，宋明以来则以《四书》为中心，《五经》与《四书》就是中国古代教育话语体系的文本源泉。

---

① 梁涛：《儒家道统说新探》，华东师范大学出版社 2013 年版，第 105 页。

就《五经》来说，"从经学的思想、精神方面来说，是始于周公，奠基于孔子。从经学的组成、形式方面说，则一直到秦始得完成"①，汉武帝始立五经博士，标志着经学时代的开始。就《四书》来说，"朱熹合《大学》《中庸》《论语》《孟子》为《四书》"，"在此之后，在汉代本属传记的《四书》，在群经中的地位反而超过《五经》，改变了汉代以来经重传轻的传统。这可以说是宋代新经学的特征。马宗霍《中国经学史》：'自有《四书》，而后道学之门户正；自朱熹《四书》立于学官，而后道学之壁垒坚。'即说明宋代群经地位重新排列的状况。《四书》的组合，涵盖了形上形下哲学，比起其他各经，较能成其体系"②，自此以后，依据时间顺序排列的《五经》《四书》让位于学术地位排列的《四书》《五经》，乃至于《四书》《五经》就成为古代教育经典文本的代名词。

　　"新四书"是对《四书》的补充和完善，"如果说当年宋明儒者是以回到早期儒学、回到孔孟为目标，以借鉴、学习佛老的形上思维和理论成果为手段，'出入佛老数十载，然后返之于六经'，通过对《四书》的创造性诠释而完成了一次儒学的伟大复兴的话，那么，郭店及上博简的发现，则使我们有可能更为真切地了解到孔子到孟荀的思想发展，感受到早期儒学文化生命的脉动，重新发现、挖掘早期儒学的思想资源。故学习宋儒的做法，重新出入西学（黑格尔、康德、海德格尔、罗尔斯等）数十载，然后返之于六经，以新道统说为统领，以新四书为基本经典，'六经注我'、'我注六经'，以完成当代儒学的开新与重建，便成为我们面临的一项重要职责与使命"③。近代以来，以《四书》《五经》为中心的经学时代的终结，从四部之学到七科之学的近代学术话语体系的转变，使得当代儒家学者面临着比宋儒更为严重的挑战，"新道统""新四书"学说的提出就是对此种挑战的积极回应。在"道统"

---

① 徐复观:《中国经学史的基础·周官成立之时代及其思想性格》，九州出版社 2014 年版，第62 页。

② 叶纯芳:《中国经学史大纲》，北京大学出版社 2016 年版，第 310 页。

③ 梁涛:《儒家道统说新探》，华东师范大学出版社 2013 年版，第 115 页。

与"四书"前面加一个"新"字，一方面是为了说明与"旧""道统""四书"之间的区别，另一方面则体现了对宋儒创立"道统""四书"内在精神的遵循，"出入佛老数十载，然后返之于六经"与"重新出入西学（黑格尔、康德、海德格尔、罗尔斯等）数十载，然后返之于六经"二者之间具有内在的一致性。这个"新"字，一是在于纠"旧"之偏颇，二是为了"完成当代儒学的开新与重建"。假若回到"子思"去，我们就不难发现"子思不仅是早期儒学的关键人物，其所代表的时代在早期儒学发展中处于一种枢纽的地位。子思之前，孔子吸收、总结尧、舜、禹三代的礼乐文化加以创造、发展而形成的以仁、礼为核心的儒学思想，汇聚到子思这里，得到较为全面的继承；子思而下，这一丰富的儒学传统开始分化，出现向不同方向发展的趋势。从子思到孟、荀，是儒学内部深化同时也是窄化的过程，孟子、荀子分别从不同方面发展了孔子以来的儒学传统，使儒学的某些地方得到充分发展，变得深刻而精致，但对儒学的其他方面或有所忽略或出现偏差，因而并没有真正全面继承孔子以来的儒学传统。所以站在儒家道统的立场上，以仁、礼为道的核心内容，就需要承认，在道统的传承中，孟子是有所'失'，即由于主要关注内在、心性的一面，发展了儒家的仁学，而忽略了外在、修习的一面，对儒家的礼学继承不够，有所缺失；荀子是有所'偏'，即主要发展了外在制度、礼仪的一面，并援法入礼，出现儒法结合的趋势，但对儒家仁学重视不够，没有真正把握仁的精神，使仁平面化、窄化，在发展上出现偏差"[①]。仁、礼合则"失""偏"消，只有在"道统"中包容孔子、子思及孔门众弟子、孟子与荀子，才能真正继承孔子以来的儒学传统。"新四书"就是"新道统"的文本载体，《论语》（孔子）、《礼记》（孔门七十二子及其后学）、《孟子》（孟子）、《荀子》（荀子）四部典籍，就涵盖了早期儒学的文化生命与精神内涵，同样也涵盖了以孔子、曾子、子思、孟子为传承谱系的"旧"道统，由此而来，"新道统"就从形式上实现了对孔、孟与孔、荀两支

---

① 梁涛：《儒家道统说新探》，华东师范大学出版社 2013 年版，第 104 ～ 105 页。

的统整，从实质上再度达成了儒家核心思想仁与礼的统一。

　　对儒家全部核心思想的追寻，同样也是教育领域所关注的话题。陈元晖先生在《中国教育学史遗稿》中就明确指出："中国教育学起源于儒家，这是事所必至和理所固然的。由于儒家出于下列四种情况下：第一，儒家的主要职业是教师及社会文化活动的主要活动家。第二，私学是由儒家最先创立的，儒家始祖孔子，有弟子三千，贤人七十，这种盛况，别的学派难与匹敌。第三，有长期的教学经验。第四，总结了教学经验，写出了教学理论著作。所以，中国的教育理论家最早出现在儒家这一学派中。在儒家始祖孔子那里，有《论语》一书，这是中国最早的教育学著作，也是世界最早的教育学专著。其后，在公历纪元前还有孟轲的《孟子》一书，荀况的《荀子》一书，加上《礼记》这四部书，是中国教育学的四大源泉。这些作品，都出于儒家之手，其中《礼记》一书，又是汲取了前三书的精华，加上新的教学经验，综合而成为教育理论的汇集"①。基于"中国教育学史"的立场，陈元晖先生认为中国教育学的源头就蕴含在《论语》《孟子》《荀子》《礼记》四部典籍之中，四部典籍构成一个相互关联的整体，又以《礼记》的综合性程度最高而最为代表。由此而来，一是从文本构成上突破了以《论语》《大学》《中庸》《孟子》为中心的古代教育经典体系，形成了以《论语》《孟子》《荀子》《礼记》为代表的"新"教育经典体系；二是从探寻中国教育学的源头出发，立足于早期儒家思想学说的整体来理解和诠释中国古代教育话语体系，究其目的，就是为了实现从"理学"教育话语向"教育学"教育话语的转变，如果"从理学的角度上来看《中庸》和《大学》，自然会把它们放在《礼记》49篇中的鳌头地位，因为它们成为理学的哲学阐释，使新儒学有别于古代儒学的新标志"，但是，如果从教育学的角度上来看，"《学记》的地位，应该放在各篇之首，因为一部教育学的结构和体系，教学论部分是细胞，又是基础，通过细胞或基础，才能形成整体的组织和结构。教育学一

①　陈元晖：《中国教育学史遗稿》，北京师范大学出版社2001年版，第111页。

般把教与学的问题，放在首先的地位，《学记》就是专论教与学的问题，所以《礼记》的'通论'部分，应作为《礼记》的重点理论来读，而重点之重点是《学记》，不是《中庸》和《大学》，这是《礼记新读》不同于宋儒的看法"①。陈元晖先生在撰写《礼记新读》之时，指出《中庸》《大学》与《学记》之间学术地位的变化，就是提醒我们在构建中国教育话语体系的过程中，对"中国传统文化中优秀的部分需要传承，但更多的需要进行时代的转化。我们主张以中国文化为基，并非要回到传统，还原传统，而是要基于传统，实现时代与传统的对接"②。

二、大教学观："教学相长"的新意蕴

《学记》作为体现中国古代教育思维专门化的学术成果，在中国古代教学理论上的重大贡献就在于一定程度上揭示了教与学之间的辩证关系，尤其以"教学相长"命题的提出最为代表。在梁启超、张謇等近代学者视野中，《学记》是古代教育经典文本中最吻合近代师范教育"诲人之术"的教育著作。

> 《学记》一篇，乃专标诲人之术，以告天下之为人师者。（梁启超：《变法通议·论师范》）
>
> 师必出于师范，师范之教授管理，其法往往可以证通《学记》；我中国二千年前教育与各国师范义法近者，独《礼记·学记》一篇。（张謇:《张季子九录（教育录）》）

近代学者对"教学相长"命题的重新诠释，从一定程度上体现了他们对于教学关系的重新理解和认识。

---

① 陈元晖:《中国教育学史遗稿》，北京师范大学出版社 2001 年版，第 124 页。
② 冯建军:《构建教育学的中国话语体系》,《高等教育研究》，2015 年第 8 期。

（一）教学相长：教学关系的重新诠释

我们试选取关于"教学相长"命题诠释的代表性观点[①]，来呈现以对"教学相长"命题诠释为中心的教学关系认识的变迁历程。

1.《学记笺证》中的教学相长

王树楠的《学记笺证》最早刊登于《中国学报》（1913 年），1914 年集辑成书为《学记笺证》（见《陶庐丛刻》）。《学记笺证·序》由宋育仁撰写；正文由四卷组成，每卷对《学记》语段的诠释都分"笺"和"证"两部分，其中："笺"为注释，"证"为考证（考证部分主要探求古代文献所载的"先王教民之大略"，并与当时各国学校的"教育之法"相证）。王树楠在《学记笺证卷一》开篇中指出："笺曰：孔疏引郑目录云，《学记》者以其记人学教之义。案：此记为三代圣王教科之书，盖周秦以来儒者所述其中小学大学之规模，入学之年限，教学之方法，具载于篇。犹可据此以考见先王教民之大略。证之今日东西各国学校教育之法多相合，盖讲求师范者必要之书也"[②]。王树楠对教学相长进行笺证时，首先文本的书写方式就折射了时代特征。《学记笺证》文本中，无论是《学记》原文还是"笺证"部分，都用大字顶格写下来，这同此前经典原文用大字、学者诠释用小字低一格的成文书写方式完全不同[③]。《学记笺证》中引用古人的话，也用小字低一格写下来（注：表格之中括号里的引文），这也是不同于以往的文本书写方式。其次，引证西方德育、智育、体育三育来论证学"道"之本质，并认为《周礼》之"六艺"、《夏书》之"三事"、《管子·中匡篇》之"三长"都内含德育、智育、体育

---

① 《学记笺证》为民国时期最早的一本关于《学记》的研究专著；《学记研究》是新中国成立以来至今，《学记》研究专著方面的代表性著作；《〈礼记〉新读》是陈元晖先生《中国教育学史遗稿》中的一篇论著，也是陈元晖先生倡导开展教育学史研究的开篇之作。

② 王树楠：《学记笺证》，陶庐丛刻本 1914 年版，第 1 页。

③ 冯友兰评价胡适《中国哲学史大纲》（卷上）时指出："胡适的这部书，把自己的话作为正文，用大字顶格写下来，而把引用古人的话，用小字低一格写下来。这表明，封建时代的著作，是以古人为主。而五四时期的著作是以自己为主。这也是五四时代的革命精神在无意中的流露。"（冯友兰：《三松堂自序》，人民出版社 2008 年版，第 205 页）

三事，以此来笺证《学记》之近代教育价值。最后，对"学学半"进行诠释时，突出了"教"这一近代学术话语，标志着中国古代教育话语体系向近代教育话语体系的转变。但是，《学记笺证》对教学相长诠释话语体系仍是以中国古代话语体系为主，"相长者，若回之博我，商之启予之类是也"，从其本义上并没有完全突破古代教育话语体系下的教学相长研究，存在以"后来的经验忖度以前的事物"的研究弊端。正如宋育仁在《学记笺证·序文》中指出，"晋卿此书，有忧世之心，复古之志。备古今中外学校之掌故，可谓明备。而育仁窃古今中外学校之原委又有异同，征此书无以发吾因"①，对《学记笺证》中西互证存在的诠释弊端可谓一语中的。

2.《学记研究》② 中的教学相长

高时良首先在《中国古代教育史纲》中认为，《学记》"总结了先秦官学，尤其私学教育和教学的经验，对教育的作用、目的和任务，教育和教学制度、内容、原则和方法，教师的地位和职责，师生之间、同学之间在教育、教学过程中的相互关系等等，作了简赅的论述，揭示了教育和教学的普遍规律。它是我国乃至世界上最早从哲学分离出来、体系十分完整的一部教育专著"③。《学记研究》是在《学记评注》的基础之上修订补充而成，全书包括《学记》思想考释、《学记》章句训义（上、下）、《学记》的历史评估四个主体部分以及附录。其中：《学记》章句训义（上、下）分二十二章来注解《学记》全文内容，依据章句、注音、释义、译意、评说的体例展开研究。教学相长位于《学记》章句训义（上）的第三章（本章的标题就是"教学相长"），在校文、注音、释义的基础上进行意译：

①　宋育仁:《学记笺证序》，王树楠:《学记笺证》，陶庐丛刻本 1914 年版，第 6 页。

②　注：新中国成立以来，关于《学记》研究的论著：顾树森《学记今译》（1957）、傅任敢《〈学记〉译述》（1957）、许椿生《学习祖国珍贵的教育遗产——〈学记〉》（1981）、高时良《学记评注》（1982）、刘震《〈学记〉释义》（1984）、高时良《学记研究》（2006），其中以高时良《学记研究》最为代表。

③　高时良:《中国古代教育史纲》，人民教育出版社 2003 年版，第 121 页。

虽然烧好了菜，不经过品尝就领会不到它的美味；虽然有深远的道理，不经过学习钻研就领会不到它的奥秘。所以说，只有经过学习实践，才会发现自己知识不够；只有经过教学实践，才会发现自己教学质量不高。懂得不够，便能督促自己去加紧学习；懂得不多，便能鞭策自己去努力进修；所以说，教与学是相辅相成的。《兑命》篇说："教与学一方面有区别，另一方面又有联系"，就是这个意思吧。

我们从教学相长语段的意译内容不难发现，古今语言表达方式的差异，体现在文本内容表达方式上文言文和白话文之间的差异。《学记研究》在释义部分仍采用古代的诠释方式，即对教学相长范畴的关键词语进行训诂注释——"嘉肴""旨""至道""自反""自强""学学半"。并在评说部分诠释教学相长的教育价值，"教与学的对立统一，形成教学的全过程。揭示这条规律，是《学记》对教育学史的重大贡献"①。据此，我们可以看到《学记研究》对于"教"与"学"关系认识的进一步发展，即以"教"为核心的教育话语体系的形成，"教与学在其运作过程中构成一对矛盾，教是矛盾的主要方面，它规定了教师必须起主导作用"②。《学记研究》对教学相长中"教"与"学"之间的相辅相成关系，做了专门的评说：从教的方面来看，教师的教学积极性是内因，学生学习的自觉性是外因，内因和外因共同构成了教师"知困"的动力；从学的方面来看，学生学习的自觉性是内因，教师的教学积极性是外因，内因和外因共同构成了学生"知不足"的动力。故此，教学相长就是教师和学生在双边交往活动中不断相互促进、相互学习的过程。

3.《〈礼记〉新读》中的教学相长

《中国教育学史遗稿·序言》中曾指出："80 年代末，他（陈元晖先生）又不断地讲，要写一部《中国教育学史》。他说：教育学要提高不能单靠借

① 高时良：《学记研究》，人民教育出版社 2006 年版，第 66 页。
② 同上。

鉴外国人，要善于总结自己的优秀遗产，教育学也不是只有西方人搞的一种模式。写《中国教育学史》不仅可以提高我国教育学的学术科学水平，而且具有世界意义，让更多的外国人了解中国，认识中国人的聪明才智"①，《中国教育学史》就是研究"自己的优秀遗产"的义理之作。《中国教育学史遗稿》一书中的《〈礼记〉新读》，就是"介绍中国各个时代的教育名著"的中国教育学史研究案例。《〈礼记〉新读》分论一专门研究《学记》②，需要特别指出的是，在《学记》研究第三部分专论教学相长（本部分的标题就是"《学记》论'教学相长'"），在释义关键词——"旨""至道""自反""自强""教学相长""学学半"的基础上来诠释教学相长：

> 虽然有好的菜肴，你不去尝它，就不知道它的美味；虽有至高的道理，你不去学它，就不知道它的好处；所以，学习了以后，才知道自己的不足；经过教学过程以后，才知道做教师的困难所在。知道自己的不足，才能反求诸己，努力进一步学习；知道有困难，才能努力进修。所以说，教学相长。《兑命》篇上说：教和学是相辅相成的两半。就是这个意思。

依据作者的理解，教学相长包含的"义理"为："从知识的传递方面来说，教师是立于'已知'的地位，学生是立于'未知'的地位；从道德行为方面来说，教师是处在以身作则的模范地位，学生则处在受教导的地位"③。因此，从知识的传递方面来看，"教学相长"就是"已知"与"未知"的辩证统一，"教学是矛盾两方面的统一体，两方面是不断地向前推进的，学是

---

① 王炳照：《寻找把教育学托上天空的彩云——写在陈元晖先生〈中国教育学史遗稿〉出版之前》，陈元晖：《中国教育学史遗稿》，北京师范大学出版社 2001 年版，第 2 页。

② 陈元晖在《中国教育学史遗稿》中以《礼记》为开端，而在对《礼记》篇章的选择中以《学记》为开端，足见其对《学记》文本价值的重视。

③ 陈元晖：《中国教育学史遗稿》，北京师范大学出版社 2001 年版，第 137 页。

从不知到知的推移，教是从知到不知的推移；'学'到了'知'，又会发现更高一层的'不知'。'教'到'不知'的时候又会去追求'新知'。知和不知，在教学过程中，在师生之间，地位会互相转换，这就是教与学的辩证关系，这就是教学论的辩证法"①。从道德行为方面来看，注重教师自身的修养，"教必须学，学以后必须不倦的教。'诲'（教）与'学'的结合，启发后人教与学须'相长'，这不仅是一个知识的传递的问题，而且是师德问题"②，故此教师既需要"乐教"更需要"乐学"，"只有教师有'乐学'的精神，学生也才能'乐学'；也只有在学生'乐学'的刺激和鼓励下，教师才会'乐教'，才诲人不倦，教学是相互促进的"③。故此，教学相长的理论根据就是："君子曰：学不可以已。青，取之于蓝，而青于蓝；冰，水为之，而寒于水"（《荀子·劝学》），此理论根据也是韩愈得出"弟子不必不如师"的认识来源。教学相长从其命题上来说，就是强调"弟子不必不如师"的师道观。因此，教学相长更加突出的是"教"对于教师"学"的促进作用，更加强调教师"乐学"的师德修养，同郑注孔疏所强调"教人乃是益己学之半"的主旨具有殊途同归之效，更加贴近中国古代教育语境下教学相长的本义。

通过对教学相长进行历史性梳理之后不难发现：古代的教学相长研究主要是立足于"为己之学"，认为"教"和"学"统一于教者之"学"这一整体，即成己之学和成人之学的统一；近现代社会以来，以教为核心的话语体系的出现，教学相长引申为教师的"教"和学生的"学"之间的辩证统一，主要集中于对于教学过程之中教与学两个不同主体之间的相互依存和相互促进关系的讨论，教学相长被看作教育与教学原则。教学相长作为教学原则和作为教师成长规律两方面的教育理解，就是当代教育学界对教学相长研究所

---

① 陈元晖：《中国教育学史遗稿》，北京师范大学出版社 2001 年版，第 138 页。
② 同上书，第 140 页。
③ 同上书，第 143 页。

形成的主要共识。然而，近现代以来教育学界围绕学校教育范畴来展开教学相长研究，存在用制度化的学校教育术语来解构教学相长的教育风险。"通过西学话语我们固然可以产生出新的问题意识，向中国教育提出新的问题，却丧失了我们原来的问题意识，丧失了基于自己的传统和现实生成自己问题之能力"，"于是，我们无法形成自己独立而又自主的教育学文本和学术话语，掌握不住教育思想的自在尺度，容易让思想之外的因素左右思想本身。它给中国教育研究所带来的致命问题，是理论话语同研究对象相互分离，研究主体同研究对象分离"①。

（二）学科思维：教学关系的学科构建

正如陶行知在《教学合一》一文中指出：

> 现在的人叫在学校里做先生的为教员，叫他所做的事体为教书，叫他所用的法子为教授法，好像先生是专门教学生些书本知识的人。他似乎除了教以外，便没有别的本领，除书之外，便没有别的事做，而在这种学校里的学生除了受教之外，也没有别的功课。先生只管教，学生只管受教，好像是学的事体，都被教的事体打消掉了。论起名字来，居然是学校；讲起实在来，却又像教校。这都是因为重教太过，所以不知不觉的就将教和学分离了。然而教学两者，实在是不能分离的，实在是应当合一的。②

陶行知是在阐述从"教授法"到"教学法"的过程中，对教和学分离的教育现象进行批判的基础上，提出"教学两者，实在是不能分离的，实在是应当合一"的"教学合一"观点，体现了其对于教与学之间关系的认识。

陶行知所论述的教与学之间的关系问题，是一个传统而又常新的问题。

---

① 于述胜：《探寻中国教育研究的民族话语》，《当代教育科学》，2004 年第 23 期。

② 陶行知：《陶行知谈教育》，辽宁人民出版社 2005 年版，第 1 页。

之所以阐述陶行知《教学合一》一文，一是因为陶行知所提出的教学合一思想体现了近代以来对于教与学关系的新论述，"近代以来，在学习西方教育学思想的历程中，国内曾经一度普遍使用'教授'的概念，而著名教育家陶行知先生则不遗余力，著书撰文，论证教学活动中'教'与'学'的相互关系，极力提倡用'教学'的概念取而代之"①。二是受丁念金《学与教之关系的本体论分析》一文的启发。丁念金在《学与教之关系的本体论分析》一文中，将本体论层面关于学与教关系研究的变迁历程从整体上分为两大部分，一是西方和陶行知时代之前中国的看法——分，二是几十年来中国的流行看法——合，由此而来，从分到合就构成了对于教与学关系认识的总特征。在此基础之上，作者指出："在中国古代教育史中，'学'是一个显性范畴，而'教'只是一个隐性范畴；到了19世纪末20世纪初，'教'成为显性范畴，而'学'成为隐性范畴；在近几十年的中国，'学'与'教'都成为隐性范畴，只有'教学'才是显性范畴；而在现代英语国家，'学'与'教'都是显性范畴"②，由此而得出关于教与学关系的新命题——"分中合"。所谓的"分中合"，就是从根本上讲教与学是分开的，是两种本质上不同的活动，但相互之间又是密切关联的，有时在时空上存在重合的情形。究其实质，为了明确界定"教"和"学"是两个不同的范畴，教与学是本质上不同的两种活动。

从立新在《教学概念的形成及意义》一文中针对教学关系之"分中合"命题，提出了自己的看法：

这种意见有着相当的代表性，如果查阅一下近20年来有关文献一定可以看到，关于分别理解和处理"教"与"学"的主张，几乎每隔一段时间总会出现。而这种现象告诉我们：科学的教学概念在理论上的确立并不意味着它在实践中亦能够得到正确运用。就如上文所说，注意到教与学的相对独立，毫无疑问是正确的，但却将这种相对独立夸大了，以至于失去了合理性。姑且承认，离开教的学是存在的，但那种所谓的"学"却不是教学中的学。严格地说，彻底脱离"教"的"学"是不存在的，因为任何"学"总是指向超越于学习者现实的对象，指向某种期望达成的状态，无论这种对象或状态是精神的还是物质的，是社会化的还是纯自然的，总是会以某种方式规范和限定着"学"。同样，离开学的教，或者"教"没有以"学"为对象，它如何存在？事实上，每每为人所忽视的就是，在教学条件下（注意：特定在教学条件下），"教"与"学"绝不是"可分""可合"，而是永远统一，永远互相依存，永远不可分割。只有理论研究或实践中着力有所侧重的问题，不存在"分"或"合"的问题。一旦真的"分开"，则教学就消失，就不复存在。完全不针对学生学的"教"是不可设想的，脱离学生实际的教师独白或表演，已经不是教。①

正是在此基础之上，丛立新重申了对于教与学关系的主张——教学概念的核心精神即在"教学"中"教"与"学"是统一的，不能分开。作者还进一步指出，国内学者在承认教与学统一性基础之上所形成的关于"教学"的概念，经历了从中国古代到西方到苏联再回到中国的"一条国际化的道路"，被国内教育工作者广泛接受并运用至今。其中：王策三在《教学论稿》中对于教学概念的定义就具有代表性，即"所谓教学，乃是教师教、学生学的统一活动；在这个活动中，学生掌握一定的知识和技能，同时，身心获得一定的发展，形成一定的思想品德"②。这正是对于教学活动中教与学关系辩证统一、相互联系的理论回答。

　　无论是教与学关系的"分中合"还是"辩证统一"，学者们对于教与学

---

① 　丛立新：《教学概念的形成及意义》，《北京师范大学学报》（社会科学版），2007 年第 5 期。
② 　王策三：《教学论稿》（第二版），人民教育出版社 2005 年版，第 87 页。

关系的理论探讨，是为了从更深层次来揭示教学活动中的教与学之间的相互关系，"任何学术上的'完美'，都意味着新的课题，都愿意被'超越'，愿意过时。每一位愿意献身学术的人，都必须接受这个事实"①。我们在承认教与学共同存在于教学活动之中的基础上，借用刘庆昌教授关于教与学关系的阐述，认为"教学是教的学"并以此来理解教与学之间的关系。刘庆昌教授在《教育哲学新论》中从"有和无"的维度，对教与学之间的关系进行了阐释②：

教与学的关系

教	学	组合结果	理论判断
无	无	无教无学	不存在
无	有	无教的学	存在；自学而非教学
有	无	无学的教	不存在
有	有	有教的学	存在，即教学
		有学的教	存在，没有认识论意义

根据历史和逻辑的推论而知，有教的学是继无教的学之后出现的特殊形态的学习。教学，即有教的学，是一种特殊的学习形式。其特殊性就表现在学生学习过程中有教师及其教的参与。由此可知，教和学仅在"有教的学"中相互依存和统一，即仅在教学过程中教和学相互依存、对立统一。

从"有教的学"的立场来看待教与学之间的关系，学就成为一种本体性的存在，教成为一种条件性的存在。即教存在于"有教的学"这一特殊的学习活动之中，教的存在必须以学习活动为其存在的前提。此种情景中的教，既是教师的行为也是教育行为，从总体上来看是作用于学生的多种教育行为的统一。"教学是有教的学，意味着一定性质和方式的教，要求学具有与它

---

① 〔德〕韦伯：《韦伯文集》（上），中国广播电视出版社1999年版，第82页。

② 刘庆昌：《教育哲学新论》，科学出版社2018年版，第57页。

相匹配的性质和方式；同样地，一定性质和方式的学，也要求教必须具有与它相匹配的性质和方式。这就是教和学相互依存、相互统一的实质。教和学的相互依存和统一，使得教学成为现实的存在"①。由此可知，"学，是在教之下的学；教，是为学而教"②。事实上，在中国古代教学思想中已经包含此种教与学关系的论述。《学记》关于"长善救失"的论述就可见其端倪：

> 学者有四失，教者必知之。人之学也，或失则多，或失则寡，或失则易，或失则止。此四者，心之莫同也。知其心，然后能救其失也。教也者，长善而救其失者也。

教者长善救失是在学者四失的情况下展开的（教是为学而教），同样，教者就是针对学者的四失而长善救失的（学是在教之下的学）。教和学在四失的情境之下展开，最终是为了达到长善救失的教学目的。同样，《学记》也论述了关于教与学关系的另一面：

> 力不能问，然后语之，语之而不知，虽舍之可也。

同《论语》中"举一隅不以三隅反，则不复也"有异曲同工之妙，即"不教之教"。"一定性质和方式的学，也要求教必须具有与它相匹配的性质和方式"，既然学"不知""不反"，那么教自然"舍之""不复"。同样，"善待问者如撞钟，叩之以小者则小鸣，叩之以大者则大鸣，待其从容，然后尽其声"，教者以"叩"之小、大的情况不同而做出不同的应答，此教正是依学而教，也是为学而教。故此，从教学即有教的学且是一种特殊的学习形式的思维立场来看待教与学关系，就为我们重新理解教学活动中的教与学之间的

---

① 刘庆昌：《教育哲学新论》，科学出版社 2018 年版，第 62 页。

② 王策三：《教学论稿》（第二版），人民教育出版社 2005 年版，第 121 页。

关系提供了新思路。既然教学是一种特殊的学习形式，从其本质上来讲，教学指向于学并服务于学，学就作为衡量教学成功与否的标准。换句话来说，教学就是以促进学生身心发展为旨归。

综上所述，构建具有中国特色、中国风格、中国气派的教育话语体系，就需要立足于传统文化精神，根植于中国文化的基础，才能找准中国教育的生长点，才能形成具有"中国话语"特征的教育话语体系。同样，教育学者也只有真正做到了文化自觉，才能理性地看待西方的教育理论，才能真正构建属于中国的教育学，才能在世界教育舞台上发出中国教育的声音。这就是当今教育学者们的责任与使命。

参考文献

一、史料类

（一）基础史料

《二十四史》，中华书局点校本 2008 年。

《十三经注疏》，中华书局点校本 2020 年。

《新编诸子集成》（《论语集释》《孟子正义》《四书章句集注》《荀子集解》《新语校注》
《新书校注》《春秋繁露义证》《盐铁论校注》《法言义疏》《白虎通疏证》《潜夫论笺校
正》《颜氏家训集解》《刘子校释》《墨子校注》《老子道德经注校释》《老子校释》《庄
子集释》《庄子集解》《列子集释》《管子校注》《韩非子集解》《吕氏春秋集释》《淮南
子集释》《论衡集释》），中华书局 2018 年。

郭沂编撰：《子曰全集》，中华书局 2017 年。

司马光：《资治通鉴》，中华书局 1978 年。

毕沅：《续资治通鉴》，中华书局 1999 年。

《十通典》（《通典》《续通典》《通志》《续通志》《文献通考》《续文献通考》《清朝通志》
《清朝通典》《清朝文献通考》《清朝续文献通考》），浙江古籍出版社 2000 年。

徐天麟：《西汉会要》《东汉会要》，中华书局 1955 年。

李林甫：《唐六典》，中华书局 1992 年。

王溥：《唐会要》，中华书局 1955 年。

徐松：《宋会要辑稿》，中华书局 1957 年。

龙文彬：《明会要》，中华书局 1956 年。

《清会典》，中华书局 1991 年。

阮元：《清经解》，上海书店 1988 年影印本。

唐晏：《两汉三国学案》，中华书局 1986 年。

黄宗羲:《宋元学案》,中华书局 1986 年。

王梓材、冯云濠:《宋元学案补遗》,中华书局 2012 年。

黄宗羲:《明儒学案》,中华书局 1985 年。

徐世昌等:《清儒学案》,中华书局 2008 年。

韩愈:《韩愈全集》,上海古籍出版社 1997 年。

韩愈:《宋本韩文公文集》,国家图书馆出版社 2020 年。

李翱:《李翱文集校注》,中华书局 2021 年。

孙复:《孙明复小集》,四库全书本。

石介:《徂徕石先生文集》,中华书局 1984 年。

欧阳修:《欧阳修全集》,中国书店 1986 年。

王水照主编:《王安石全集》,复旦大学出版社 2016 年。

《理学丛书》(《孟子字义疏证》《陈献章集》《周敦颐集》《二程集》《蓝田吕氏遗著辑校》《夏峰先生集》《二曲集》《朱子语类》《颜元集》《张载集》《阳明先生集要》《陆九渊集》《吕坤全集》《胡宏集》《陈确集》《黄梨洲文集》《潘子求仁录辑要》《邵雍集》《杨园先生全集》《万廷言集》《张栻集》《王文成公全书》《澹园集》《困知记》《朱子晚年全论》《关学编(附续编)》《北溪字义》《四书讲义》《黄道周集》《性故注释》《许衡集》《曹端集》《杨时集》《近思录集解》《吕留良文集》),中华书局 1979 年。

吕祖谦:《吕东莱文集》,中华书局 1985 年。

《诸儒鸣道》,山东友谊书社 1992 年。

朱熹:《伊洛渊源录》,中国书店 2015 年。

朱熹:《朱子全书》,上海古籍出版社、安徽教育出版社 2010 年。

朱熹:《四书章句集注》,中华书局 1983 年。

黄榦:《勉斋集》,四库全书本。

陆九渊:《象山语录》,上海古籍出版社 2000 年。

江藩:《国朝汉学师承记》,中华书局 1983 年。

朱彝尊:《经义考》,上海古籍出版社 2010 年。

赵翼:《廿二史劄记》,中国书店 1987 年。

王鸣盛:《十七史商榷》,上海古籍出版社 2013 年。

康有为:《新学伪经考》,北京古籍出版社 1956 年。

康有为:《孔子改制考》,中华书局 1958 年。

梁启超:《清代学术概论》,上海古籍出版社 1998 年。

李启谦、骆承烈、王式伦编:《孔子资料汇编》,山东友谊书社 1991 年。

李启谦、王式伦编:《孔子弟子资料汇编》,山东友谊书社 1991 年。

李启谦:《孔门弟子研究》,齐鲁书社 1987 年。

钟肇鹏:《孔子研究》,中国社会科学出版社 1983 年。

王肃编:《孔子家语》,辽宁教育出版社 1997 年。

陈士珂:《孔子家语疏证》,上海书店 1987 年。

匡亚明:《孔子评传》,齐鲁书社 1985 年。

程复心:《孟子年谱》,文渊阁《四库全书》本。

狄子奇:《孟子编年》,清光绪十三年浙江书局刻本。

杨泽波:《孟子评传》,南京大学出版社 1998 年。

董洪利:《孟子研究》,江苏古籍出版社 1997 年。

朱义禄:《孟子答客问》,上海人民出版社 1999 年。

康有为:《孟子微》,中华书局 1987 年。

强中华:《秦汉荀学研究》,人民出版社 2017 年。

余亚斐:《荀学与西汉儒学之趋向》,安徽师范大学出版社 2012 年。

刘桂荣:《西汉时期荀子思想接受研究》,合肥工业大学出版社 2013 年。

江心力:《20 世纪前期的荀学研究》,中国社会科学出版社 2005 年。

（二）诸经及孔、孟、荀学史研

洪湛侯:《诗经学史》,中华书局 2002 年。

夏传才、董治安主编:《诗经要籍提要》,学苑出版社 2003 年。

夏传才:《诗经研究史概要》,中州书画社 1982 年。

刘毓庆:《历代诗经著述考》,中华书局 2002 年。

刘起釪:《尚书学史》,中华书局 1996 年。

陈梦家:《尚书通论》,河北教育出版社 2000 年。

蒋善国:《尚书综述》,上海古籍出版社 1988 年。

杨天宇：《郑玄三礼注研究》，中国社会科学出版社 2008 年。

夏微：《宋代〈周礼〉学史》，中国人民大学出版社 2018 年。

刘丰：《北宋礼学研究》，中国社会科学出版社 2016 年。

潘斌：《二十世纪中国三礼学史》，南京大学出版社 2016 年。

王博：《易传通论》，中国书店 2003 年。

刘大钧：《周易概论》，齐鲁书社 1988 年。

李镜池：《周易探源》，中华书局 1978 年。

李学勤：《周易经传溯源》，长春出版社 1992 年。

张善文：《历代易家与易学要籍》，福建人民出版社 1998 年。

刘濂：《乐经元义》，齐鲁书社 1997 年。

童书业：《春秋史》，商务印书馆 2010 年。

赵伯雄：《春秋学史》，山东教育出版社 2004 年。

沈玉成、刘宁：《春秋左传学史稿》，江苏古籍出版社 1992 年。

许雪涛：《公羊学解经方法：从〈公羊传〉到董仲舒春秋学》，广东人民出版社 2006 年。

葛焕礼：《尊经重义：唐代中叶至北宋末年的新〈春秋〉学》，山东大学出版社 2011 年。

孙旭红：《居今与志古：宋代〈春秋〉学研究》，中国社会科学出版社 2014 年。

文廷海：《清代前期〈春秋〉学研究》，中国社会科学出版社 2012 年。

晁岳佩：《清代〈春秋〉学研究》，国家图书馆出版社 2019 年。

戴维：《论语研究史》，岳麓书社 2011 年。

唐明贵：《论语学史》，中国社会科学出版社 2009 年。

蒋鸿青：《汉代至北宋〈论语〉学史考论》，社会科学文献出版社 2017 年。

唐明贵：《〈论语〉学的形成、发展与中衰：汉魏六朝隋唐〈论语〉学研究》，中国社会
　科学出版社 2005 年。

闫春新：《魏晋南北朝"论语学"研究》，中国社会科学出版社 2012 年。

宋钢：《六朝论语学研究》，中华书局 2007 年。

唐明贵：《宋代〈论语〉诠释研究》，中国社会科学出版社 2018 年。

廖云仙：《元代论语学考述》，新文丰出版公司 2005 年。

朱华忠：《清代论语学》，巴蜀书社 2008 年。

王其俊:《中国孟学史》,山东教育出版社 2012 年。

刘瑾辉:《孟学研究:探〈孟子〉述孟学》,中国书籍出版社 2019 年。

李峻岫:《汉唐孟子学述论》,齐鲁书社 2010 年。

兰翠:《唐代孟子学研究》,北京大学出版社 2014 年。

李畅然:《清代〈孟子〉学史大纲》,北京大学出版社 2011 年。

刘瑾辉:《清代〈孟子〉学研究》,社会科学文献出版社 2007 年。

郭志坤:《荀学论稿》,上海三联书店 1991 年。

顾宏义、戴扬本等编:《历代四书序跋题记资料汇编》,上海古籍出版社 2010 年。

顾宏义:《宋代〈四书〉文献论考》,上海古籍出版社 2014 年。

周春健:《宋元明清四书学编年》,万卷楼 2012 年。

申淑华:《〈四书章句集注〉引文考证》,中华书局 2019 年。

（三）经学通史

皮锡瑞:《经学历史》,中华书局 2011 年。

皮锡瑞:《经学通论》,中华书局 2017 年。

刘师培:《经学教科书》,岳麓书社 2013 年。

马宗霍:《中国经学史》,上海书店出版社 1984 年。

吴雁南、秦学颀、李禹阶主编:《中国经学史》,福建人民出版社 2001 年。

许道勋、徐洪兴:《中国经学史》,上海人民出版社 2006 年。

叶纯芳:《中国经学史大纲》,北京大学出版社 2016 年。

徐复观:《中国经学史的基础·周官成立之时代及其思想性格》,九州出版社 2014 年。

朱维铮编:《周予同经学史论著选集》(增订版),上海人民出版社 1996 年。

朱维铮:《中国经学史十讲》,中信出版社 2020 年。

叶国良、夏长朴、李隆献:《经学通论》,上海书店出版社 2016 年。

马宗霍、马巨:《经学通论》,中华书局 2011 年。

钱基博:《经学通志》,中华书局 1936 年。

许道勋、徐洪兴:《经学志》,上海人民出版社 1998 年。

蒋伯潜:《十三经概论》,上海古籍出版社 1983 年。

夏传才:《十三经概论》,天津人民出版社 1998 年。

蒋伯潜、蒋祖怡:《经与经学》,上海书店出版社 1997 年。

吕思勉:《经子解题》,华东师范大学出版社 1995 年。

屈守元:《经学常谈》,巴蜀书社 1992 年。

陈延杰:《经学概论》,商务印书馆 1930 年。

黄开国主编:《经学辞典》,四川人民出版社 1993 年。

刘晓东主编:《经学源流》,山东人民出版社 1992 年。

何耿镛:《经学概说》,湖北人民出版社 1984 年。

黄寿祺:《群经要略》,华东师范大学出版社 2000 年。

范文澜:《群经概论》,上海书店 1990 年。

周予同:《群经概论》,中国书籍出版社 2006 年。

王葆玹:《今古文经学新论》,中国社会科学出版社 1997 年。

姜广辉主编:《中国经学思想史》(1—4 卷),中国社会科学出版社 2003 年。

郑杰文主编:《中国经学学术编年》(1—8 卷),凤凰出版社 2015 年。

〔日〕本田成之:《中国经学史》,孙俍工译,漓江出版社 2013 年。

(四)历代经学史

张涛、项永琴:《秦汉齐鲁经学》,山东文艺出版社 2004 年。

王继训:《汉代诸子与经学》,陕西人民出版社 2003 年。

孙筱:《两汉经学与社会》,中国社会科学出版社 2002 年。

张涛:《经学与汉代社会》,河北人民出版社 2001 年。

钱穆:《两汉经学今古文平议》,人民文学出版社 2020 年。

章权才:《两汉经学史》,广东人民出版社 1990 年。

巴文泽:《跨越千年的论战:今文经学与古文经学之争》,中州古籍出版社 2016 年。

许抗生等:《魏晋玄学史》,陕西师范大学出版社 1989 年。

余敦康:《魏晋玄学史》,北京大学出版社 2004 年。

汤用彤:《魏晋玄学论稿》,上海古籍出版社 2001 年。

章权才:《魏晋南北朝隋唐经学史》,广东人民出版社 1996 年。

焦桂美:《南北朝经学史》,上海古籍出版社 2009 年。

高明峰:《北宋经学史论》,人民出版社 2018 年。

姜海军:《南宋经学史》,高等教育出版社 2019 年。

章权才:《宋明经学史》,广东人民出版社 1999 年。

吴雁南主编:《清代经学史通论》,云南大学出版社 2001 年。

〔美〕韩大伟:《中国经学史·周代卷》,唐光荣译,社会科学文献出版社 2018 年。

〔美〕韩大伟:《中国经学史·秦汉魏晋卷》,黄笑译,社会科学文献出版社 2019 年。

（五）儒学史

汤一介、李中华主编:《中国儒学史》,北京大学出版社 2011 年。

李申:《中国儒教史》,上海人民出版社 2006 年。

谢祥皓、刘宗贤:《中国儒学》,四川人民出版社 1993 年。

庞朴:《中国儒学》,东方出版中心 1997 年。

赵吉惠等主编:《中国儒学史》,中州古籍出版社 1991 年。

韩钟文:《中国儒学史》,广东教育出版社 1998 年。

顾士敏:《中国儒学导论》,云南大学出版社 2001 年。

刘蔚华、赵宗正主编:《中国儒家学术思想史》,山东教育出版社 1996 年。

崔大华:《儒学引论》,人民出版社 2001 年。

干春松:《制度化儒家及其解体》,中国人民大学出版社 2003 年。

褚斌杰等:《儒家经典与中国文化》,湖北教育出版社 2000 年。

吴龙辉:《原始儒家考述》,中国社会科学出版社 1996 年。

陈战国:《先秦儒学史》,人民出版社 2012 年。

黄朴民:《天人合一:董仲舒与汉代儒学思潮》,岳麓书社 1999 年。

梁宗华:《汉代经学流变与儒学理论发展》,山东人民出版社 2018 年。

刘厚琴:《儒学与汉代社会》,齐鲁书社 2002 年。

宋桂梅:《魏晋儒学编年》,四川大学出版社 2014 年。

郝虹:《魏晋儒学新论:以王肃和王学为讨论的中心》,中国社会科学出版社 2011 年。

林登顺:《魏晋南北朝儒学流变之省察》,台湾文津出版社 1996 年。

张跃:《唐代后期儒学》,上海人民出版社 1994 年。

高建立、王蕾:《佛道与宋代儒学内部结构调整研究》,河南人民出版社 2017 年。

向世陵主编:《宋代经学哲学研究·儒学复兴卷》,上海科学技术文献出版社 2014 年。

吴国武：《经术与性理：北宋儒学转型考论》，学苑出版社 2009 年。

何俊：《南宋儒学建构》，上海人民出版社 2021 年。

陈来：《宋明儒学论》，复旦大学出版社 2010 年。

牟宗三：《宋明儒学的问题与发展》，华东师范大学出版社 2004 年。

陈立胜：《宋明儒学中的"身体"与"诠释"之维》，商务印书馆 2019 年。

赵文会：《〈明儒学案〉研究》，黑龙江人民出版社 2018 年。

朱鸿林：《〈明儒学案〉研究及论学杂著》，生活·读书·新知三联书店 2016 年。

刘凤强：《〈清儒学案〉研究》，光明日报出版社 2013 年。

张昭军：《清儒之道》，社会科学文献出版社 2017 年。

刘师培：《清儒得失论》，中国人民大学出版社 2011 年。

（六）教育史料

孟宪承等编：《中国古代教育史资料》，人民教育出版社 1961 年。

顾树森编著：《中国古代教育家语录类编》，上海教育出版社 1988 年。

陈学恂主编：《中国近代教育史教学参考资料》，人民教育出版社 1986 年。

朱有瓛主编：《中国近代学制史料》，华东师范大学出版社 1983 年。

陈元晖主编：《中国近代教育史资料汇编》，上海教育出版社 2007 年。

王涵编著：《中国历代书院学记》，商务印书馆 2017 年。

邓洪波主编：《中国书院学规集成》，中西书局 2011 年。

陈谷嘉、邓洪波主编：《中国书院史资料》，浙江教育出版社 1998 年。

李国钧：《历代教育制度考》，湖北教育出版社 1992 年。

杨为学总主编：《中国考试通史》，首都师范大学出版社 2004 年。

陈元晖：《中国教育学史遗稿》，北京师范大学出版社 2001 年。

毛礼锐、沈灌群主编：《中国教育通史》，山东教育出版社 1985—1989 年。

王炳照、阎国华主编：《中国教育思想通史》，湖南教育出版社 1994 年。

孙培青、李国钧主编：《中国教育思想史》，华东师范大学出版社 1995 年。

李国钧、王炳照总主编：《中国教育制度通史》，山东教育出版社 2000 年。

王炳照、李国钧、阎国华总主编：《中国教育通史》，北京师范大学出版社 2013 年。

二、著作类

〔美〕包弼德:《斯文:唐宋思想的转型》,刘宁译,江苏人民出版社 2001 年。

〔美〕本杰明·艾尔曼:《经学·科举·文化史:艾尔曼自选集》,复旦大学文史研究院译,中华书局 2010 年。

蔡方鹿:《宋明理学心性论》,巴蜀书社 1997 年。

蔡方鹿:《朱熹经学与中国经学》,人民出版社 2004 年。

陈谷嘉:《张栻与湖湘学派研究》,湖南教育出版社 1991 年。

陈来:《诠释与重建:王船山的哲学精神》,生活·读书·新知三联书店 2012 年。

陈来:《宋明理学》(第二版),华东师范大学出版社 2004 年。

陈平原:《中国现代学术之建立——以章太炎、胡适之为中心》,北京大学出版社 1998 年。

陈荣捷:《朱学论集》,华东师范大学出版社 2007 年。

陈少明:《汉宋学术与现代思想》,广东人民出版社 1995 年。

陈时龙:《明代的科举与经学》,中国社会科学出版社 2018 年。

陈寅恪:《金明馆丛稿初编》,上海古籍出版社 1980 年。

陈寅恪:《金明馆丛稿二编》,上海古籍出版社 1980 年。

程苏东:《从六艺到十三经:以经目演变为中心》,北京大学出版社 2018 年。

邓潭洲:《韩愈研究》,湖南教育出版社 1991 年。

丁钢主编:《历史与现实之间:中国教育传统的理论探索》,教育科学出版社 2002 年。

丁为祥:《发生与诠释:儒学形成、发展之主体向度的追寻》,人民出版社 2016 年。

方笑一:《经学、科举与宋代古文》,浙江大学出版社 2017 年。

冯建民:《清代科举与经学关系研究》,华中师范大学出版社 2016 年。

冯天瑜:《中华元典精神》,上海人民出版社 2014 年。

冯友兰:《中国哲学史》,商务印书馆 2011 年。

傅乐成:《汉唐史论集》,联经出版事业公司 1977 年。

葛兆光:《中国思想史》(上、中、下),复旦大学出版社 2009 年。

关长龙:《两宋道学命运的历史考察》,学林出版社 2001 年。

关晓虹:《晚清学部研究》,广东教育出版社 2000 年。

郭沫若:《十批判书》,人民出版社 1976 年。

何怀宏:《选举社会及其终结:秦汉至晚清历史的一种社会学阐释》,生活·读书·新知
　　三联书店 1998 年。

何俊、范立舟:《南宋思想史》,上海古籍出版社 2008 年。

侯外庐等主编:《宋明理学史》,人民出版社 1984 年。

侯外庐主编:《中国思想通史》,人民出版社 1959 年。

华喆:《礼是郑学:汉唐间经典诠释变迁史论稿》,生活·读书·新知三联书店 2018 年。

黄进兴:《优入圣域:权力、信仰与正当性》(修订版),中华书局 2010 年。

黄书光主编:《中国社会教化的传统与变革》,山东教育出版社 2005 年。

姜海军:《元明清北京官方经学的传承、诠释与文化认同》,北京师范大学出版社
　　2018 年。

姜鹏:《北宋经筵与宋学的兴起》,上海古籍出版社 2013 年。

金春峰:《汉代思想史》(修订增补第四版),中国社会科学出版社 2018 年。

〔德〕卡尔·雅斯贝斯:《历史的起源与目标》,李夏菲译,漓江出版社 2019 年。

〔芬〕凯瑞·帕罗内:《昆廷·斯金纳思想研究》,李宏图、胡传胜译,华东师范大学出版
　　社 2005 年。

〔英〕柯林武德:《历史的观念》(增补版),何兆武等译,北京大学出版社 2010 年。

〔美〕柯文:《在中国发现历史:中国中心观在美国的兴起》,林同奇译,中华书局
　　2002 年。

李帆:《刘师培与中西学术》,北京师范大学出版社 2003 年。

李建军:《宋代〈春秋〉学与宋型文化》,中国社会科学出版社 2008 年。

李景林:《教化的哲学——儒学思想的一种新诠释》,黑龙江人民出版社 2006 年。

李梅:《轴心时代的中国思想:先秦诸子研究》,商务印书馆 2019 年。

李泽厚:《中国古代思想史论》,生活·读书·新知三联书店 2009 年。

梁启超:《中国近三百年学术史》,上海古籍出版社 2014 年。

梁涛:《儒家道统说新探》,华东师范大学出版社 2013 年。

梁涛:《新四书与新儒学》,中国人民大学出版社 2020 年。

林存光:《历史上的孔子形象——政治与文化语境下的孔子和儒学》,齐鲁书社 2004 年。

刘成国:《荆公新学研究》,上海古籍出版社 2006 年。

刘复生:《北宋中期儒学复兴运动》,台湾文津出版社 1991 年。

刘耘华:《诠释学与先秦儒家之意义生成:〈论语〉、〈孟子〉、〈荀子〉对古代传统的解释》,
　　上海译文出版社 2002 年。

刘星:《康有为儒家经典诠释研究》,中国社会科学出版社 2021 年。

〔美〕刘子健:《中国转向内在:两宋之际的文化转向》,赵冬梅译,江苏人民出版社
　　2011 年。

罗焌:《诸子学述》,岳麓书社 1995 年。

牟宗三:《心体与性体》,上海古籍出版社 1999 年。

〔日〕内藤湖南:《中国史学史》,马彪译,上海古籍出版社 2008 年。

潘富恩、徐余庆:《程颢程颐理学思想研究》,复旦大学出版社 1988 年。

漆侠:《宋学的发展和演变》,河北人民出版社 2002 年。

钱穆:《国学概论》,商务印书馆 1931 年。

钱穆:《国学概论》,商务印书馆 1997 年。

钱穆:《宋明理学概述》,台湾学生书局 1984 年。

钱穆:《先秦诸子系年》,商务印书馆 2017 年。

钱穆:《中国近三百年学术史》,中华书局 1986 年。

钱穆:《朱子新学案》,巴蜀书社 1986 年。

钱穆:《朱子学提纲》,生活·读书·新知三联书店 2002 年。

饶宗颐:《中国史学上之正统论》,中华书局 2015 年。

束景南:《朱熹研究》,人民出版社 2008 年。

束景南:《朱子大传》,商务印书馆 2003 年。

束景南:《朱子年谱长编》,华东师范大学出版社 2001 年。

〔美〕田浩:《朱熹的思维世界》,江苏人民出版社 2011 年。

〔日〕土田健次郎:《道学之形成》,朱刚译,上海古籍出版社 2010 年。

王炳照、徐勇:《中国科举制度研究》,河北人民出版社 2002 年。

王威威:《治国与教民:先秦诸子的争鸣与共识》,中国社会科学出版社 2019 年。

吴国武:《经术与性理——北宋儒学转型考论》,学苑出版社 2009 年。

肖永明、陈峰等:《〈四书〉诠释与儒学演进》,中华书局 2017 年。

邢舒绪:《陆九渊研究》,人民出版社 2008 年。

徐复观:《两汉思想史》,华东师范大学出版社 2001 年。

徐复观:《中国人性论史·先秦篇》,九州出版社 2013 年。

徐复观:《中国思想史论集》,上海书店出版社 2004 年。

徐洪兴:《思想的转型——理学发生过程研究》,上海人民出版社 1996 年。

徐远和:《理学与元代社会》,人民出版社 1992 年。

杨国荣:《成己与成物:意义世界的生成》,北京师范大学出版社 2018 年。

杨国荣:《善的历程——儒家价值体系的历史衍化及其现代转换》,上海人民出版社
　1994 年。

杨国荣:《心学之思:王阳明哲学的阐释》,中国人民大学出版社 2009 年。

杨向奎:《宗周社会与礼乐文明》,北京出版社 2022 年。

俞启定:《先秦两汉儒家教育》,齐鲁书社 1987 年。

余英时:《论戴震与章学诚》,生活·读书·新知三联书店 2000 年。

余英时:《钱穆与中国文化》,上海远东出版社 1994 年。

余英时:《士与中国文化》,上海人民出版社 1987 年。

余英时:《宋明理学与政治文化》,吉林出版集团有限责任公司 2008 年。

余英时:《中国思想传统的现代诠释》,江苏人民出版社 1995 年。

余英时:《朱熹的历史世界:宋代士大夫政治文化的研究》,生活·读书·新知三联书店
　2011 年。

张加才:《诠释与建构:陈淳与朱子学》,人民出版社 2004 年。

张立文:《朱熹评传》,南京大学出版社 1998 年。

张岂之主编:《中国思想学说史》,广西师范大学出版社 2008 年。

郑师渠:《晚清国粹派文化思想研究》,北京师范大学出版社 1997 年。

周淑萍:《先秦汉唐孟学研究》,中华书局 2020 年。

周之翔:《朱子〈大学〉经解——“为己之学”的诠释与建构》,中华书局 2020 年。

朱汉民:《湖湘学派史论》,湖南大学出版社 2004 年。

朱汉民:《宋明理学通论》,湖南教育出版社 2000 年。

朱汉民、肖永明:《宋代〈四书〉学与理学》,中华书局 2009 年。

朱维铮:《走出中世纪》(增订本),中信出版社 2018 年。

左玉河:《从四部之学到七科之学——学术分科与近代中国知识系统之创建》,上海书店
出版社 2004 年。

三、论文类

常会营:《儒家"庙学合一"教育规制的形成及历史价值》,《世界宗教文化》,2021 年第
2 期。

陈卫星:《"西学中源说"与中国接受西学的初始心态》,《兰州学刊》,2012 年第 11 期。

邓曦泽:《师夷长技、中体西用与内圣开新——近代中国应对西方的三种思路》,《社会
科学动态》,2017 年第 6 期。

邓小军:《唐代的中国文化宣言——韩愈〈原道〉论考》,《孔子研究》,1991 年第 4 期。

杜成宪:《为"六经"配"四书"——宋代新经学课程体系的构建》,《全球教育展望》,
2018 年第 1 期。

葛焕礼:《论啖助、赵匡和陆淳〈春秋〉学的学术转型意义》,《文史哲》,2005 年第 5 期。

韩德民:《论儒学的"哲学的突破"》,《孔子研究》,1994 年第 3 期。

何俊:《经义型塑与经典搁置——啖助新〈春秋〉学的悖论》,《四川大学学报》(哲学社
会科学版),2018 年第 6 期。

何俊:《论韩愈的道统观及宋儒对他的超越》,《孔子研究》,2000 年第 2 期。

胡治洪:《从修身成德到家国事功——论大学之道》,《人文论丛》,2008 年卷。

黄宛峰:《刘秀的奖励名节与东汉士风》,《南都学坛》(社会科学版),1989 年第 1 期。

江林昌:《"六经"的内容、流传与古代文明研究》,《孔子研究》,2006 年第 4 期。

蒋国保:《汉儒称"六经"为"六艺"考》,《中国哲学史》,2006 年第 4 期。

金春峰:《宋代的学派与政派——从"绍兴学禁"到"庆元党禁"》,《湖南科技学院学
报》,2007 年第 3 期。

景海峰:《从经学到经学史——儒家经典诠释展开的一个视角》,《学术月刊》,2019 年第
11 期。

李存山:《董仲舒在中国思想文化史上的地位与影响》,《河北学刊》,2010 年第 4 期。

李存山:《汉初的尊儒——从陆贾到董仲舒》,《衡水学院学报》,2019 年第 2 期。

李景林、王觅泉:《简帛文献与孔子后学思想之内转趋势》,《社会科学战线》,2011 年第 6 期。

李学功:《范型嬗变的宋学路向:胡瑗与宋初学术建构》,《管子学刊》,2015 年第 3 期。

李忠林:《西学中源说论略——从夷夏之防到师夷长技》,《史林》,2018 年第 2 期。

梁涛:《孔子思想中的矛盾与孔门后学的分化》,《西北大学学报》(哲学社会科学版),1999 年第 2 期。

刘爱敏:《西周至汉初的学术发展脉络》,《山东师范大学学报》(人文社会科学版),2011 年第 2 期。

马彪:《东汉士风中的"禄利"、"名节"之变》,《北京师范大学学报》(社会科学版),1992 年第 2 期。

庞慧:《论春秋战国诸子学说与西周官学传统》,《史学集刊》,2009 年第 6 期。

彭永捷:《论儒家道统及宋代理学的道统之争》,《文史哲》,2001 年第 2 期。

桑兵:《经学与经学史的联系及分别》,《社会科学战线》,2019 年第 11 期。

施炎平:《仁智和理智:儒家智慧的两重进路——以孔子、董仲舒和程朱为例》,《朱子学刊》,1999 年第 1 辑。

孙杰:《论为学之艺——以"游于艺"为中心的教育考察》,《澳门理工学报》(人文社会科学版),2022 年第 1 期。

孙杰:《论中国古代教育意义世界的消解与重构——以朱熹对宋代科举之学批判为中心的考察》,《学术探索》,2021 年第 11 期。

孙杰:《由孝而教:古代教育智慧之中国式表达》,《学术探索》,2023 年第 2 期。

汪维真:《明代孔颜曾孟四氏圣裔的教育与科贡——以阙里孔氏庙学为中心》,《黄河文明与可持续发展》,2012 年第 3 辑。

王葆玹:《中国学术从百家争鸣时期向独尊儒术时期的转变》,《哲学研究》,1990 年第 1 期。

向世陵:《"性与天道"问题与宋明理学分系》,《中国人民大学学报》,2003 年第 4 期。

肖永明:《荆公新学的两个发展阶段及其理论特点》,《湖南大学学报》(社会科学版),

2000 年第 1 期。

肖永明、朱汉民:《二程理学体系的建构与〈四书〉》,《广西师范大学学报》(哲学社会
　科学版),2004 年第 4 期。

易志刚:《"学在官府"和"学术下私人"——试论先秦诸子之学同西周官学的区别和联
　系》,《北京社会科学》,1992 年第 2 期。

张承宗:《魏晋南北朝经学的演变与更新》,《贵州文史丛刊》,2016 年第 4 期。

张岱年:《汉代独尊儒术的得失》,《清华大学学报》(哲学社会科学版),1988 年第 2 期。

张耀:《尚高与致中: 先秦子学学术图景的两种结构——以〈庄子·天下〉与〈荀子·非
　十二子〉为线索》,《孔子研究》,2020 年第 5 期。

周德昌:《春秋战国时期的私学》,《东岳论丛》,1983 年第 4 期。

朱汉民:《〈六经〉与〈四书〉的思想互补与内在张力》,《中山大学学报》(社会科学版),
　2018 年第 6 期。

朱汉民:《实践—体验: 朱熹的〈四书〉诠释方法》,《中国哲学史》,2004 年第 4 期。

朱汉民:《言·意·理——朱熹的〈四书〉诠释方法: 语言——文献》,《孔子研究》,
　2004 年第 5 期。

朱汉民:《早期儒家之 "师" 与中国政教理念》,《社会科学战线》,2021 年第 10 期。

朱汉民、龚抗云:《论 "名士风度" 与 "圣贤气象" 的思想脉络》,《湖南大学学报》(社
　会科学版),2008 年第 1 期。

朱汉民、王琦:《"宋学" 的历史考察与学术分疏》,《中国哲学史》,2015 年第 4 期。

朱汉民、王逸之:《宋代士大夫与唐宋学术转型》,《中国哲学史》,2018 年第 3 期。

朱贞:《晚清经学教科书的编写与审定》,《学术研究》,2014 年第 3 期。

左玉河:《中国旧学纳入近代新知识体系之尝试》,《第一届中国近代思想史国际学术研讨
　会》,2004 年。

图书在版编目（CIP）数据

中国古代教育经典文本研究 / 孙杰著. — 北京：商务印书馆，2023
ISBN 978-7-100-22805-3

Ⅰ.①中… Ⅱ.①孙… Ⅲ.①教育史—史料—研究—中国—古代 Ⅳ.① G529.2

中国国家版本馆 CIP 数据核字（2023）第 151709 号

中国古代教育经典文本研究

孙杰 著

商 务 印 书 馆 出 版
（北京王府井大街 36 号 邮政编码 100710）
商 务 印 书 馆 发 行
北京顶佳世纪印刷有限公司印刷
ISBN 978-7-100-22805-3

2023 年 12 月第 1 版 　　　开本 710×1000　1/16
2023 年 12 月北京第 1 次印刷 　印张 24

定价：108.00 元